U0448389

语言生活黄皮书
教育部语言文字信息管理司 组编

中欧三国：
国家转型、语言权利与小族语言生存

何山华 著

商务印书馆
The Commercial Press
2018年·北京

教育部人文社会科学重点研究基地北京外国语大学中国外语教育研究中心
基地重大项目"欧洲转型国家语言政策研究——语言权利与小族语言保护问题"
(14JJD740013)

国家语委科研基地国家语言能力发展研究中心
国家语委"十三五"科研规划一般项目"中东欧国家外语管理战略和机制研究"
(YB135-52)

外国语言政策国别研究系列

顾　　　问	刘润清
主　　　编	戴曼纯
编委会主任	李宇明
编委会委员	戴曼纯　郭龙生　黄　行　田立新
	王建勤　文秋芳　周洪波　周庆生

国别语言政策研究的意义(代序)

语言是人类基本属性,是人们生活中不可或缺的交流工具和身份象征,还是人们追求幸福、争取话语权和生存权的渠道。语言更是人类在政治、经济、军事和社会生活中惯用的战略手段。发挥语言的积极作用对提升人类社会生活水平有着极为重要的意义。为此,许多国家在宪法、法律法规、机构文件等不同层面对语言的地位、使用、规范、教育及传播等做出符合其利益最大化的规定。也有国家不做宪法或其他立法层面的规定,将语言政策融入教育政策。总之,人类任何言语社团都在实行某种形式的语言政策,或显或隐、或明或暗、或强或弱。可以毫不夸张地说,欧洲民族国家的兴起几乎都利用了语言这一战略手段,通过语言政策表达国家和民族建设的政治纲领,通过语言教育整合境内的民族。对于中东欧及巴尔干半岛一些国家的离合而言,其兴靠语言,其亡亦语言。从这一意义上讲,探讨语言政策和规划、研究语言发展战略、了解其他国家的语言国情都对理解人类社会发展以及促进国家和谐发展有着极为重大的意义。

语言政策及规划研究在许多国家备受学界、政界和社会的关注。语言政策学已发展为一门新兴学科,其中语言政策国别研究占有重要一席,是了解其他国家和民族的语言国情和民情不可或缺的路径。学习、参考、借鉴他国的成功经验或失败教训,是语言政策学的一大特色。国际学界公认的几大学术刊物《语言社会学国际期刊》《语言政策》《当代语言规划问题》《语言问题及语言规划》等长期以来刊发语言政策及规划的国别研究成果。国内近几年创办的《语言战略研究》《语言政策与规划研究》等专业期刊也非常重视语言政策国别研究。这些国别语言政策研究成果为各国之间相互了解、学习、借鉴提供了颇有价值的经验、思想和理论,在引领世界从单语主义向多语主义发展、从消灭方言土语转向保护语言生态等方面起着十分积极的作用。

我国是一个正在崛起的多民族大国。在建设和谐社会的大方针之下,正确处理语言文字问题、推行合适的语言政策,是关乎国家稳定、民族团结、国家发展和富强的大事。我们不但要从国内具体情况出发制定合适的语言政策,还要借鉴国外语言政策及规划方面的理论和实践经验对已有政策进行适当的调整,以便充分发挥语言政策的积极作用,释放出语言的正能量。

中国作为一个多民族国家,语言资源丰富。国家通用语与少数民族语言如何和谐相处、共同发展,如何避免语言歧视与语言冲突现象,如何有效地保护少数民族语言权利问题,是国家文化发展规划和语言政策制定必须面对的重要问题。

中国是一个处于转型阶段的国家。如何发展自己的语言文化,搞好国家语言能力建设,是当今语言学界的重要议题。学界有责任和义务做好发达国家及发展中国家的语言国情研究。加强国别语言政策研究,借鉴其他国家和地区,特别是转型国家处理语言问题的经验教训,有助于我们制定恰当的语言政策,促进语言和谐发展,实现我国语言文化的"多元一体""文化自觉"与"和而不同"的发展目标。

20世纪后半叶至21世纪初是世界发生巨大变化的几十年。经济全球化、海湾战争、苏联解体、东欧剧变、"9·11"恐怖袭击、南斯拉夫内战、乌克兰内乱等给当地社会带来动荡不安,语言都在其中扮演着极为重要的角色。在史无前例的全球化进程中,国与国之间的政治、经济和贸易相互依存,而语言文化的多样性在逐渐减少。全球化既给人们带来了实惠,也冲击了相对弱势民族的语言和文化,凸显出许多国家和民族对多元语言和文化的诉求。当今世界正处于一个信息大爆炸时代。语言是获取关键信息和情报的必备工具,语言人才在促进经济发展和保障国家安全方面有着不可替代的重要作用。例如,美国遭受"9·11"恐怖袭击,与当时的国家语言能力和语言人才建设存在不足,相关情报资料没有得到及时的处理有一定关系。

语言是维护民族团结和国家统一的战略手段。语言与民族认同及国家认同有千丝万缕的联系。语言认同折射出使用群体的社会心态。语言根植于个体的心智,却又以整体的形态存在并影响着个体和社会的行为。这种意识形态在民族层面上表现为语言民族主义,既可能是进步的、积极的、有利于统一的,也可能是退步的、消极的、破坏团结的。例如,加拿大魁北克由来已久的英语和法语之争既反映了民族群体人口比例的变化和话语权的争夺,也显示出一定程度的民族主义倾向。这种情绪和其他因素交织在一起,促使魁北克在1980年第一次通过公投的方式谋求独立,以便脱离英制宪法。

语言民族主义是一把双刃剑,既能建立国家、强大国家,也能削弱国家、毁灭国家。前南斯拉夫的解体在某种程度上归咎于联邦的语言政策在后期放任语言民族主义泛滥,分裂型语言民族主义严重破坏了国族认同和民族整合。巴尔干半岛国家与语言相关的离合堪称前车之鉴。而作为大熔炉的美国却有许多可资借鉴的经验。作为移民国家,美国境内民族众多,语言生活状况复杂。美国社会的流动性使不同母语背景的人总体上处于杂居环境。美国没有在联邦层面通过立法形式强制推行贯彻始终的语言政策,而是在双语教育及多语制大旗下用教育和更好的工作机会等吸引移民及其后代尽快掌握英语,融入美国社会,成为"美国人"。美国的隐性语言推广战略的借鉴价值不言而喻。印度也是一个民族、语言、文化异常复杂的国家,克服民族矛盾、促进社会交流有着重要的战略意义。印度语言政策从独立之初试图将印地语推广为国语转向三语(包括英语、印地语和母语)政策。印度没有生搬硬套西方的语言政策理论和实践,而是因地制宜,对语言政策做出适当调整。这种趋利避害的调整在一定程度上起到了调和矛盾的作用,缓解了语言带来的社会冲突。

近些年来,我国学者开始关注国外的语言政策,出版过数量可观的论文和著作。但是,迄今为止,还没有任何科研机构或个人对外国语言政策、语言规划的理论与实践设计并实施大规模的国别系列研究,还没有人全面充分提炼出有益的理论和实践经验,还缺乏整合好的国外语言政策及规划理论与实践经验为我国语言政策服务。

鉴于此,我们根据北京外国语大学的外语资源优势和国家语言能力发展研究中心的团队力量,规划设计这项大型语言政策国别研究,对北美、南美、欧洲、亚洲、非洲数十个国家的语言政策及语言生活状况做深入的研究。对象国包括美国等发达国家、印度等发展中国家,以及中东欧的转型国家。

近十年来,我们团队完成的部分研究工作得出了一些有意义的结论和观点,发表在国内有影响的学术刊物上,如《外语教学与研究》《语言文字应用》《欧洲研究》《俄罗斯东欧中亚研究》《拉丁美洲研究》《国外社会科学》等。不少成果被中国社会科学网和《语言文字学(复印报刊资料)》转载。其中关于法国语言政策的成果"法国的语言政策与语言规划实践——由紧到松的政策变迁"提出,法国语言政策有宽、松变化,宽松政策利于保护语言的多样性;严紧的政策可能危及少数民族语言的生存,但为法国的民族统一做出了重要贡献。法国的语言政策反映了伴随时代变化的不同诉求,既有源于国内民众的因素,也有来自外部(如欧盟大环境)的影响。另一项成果"波罗的海国家的语言政策与民族整合"揭示了语言与社会及政治制度变化的互动关系,颇具参考价值。首先,爱沙尼亚、拉脱维亚和立陶宛独立后的语言地位规划使长久以来被边缘化的(主体)民族语言获得了国语地位,国家采取坚定的措施保护自己的民族语言。其次,普世主义思想遇到具体情况就需要考虑当地历史渊源以做出一定的让步和修正。第三,波罗的海国家在对待民族语言和多语制问题上,采取彻底的历史观,回归过去的国体和社会。他们制定语言政策时没有采取狭隘的民族观,而是承认长久以来的多语传统,认识到文化在苏联期间已经被粉碎而难以重建,只有保留一定程度的文化自治才有利于民族整合。

我们团队关于美国等发达国家语言政策的研究还为发展我国的国家语言能力提供了可资参考的认识、观点、措施和建议。其中《国家语言能力、语言规划与国家安全》一文从语言规划的安全需求及安全价值、外语人才的培养、小族语言的开发利用等角度论证了提高国家语言能力的理据和发展思路。《以国家安全为导向的美国外语教育政策》全面系统地分析了美国近半个世纪的外语政策变迁及动因。研究指出,国家外语能力的缺失和外语人才的缺乏使美国遭受了本可避免的恐怖袭击。美国政府逐渐清楚地认识到外语教育在保障国家安全方面的重要性,采取措施加强外语教育,由过去忽视中小学外语教学,到各阶段均重视外语教育,鼓励外语教学创新、外语研究、国际教育交流及国际问题研究,甚至建立了民间外语人才后备队伍。美国的关键语言教育政策以国家安全为导向,以培养高端人才为目标,大幅提升了国家语言能力。他们的语种开设能力、外语人才培养规模及外语战略规划均值得我们学习参考。

我们的语言政策国别研究系列覆盖的主题宽,包括小族语言保护、关键语言教育、双语教育、语言传播、语言认同等主题,涉及的国家和地区范围广,包括美国、法国、英国、印度、中东欧国家、拉美国家等。这些国家或地区的政治和社会环境差异巨大,历史因素迥异,各地语言政策的指导思想存在明显的差异,因此各研究的侧重点有所区别。但是,为了克服研究层次单薄、思路单一、结论受局限等弊端,我们努力在这些研究中采取多维视角,包括以下几个方面。(1)历史视角:阐述对象国的语言政策及规划发展史,介绍重大历史事件和人物、事件的缘起和发展历程,探讨历史事件的影响、政策和规划的效果和社会反响,揭示承前启后的契机。历史观的研究不以描述为目的,而以揭示历史变化背后的思潮为主线,找出语言政策和规划的理论依据;简述过去,详论当代,从现实主义视角探寻启示。(2)多维度分析:语言是一切政治、经济、军事和社会活动的重要工具,在各领域发挥媒介作用。使用语言是每个人不可被剥夺的权利,语言的影响力是国家软实力,国家语言能力是硬实力。语言是身份象征,也是个人能力的体现。语言是传播思想理念的媒介,更是文化的载体。因此,只有从多个维度分析语言政策和规划,才能全面揭示政策和规划的理论背景、目的和实际效益。(3)语言战略观:从国外语言推广政策和实践获取有益的经验和教训,为我国的语言战略规划提供切实可行的建议;从国外通过语言政策实现民族团结和国家统一的实践中提炼出处理民族与语言关系、城乡语言差异、社会精英与普通大众语言差距、语言推广等方面的有益成分,为我国的普通话推广、语言资源保护、民族和谐、国家统一等工作提供参考。

语言政策国别研究是一项复杂而艰巨的任务,没有研究队伍的团结协作和专家团队的悉心指导是不可能完成的。北京外国语大学刘润清教授十几年来一直鼓励、支持我们的工作,悉心而带着挑剔的眼光审读团队产出的论文和著作。2004年,时任国家语委副主任、教育部语言文字信息管理司司长的李宇明教授鼓励并指导我们的研究规划,激发团队成员的研究兴趣,审阅我们的著作。绝大部分研究都得到过他的直接指点,他的修改建议大幅提升了成果的质量。此外,还有周庆生、文秋芳、王建勤、梅仁义、黄行、郭龙生等教授先后参与这批成果的审读,提出了诸多建设性修改意见。应当说,我们科研团队的建设和研究成果中都渗透着他们的功劳。特别值得一提的是,教育部语言文字信息管理司田立新司长和商务印书馆的周洪波总编辑非常关心语言政策国别研究工作,大力支持成果的出版。这些专家和领导的支持将促进语言政策国别研究领域的发展,充分发挥其学术价值,增强其服务国家建设的作用,更好地为"一带一路"建设做出贡献。

本书是何山华作为教育部人文社科重点研究基地重大项目"欧洲转型国家语言政策研究——语言权利与小族语言保护问题"核心成员负责完成的部分成果。作者现为扬州大学外国语学院教师,兼任国家语委科研机构国家语言能力发展研究中心兼职研究员,参与中心的课题研究。他曾赴中东欧国家访学,深谙该地区国家的语言政策。捷克、斯洛伐克和匈牙利地处欧洲中心,系世界地缘政治的心脏地带,也是"一带一路"在欧洲的最西端国家,了解他们的国情、民情、语情有助于我国加强与中东欧国家的交流与合作。国内尚无深度研究中东欧转型国家语言政策的著作,尤其无人探讨他们的语言政策与民族认同、国家建设和国际关系维护之间的关系。该书立足源于中欧的"语言管理理论",从语言权利相关事务的管理入手,对捷克、斯洛伐克、匈牙利三国的语情进行了详细的阐述。该书提出,三国对于语言权利事务的管理,主要由人权保障、少数人权利促进和语言管理三个相对独立又相互支撑的领域组成,是对欧洲语言权利保护机制较为深刻的洞察,这一划分也适用于欧洲其他国家甚至欧洲区域层面的管理。本书对三国语言权利事务管理机制的描述以及小族语言权利实现情况的阐释较为深入,涉及法定地位、本体发展、教育研究、司法行政、传媒文化和社会应用六个领域,对相关法律条文和实施措施均有细致描述。作为国别研究,本书并未止步于现象描述,而是继续深入思考语言权利管理对于语言权利的实现能够产生怎样的影响,语言权利的保护对于小族语言的生存具有怎样的意义,进而对三国小族语言的未来进行预判。本书深刻呈现了国际语言权利保护的现状:在当前国际语境下,小族语言权利无疑是一个极为敏感、极为重要,任何国家都必须严肃对待、无法忽视的问题,欧洲的区域国际组织、国家和小族群体均将其作为一个重要的政策领域予以处理。但是,即使在经济水平较为发达、民主体制较为成熟、人权保护极为重视、少数民族保护相对完善的欧洲地区,小族语言也难以获得自身发展所需要的足够资源,无法改变逐渐衰落的命运。借此本书也证明了国别语言政策研究的另一个价值,即由点及面辐射整个区域,窥一斑而知全豹,帮助我们更为深刻地理解整个地区甚至世界在某些语言规划领域的现状和发展走向。

戴曼纯
北京外国语大学中国语言文学学院/
国家语言能力发展研究中心

目　　录

第一章　　现实与理论背景 ··· 001
　　第一节　　有关语言权利的现实背景 ······································· 002
　　第二节　　有关语言权利的理论探索 ······································· 005
　　第三节　　界定语言权利与小族语言的概念 ······························ 012
　　第四节　　中东欧国家的标本意义 ·· 029

第二章　　一种多维度的描述框架 ··· 034
　　第一节　　语言管理理论 ··· 034
　　第二节　　语言权利事务管理机制描述框架 ······························ 043
　　第三节　　语言权利的实现维度 ·· 053
　　第四节　　小族语言生存状况考察维度 ····································· 057
　　第五节　　研究方法和资料来源 ·· 063

第三章　　中东欧超国家语言权利事务管理机制及其转变 ··············· 066
　　第一节　　社会主义时期语言权利事务管理机制 ························ 067
　　第二节　　后社会主义时期语言权利事务管理机制 ····················· 076
　　第三节　　超国家语言权利事务管理机制转变分析 ····················· 092

第四章　　捷克的语言权利事务管理和小族语言生存 ····················· 097
　　第一节　　语言社区概述 ··· 097
　　第二节　　现行语言权利事务管理机制及其沿革 ························ 101
　　第三节　　小族群体语言权利的实现情况 ·································· 122
　　第四节　　小族语言活力渐弱 ··· 127

第五章　斯洛伐克的语言权利事务管理和小族语言生存 …………… 133

第一节　语言社区概述 …………………………………………… 133
第二节　现行语言权利事务管理机制及其沿革 ………………… 136
第三节　小族群体语言权利的实现情况 ………………………… 155
第四节　小族语言顽强生存 ……………………………………… 161

第六章　匈牙利的语言权利事务管理和小族语言生存 ……………… 166

第一节　语言社区概述 …………………………………………… 166
第二节　现行语言权利事务管理机制及其沿革 ………………… 170
第三节　小族群体语言权利的实现情况 ………………………… 184
第四节　小族语言表面繁华 ……………………………………… 189

第七章　国家管理对于语言权利实现的影响 ………………………… 194

第一节　三国管理机制的演进背景和动力来源 ………………… 194
第二节　三国管理机制横向对比 ………………………………… 200
第三节　三国管理行为与管理效果横向对比 …………………… 209
第四节　国家管理对语言权利实现作用的分析 ………………… 216

第八章　语言权利视角下的小族语言保护 …………………………… 223

第一节　三国小族语言生存状况总结 …………………………… 223
第二节　语言权利如何影响小族语言生存 ……………………… 228
第三节　语言权利对小族语言保护的意义 ……………………… 233
第四节　三国小族语言未来透视 ………………………………… 238

第九章　三国案例对理论研究的启示 ………………………………… 241

第一节　对语言权利研究的启示 ………………………………… 241
第二节　对语言管理理论的启示 ………………………………… 255
第三节　从"语言管理"到"语言治理" ……………………… 260

第十章　结论 …………………………………………………………… 266

参考文献 ………………………………………………………………… 274

图表目录

图 2.1　语言管理过程示意图 ············· 040
图 2.2　语言事务管理机制框架图 ············· 044
图 2.3　语言竞争态势图 ············· 045
图 2.4　语言规划牵涉力量关系图 ············· 049
图 2.5　语言权利事务管理机制框架图 ············· 052
图 10.1　语言权利保障与小族语言生存关系示意图 ············· 270

表 2.1　语言权利所覆盖的领域 ············· 054
表 2.2　克劳斯(1968:65—89)对语言地位等级的划分 ············· 058
表 2.3　刘易斯和西蒙斯(Lewis and Simons 2009:28—29)
　　　　语言活力等级划分 ············· 061
表 4.1　捷克文化部历年用于少数民族语言出版和文化活动经费情况 ····· 120
表 4.2　捷克 1992、2001、2011 年普查各民族人数及其占比 ············· 129
表 4.3　捷克 1991、2001、2011 年普查母语使用人数及其占比 ············· 130
表 5.1　2011 年斯洛伐克各民族在家中最常用的语言 ············· 161
表 5.2　斯洛伐克各民族以及语言使用者人数与比例 ············· 163
表 5.3　斯洛伐克 2011 年公共领域语言使用情况 ············· 164
表 6.1　匈牙利少数民族语言学校及学生数量 ············· 187
表 6.2　匈牙利民族和语言结构 ············· 190
表 9.1　语言权利的实现层次 ············· 252

第一章 现实与理论背景

承认和尊重个人或特定人群学习和使用自身语言的权利,并用法律或规章的形式予以固化和落实,以求达到保护语言生态、争取语言公正、解决语言冲突的效果,近年来在西方成为一种新的研究范式和话语范式,开始在社会语言学界,特别是语言政策和规划领域占据中心位置。有学者(Pupavac 2012:24)甚至认为"基于权利的语言政策正在取代传统的语言规划,社会语言学的研究已经变成了语言权利的研究"。事实上,语言权利自20世纪80年代起就被作为语言政策研究在元规划层面的主要路径之一,与语言问题和语言资源并列为三大规划路向(Ruiz 1984),并被我国学界所接受(李宇明 2008)。

中东欧是世界上民族成分和语言状况最为复杂的地区之一,语言多样性问题的处理在该地区国家向西方式现代民主政治体制转型的过程中占据着重要地位,语言政策在转型后的国家管理机制中扮演着至关重要的角色(Daftary and Grin 2003;Patten and Kymlicka 2003:3)。在东欧剧变之后的20多年中,该地区大部分国家都在西方国家的关注之下经历了深刻的政治、经济和社会转型,并在此过程中建立起了与人权保护,包括小族语言权利维护和小族语言生存保障,相关的较为全面的法律框架,同时进行了较有成效的实践。该地区国家在语言权利保障和小族语言保护方面的机制设计在世界范围内已属相对成熟,其管理实践中的经验与教训可以为理论研究提供丰富的启示,并为其他处于广义社会转型中的国家提供借鉴。本书选取捷克、斯洛伐克和匈牙利作为重点观察对象,对中东欧国家在语言权利事务管理方面的机制设计与管理实践进行考察,试图探析在社会转型背景下上述国家如何通过本土化的语言权利事务管理机制促进语言权利的实现,保护小族语言的生存和发展,并对理论研究提供反哺。

第一章 现实与理论背景

第一节 有关语言权利的现实背景

一、语言权利话语的可见度日趋凸显

语言权利问题在世界范围内受到广泛关注,与现代社会所遭遇的语言多样性双重困境紧密相关,即客观语言多样性的急剧减少和主观语言多样性的持续增加。客观语言多样性(objective linguistic diversity)的减少指的是因世界范围内文化和经济环境变化导致的大量小族语言的快速消亡和少量强势文化的广泛传播;主观语言多样性(subjective linguistic diversity)的增加指的是因苏联解体、移民浪潮流动、国际组织扩张和全球化发展而造成的不同的语言和文化背景的人们接触的增多,使人们感知到的语言多样性程度不断上升(Grin 2003a)。这一双重困境在现实中表现为与语言相关的各种问题:中东欧转型国家出现暴力民族冲突、欧盟各国民众的语言隔阂造成"民主赤字"、西欧与北美语言少数群体的民族主义权利诉求导致分裂主义隐患、欧美各国移民群体对语言同化进行抵制等(Patten and Kymlicka 2003);在我国,各少数民族本族语言的使用近年来出现的严重衰退正引发社会各界的担忧(陈卫亚 2013:1),"疆独""藏独"等分裂主义势力则长期以语言为话题制造争端,成为民族团结的巨大威胁(李捷 2010;米雪 2012:44)。所有这些现实挑战,无一不将人们的视线引向语言。

语言权利作为一种专业化的研究领域和主题化的讨论范畴,是一个较新的概念,20世纪90年代后取得了极大发展,并迅速成为一种快速发展的研究范式和影响力较高的话语范式。

作为一种研究范式,语言权利一般被认为属于语言政策与规划领域,是一种解决语言问题、争取语言平等的新思路。这种研究范式主张赋予少数语言群体更多的权力,而不是仅仅将他们作为服务的接受者,与传统的语言规划相比这种研究范式显得更为彻底和激进(Pupavac 2012:25)。具体而言就是采用一种基于权利概念的语言规划方式,将政府和小族群体的权利和义务边界用法律的形式予以固化,以寻求实现更大尺度的公正,维护弱势群体的利益,并借此构建平衡的语际关系。这一研究范式已在国际范围内取得了较大的影响,并影响了部分国家的立法。正是在这个意义上,可以说"基于权利的语言政策正在取代传统的语言规划,社会语言学的研究已经变成了语言权利的研究"(Pupavac 2012:24)。

作为一种话语范式,语言权利的犀利之处在于它揭示了人类社会过去以及现在对弱者的侵犯和压迫(Paulston 1997),成为弱势语言群体赖以破除原有不公正权力结构的武器。小族群体争取语言权利的行动,既是出于对优势语言侵蚀渗透的抵抗(Rubio-Marín 2003:53),也是出于对社会主体人群经济和政治优势的不满。这种话语范式随着多元文化主义和人权思想的发展正获得越来越多的支持,并成为国家以及超国家组织用以缓和民族冲突的手段(Rubio-Marín 2003:56)。

经过国际学界各领域学者的长期论证,语言权利诉求的正当性已经在国际社会得到很大程度的认可并取得几个共识。第一,语言权利事关人的尊严,在理论层面与人权密切相关。正如欧洲安全与合作组织《奥斯陆建议书》[①]所指出的:"语言是最根本的人类文化标志之一,尊重个人的尊严与尊重其身份密切相关,因此必须尊重其语言。"对于"少数人"群体而言,语言是其核心身份特征之一,这种身份有权得到国家的认可和发展(Patten and Kymlicka 2003),使其能够有尊严地使用它(Rubio-Marín 2003)。因此语言权利不再是公民权和政治权的衍生品,而已自动成为人权的一个根本组成部分(Pupavac 2012:28)。第二,语言权利事关公平和正义,是对小族群体的一种补偿与保护。在世界范围内小族语言群体大都在历史上遭受过不公待遇,在没有选择的情况下被动成为了一国之内的小族,对这些群体进行救济符合"应报正义"(retributive justice)原则(May 2011a:19)。同时,基于人权中的"平等和非歧视原则","少数人"群体相对于社会主体人群而言处于弱势地位,需要得到特殊的保护(Arzoz 2007)。第三,多语共存是一个客观现实,语言多样性是一种公共利益。多语共存是绝大多数国家必须面对的现实,一个国家只能使用有限数量的语言来运转,因此总是会有一部分人需要为了配合国家的管理和运行而付出更多的成本以学习国家的官方语言,给这部分人分配更多的资源符合"分配正义"(distributive justice)。此外,语言多样性一般认为会给社会整体带来更多的活力,有利于社会的持续发展,是一种公共利益(public good),所有社会成员理当为这一利益做出贡献,包括优势语言使用者(Boran 2003;Laitin and Reich 2003)。

[①] 参见欧洲安全与合作组织网站,《关于少数民族语言权利的奥斯陆建议》(*The Oslo Recommendations Regarding the Linguistic Rights of National Minorities*, 1998),http://www.osce.org/hcnm/67531,2015-9-12下载。

第一章　现实与理论背景

二、语言权利话语与小族语言的关联日趋紧密

目前国际学界和政界争论的焦点主要是小族群体而非社会主体人群的语言权利。这主要是因为一国之内主体族群的语言权利往往能得到较好的保障,但小族语言的生存状况、小族语言使用者的社会地位往往处于劣势,更加需要得到关注和支持。在世界范围内推动对语言权利这一概念的接受和支持,其受益对象无疑将是小族语言及其使用群体。

首先,语言公正赋予小族语言生存的正当性。当前一个毫无疑问的事实是,世界上的语言正以前所未有的惊人速度消亡。一种影响较大的估测认为,在现存的6000多种语言中,到21世纪末将有4000种语言不再有人使用(Krauss 1998)。关于要不要挽救这些即将消逝的语言,并非所有人都持同样的意见。而语言权利的研究为小族语言的生存辩护,比如生态语言学关于语言与环境互动关系的研究揭示了语言的大规模快速消亡绝非自然现象,社会因素对语言灭绝负有不可推卸的责任(May 2005);语言对小族群体的身份标识和族群身份认同非常重要,与国际社会所倡导的第三代人权相一致(Pupavac 2012);保护小族群体的语言还可以避免潜在的族际对抗和国际冲突,有利于维护国家和平(De Varennes 1996a:91);保护小族语言有助于构建更为健康的语言生态,有利于全体社会成员(Boran 2003)。所有这些论述都为小族语言生存辩护,为小族语言保护提供道德或法律支持,并赢得了广泛的认可。

其次,语言权利的主要受益者是小族语言使用者。语言权利是所有语言及其使用者都享有的权利,并非小族语言所独有。然而,社会主体人群所用语言的权利已经通过社会规则和实践得以实现,也通过宪法或法律得到了保护(Arzoz 2007)。那些消失或即将消失的语言几乎总是属于那些在社会和政治上被边缘化或处于从属地位的"少数人"群体。因此语言权利研究和语言权利支持者所努力争取的是使小族语言及其使用者得到至少一部分优势语言已经享有的保护和国家支持(Phillipson and Skutnabb-Kangas 1995)。对于语言权利的呼吁总是出于保护小族语言群体利益的考虑,通常是为了对抗一种占据统治地位的语言(Wee 2011:5—6)。梅(May 2011a)认为语言权利就是少数人权利的一部分,在相关著作中对语言权利一律采用"少数人语言权利"(minority language rights)这一名称(May 2003a,2003b,2005,2011a)。因此语言权利的实现在客观上最大的受益者将是小族语言使用者,语言使用者生存状况的改善将有利于小族语言

的延续和发展。

最后,语言权利的内容有利于小族语言的延续。语言权利的具体内容,目前尚无确切范围(Wee 2011:3)。根据权利应用的范围,一般可以分为容忍型权利和促进型权利(Kloss 1971,1977)。前者指个人不受政府干涉,在私人场合使用自己选择的语言的权利;后者指个人在公共场合,如法庭、教育、公共服务等领域使用自己语言的权利。根据权利的主体是个人还是集体,可以将语言权利分为个人权利和集体权利。前者指所有语言群体成员作为个人都享有的权利;后者指仅某个语言群体成员共同享有的权利。显而易见的是,能否实现上述权利,决定着小族语言的生存和发展前景。仅以使用母语接受教育的权利为例,如果这一权利无法实现,则大部分小族群体只能接受用优势语言进行的缩减性教育(subtractive education),而这样做的结果往往是用优势语言取代母语,最终导致双言现象甚至母语的消失。有学者(Phillipson and Skutnabb-Kangas 1995)指出,同化性的缩减教育是种族灭绝性的,将导致种族区别性特征的消失,并对另一种异质文化产生归属感。由此可见语言权利对小族语言生存和延续有重要作用。

第二节　有关语言权利的理论探索

一、西方学界的观察与论证

西方学界对语言权利的关注和研究由来已久,就其发展历程而言,一种较有影响的划分方法(Skutnabb-Kangas and Phillipson 1994)是将语言权利相关概念在西方法律文本和研究文献中的形成和发展过程分为五个阶段。第一个阶段是1815年之前,在民族国家形成阶段,"一个国家,一个民族,一种语言"的思想开始在欧洲传播,社会美化优势语言,贬低其他语言,并在殖民地强制推广殖民者的语言;第二个阶段始于1815年的维也纳会议,国际社会第一次在国际条约中提出保护少数民族语言,部分国家(如奥地利)出现承认语言权利的宪法;第三个阶段是在两次世界大战之间(1919—1939年),国际社会开始重视保护少数民族语言权利,越来越多的国际条约和国家宪法中出现语言权利;第四个阶段是1945年到1970年,出现了众多人权立法,但少数民族语言权利仍未在立法上引起重视;第五个阶段始于1971年,与语言权利相关的国际立法与国际宣言广泛出现,语言权利研究开始受到国际社会的重视,并开始成为一个相对独立与完整的研究领域。本书认为,上述划分方法出现时期较早,未能覆盖20世纪90年代之后语言权利研究的发展,因而无法体现这一领域完整的发展历程。我们认为,以1992年联合国通过《在民族或族裔、宗教和语言上属于少数群体的人的权利宣言》为界,可以将之前的阶段归为语言权利研究的萌芽与准备阶段,而将那之后的阶段归为发展与成长阶段。正是在这个阶段,语言权利的研究得到了政治学、法学、人类学、经济学、语言学等几乎所有人文社会科学领域的参与,使语言权利逐渐成为在国际上获得认可的重要权利,并引发了很多国家的立法调整。

西方对于语言权利的研究自20世纪90年代进入高速发展期,至20世纪末,相关专著就达百本(Paulston 1997),如今论文、专著则以万计。根据不同研究关注的主题、案例多发地以及研究的核心领域等维度,可以将现有研究分为四个区块,这四个部分虽然有一定程度的互相渗透,但总体来说保持了较高的相对独立性,如同四叶草的四个叶片(Grin 2003a)。第一区块主要关注"少数民族"(national minorities)和"少数民族权利"(minority rights)的话题,聚焦于中东欧地区、巴尔干国家和独联体国家,研究者多来自国际关系、国际法、政治学等领域,影响该区块的政治权力主要来自国际组织和相关国家的外交部门。第二区块主要讨论"小族语言群体"(language minorities)和"语言复兴"(revitalization)的话题,关心西欧发达国家的小族语言群体,研究成果主要与社会语言学、应用语言学、教育学相关,对该区块产生影响的主要是西欧地方当局以及国家的教育和语言规划部门。第三区块围绕"移民群体"(immigrant minorities)的权利展开,研究对象主要是西欧和北美大城市中的移民群体,研究角度大都与社会学、教育学、经济学相关,影响该区块的权力来源主要是各国教育和劳工部门。第四区块特别关注"土著人民"(indigenous peoples)的生存状况,一般研究美洲、非洲、大洋洲的土著居民的权利保障情况,研究成果可归入人类学、民族学、发展研究等领域,关注这些人群的主要是国际组织。上述四个区块的发展并非局限于学界,大量政界、国际组织、非政府组织以及公众的参与推动了现实情况的实质性发展,主要共识性成果体现在一些国际文件中。在"语言权利"这一整体领域内部,各区块之间独立性较强,有相互渗透也有相互冲突,比如移民群体和本土人民(autochthonous peoples)的语言权利往往并不一致,少数民族和土著人民的语言权利又完全忽视了那些不具有"民族"特质的族裔群体(ethnic groups)的权益,很多时候各种权利的推理逻辑与实证数据之间也存在着矛盾(Grin 2003a)。但在"语言权利"这一概念的统领之下,上述四个区块的研究总的来说是共识多于矛盾,共同构成了语言权利研究这一较为宽泛的领域。本书主要属于第一区块,但关注对象并不限于"少数民族"这一特定群体,所参引的文献也不限于这一区块的成果。

在"语言权利"这一整体领域内,如果不考虑研究区块的划分,可以将现有文献根据研究切入点的不同分为三类:理论探讨、条法分析和案例研究。这与Grin(2003a)归纳的语言多样性研究的上游、中游、下游三段分工大致相通。

理论探讨部分主要属于政治学领域(Barry 2000;Kymlicka 1995;Kymlicka and Patten 2003;May 2011a;Patten 2001),其核心关注点在于一个正义的政府应如何处理语言和语言多样性,即如何在政治上公正地对待语言,这部分的研究很多时候也被称为"语言公正"(linguistic justice)研究(De Schutter 2007),讨论效率与公平的平衡、符合自由主义原则的语言处理方式、资源分配方式的公平程度以及如何评估一项政策的合理性。有观点认为,致力于保存所有语言的努力是不现实的,也是不公正的(Levy 2003);语言多样性对于社会主体人群来说很可能成本大于收益(Parijs 2003);语言多样性和多元文化主义会破坏现有的重新分配的政治设计,妨碍弱势群体获得必需的资源,同时造成社会分裂(Barry 2000)。与此相反,有观点认为语言的消失是一种无法弥补的损失(M. Blake 2003);语言多样性是一种公共利益,既有美学价值也有科学价值(Boran 2003);对小族语言使用者予以尊重和特殊关照事关公平正义(Parijs 2003),是一种应该予以保障的基本权利,而文化的多样性必然有利于社会整体活力的提高和长远的健康发展(May 2011a)。也有观点认为要正视多样化的现实,提出折中的解决方案,并认为至少可以给予一种保持当前状态的(present-tense language rights)过渡性权利(Levy 2003),即关注当前而非将来,为目前正在使用小族语言的人提供管理服务,使其缓慢地转用主体人群的语言,或优先满足工具型权利,如学习官方语言的权利,在童年接受母语教育的权利,在公共媒体、法庭、选举、核心行政服务等方面得到语言服务的权利(Rubio-Marín 2003)。我们认为,有关公平正义的争论是无法中立客观的,即使是看似中立的学者,其立场也难免受其身份的影响,其立论则必然要在利益的倾斜上做出选择。面对国际语言的强势扩张,很多人认识到,如果他们支持多样性的对立面,就会不明智地使自己的语言和文化受到伤害,但同时人们显然也不愿无限度地支持多样性(Grin 2003a)。我们认为,鉴于各利益攸关方的权力消长会持续变化,这一领域的争论也将长期延续下去,很难形成共识。目前占据优势的观点是,语言多样性是具有积极价值的,尽管需要为

第一章　现实与理论背景

此付出代价，且需要政府的干预才能实现(Grin 2003a)。我们认为这一观点的扩散将有利于语言权利话语范式的发展，并很可能使其获得更多支持。

条法分析部分主要研究规定语言权利的具体法律和政治文本，并对这些文本及其应用情况进行评述，关注如何将语言权利纳入法律框架进行保护。目前影响较大的主要有两条研究路线，即语言生态论和语言人权论。生态论以生态语言学为基础，其核心理念在于维护语言和环境生态的多样性，将语言多样性置于生态学框架内讨论，以哈蒙(Harmon 1995)、穆汉斯勒(Mühlhäusler 2000)、马菲(Maffi 2001)等人为代表的研究影响较大，致力于推动多语主义的价值在国际文件中得到体现，在国际社会取得了较大影响。人权论则将语言与个人和群体的身份认同挂钩，将语言作为个人和小族群体的核心身份特征，然后推演或重新解释现有人权中的语言因素，从而达到将语言权利纳入人权框架的目的，代表人物有斯库特纳布·坎加斯(Skutnabb-Kangas et al. 1994)、德·瓦勒纳(De Varennes 1996a，2001b)、梅(May 2005，2011a)等。德·瓦勒纳(De Varennes 1996a，2001b)在法学领域的研究尤其具有影响力，他认为目前的国际人权法律框架可以为语言权利提供较好的保护，而关键在于各国对国际文件的解读取消极态度还是积极态度。目前联合国教科文组织的网站上列了44个与语言权利相关的国际公约或宣言，大多数是从维护文化多样性和保障人权角度出发而制定的文件。我们认为，尽管有大量的研究支持将语言权利纳入国际法律框架，但目前的状况并不令人满意。目前的相关国际文件大都属于软法范畴，对相关国家并没有约束力(Arzoz 2007)。关于语言权利在国际法中的地位，比较稳妥的判断是，一些基本的语言权利可以通过传统人权获得国际法的保护，但更为积极的权利内容则尚未得到国际文件的充分认可。

案例研究部分主要检验相关法律的制定和实施过程及实施效果，即相关的法律规范如何制定，具体的措施如何选择、设计并实施，以及实施效果是否达到了预期的目标。这些案例研究几乎覆盖了全球所有的国家和地区，为理论研究提供了丰富的实践素材。比如与中东欧地区相关的研究包括早期的一些描述总体状况的著述(Paulston and Peckham 1998；Wright and Kelly 1994)，从民族冲突视角对语言问题所做的观察(Eide 1999；Pupavac 2006；Stockton 2009)，以及大量对不同国别或区域进行的针对性研究(Daftary and Gál 2000；Druviete 1997；Fenyvesia 1998；Hnízdo 2011)。值得注意的是，中东欧国家加入欧盟之后，在欧洲一体化研究的框架下出现了大量关于语言多样性的研究，主要可以分为两类：

一是欧洲"一体多元"原则下对语言多样性的保护,包括了中东欧地区的各种小族语言(Ahmed 2009;Glaser 2007;Studer and Werlen 2012);二是出于比较明确的政治目的而关注特定语言问题,比如波罗的海三国的俄裔问题(Adrey 2005)和遍布欧洲各国的罗姆人①问题(Neustupný 1993)。我们在梳理中发现,现有文献对中东欧地区语言权利实现状况的判断呈两种分化:一是各国政府有关各自少数民族保护情况的报告和国际机构的评估总结一般给予较为积极的评价,认为中东欧各国在语言权利法律保护框架的构建上取得了长足的进步;二是学界研究(很多学者都是少数族裔)一般认为在实践层面还有很多问题,语言权利未得到充分保障(Mungiu-Pippidi 2007;Pavlenko 2011;Paz 2013)。我们认为,总体而言目前对中东欧地区语言权利具体实现情况的研究仍然是相对薄弱的,地区国家间的横向比较研究尤其缺乏,研究者易受自身立场影响做出倾向性结论。本书试图以局外人的视角观察这一地区,通过一个统一的框架描述并比较部分中东欧国家的语言权利事务管理机制,以期揭示该地区政府层面语言权利事务管理机制的共有特征和各国差异,及各国在语言权利事务管理方面的成败得失,为现有研究做出补充。

  总的来说,关于语言权利的讨论已经在世界范围内引起广泛关注,但这并不意味着语言权利已经被广泛承认和接受。语言权利的正当性已基本被接受,但相关质疑将长期存在,短期内难以形成统领性理论;基本的语言权利目前可以得到国际法律框架的保护,但将其广泛引入具有强制力的国际法和国家法中并付诸实践尚需时日;相关的案例研究是在不同的视野、不同的理论框架下进行的,未能对语言权利理论的整体发展形成较大助力。本书的研究主要可归入条法分析和案例研究,希望通过调查复杂地区语言生态中小族语言权利的实现状况和小族语言的生存状况,为理论研究提供反哺,为其他地区语言保护的政策设计提供启示,也为我国的小族语言保护实践提供借鉴。

---

  ① 罗姆人是一个从印度北部迁移到欧洲的族群,如今已是欧洲第一大少数族群,人口约 1000 万,主要集中在中东欧国家(朱晓明、孙友晋 2013)。欧洲各国对罗姆人称呼不一,最常见的中文译名是吉卜赛人(英文为 Gypsies 或 Gipsies),很多欧洲国家所用的称呼(德国称其为 Zigeuner,法国称 Tsiganes,意大利称 Zingari,罗马尼亚、保加利亚等东欧国家称其为 Tsigani,匈牙利称 Czigany,土耳其和希腊称 Tsighan)都是由拜占庭时使用的称呼"Atzinganoi"演化而来的,一般翻译成茨冈人(李秀环 2004)。1971 年第一届全球罗姆人大会在伦敦召开,与会各国罗姆人代表一致决定统一使用"罗姆人"(Rom 或 Rrom)这一本民族语言的称呼作为自己的名称(朱晓明、孙友晋 2013)。罗姆人使用的罗姆语包括 7 种较大的方言,尚无统一的书面语(Bácová 2010;李秀环 2004)。

第一章 现实与理论背景

二、我国学者的总结与分析

国内关于语言权利的研究晚于西方,进入 21 世纪之后才开始有所发展,属于语言学和法学的跨领域学科。较早的讨论可见周庆生等(2003)主编的《语言与法律研究的新视野》,其中收录了李宇明(2003)的《语言与法律:建立中国的法律语言学》、黄行(2003)的《语言与法律研究的三大议题》、周庆生(2003)的《国外语言立法概述》等文章,均涉及语言权利。此外《国外语言政策与语言规划进程》(周庆生 2001)一书,专设"语言权利"一章,翻译了国外较为经典的相关论述。苏金智(2003)亦曾撰写《语言权保护在中国》一文介绍有关情况。李宇明(2008)的《当今人类三大语言话题》探讨了语言权利的界定。但总的来说,这些讨论仍属介绍性的,主要是对西方研究的概要性描述,对中国情况的探讨则停留于粗略的总结,未能有深入的理论探讨。

国内学者开展的独立研究近年来已逐步丰富,亦可分为理论探讨、条法分析和案例研究三类。理论探讨类的著作较少,较为重要的是《语言权利研究——关于语言的法律政治学》(肖建飞 2012b)。该书从政治学角度对语言权利的正当性进行了论述,认为语言权利是近代民族国家共同语政治建构与反建构过程的副产品,是政治权力调整语言关系带来的产物。作者主张将语言权利法定化,即"在政治法律体制之内对语言地位和功能予以调整和改变,通过平等地承认、保护和保存各种语言,来实现语言之间的公正"(肖建飞 2012b:125),但该研究未能对如何在不同的政治法律体制之内实现这种公正做进一步的思考,反而承认"众多少数语言的命运并未掌握在这些语言群体自己手中,掌握权力的是居于优势地位的主导性语言群体,后者有能力决定国家和全球的文化模式以及文化发展策略"(肖建飞 2012b:125),这为进一步的研究留下了较大的空间。

属于条法分析的研究则比较丰富,比较重要的有《语言权利的法理》(郭友旭 2010),这是国内第一本系统研究语言权利法理基础的专著。另外还有刘红婴的《语言法导论》(刘红婴 2006),该书涉及与语言权利相关的法律思想。值得一提的是中央民族大学正陆续推出"民族法理论探索"系列丛书,包括《中国少数民族文化权益保障研究》(徐中起 2009)、《中国少数民族基本文化权利法律保障研究》(田艳 2008)、《中国少数民族非物质文化遗产法律保护基本问题研究》(韩小兵 2011)、《散居少数民族权益保障研究》(陆平辉 2008)、《民族地区司法制度中的少数民族权益保障研究》(赵小锁 2009)等 28 册,其中有大量涉及少数民族语言权利的章节或论述。最新的则有《少数民族文化权利的法理研究》(司马俊莲 2014),其中有章节涉及少数民族使用和保持语言文字的权利。此外还有一批期刊论文如《当代语言立法价值取向探旨》(刘红婴 2009)、《浅论个体语言权及其立法保护》(杨晓畅 2005)、《新世纪中国语言权研究》(丁延龄 2010)、《国家通用语言与少数民族语言法律法规的比较述评》(黄行 2010)、《语言权利的立法表述及其相反概念》(肖建飞 2012a)等,也分别对具体问题进行了深入阐述。总的来说,这些讨论尽管都参考了国际文件或欧洲的实践,但都将语言权利的实现和民族语言的保护作为一种民族权益保护的副产品,而极少将权利的赋予作为一种保护民族语言、改善民族关系的工具,即并未真正提倡一种语言权利的话语范式,与西方学界的以权利为核心的语言规划思路有较大差异。本书拟通过展现中东欧国家在语言权利事务管理方面的有益做法,思考以权利赋予为主要工具的语言保护思路是否可行。

国内比较缺乏关于语言权利的案例研究,发现仅有一篇涉及诉讼权利的短文(姜顶 2013)和两篇硕士论文(陈鹤 2009;王洪玉 2003)可归入该部分。不过,国内语言学界对欧洲的语言政策多有关注,主要是从欧盟视角入手,如《欧洲联盟的多官方语言制度》(谢军瑞 2001)认为欧盟的多语制是欧盟民主政治的基础,虽然在实践中面临诸多挑战,但很难进行实质性改革。《欧盟语言多元化政策及相关外语教育政策分析》(傅荣等 2008)则对欧盟的外语教育政策进行了分析,认为现行政策是对欧盟语言多元化方针的落实。此外《多语言的欧盟及其少数民族语言政策》(王静 2013)和《东欧语言政策与族际和谐的检讨》(康忠德 2013)等文章,则从民族关系处理的角度对欧盟及中东欧国家的语言政策进行了审视,认为欧洲国家在这方面仍然面临挑战。值得一提的是北京外国语大学欧洲语言学院编撰的《欧洲语言文化研究》(北京外国语大学欧洲语言文化学院 2009),共 7 辑,包含大量一线教师和外交人员对中东欧国家语言文化的介绍,为我们理解该地区的语言生态提供了不少感性且直观的信息,其中也不乏理论性分析。应该说中西方的案例研究为我国相关语言权利政策的制定提供了较多的参考资料,但目前该类资料对中东欧国家的情况关注非常少,且在政策参考方面的价值挖掘不够。

总体而言,国内对语言权利的研究,特别是对中东欧国家在这方面具体实践的研究,无论是理论探讨、条法分析还是案例研究,都在数量上和深度上落后于西方。我们认为,国内学界在上述领域的研究,一方面需要学者们给予更多的关注、开展更为深入的研究,一方面也需要摆脱西方中心式的思维,从本国国情出发,于中东欧国家的经验教训中总结我国可资借鉴的知识积累,这也是本书努力的方向。

第三节 界定语言权利与小族语言的概念

一、理论与操作层面的语言权利

(一)辨析语言权利的常用术语

语言权利在西方法律和学术文献中的渊源可以追溯到民族国家历史的萌芽期甚至更早。比如16世纪时就有欧洲国家在双边条约中对特定群体的语言使用进行规定(Dessemontet 1984)。然而直到进入20世纪70年代,语言权利这一概念才开始主题化、专业化,并在90年代后取得了极大发展。在现有讨论语言权利的文献中,较常用的术语有"language rights""linguistic rights""linguistic human rights"和"minority language rights"等。在具体使用中,"language rights"与"linguistic rights"用得较多,基本可以互换。有学者(Kontra et al. 1999)认为,"language rights"与"linguistic human rights"在法律条文的来源上有所区别,前者一般与国家立法与国家语言规划相联系,后者则与国际法律相联系。国际上研究与倡导语言权利的引领性人物斯库特纳布·坎加斯(Skutnabb-Kangas)在著述中多用"linguistic human rights",她指出该词将"language rights"与"human rights"合二为一,指且仅指那些用以满足人们的基本需求和生活尊严的语言权利,在内涵上不及"language rights"宽泛(Skutnabb-Kangas 2006)。新西兰学者梅则倾向于使用"minority language rights"。梅多在少数人权利的框架内讨论语言权利,他认为"linguistic human rights"是"minority language rights"的一部分,但他同时指出两者在现有文献中基本作为同义词使用(May 2005)。此外,在政治学领域的研究中有时也出现"linguistic justice",该术语主要指在政治哲学层面有关语言的正义原则,往往会成为各国语言立法的思想基础,因此相对于法学领域常用的"language rights","linguistic justice"算是一个与其密切相关的上游概念。鉴于西方学界在讨论中并未统一"语言权利"的术语,并且在论述中往往相互引用,而本书所参考的文献也来自各个研究领域,故拟不深究"语言权利"诸术语的细微差别,在行文中统一称为"语言权利"。

(二)理清语言权利相关的核心要素

"语言权利"这一概念的定义,像其术语的混杂性所展现的那样,至今在学界没有出现过一个获得广泛认可的定义,往往在不同的语境中有不同的侧重点,甚至可以说其真正含义根本就没有确立过(Kibbee 1998)。本书认为,"语言权利"这一概念的核心内容在于如何规定"谁"(权利主体)享有"什么"(权利内容)权利,又由"谁"(义务主体)负责实现。要想对"语言权利"进行准确的界定或在具体操作中有所依凭,就必须说明语言权利的权利主体、权利内容和义务主体。

(1)权利主体。从法律意义上讲,权利主体的确认是权利内容得以实现的前提,因为权利主体一旦确认,相关的权利类型、权利内容以及相应的义务主体才可以确认。然而"语言权利"往往涉及敏感的政治话题和复杂的语言现实,因此在现有与语言权利相关的各种文件中往往由于文件制定者的立场而采用不同的表述。不过总的来说,西方学界主要在生态观和人权观两个视角下论证"语言权利"这一概念,因此关于权利主体的归属主要有两种主张,即语言和语言使用者。

由语言生态推出语言权利,这一论证路线的理论基础来自生态语言学,其核心理念在于维护语言和环境生态的多样性,哈蒙(Harmon 1995)、穆汉斯勒(Mühlhäusler 2000)、马菲(Maffi 2001)等人的研究影响较大。这一视角的思想渊源可以追溯到19世纪洪堡特"语言是有机体"的论述(Humboldt 1988),但其现实关注点却是20世纪以来触目惊心的大规模语言消亡。语言学界将语言灭绝与同时发生的物种消失进行类比、关联,并将其置于生态学框架内加以讨论(Makkai 1993):一是将语言环境与生态环境相类比,把特定语言与它所处环境的相互作用比作特定生物物种与其生存环境之间的互动关系(Haugen and Dil 1972:57);二是将语言与自然生态相联系,研究语言在环境恶化问题上产生的影响,并倡导把语言保护作为一种可能的解决方案。从这两个维度入手,均可推出语言多样性的重要性,进而推出语言平等和语言权利。一方面,语言多样性本身与生物多样性一样,具有很高的价值。多样化程度最高的生态系统往往是活力最高且发展最为稳定的系统,在语言领域也应以多样化为常态(St. Clair 2001:102)。语言和文化多样性可以提高人类在地球上的生存能力(Skutnabb-Kangas 2000:281),有助于发展出更有活力的文明形式(Boran 2003),激发人类的创造力,并由此促进工业和经济发展(Skutnabb-Kangas 2002)。另一方面,对语言多样性的保护有助于促进生物多样性的发展。语言多样性与生物多样性具有高度相关性(Fill 2001),语言多样性的丧失将对所有类型的多样性造成影响,它意味着人类数万年来所积累的大部分文化和科学知识将永久性消失,会影响到人类整体文化生态的稳定与平衡,并随之引起生物多样性的衰退(Harmon 1996)。由此,保护濒危语言被广泛认为是保护生物多样性工作的一部分(Patten and Kymlicka 2003)。在此逻辑基础上,学界提出了濒危语言受到特殊保护的权利,这一主张以语言为权利主体,强调语言生存和自由发展的重要性。

人权的论证路线则旨在证明语言权利是一种基本人权,尤其关注少数群体及其成员语言权利的保障,冀望由此促成权力的公正分配,实现语言正义,主要代表人物有斯库特纳布·坎加斯(Tove Skutnabb-Kangas)、梅(Stephen May)、德·瓦勒纳(Fernand de Varennes)等。在此视角下,有普遍主义和"少数人"权利两条论证路线。普遍主义路线的基本思路是:将语言与个人身份认同挂钩,使语言成为个人的核心身份特征,然后对现有人权中的语言因素进行推演或重新解释,从而达到将语言权利纳入人权框架的目的(Skutnabb-Kangas *et al.* 1994)。斯库特纳布·坎加斯对语言与身份的关系论证较为简单,简而言之就是从母语对个人认同的关键作用推出侵犯母语权利就是伤害个人尊严。她甚至直接宣布语言权利是一种"不证自明"的权利(Skutnabb-Kangas 1998:22)。这个意义上的语言权利的法理基础主要来自《联合国宪章》和《世界人权宣言》等国际文件所基于的"平等与非歧视"原则,即不得基于语言歧视任何人。在这一原则下,语言权利通过传统的公民和政治权利如言论自由、出版自由、结社自由、免受歧视和接受公正审判的权利等得到保护(Patten and Kymlicka 2003),包括在私人领域使用自己的语言,用自己的语言出版杂志,建立自己语言的学校和文化团体,在法庭上获得翻译支持等权利。基于"少数人"权利的论证路线则要求更多的积极权利,其发展得益于人权思想对"少数人"概念的承认,主要代表人物有梅(May 2011a)等。这一路线同样重视语言对身份的决定性作用,要求国家承认并采取积极措施予以保护。"少数人"语言权利的法理基础也是"平等与非歧视原则",此外还可加上《公民权利和政治权利国际公约》第 27 条和《在民族或族裔、宗教和语言上属于少数群体的人的权利宣言》中有关"少数人"权利的规定,其道德基础在于"少数人"群体相对于社会主体人群而言需要得到特殊的保护(Arzoz 2010)。对于"少数人"而言,语言也是一种核心的决定性身份特征,代表了"少数人"群体成员的身份,由于该群体处于弱势地位,这种身份需要国家给予更多的认可(Patten and Kymlicka 2003)。对此,泰勒的论证影响最大:"如果要使个人能欣赏并自由、真实地表达自己的身份,公共机构就必须给予个人足够的承认"(Taylor 1994)。泰勒还提出了"差异主义"承认模式,要求公共机构主动积极地保护趋危文化,对特定群体的文化身份予以公开承认。基于"少数人"权利的语言权利在内容上(比如参加公共生活的权利、参加国家和区域层面相关政策制定的权利,以及与其他群体成员共同行使语言权利的权利)更为积极。"少数人"权利也对国家和政府提出了更多的积极义务,要求政府采取支持措施,确保并推动这种语言权利的实现,如提供母语教育的机会,确保"少数人"群体对其历史和文化的了解等。

现有国际文件关于语言权利主体的处理基本上反映了上述两种取向,认为人或者语言可以享有一定权利。将语言权利作为一种人权予以保护时,语言权利的主体就是语言使用者,既可以是个人,也可以是集体。作为个人权利时,可以是普遍意义上的个人,如很多西方国家宪法中所用的措辞"所有公民"(all citizens)(周庆生 2001),或国际语言教师联合会草拟的《世界基本语言人权宪章》(*A Universal Charter of Basic Human Language Rights*)使用的"所有个人"(all persons)(Skutnabb-Kangas *et al.* 1994:407—408);也可以是作为"少数人"群体成员的个人,如联合国《在民族或族裔、宗教和语言上属于少数群体的人的权利宣言》(1992 年)中所使用的措辞"属于少数群体的人"(persons belong to linguistic minorities)[①]。作为集体权利时,可以是民族,如俄罗斯宪法所规定的(周庆生 2001);也可以是"少数民族"(national minorities),如捷克教育法中所规定的[②];也可以是单位,如国家机关、学校、企事业组织等,如我国的《国家通用语言文字法》所规定的[③]。《世界语言权利宣言》(1996 年)针对语言群体是否有固定地域,提出了"语言社区"(language community)和"语言群体"(language group)的区别[④]。与此同时,如果从生态语言学角度出发,则可以将语言本身作为语言权利

[①] 参见联合国人权事务高级专员办事处网站,《在民族或族裔、宗教和语言上属于少数群体的人的权利宣言》(1992 年),http://www.ohchr.org/Documents/Publications/GuideMinorities1ch.pdf,2015-7-8 下载。

[②] 参见捷克教育、青年和体育部网站,《教育法》(Act No.561/2004 Coll.),http://www.msmt.cz/dokumenty/act-no-561-of-24th-september-2004,2015-7-8 下载。

[③] 参见中国教育部网站,《国家通用语言文字法》,http://www.moe.edu.cn/publicfiles/business/htmlfiles/moe/moe_619/200409/3131.html,2015-7-8 下载。

[④] 参见联合国教科文组织网站,《世界语言权利宣言》,http://www.unesco.org/cpp/uk/declarations/linguistic.pdf,2015-7-8 下载。

第一章 现实与理论背景

的主体(Paulston 1997),例如《世界语言权利宣言》"一般原则"第 7 条①规定:"各种语言均……应当享有在所有领域得到充分发展所需的各种条件"。再比如《欧洲区域语言或少数族群语言宪章》(1992 年)②则将保护对象限定为语言,绝口不提民族或个人。

我们认为,"语言权利"这一话语范式在很大程度上是以保护语言为目的的,但如果以语言本身作为权利主体,则将遇到如下理论和实践中的困难:第一,"语言"的定义难以确定,如何认定相近的语言变体为一种语言或方言,在语言学领域内本身就是一个难题,而语言学上的定义在很多时候又与政治现实相冲突,以语言为权利主体显然会造成实践中的困难;第二,以语言为权利主体容易导向语言绝对平等说,即要求给所有语言分配相同的资源,将所有语言都发展到相同水平,而这无论从必要性来看还是从可行性来看都是不现实的;第三,现有国际语言权利保护机制不支持这一判断,目前绝大多数与语言权利相关的国际宣言或公约都是以语言使用者为权利主体的,而以语言为保护对象的《欧洲区域语言或少数族群语言宪章》尽管明确宣布"不为区域语言或少数族群语言的使用者创设任何个人或集体权利"③,但却给不同的语言设立了不同的保护等级,并且明确地将移民群体所使用的语言排除在保护范围之外,这种做法显然与"语言平等"的原则相悖,无法支持以语言为权利主体的说法;第四,语言无法离开人而独立存在,对语言的保护不能仅靠录音或书面记录,如果失去了使用者,一种语言就被宣告已经死亡,即使是以保护语言为目的的法律在实践中也要落实到语言使用者身上。

本书主张以语言保护为最终目的,但在法律规定中将语言使用者作为语言权利的主体,包括个人和集体两个维度,两者相互支持,不存在矛盾。一方面,语言权利是一种所有个人均享有的权利,属于小族群体的个人则可能享有更多法律规定的权利,但是有的权利必须以集体权利为前提,即在语言使用人数达到一定数量的情况下才有可能实现;另一方面,一个语言群体也以群体为单位享有语

---

① 参见联合国教科文组织网站,《世界语言权利宣言》,http://www.unesco.org/cpp/uk/declarations/linguistic.pdf,2015-7-8 下载。
② 参见欧洲委员会网站,《欧洲区域语言或少数族群语言宪章》,http://conventions.coe.int/treaty/en/Treaties/Html/148.htm,2015-08-12 下载。
③ 参见欧洲委员会网站,《欧洲区域语言或少数族群语言宪章》"解释性报告"第 11 段以及第 17 段,第 11 段原文为:"The charter does not establish any individual or collective rights for the speakers of regional or minority languages."。网址为 http://conventions.coe.int/Treaty/EN/Reports/Html/148.htm,2015-08-12 访问。

言权利(不过在指导具体法律实践的实定法中一般要求达到一定的数量或聚居标准),同时有的集体权利也可以通过个人权利得以实现。

(2)权利内容。语言权利应包含哪些内容,在权利主体不明的情况下,是一个更为复杂和棘手的问题,学界至今尚未对此达成一致意见。《世界语言权利宣言》对此有较为全面的规定,认为语言权利包括个人权利、集体权利、语言社团和语言本身所享有的权利,包括公共管理和官方机构、教育、专名的使用、通信媒体和新技术、文化、社会经济等领域的权利。这个权利清单在很大程度上反映了学界长期以来的研究成果,并且出于对现实的妥协滤除了不少激进的主张,但最终并未被联合国通过,可见在这一问题上存在的分歧依然巨大。本书认为,无法给语言权利的内容划定一个精确的范围,而且其具体内容实际上随着时代变化而变迁,近年来呈现出两个主要趋势。

一是从个人权利转向集体权利。根据权利的受益者是个人还是群体,可以将语言权利分为个人语言权利和集体语言权利。个人语言权利由个人享有的,由个人行使,个人受益;集体语言权利则属于群体,只能由该群体的代表机构行使,保护的是该群体所有人的利益(Reaume 1994)。语言权利由个人权利转向集体权利,与国际人权法律体系逐步承认集体权利的过程是一致的。

西方主流法律传统一直更倾向于个体权利而非集体权利(Maurais 1997)。在20世纪90年代前,所有重要的联合国文件所建立的语言权利都是基于个人的(Hamel 1990),少数人的权利也是个人权利(属于少数人群体的个人)。与此相一致,有关语言权利的讨论在概念上和表述上也均作为一种个体属性(Phillipson and Skutnabb-Kangas 1995)。在当时,尽管有学者提出集体权利的概念,但它还是一个新生事物,在民族学、哲学和司法意义上都存在很大争议。有学者认为它可能永远与个人权利相冲突,而且其实施可能会在世界很多地方对现有权力结构发出挑战(Olivé 1993;Villoro 1993)。还有学者(De Witte 1989)否定集体权利的必要性,认为个体权利和集体权利之间的对立在个人基本权利(fundamental rights)得到完善之后就不再显著,因为集体权利可以通过个人权利得到保护。很多民族和国家的法律体系和意识形态都强烈反对集体权利的存在,认为这一步将为承认少数民族的地位打开大门,可能使其成为国家内的自治群体或民族(Hamel 1997)。

但国际社会逐渐认识到,个人权利无法阻止少数群体的权利受到侵害。对于少数人群体来说,个体权利和群体权利实际上是一个硬币的两面。集体权利

第一章 现实与理论背景

可以成为少数人群体的一个重要工具,借此获得那些主体人群通过个人权利而获得的权利(Phillipson and Skutnabb-Kangas 1995)。《公民权利和政治权利国际公约》第 27 条算是一种集体权利的萌芽。进入 20 世纪 80 年代后,联合国开始为在更大程度上承认集体权利做准备。如联合国 1988 年提出的《联合国土著民族权利宣言》草案就已经开始承认土著民族的个人权利和集体权利[①]。1990 年《儿童权利公约》规定"不得剥夺属于少数人或原为土著居民的儿童与其群体的其他成员共同享有自己的文化……或使用自己的语言的权利"。1992 年《在民族或族裔、宗教和语言上属于少数群体的人的权利宣言》明确规定"少数民族成员可以作为个人也可以与其他成员一起享受有关权利"。当前国际人权思潮普遍认为,仅以个人权利为中心的生存保障或反歧视原则是不充分的,还必须进一步确保少数族群的集体权利(郭友旭 2010:95)。

对于语言权利来说,集体权利尤其重要,因为语言的使用是一种需要与他人互动的人类活动(Maurais 1997)。国际社会认识到,在教育和行政司法等许多领域,语言权利的实现必须基于集体主义的原则(Hamel 1997)。1996 年的《世界语言权利宣言》草案就在前言中指出:"语言权利既是个人权,也是集体权"。如今,学界对语言权利同时具有个人维度和集体维度已基本达成共识,语言权利是一种集体权利也得到广泛的认可(May 2005)。

二是从消极权利转向积极权利。划分"消极权利"与"积极权利"的思想来自英国政治哲学家伯林(Isaiah Berlin),他把"自由"分为"消极自由"和"积极自由",前者指个人免受别人干预的自由,后者指个人从事某种活动的自由。这一区分后来被运用于人权和权利理论,产生了"消极权利"与"积极权利"二分的思想。前者指个人要求国家权力做出相应不作为的权利,后者指个人要求国家权力作出相应作为的权利。对于少数人群体,具体来说,消极权利就是非歧视地享有人权的权利,积极权利就是可以保存和发展其身份的权利,包括自由地享受该群体特殊和独有的生活,如文化、宗教和语言等方面的生活(Stoel 1999:8)。在语言权利的研究中,克劳斯(Kloss 1971,1977)提出了一种类似的二分模式,即容忍型权利(tolerance-oriented rights)和促进型权利(promotion-oriented rights),在西方学界影响广泛,成为经典的语言权利划分方式。容忍型权利指个人不受政府干涉,在私人场合使用自己所选择的语言的权利。促进型权利指个人有权

---

① 2007 年 9 月 13 日联合国第 107 次全体会议通过该宣言,明确承认土著民族的集体权利。

在公共场合(如法庭、教育、公共服务等领域,通常与公共机构有关)使用某种语言。斯库特纳布·坎加斯(Skutnabb-Kangas 2012)则明确使用了"消极权利"(negative rights)和"积极权利"(positive rights)的区分方法。

20世纪90年代之前,大部分国际条文和国家法律,对少数人语言的保护是相当薄弱的,多属于消极权利(Skutnabb-Kangas and Phillipson 1994)。然而语言濒危状况的不断恶化使国际社会认识到,消极的容忍型权利不足以保障弱势语言的生存或促成对少数群体的整合,要保护弱势语言群体的权利,帮助他们抵制强势群体的同化,就必须为他们提供积极权利。这就意味着必须给国家规定一定的义务,促使其介入并采取措施,在教育或公共服务等制度性领域,由国家创造享受权利的条件(Hamel 1997)。1945年的《联合国宪章》、1948年的《世界人权宣言》以及1966年的《公民权利和政治权利国际公约》在涉及语言权时均使用非歧视和消极容忍的措辞。而到了1992年联合国通过的《在民族或族裔、宗教和语言上属于少数群体的人的权利宣言》,就已经要求国家不能只停留于"不歧视"而要积极维护语言身份。1994年,联合国人权委员会对《公民权利和政治权利国际公约》第27条予以革命性的重新解释,赋予移民和难民以少数人地位,并给国家规定了积极义务,同时对语言权利也更为重视。在联合国2007年通过的《土著人民权利宣言》中多处明确要求国家采取措施确保有关语言的权利得以实现。从消极权利向积极权利的转变是如此之显著,以至于有学者(Pupavac 2012:32)认为,在世界上的大多数地方,消极语言权利基本上已经实现,目前的讨论焦点是积极权利。

本书认为,从个人权利向集体权利、从消极权利向积极权利的转变并非以后者取代前者,而是在重视前者的同时承认后者的重要性,让两者共存。目前西方学界和国际社会均将关注重点放在集体权利和积极权利上,这是一种积极的转变,但这并不意味着集体权利和积极权利得以实现。

此处我们也讨论一下如何看待放弃母语的权利的问题。国内学者李宇明(2008)提出一个有意思的问题,即"母语放弃权"是不是一种语言权利。《世界人权宣言》(1948年)第一条指出:"人人生而自由,在尊严和权利上一律平等。"[①]很多学者(如Fromm 1973)认为这意味着人权是一种不可剥夺(inalienable)的权利,有些权力只有上帝才能行使,即"人权生而有之,本人无法自动放弃,外人也

---

① 参见联合国网站,《世界人权宣言》(1948年),http://www.un.org/zh/documents/udhr/,2015-7-23访问。

第一章 现实与理论背景

无法剥夺"①。但也有学者不同意这一看法,他们认为"权利并非不可剥夺,但是只有权利拥有者本人可以将之剥离,其他任何人不得将之剥离"(Tannehill and Tannehill 1970/2012:11)。人权是否可以剥夺、是否可以自动放弃的问题,其答案往往取决于回答者的立场;能否放弃母语使用权的问题也与此类似,从不同的角度回答则会有不同的结果。从自由主义理论的角度来看,一个人显然拥有选择自己所使用语言的权利,小族语言使用者出于个人意愿而转为使用另一种语言是无可厚非的。新自由主义的领军人物金里卡(Kymlicka 1995:90)指出"个人在可能的情况下,有权利离开自己的文化"。中国学者郭友旭(2010:265)也指出:"从法理上来说,母语首先是个人权利的对象,而不是在法律上约束自己的东西。原则上说,个人没有对任何一种语言保持忠诚的法律义务。他可以根据自己生存、发展的需要来调整自己的语言态度,决定学习、使用哪一种语言。因此,少数民族成员不但对使用自己的语言享有权利,而且还享有使用其他语言的权利。"在实际生活中,大量移民进入西方国家,选择放弃母语而使用目标国语言,是一种很常见的行为。

但另一方面,作为小族群体的成员,是否有义务保持其母语的延续是一个有争议的话题。《联合国发展权利宣言》指出,"有必要充分尊重所有人的人权和基本自由以及他们对社会的义务,所有的人单独地和集体地都对发展负有责任"②。在一定程度上,个人作为本族群的一分子,有义务为本民族语言文化的延续和发展做出努力。作为一个较小语言社区的成员,选择退出该语言会减少该语言的使用人数,对该语言剩余的使用者造成负面影响,使其处于更为不利的局面。但我们认为这种义务不是绝对的,个人发展的自由应当高于集体发展的自由,如果选择一种新的语言对个人发展自由的益处很大,而对集体发展自由仅有较低的潜在损失,我们很难指责个人选择使用一种更为强大的语言。实际上在很多时候甚至会发生整个族群转用另一种语言的情况。不过这里还涉及一个较为具体的问题,即儿童教育语言的选择,换句话说,家长是否有权利或有义务要求子女学习本族语。本书认为,家长有权利要求子女学习本族语。父母作为亲权人,其照顾子女的权利中应包含为子女选择教育语言的权利,因此有学者

---

① 参见联合国人权高等专员办公室,《基于人权的发展合作常见问题答疑》,第5页,http://www.ohchr.org/Documents/Publications/FAQen.pdf,2015-7-23下载。
② 参见联合国网站,《联合国发展权利宣言》第2条第2款,http://www.ohchr.org/Documents/Issues/Development/DeclarationRightDevelopment_ch.pdf,2015-7-23下载。

（郭友旭 2010:92）认为，在学前、小学阶段应由父母代子女行使选择教育语言的权利，但当子女达到一定的年龄、具备一定的行为能力时，这种权利宜由子女本人行使，否则有侵权的嫌疑。梅（May 2003a）则指出，学习小族语言不仅是一种约束，也是一种机遇，父母不应剥夺子女学习本族语的机会。其次，小族群体的父母，在一定程度上，有义务要求子女学习本族语。作为小族群体成员，既有学习和传播本民族语言文化的权利，也有保存和延续这一文化的义务。在社会主体族群语言占全面优势的情况下，如果不带有一定的强制性，则很难期待小族群体成员选择使用本族语接受教育（May 2003a）。我们认为，在保证小族群体儿童学习官方语言权利的前提下，可以要求其学习本族语。当然，小族群体成员在成年后，可以自行选择放弃其母语。

总的来说，我们认为，作为个体成年人，在其自愿的情况下有权利选择转用母语之外的其他语言。但这种做法不能说是没有代价的，即可能使其本族群其他成员面临一种更为不利的处境。

（3）义务主体。人权的义务主体应当是国家或地方政府当局，这一点并无疑义，在各国际人权文件中都有明确表述。但语言权利的义务主体，却并非总是那么明确，有时甚至遭到故意回避。

几乎所有的国际人权文件都是以国家为单位签署的，包括《联合国宪章》（1945 年）、《世界人权宣言》（1948 年）、《公民权利和政治权利国际公约》（1966 年）、《在民族或族裔、宗教和语言上属于少数群体的人的权利宣言》（1992 年）等。无论是具有约束力的还是没有约束力的，都是由国家签署的，即以国家为义务主体。联合国《少数人权利宣言》第 1 条就规定"各国应在各自领土内保护少数群体的存在及其民族或族裔、文化、宗教和语言上的特征并应鼓励促进该特征的条件。各国应采取适当的立法和其他措施以实现这些目的。"联合国重要的人权文件《联合国发展权利宣言》（1986 年）也规定"承认创造有利于各国人民和个人发展的条件是国家的主要责任"。

在人权领域，无论是消极人权还是积极人权，都要求国家负担一定的义务，前者是消极的不作为的义务，后者是积极的作为的义务（郭友旭 2010:90）。然而在语言权利领域，这一点似乎并不明确，克劳斯（Kloss 1971，1977）的消极语言权利和积极语言权利之分并未提及义务主体。最为吊诡的是，《世界语言权利宣言》列举了大量的语言权利，却自始至终都没有提及义务主体，似乎是故意回避了。

我们认为，无论是消极权利还是积极权利，语言权利的实现都有赖于国家或地方政府当局的支持和保障。小族语言的现状乃是国家权力构建国家身份的产品,国家应对小族语言的生存状况负责,而且国家掌握着改变语言关系的资源,在这一点上是责无旁贷的。实际上,在西方学界讨论语言权利问题援引较多的几个案例中,如巴伦廷、戴维逊和麦金泰诉加拿大案(Ballantyne, Davidson, Melntye v. Canada)①等,都是国家或代表国家履行职能的机构作为被申诉的对象(郭友旭 2010:91)。

本书认为,可以在语言权利的定义中加入义务主体以明确语言权利所对应的责任方。鉴于语言权利这一话语范式的重要诉求就是要求国家保障小族语言群体的权益而国家对其义务又闪烁其词,本书认为在语言权利的定义中加入义务主体是一种恰当的做法。

(三)梳理现有定义

语言权利研究的先驱斯库特纳布·坎加斯曾在1983年对语言权利进行过描述,相关内容在1987年巴西累西腓召开的国际跨文化交流联合会第12届研讨会(12th Seminar of the International Association for the Development of Intercultural Communication)通过的关于"语言权利"基本类型的宣言中得以体现,具体如下:(1)每个社会团体均有权使用一种或多种语言正面标识自己,并有权获得他人的接受与尊重;(2)每一名儿童均有权完整学习其族群的语言;(3)每个个人均有权在任何正式场合使用其族群语言;(4)每个个人均有权选择并完整学习至少一种其所在国的官方语言(Skutnabb-Kangas and Phillipson 1994)。这可能是西方学界最早对"语言权利"进行定义的尝试,但不能算作正式定义,只能算是对语言权利内容的一种描述,而且略显单薄。但该定义所包含的身份标识和学习官方语言的权利是非常有见地的,身份标识功能可能是小族群体最为关注的语言价值之一,而学习官方语言的权利则确保小族群体可以获得改善自身境遇的机会。

少数人群体语言权利研究领域的重要人物梅(May 2011b)在论及基本语言权利和"少数人"的语言权利时,曾将二者分别描述为"个人在私人或家庭领域不受干扰地使用任何语言的权利"和"小族语言使用者在公共或行政领域(主要在

---

① 参见"欧洲少数人权利"组织网站,判决书编号为 Communications Nos. 359/1959 and 385/1989, U. N. Doc. CCPR/C/47/D/359/1989 and 385/1989/Rev. 1 (1993),http://www.minoritycentre.org/sites/default/files/ccpr_canada_359-1989.pdf,2015-7-16 下载。

教育领域但不限于此)使用某种语言的权利"。这两个定义,特别是关于"少数人语言权利"的定义,强调少数人群体的语言在公共领域的使用,与梅的研究领域比较契合,是一个较为清晰的界定。但这一定义未明确指出语言权利的主体是个人还是集体,尽管梅本人是支持集体语言权利的。

由于语言权利往往以法律形式体现,有学者把语言权利解释为"关于语言及其使用者所享有或未享有的权利与地位的立法"(Paulston and Peckham 1998:15),或者解释为"关于语言在公共生活中的使用的法律规定,是多民族国家关于族际关系安排的一部分,也包括教育、宗教、政治象征等领域的语言使用规定"(Vilfan 1993:1)。我们认为,语言权利应当用法律形式予以确定或固化,但能够得到法律认定的权利很可能只是小族群体应享权利的一部分;法律所规定的权利界线可能是对某一小族群体语言权利的保护,也可能是对社会主体人群既得语言利益的巩固,两者可能发生冲突;不同国家的法律规定往往会产生根本性的矛盾。因此法定语言权利只是语言权利演变的一种状态或一定阶段的演变结果,不能以"进入法律"作为语言权利的判定标准。

中国学者对"语言权利"问题的研究起步较晚,但也试图给过几种定义。如杨晓畅(2005)认为:"语言权是指同类人群或个人学习、使用、传播和接受本民族语言、国家通用语言和其他交际语言的权利的总和。"这一定义基本可以反映目前学界所涉及的语言权利的内涵,但这一定义使用的"其他交际语言"似乎有边界过宽的嫌疑,如学习外语的权利目前尚存争议,而作为一个群体学习外语是否是一种应予保障的权利,似乎有待商榷。刘红婴(2006:24)在《语言法导论》中指出:"语言权是公民、族群、国家及各种组织表达思想时选择和使用语言文字作为物质手段的权利。"这一定义对语言权利的主体做出了较明确的规定,是一个突出的特点,但似乎遗漏了母语教育权这一核心权利。郭友旭(2010:73)则将其定义为"围绕选择使用母语(本语言群体的语言)或其他语言形成的一系列权利的总称"。这一定义为了避开确定语言权利主体这一难点干脆避而不谈,且使用了模糊的"一系列权利的总称"这种说法,显然是一个权宜之计,但并没有反映作者的真正意图。

其实,"语言权利"所涉领域颇为庞杂,各领域的研究侧重点有较大差异,且相关研究均处于快速发展阶段,很难在短期内就"语言权利"的定义形成统一的看法。而且西方学界对"语言权利"这一概念给出正式定义的并不多,往往是在需要使用这一概念时直述其内容。倒是有不少学者(Eerik 1998;Wright 2007)

使用过一个简明的定义:"使用自己语言的权利"(the right to use one's own language)或"使用自己所选语言的权利"(the use of the language of choice)(Hogan-Brun and Wolff 2003)。虽失之粗略,但胜在通俗易懂,也避免了列举可能带来的疏漏。我们认为在现阶段,进行一般性讨论时,完全可以使用这个定义,即"使用自己语言的权利"。

基于研究者对这一概念的理解,在现有研究的基础上,我们尝试给出一个综合性的"语言权利"的定义:语言使用者,作为个人或群体,在当局的保障或支持下,在私人领域或公共领域,学习、使用、传播、发展自身语言文字以及所在国官方语言文字,并使用上述两者作为身份标识的权利。该定义反映了研究者对这一概念的理解,解释如下:(1)语言权利的权利主体不是语言,而是语言使用者,具有个人和集体两个维度,且不限于小族语言使用者,社会主体人群也享有语言权利;(2)义务主体是国家或地方当局,应由当局提供一定的资源保障;(3)权利内容包括消极权利和积极权利,即私人和公共领域的使用(包括接受和发出信息),同时包括语言本体发展方面的权利;(4)语言的身份标识功能应得到尊重;(5)此外还明确了一点,即学习并认同国家官方语言是所有人的语言权利;(6)至于上述权利是否可以放弃,我们倾向于认为权利主体在自愿的情况下可以放弃。

不过在本书的操作层面,拟主要参考梅(May 2011b)关于"少数人"语言权利的定义,即"小族语言使用者在公共或行政领域(主要在教育领域但不限于此)使用某种语言的权利"。该定义与本书的研究目的较为契合。我们在考察各对象国的语言权利事务管理状况时将主要着眼于小族语言的使用者,将人而非语言作为权利受益者,且主要关注小族群体而非社会主体人群。本书关注的重点将是小族语言在公共领域的使用,即积极权利。

二、欧洲语境下的小族语言

"小族语言"(minority languages)在语言权利研究中是一个极为关键的概念,是语言权利话语所维护的核心对象之一。但至少有两种方式解读这一概念,即"少数人群体所使用的语言"和"使用人数较少的语言"。这体现了对于语言权利主体认定的两种观点,也反映了小族语言保护实践的两种取向,即保护语言使用者或语言本身。根据前文我们对"语言权利"的定义,我们倾向于采用前一种解读,即以人而非语言作为观察的主要视角,但在欧洲语境下,后一种解读也具有实践意义。下面我们对"小族"和"语言"这两个概念做单独说明,并确定本书中这两个概念的外延。

"语言"的识别与认定显然是一个复杂的问题,不过在当下的欧洲,已经是一个相对容易解释的概念。语言的识别并不容易,如果仅从共时语言学角度考虑,语言之间并非总可以通过结构上的特征截然分开,相近的语言变体会形成一个连续统(Pennycook and Makoni 2006)。实际上,社会、文化或政治因素在语言的认定过程中也起着非常重要的作用,因为这种认定常常更多地与文化传承和身份识别联系在一起。欧洲一些语言之间的差异甚至小于其他地区一种语言不同方言之间的差异,正是在这个意义上,有人说语言就是一种有军队支持的方言。但经过语言学家数百年的努力,如今学界和社会大众对于语言的识别已经形成了一个相对稳定的判定,比如影响较为广泛的"民族语"(Ethnologue)组织,综合语言、政治、社会、地理、文化等因素,形成了一套鉴别语言的相对中立的标准。国际标准化组织(International Organization for Standardization)的"世界语言名称代码标准"(ISO639)[①]便是依据"民族语"的标准发展而成的。该标准认为,在判定两种在口头上可以相互理解的语言变体是属于同一种语言的方言还是两种独立的语言时,如果这两种变体的使用者具有稳固的不同的身份认同,则应将之认定为两种不同的语言[②]。在欧洲,对现有语言的识别和划界已经基本完成,语言的名称和数量也相对稳定。为方便统计,本书拟采用目前各国官方所认定的语言划分方法,包括其官方语言和境内的小族语言。但对于那些存在争议的小族语言,本书拟借鉴"民族语"的标准[③],即尊重使用者的身份认同,在语言特征区别较小但使用群体坚持称其为语言的情况下,将其作为一种语言进行分析。

对"小族"的界定要更为棘手,因为目前学界研究和国际文件对这一概念的解释非常模糊。"小族"对应的英文一般为"minority",在不同的语境下该英文单词与不同的词相搭配,可以被译为"少数人""少数族群""少数族裔"或"少数民族"等内涵略有差异的概念。国际文件中的"小族"(minority),一般指"在民族或族裔、宗教和语言上属于少数群体的人",一般简称为"少数人",其国际法渊源来自联合国通过的《公民权利和政治权利国际公约》(1966 年)第 27 条。"二战"

---

① 参见国际标准化组织网站,http://www.iso.org/iso/home/store/catalogue_tc/catalogue_detail.htm?csnumber=39535,2015-6-4 访问。
② 参见"民族语"网站,http://www.ethnologue.com/about/problem-language-identification,2015-6-4 访问。
③ 同②。

第一章　现实与理论背景

后出现的《世界人权宣言》(1948年)并未提及"少数人"的权利,而是把重点放在普遍的、个体的人权保护上。但不久之后,国际社会很快意识到仅仅是"平等和非歧视原则"不足以保障少数群体维持、保护并发展其文化特征,于是通过了《公民权利和政治权利国际公约》(1966年)和《经济、社会、文化权利国际公约》(1966年)予以补救。《公民权利和政治权利国际公约》(1966年)第27条引入"少数人群体"的概念:"在那些存在着人种的、宗教的或语言的少数人的国家中,不得否认这种少数人同他们的集团中的其他成员共同享有自己的文化、信奉并实行自己的宗教或使用自己的语言的权利"[①],这一概念成为后来各种少数人权利文件的元条款。而后来通过的《在民族或族裔、宗教和语言上属于少数群体的人的权利宣言》(1992年,以下简称《少数人权利宣言》)则进一步认定少数人群体特殊权利,要求缔约国采取积极的支持措施以确保并推动少数人权利的享有和实现,以弥补《公民权利和政治权利国际公约》第27条中对国家和政府在少数人权利保护中的消极义务定位的不足。不过《少数人权利宣言》(1992)也没有确定所覆盖的"少数人"概念的具体内涵和外延,随着人权理论的发展,妇女、儿童和残疾人等弱势群体也逐步被纳入了"少数人"的概念。目前学界对这一概念达成的基本共识是:对一个群体是否属于"少数人"的判定,"不是基于数量上的多寡,而是基于群体间在权力、地位和权利上显而易见的差异"(May 2011a)。虽然没有确定"少数人"这一概念的边界,但目前在国际层面或欧洲区域层面已经建立起一套专门用于保护"少数人"权利的机制,与世界其他地区相比已达到相对完善的程度。从语言权利研究的关怀取向上看,所有"少数人"群体的语言权利都在关注之列,无论这一群体是族裔群体、宗教团体抑或是受监护的儿童或残疾人都应享有其相应的语言权利。目前欧洲的"少数人"权利保护机制也提供对语言相关权利的保护,因此我们在对欧洲以及中东欧国家的权利保障体系进行讨论时,会涉及"少数人"权利管理的相关机制。

本书主要关注的是"在民族或族裔上的少数群体"的语言权利,这一概念显然是"少数人"概念的一个下位概念,指的是那些具有一定"民族"特征的群体。不过在欧洲语境下,"民族"(nation)是一个比较敏感的词,还涉及一个更为敏感的概念——"少数民族"(national minority)。目前学界关于"少数民族"的讨论主要是基于卡普陶蒂(Francesco Capotorti)向联合国防止歧视保护少数民族小

---

① 参见联合国人权事务网站,http://www.un.org/chinese/hr/issue/ccpr.htm,2015-6-4访问。

组委员会提交的一项研究报告中提出的经典定义，即"一个群体，属于一国公民，不居于统治地位，在数量上少于该国其他人口，且具有民族、宗教或语言上的不同特征，并（可能是含蓄地）表现出一种旨在保护他们的文化、传统、宗教或语言的团结性"（转引自札尔德·科曼达 1998：198）。这一概念提出了"少数民族"的诸多区别性特征，如具有一国公民的身份，在权力上居于被统治地位，数量上少于主体民族，具有民族、宗教或语言特征，并具有维护自身特征的愿望。这些特征基本为国际社会所接受，比如在 1991 年欧洲委员会为《欧洲保护少数民族权利框架公约》而准备的议案中，就把少数民族定义为"在数量上居于少数，在人种、宗教或语言方面具有不同于其他人的特征，含有保护他们文化、传统、宗教或语言倾向的国民"。然而，"二战"期间欧洲很多"少数民族"遭受过严重的歧视和残酷的驱逐、屠杀且很多国家认为强调"少数民族"的文化特征和群体认同容易诱发民族冲突乃至导致国家分裂（肖建飞 2012b：125），因此"少数民族"在欧洲是一个比较敏感的词，各国心照不宣地在各种国际文件中尽量予以避免。尽管也推出了大量保护少数人权利的措施，但至今没有在法律意义上定义"少数民族"一词，而且尽量避免使用"少数民族"这一提法[①]。欧洲委员会最终通过的《欧洲少数民族保护框架公约》（1995 年）中竟然没有"少数民族"（national minority）的定义，而是采取一种"实用主义的措施"[②]，即由各成员国自行定义"少数民族"。中东欧国家，无一例外都在境内存在大量具有上述"民族"或"少数民族"特征的群体，但是人数和聚居程度以及居住历史均有差异，只有一部分经过国家认定的族裔群体可以被称为"少数民族"并享受国家的保护。从语言权利研究角度看，所有族裔群体的语言权利都值得关注，无论这一群体在法律中的地位如何，因此我们将用"小族"这一概念指称中东欧各国境内所有的"在民族或族裔上的少数群体"，而"小族语言"是指"在民族或族裔上的少数群体所使用的语言"。不过鉴于各国都已建立起比较成熟的"少数民族"权益保障机制且这一机制也是我们观察的重要对象，在讨论国家机制时，我们会使用"少数民族"这一术语指称那些得到法律认可的族裔群体。

在欧洲语境下，"使用人数较少的语言"这一解读方式也具有重要的实际意

[①] 参见欧洲中文资讯网站"华翼网"，《欧盟内部少数民族究竟是不是问题》（2004），http://news.chinesewings.com/cgi-bin/i.cgi?id=cd060301556939，2015-9-2 访问。

[②] 《欧洲保护少数民族权利框架公约》及其解释性报告，第 12 段，https://www.coe.int/t/dghl/monitoring/minorities/1_AtGlance/PDF_H(95)10_FCNM_ExplanReport_en.pdf，2015-9-2 下载。

第一章 现实与理论背景

义,也需要纳入我们的考察范围。由于欧洲各国对"少数民族"这一概念的警惕,加之语言具有划分民族界限的功能,且"在民族或族裔上的少数群体"与"在语言上的少数群体"很多情况下是重合的,因此欧洲在区域层面往往倾向于只谈论语言而不论及民族。欧洲层面在语言保护方面的文件一般使用以语言为中心词的术语,如"较少使用的、地区性的、较少人使用的语言"(lesser-used, regional and minoritised languages)[①],显示了一种以语言而非人群作为保护对象的取向。《欧洲区域语言或少数族群语言宪章》(*European Charter for Regional or Minority Languages*,以下简称《宪章》)[②]则使用了"区域性语言或少数族群语言"(regional or minority languages),定义中也避免使用"少数民族":"一国内的一个在数量上占少数的公民群体在该国某一特定区域内使用的语言,且不同于该国官方语言"。显然这里的"minority"并没有"民族"或"族裔"的意味,而仅仅是一种"少数人"。《宪章》"有意未对不同类型的语言加以区分",认为"每门语言都是一个特例",希望用"区域性语言或少数族群语言"这个术语统称所有需要保护的语言(科热米亚科夫 2008)。我们认为,尽管"少数族群所使用的语言"和"使用人数较少的语言"两个概念在理念导向上存在差异,但在实践中无法准确将某种语言区分为前者或后者,因为这两者所指对象在很多情况下是重合的;从这两个角度出发所采取的措施在客观效果上都有利于语言使用者实现语言权利,都有益于语言的生存和发展。我们在考察小族群体语言权利的过程中,也会把针对语言保护采取的措施纳入考察范围。换句话说,在对中东欧国家"小族语言"进行实践层面的考察时,不考虑上述区别;实际上绝大部分中东欧国家对《宪章》框架下语言所实施的保护工作都基于"少数民族"这一概念。

在本书中,"小族语言"的具体外延主要包括各国在《宪章》框架下所承诺保护的语言,同时兼顾其他小族群体所使用的语言。《宪章》无疑是欧洲最为重要的小族语言保护国际文件,该机制在中东欧各签约国小族语言管理机制的建立和完善方面发挥了重要的推动和监督作用,并在各国小族语言的保护上持续发挥重要作用。本书的目的主要在于通过考察中东欧各国中较为先进的语言权利事务管理机制及其管理效果,探析语言权利与小族语言生存之间的关系,因此将

---

① 参见欧洲较少使用语言署网站,http://eblul.eurolang.net/index.php?option=com_content&task=view&id=14&Itemid=33,2015-9-2 访问。
② 周庆生主编的《国外语言政策与语言规划进程》(2001)将"minority languages"译成"少数民族语言",我们认为译成"少数族群语言"可能更为合适。

重点考察中东欧国家受到《宪章》机制保护的小族语言,同时兼顾该国境内其余小族语言。

第四节 中东欧国家的标本意义

一、中东欧转型国家的界定

"中东欧"[①]是一个地缘政治概念,泛指欧洲大陆上在冷战期间曾属于苏联阵营的前社会主义国家,在地理上涵盖了中欧、东南欧、北欧和东欧的部分国家。西方文献很多时候并不对这一概念所涵盖的国家进行严格的界定,一般包括:中欧地区的捷克、斯洛伐克、匈牙利和波兰四国;东南欧地区的巴尔干国家,包括罗马尼亚和保加利亚以及马其顿、塞尔维亚、波斯尼亚和黑塞哥维那、克罗地亚、斯洛文尼亚、黑山六个前南斯拉夫联邦成员,另有科索沃,仅获部分国家承认;北欧地区的波罗的海国家,包括爱沙尼亚、拉脱维亚和立陶宛三国[②]。但这一概念在各种国际机构的数据统计和学界的分析中常会因为不同需求在上述国家的基础上进行增减,因此白俄罗斯、摩尔多瓦和乌克兰等独联体国家在很多时候也被纳入这一范畴,而并非前苏联阵营的塞浦路斯、马耳他和土耳其有时也被纳入比较范围,俄罗斯有时甚至也被纳入这一概念[③]。根据我国外交部惯例,"中东欧"包括16个国家:波兰、捷克、斯洛伐克、匈牙利、保加利亚、罗马尼亚、阿尔巴尼亚、爱沙尼亚、拉脱维亚、立陶宛、马其顿、塞尔维亚、波斯尼亚和黑塞哥维那、克罗地亚、斯洛文尼亚以及黑山[④]。

"转型国家"(transition countries、transition economies、nations under tran-

---

[①] 英文为 Central and Eastern Europe(CEE)或 Central and Eastern European Countries(CEEC),有时也使用 East Central Europe(ECE)这一术语指这一地区的部分国家。

[②] 此处中欧、东南欧、北欧、东欧等地理划分是大致上的区分,仅为了方便我们在这里描述,如何划分在西方文献中也无定论。

[③] 参见罗兰贝格公司(Roland Berger Strategy Consultants)咨询报告"CEE in 2020 - Trends and perspectives for the next decade (2010)",http://www.rolandberger.at/media/pdf/Roland_Berger_Studie_CEE_in_2020_20101201.pdf;Weastra 投资咨询公司网站,http://www.weastra.com/cee-countries/;经济合作与发展组织(Organization for Economic Cooperation and Development)网站,http://stats.oecd.org/glossary/detail.asp?ID=303;"中欧经济数据"网站,http://www.databasece.com/en/data。以上网站均于 2015 年 9 月 2 日访问。

[④] 参见中国-中东欧国家合作秘书处网站,http://www.china-ceec.org/1/more/28/more28.htm,2015-9-2 访问。

sition 或 nations in transition），在狭义概念上指苏联解体后从威权政治和计划经济体制向民主法治和市场经济体制过渡的中东欧原社会主义国家（Lowitzsch and Pacherowa 1998）。但在更广意义上，它也可以指所有经历了重大政治、经济和社会等多方面变革和转变的国家，包括中东欧国家以及曾受高度管制的亚洲国家、后独裁时代的拉丁美洲国家和后殖民时代的非洲国家等（Falke 2002）。在有的学者（Stern 1997:3）看来，俄国在 1917 年十月革命之后建立社会主义计划经济期间也属转型国家。在西方学界看来，20 世纪 90 年代后开始经济改革的中国毫无疑问也属于转型国家，而且由于曾与中东欧国家同属社会主义阵营而常被当作一个典型的非中东欧转型国家来分析（Harmer 1996）。国际货币基金组织[①]（IMF）、世界银行[②]（World Bank）等国际机构也明确将中国列入转型国家。

根据世界银行的一份报告[③]，2004 年和 2007 年加入欧盟的十国已经处理好转型问题，即转型已经结束，这些国家包括爱沙尼亚、拉脱维亚、立陶宛、波兰、捷克、斯洛伐克、匈牙利、斯洛文尼亚、罗马尼亚和保加利亚。尽管学界在中东欧国家转型是否结束的问题上目前仍有不同的判断，但我们至少可以据此判定上述十国在经济和社会转型方面已取得阶段性成功，各方面政策已相对成熟，属于转型较为成功的"中东欧转型国家"。

西方学界常将中东欧国家划分成若干片区进行较小范围的区域比较研究，常见的有波罗的海三国，前南斯拉夫联邦成员，捷克、斯洛伐克、匈牙利、波兰中欧四国以及曾属于苏联加盟共和国的中亚国家。波罗的海三国是典型的中东欧转型国家，其国内的语言权利问题近年来也一直是国际社会关注的焦点，其中最突出的问题就是俄裔少数人群体语言权利的维护。但很显然波罗的海国家受到重视主要是因为俄罗斯在这一问题上的强硬立场以及西方国家为避免与俄罗斯的冲突而对波罗的海国家施加了压力。考虑到具有强大母国支援的较大小族语言在我国并非典型存在，本书拟不选取波罗的海国家为研究重点。大部分前南

---

① 参见国际货币基金组织报告"Transition Economies: An IMF Perspective on Progress and Prospects (2000)"，https://www.imf.org/external/np/exr/ib/2000/110300.htm，2015-9-2 下载。
② 参见世界银行报告"The First Ten Years. Analysis and Lessons for Eastern Europe and the Former Soviet Union (2002)"，http://siteresources.worldbank.org/ECAEXT/Resources/complete.pdf，2015-9-2 下载。
③ 参见世界银行报告"Unleashing Prosperity: Productivity Growth in Eastern Europe and the Former Soviet Union (2008)"，http://siteresources.worldbank.org/ECAEXT/Resources/publications/UnleashingProsperity.pdf，2015-9-2 下载。

斯拉夫联邦成员和中亚国家至今仍在转型中，在政治经济制度的完善和社会经济的发展水平方面仍远未达到欧洲基本水准，在小族语言权利的维护方面可以说教训多于经验，也非最好的观察对象。而捷克、斯洛伐克、匈牙利和波兰四国的转型已取得阶段性成功，进入中等发达国家水平，在国家各领域的机制建设（包括语言权利的保护）方面，经西方国家的督促也取得了长足的进展，是较理想的研究对象。这四个国家首尾相连，经济水平相似，在政治经济方面合作密切，自冷战结束后就签署协议，成立区域合作组织，结为维谢赫拉德集团，在西方文献中常用来做相互比较。考虑到波兰的主体民族高达总人口的 99.3%[①]，小族语言问题并不显著，以及本书篇幅所限，拟选取捷克、斯洛伐克和匈牙利三国为观察对象，分析在国家转型背景下三国如何制定并实施语言权利的管理机制及其对小族语言的生存和发展可能造成的影响。

二、中东欧国家的标本价值

就语言权利研究而言，中东欧是一个极有观察价值的地区。这里民族数量众多，历史上领土变更与民族迁徙频繁发生，民族混居现象极为复杂（朱晓中 1992），历史纠葛和现实冲突不断。在 1989 年之后该地区转向西方的浪潮中很多国家采用了较高的少数民族保护标准，出现了极为多样化的实践行为，可以为理论研究提供丰富的启示。同时该地区与我国同属广义转型国家，都经历了或正经历着深刻的社会转型，该地区国家的经验教训亦可资我国借鉴。

（一）小族语言状况具有独特研究价值

中东欧地区民族众多、文化多样、语言各不相同、关系错综复杂，是典型的马赛克式民族文化博览馆，在世界范围内亦属少见。

中东欧国家的边界在历史上不断变动，一战和二战后在英、法和美、苏等列强操纵下的边界划分导致了大量人口成为少数民族（朱晓中 1992），如今除了极少数国家（如波兰和阿尔巴尼亚等国）的主体民族占本国人口的 98% 左右外，其余国家都存在着相当数量的成分复杂的少数民族。鉴于国家界线和民族界线的

[①] 参见波兰《欧洲区域语言或少数族群语言宪章》第一轮国家执行报告（2010 年）第 13 页。欧洲委员会提供的《欧洲区域语言或少数族群语言宪章》所有签约国的国家执行报告和专家评估报告，下载页面为 http://www.coe.int/t/dg4/education/minlang/Report/default_en.asp。本书所引报告均来自该页面，下文引用时将不再一一标明下载地址和下载时间，而是直接使用"×国第×轮×报告（×年），第×页"的格式，在此一并说明。

错位且很多民族都属于跨境族群,一国之内的少数民族往往在另一国是主体民族。该地区的民族在历史上先后受到罗马文明、拜占庭文明和伊斯兰文明等多重文明的影响,宗教信仰和风俗习惯迥异,彼此间缺乏信任和认同,未能形成单独的文化区域。比如斯洛文尼亚、克罗地亚等国国民主要是斯拉夫人,匈牙利人则带有亚洲游牧民族血统,如今三国国民却大都信仰属于西欧的天主教;罗马尼亚人和阿尔巴尼亚人均属欧罗巴人种,却一个信奉东正教,一个信奉伊斯兰教(孔寒冰 2010)。冷战结束后,该地区强大的民族主义传统再次复兴并快速发展,曾导致民族间关系紧张甚至国家分裂,至今仍遗留了大量民族问题。

在语言上,该地区大部分民族所使用的语言属斯拉夫语族,分属东部语支(如俄语、乌克兰语、白俄罗斯语)、西部语支(如捷克语、斯洛伐克语、波兰语、卢萨提亚语)和南部语支(如保加利亚语、马其顿语、塞尔维亚-克罗地亚语和斯洛文尼亚语)。该地区也有很多民族,使用印欧语系其他语族的语言,甚至其他语系的语言,如属于乌拉尔语系的匈牙利语和起源于印度的罗姆人语言。

中东欧地区的特殊地理、历史、人文和政治环境造就了其独特的语言生态。强大的民族主义传统不断强化民族语言的身份标志功能,使政治和经济冲突外化为语言冲突。在这种长期的对立中语言状况变得非常复杂。近年来该地区各民族不断提高语言利益和语言权利的维护意识,得到了国际人权发展大潮的呼应,引起很多国家大幅调整政策。就语言政策研究而言,该地区多样的语言生态和政策设计是极有价值的。

(二)语言权利事务管理实践可反哺理论研究

欧洲大陆算是全球民族关系最为错综复杂的地区之一,历史上存在大量民族歧视和民族冲突现象,曾给欧洲带来沉重的历史教训,特别是二战期间对犹太人和罗姆人等的残酷屠杀。二战结束后,欧洲构建了世界上最为复杂的少数民族权利保护体系,在中东欧国家大量入盟时这一体系自身进行了扩充和强化,同时推动中东欧国家建立较为完备的少数民族权利保障机制。

欧洲层次的人权和少数民族权利保障体系以一系列普遍性公约为基础,包括《欧洲人权公约》(1950年)、《欧洲保护少数民族框架公约》(1994年)、《欧洲区域语言或少数族群语言宪章》(1992年)等核心文件。而欧洲委员会、欧盟、欧洲安全与合作组织等机构则是欧洲维护人权和少数民族权利的重要机构。在一体化进程中,欧盟各时期通过的联盟条约也包含了相关的人权和少数民族权利保护的内容,包括《马斯特里赫特条约》(1992年)、《阿姆斯特丹条约》(1997年)和

《里斯本条约》(2007年)等。

欧盟声称"平等对待少数民族是统一的新欧洲的基石"(Goldston 2002),因此对申请加入欧盟的中东欧国家不仅要求其接受已有欧洲机制的制约,更因为其充斥民族冲突的历史、暗藏民族矛盾的现实,而为其制定了更为严苛的人权和民族政策评判标准,督促其采取更为系统和彻底的人权和少数民族权利保护机制改革。1993年哥本哈根会议提出将少数民族保护列为中东欧国家的入盟标准之一,随后于1997年将申请国应当满足的少数民族权利保护标准具体化,并自1999年之后用《欧盟委员会关于候选国入盟进展的年度报告》来敦促和推动尚不达标的候选国使其做出改进并确立少数民族权利保护的制度框架。在这些压力下,中东欧国家投入了大量资源用于少数民族权利,包括语言权利保护机制的建设,因此在这方面取得了长足的进展。

与1989年之前对境内小族群体实施的较强的同化政策(Vermeersch 2003)相比,中东欧国家如今的小族权利保护机制基本符合欧洲标准,其转变之大在世界范围内都是前所未有的,该地区的政策设计和操作实践极具观察价值,将为理论研究提供丰富的启示。

(三)经验教训可资其他转型国家借鉴

中东欧国家在少数民族管理,包括小族语言保护方面的政策和实践探索,一直是国际学界关注的重点。一方面是由于其位于欧洲中心,连接世界东西两部分而具有地缘重要性,另一方面也是因为其中部分国家较为成功的转型经历为探索人类社会发展模式的更多可能性提供了极有价值的参照体系。苏联解体后,中东欧国家相继在政治和经济制度上发生重大转变,多数国家政治上实行多党制和议会制,经济上不同程度地向私有化和市场经济过渡,开始了波澜壮阔的大转型。这一转型涉及政治、经济、社会以及对外关系诸方面,其变革的深度、广度和速度在人类历史上均属罕见。而在更广意义上,自20世纪下半叶起,世界范围内的大多数发展中国家都经历着深刻的社会转型。这一广义转型又适逢全球化大潮席卷全球,各国所遭遇的挑战也有很多相似之处。如今,对语言权利的保护顺应世界主流价值发展趋势,在中东欧国家已获得较高程度的认可,但对于世界上的大多数地区而言却是一种新的话语体系,对中东欧国家的经验教训进行研究分析,可资其他国家借鉴参考。

第二章 一种多维度的描述框架

第一节 语言管理理论

一、"语管论"概述

本书拟以"语言管理理论"(Language Management Theory,以下简称"语管论")的核心概念和理论原则为基础构建一个分析框架,对中欧三国在国家层面对语言权利相关事务的管理以及各国小族群体语言权利的实现状况进行考察。

"语管论"发端于西方学界 20 世纪六七十年代的语言规划研究,由两位欧洲裔学者诺伊施图普尼(Jiří V. Neustupný)和颜诺(Björn H. Jernudd)于 1986 年共同提出。该理论是在语言规划研究的框架内发展起来的,80 年代末以后经过反思和调整,逐步区别于传统的语言规划理论,成为一种相对独立的理论体系(Nekvapil 2009;Neustupný 1974, 1978;Rubin and Jernudd 1971)。"语管论"将语言使用分为两个部分,即言语的产出和接受(the production and reception of discourse),以及对这一产出和接受过程施加影响的行为,"语管论"将后者称为"语言管理",并自觉将其作为研究对象(Nekvapil 2012)。

"语管论"的理论渊源主要来自布拉格学派在语言规划实践中形成的"语言培养"(language cultivation)理论以及海姆斯(Dell Hymes)的"交际民族志"(ethnography of communication)理论。诺伊施图普尼在此基础上发展出了"语言问题"(language problems)理论,该理论将"语言管理"作为一种矫正性(corrective)行为,试图通过"语言匡正"(language correction)的概念将微观层次的语言矫正行为模式推广到宏观层次的语言规划,并由此建立起一个较传统的、语言规划理论视野更广的语言处理(language treatment)理论框架(Neustupný 1978)。

"语言管理"一词由诺伊施图普尼和颜诺(Jernudd and Neustupný 1987)1986 年在加拿大魁北克的"语言规划国际研讨会"上正式提出并使用,后来有多位学者讨论或使用过。如库柏(Cooper 1989:29)就曾对"langauge policy""language planning"与"language management"三者的异同进行过探讨,卡普兰和巴尔道夫(Kaplan and Baldauf 1997:207—209)则将其作为法语"aménagement linguistique"的英文对应术语。不过流传最广的还是斯波斯基(Spolsky 2004,2009)的观点,他(Spolsky 2004:5—8)起初将"语言管理"定义为"任何具体改变或影响语言行为的尝试",将其与语言理念和语言行为共同作为一个语言社区"语言政策"的三个核心成分,并称"当一个人或组织对语言状况直接予以干涉的时候,我倾向于称其为语言管理,而非规划(planning)、改造(engineering)或处理(treatment)",但其涵义与"语言规划"是类似的。后来斯波斯基(Spolsky 2009:4)提出了"领域"(domain)的概念,将"语言管理"重新定义为"具有权威或宣称具有权威的个人或群体,在某一领域内,对参与者的行为或理念公开进行改变的行为",并承认该定义部分地整合了"语管论"的观点。不过斯波斯基只是选择性地吸纳了"语管论"的有限思想(Dovalil 2011),仍然主要用"语言管理"来指宏观层次的语言规划,他虽然在一定程度上扩大了"语言管理"这一术语的使用范围,但并未为其赋予理论内容(Nekvapil 2012)。总的说来,"语管论"是唯一长期连续地、系统地在理论意义上使用"语言管理"的学派(Nekvapil and Sherman 2015)。

　　诺伊施图普尼和颜诺都是国际上研究语言政策与规划的资深专家,著述颇丰,因此"语管论"自提出之后立即引起了国际学界的关注,但总的来说,在以英美研究传统为主的西方学界,"语管论"并未成为主流学说,而是一直以一种补充性的理论存在。近年来"语管论"不断发展壮大,在欧洲、日本和澳大利亚形成了稳定的研究团队,逐渐巩固了其在西方社会语言学界的地位,卡普兰(Kaplan 2011)称其为构建语言规划研究的全新范式,巴尔道夫(Baldauf 2012)将其作为当今语言规划与语言政策领域的四大基本理论范式之一。

二、"语管论"的核心概念

(1)利益(Interest)

　　"语管论"的一个重要特征是承认语言社区中不同利益的存在,认为语言管理不是一个不涉及价值观的、客观的、"科学"的过程。"语管论"认为,参与语言规划的个人或社会组织具有不同的利益诉求,他们之间的权力分配也不平衡,规划者总是代表了其中某一方或几方的利益,无法代表全体社会成员的利益。"语管论"在发展早期就关注个人和团体的语言权利,以及对这些权利所遭受的来自政府强势权力的侵犯,因此曾被称为"在学术上对反抗政府的人民权力的回应"(an academic response to people power in reaction against central imposition)(Jernudd 1993:134)。

"语管论"是伴随着语言规划及相关理论的兴起而发展起来的,这一进程主要始自20世纪60年代殖民主义的衰落和发展中国家现代化进程的开端。在最初阶段,语言规划被视为一种社会资源的规划工具,语言规划理论则被视为一种致力于资源配置优化的理性思考,用以估量具体社会、经济和政治环境中不同语言政策的利弊,其规划目标总是需要得到政治当局的许可并作为社会整体目标的一部分。尽管在20世纪70年代初期,有很多语言规划专家发现了语言问题和经济、社会、政治目的之间的关系以及这些不同的利益间的潜在冲突,但并未对此深究,认为这些问题可以交由政治学家去处理。在这种背景下,语言规划作为一个技术领域得以发展,其基本假设是:在政府授权下,语言规划者代表整个社会进行工作,寻找在一定条件下可以被普遍接受的解决问题的方案(Jernudd and Neustupný 1987)。换言之,就是语言规划必须追求整个社会的利益,承认一种具有普遍意义的正义事业的存在。

然而有一种不同意见始终存在,并逐步获得越来越大的影响力。早在20世纪60年代诺伊施图普尼(Neustupný 1968)就指出,不同的社会群体对制定语言政策具有不同的标准;语言规划提供的问题解决方案不可能避免价值判断;只要社会阶层依然存在,在语言管理中就不可能有客观性(Jernudd and Neustupný 1987)。实际上,很多语言问题的出现并非是因为存在沟通问题,而是政治和社会联合体用语言差异来体现并支持各自的社会、经济及政治利益,属于政治问题的外化(Rubin and Jernudd 1971:491—492)。到了20世纪80年代,语言规划理论界的环境有所改变,开始关注语言管理中的各种不同目标。诺伊施图普尼(Neustupný 1983)指出:"任何一种语言规划理论都必须对规划中涉及的所有政治价值予以充分描述。这不是一个可有可无的额外任务,而是该学科最重要的基本目标之一。""语管论"的思路就是承认不同的社会群体对于解决语言问题有不同的关注点(Jernudd and Neustupný 1987),指出没有语言规划可以代表整个社会,不同的群体有不同的思想和行为,提出语言政策的人应明确说出他们的利益所在。

从这一点来看,"语管论"持一种较为激进的语言权力观,鼓励一种"自下而上"的语言规划方式,即由底层语言使用者主动寻找语言问题的解决方法,由此推动更高层次的语言管理行为。这一思想与后现代的语言意识形态,即推崇个人和集体权利的思想非常契合(Jernudd and Nekvapil 2012)。鉴于本书的关注对象为小族语言使用者的语言权利,其中就不可避免地涉及不同小族群体与社会主体民族之间的相互作用。"语管论"对不同群体权益的承认以及对利益之间的互动方式的探讨与本书较为切合,提供了较好的观察视角和分析工具。

(2)简单管理和有序管理(Simple Management and Organized Management)

"语管论"将语言管理分为两种,简单管理和有序管理。简单管理是最低层次的语言管理,指说话人在个人交流中对自己或对话者语言行为中的语言问题进行的即时管理,也称为"基于话语的管理"(discourse-based management)或"在线管理"(on-line management),比如对于某个单词的拼写或不礼貌用语的更正,或是对自己口误的纠正(Nekvapil and Sherman 2015)。有序管理则不限于某一具体交流,目的性较强,也更为系统,也称为"机构化管理"(institutional management)或"线下管理"(off-line management)(Nekvapil and Sherman 2015),主要有五个特点(Nekvapil 2009):A. 不限于一个交流场景,涉及较大范围交流(trans-interactional);B. 不止一个人参与管理过程,常常是涉及相应权力的机关团体;C. 管理者会就管理行为进行讨论和协商;D. 管理过程受到特定思想和意识形态的影响;E. 将语言作为言语,也作为一个系统进行处理。比如由国家发起的语言改革就是一种高度有序的语言管理。

(3)管理规范(Norm)

规范是"语管论"中的一个重要概念,它是管理的依据,绝大多数情况下是管理行为的起点,简而言之是语言管理者所认为正确的语言行为准则(Neustupný 1985)。"语管论"认为,语言使用者在交际过程中会应用各种规则,有时候可能会错误地应用某些规则,可能会应用管理者所不能接受的规则,因此这里需要强调的是,只有那些被管理者所认可的规则才是"规范"。

规范的概念较为抽象,它实际上就是讲话者的期待,这种期待因社会、交流情景、讲话人而随时改变,甚至有的规范是讲话人自己都没有意识到的。规范既包括语言方面的规则,如单词的拼写方式、特定的口音、正确的语法形式,也包括行为方面的规则,如对口误进行自我纠正、对不礼貌的言语行为表达歉意等。这一概念来自布拉格语言学派在捷克斯洛伐克语言规划和实践基础上提出的"语言培养"理论。20世纪上半叶,以马泰修斯(Mathesius)等人为首的布拉格语言

第二章 一种多维度的描述框架

学派曾参与捷克斯洛伐克建国之后的语言规划,当时为了使捷克语能够迅速满足在国家内政外交等新的应用场景的使用需求,将重点放在了捷克语的细节改善上(Neustupný 2006)。布拉格学派最终成功对标准捷克语进行了定义和重新划界,并由此确立了对于具有悠久文学传统的语言进行标准化的重要原则(Neustupný 1968),被国际学界称为"语言培养"理论。而这一理论的核心概念之一"规范"(norm)被引入"语管论",成为语言管理的依据。

"语管论"认为,无论是简单管理还是有序管理,都是依据一定的理念标准而进行的。但有序管理必然伴随着语言意识形态的指导。确实,"所有的语言规划,甚至是那些被否认是语言规划的行为,都是为了特定的意识形态和政治目的服务的"(Alexander 2004:113)。国家层次的管理对于语言行为的干涉过程比简单管理要复杂得多,不仅涉及语法意义上的规范,更是宏观层次上的原则性规范,比如有关语言的意识形态,国家制定的法律规范、语言政策,或者是国际法律原则。本书以中东欧地区国家层次的语言权利事务管理为主要考察对象,因此将主要分析宏观层次的规范,具体而言就是中欧各国与语言权利有关的立法及其背后的理念;与此同时本书也将涉及超国家层次的语言权利事务管理,如苏联和欧盟等超国家机构的语言管理理念。

(4)管理层次(Levels of Management)

传统的语言规划主要是为了解决发展中国家的语言和社会问题而出现的,一般是由国家或国家授权的机构和专家代表整个社会作为管理者进行语言管理的活动,因此绝大部分语言规划理论框架的构建都聚焦于宏观层次的规划。尽管很早就有学者注意到语言规划会根据所要解决语言问题的大小在不同的范围内进行干涉,语言规划的主体也分为不同的层次,如中央政府、地方政府、研究机构或非政府组织,但现有的大部分研究文献都有意无意地忽略了这一事实,较少关注那些在很多不同的层次同时发生的语言规划行为(Kaplan and Baldauf 1997:52)。但是近来随着国家功能的收缩、社会碎片化程度的提高和民主进程的发展,学界开始重视微观层次的语言规划(Phillipson 2003)。

"语管论"的一个特点就是从一开始就强调关注不同层次的管理,并试图描述不同层次的管理行为之间的互动。"语管论"认为,有序管理可以在不同的层次上进行,如果通过较为复杂的社会网络进行管理就会呈现更高程度的系统性,在国家层面进行的最高层次的有序管理行为会涉及整个社会公开或半公开的参与。但同时,家庭、联合会、公司、社会机构、媒体、经济机构、教育机构、地方政府、中央政府以及国际机构等，都可以作为管理者进行不同层次的管理（Nekvapil 2012）。"语管论"对不同利益群体和不同层次语言管理行为的关注，使其观察对象成为一个立体的网络，能够深入全面地反映语言管理的机制和效果，这与本书的研究目的十分契合。对于不同层次管理主体的关注，将有助于我们理解中东欧国家的语言权利事务管理机制如何发挥作用，特别是微观规划和宏观规划间自下而上和自上而下的互动过程。

（5）管理过程（Management Process）

"语管论"认为语言管理具有连续的过程，简单管理和有序管理都遵循各自的管理过程，经历不同的管理阶段。根据经典"语管论"理论，简单管理一般包括如下阶段：对规范的偏离、对偏离的关注、对偏离的评估、设计并选择干预调整计划、执行干预计划（Jernudd and Neustupný 1987；Neustupný 1985），具体如下（Nekvapil 2009）：

1）偏离（deviation）　当语言使用者和语言接受者对言语进行监控并将之与其所拥有的规范进行比较时，可能会发现对规范的偏离。在这一步，规范是评判的基准，它存在于整个社区和个人之中，当交际活动发生时就会被激活。

2）关注（noting）　只有偏离被注意到时，才有可能成为一个问题。并非所有的偏离都会被关注，其原因也许是参与者无法处理过多的刺激（如同时出现太多偏离），也许还有更强的其他刺激，也许参与者无法解读其中的偏离。

3）评估（evaluation）　当对于规范的偏离被注意到之后，就可能会被评估，结果可能是积极的，也可能是消极的。

4）制定调整计划（adjustment design）　如果参与者决定对某个偏离进行纠正，就会采取一定的调整机制进行干预。这种调整机制可以分为前调整、中调整和后调整。前调整是基于之前的经验，采取措施防止偏离的出现，如使用性别平等词汇防止歧视。中调整是指对谈话过程中进行的评估给予回应。后调整则指在谈话结束后给予修补，如道歉。

5）执行（implementation）　指管理者对调整规划的实施。需要注意的是，有的调整并不会被实施，比如当参与者没有进行调整所需的权力时就不得不放弃原定的计划。

最新的"语管论"发展对上述管理过程的描述进行了修改，主要有两个方面：第一是考虑到只有被关注的现象才有可能激发管理行为，因此将原先的第二步"关注"视为管理过程的开始。第二是在"执行"之后增加了"反馈"（feedback），

第二章 一种多维度的描述框架

即对执行结果进行检查,确认是否完成了预期管理目标。目前"语管论"认为语言管理一共包括五个步骤:关注、评估、制定调整计划、执行和反馈。但需要注意的是,这些过程并不一定全部执行完毕,可能会在任何阶段终止。这一过程可以用图2.1来表示[①]:

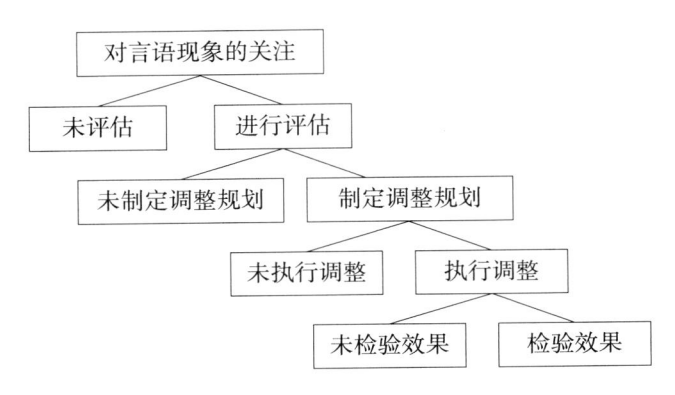

```
          对言语现象的关注
              │
      ┌───────┴───────┐
     未评估         进行评估
                       │
              ┌────────┴────────┐
         未制定调整规划      制定调整规划
                                 │
                        ┌────────┴────────┐
                     未执行调整         执行调整
                                            │
                                   ┌────────┴────────┐
                                未检验效果         检验效果
```

图 2.1　语言管理过程示意图

有序管理是简单管理的复杂版,它基于简单管理,但并非由简单管理行为堆积而成;它是一种有意识的、伴随着意识形态或理论观点的指导,包含复杂协商过程的管理:

1)关注　表现为负责语言管理的组织机构对某一语言问题的讨论;

2)评估　当有关组织机构的讨论形成一致意见时,就完成了评估;

3)制定并选择调整机制　个人、团体、政府任命的委员会或有关学术机构均可提出相关建议,并由相关机构研讨并决策;

4)执行　由现有机构或专门成立的机构对制定的计划予以实施;

5)检验结果　同样由相关机构实施。

就管理的过程而言,基本步骤与简单管理相似,但管理的主体和内容显然不同;就国家层次的管理而言,在很大程度上与传统的语言规划相似。

(6)语言管理、交际管理和社会文化管理

语言规划是一个涉及社会各个方面的系统工程,离不开其所在的社会环境或产生这一环境的历史背景,否则语言规划就无法被理解(Cooper 1989:183)。"语管论"在发展初期吸收了海姆斯(Dell Hymes)的"交际民族志"(Ethnography of

---

① 参考 Nekvapil(2009),在原图基础上根据最新理论发展进行了修改。

Communication)理论,在此基础上提出了交际管理和社会经济背景与语言问题之间的联系(Neustupný 1993)。因此"语管论"并不仅仅关注狭义的语言问题,也把相关的交际管理和社会经济文化管理纳入观察视野,认为通过语言手段解决语言问题只是处理这一广泛范畴里的一个部分而已(Neustupný 1974),经济、社会、政治、人口和心理因素都可能对语言问题产生影响(Rubin and Jernudd 1971:xvi)。

"语管论"区分了三个概念:语言管理(狭义的语言管理)、交际管理(communicative management)和社会文化管理(socio-cultural management)。三个概念具有类似的结构,即管理者根据相应的规范进行的调整行为。简要言之,狭义的语言管理是基于语言规范的,主要关注语言形式是否符合语法规则;交际管理基于交际行为规范,关注交际中的超语言因素,如交际环境的选择(选择办公室还是咖啡馆进行交流)、交际关系的构建(使用怎样的称呼)、交际过程的维护(适时提高音量、打开灯光等)等;社会文化管理是基于社会规范的,如制定并执行一定的经济、政治和文化政策以增加特定人群的收入、提高特定人群的地位等。"语管论"认为狭义的语言管理与交际管理和社会文化管理形成层级关系:社会文化管理引发交际管理,交际管理再引发语言管理(Neustupný and Nekvapil 2003)。

三、"语管论"的重要理论主张

"语管论"最大的理论特色或最重要的理论主张有三个:第一是简单管理和有序管理之间存在着互动和循环关系;第二是语言管理过程遵循程序性步骤;第三是语言管理、交际管理和社会文化管理之间存在层级关系。

第一,简单管理和有序管理之间会相互转化并形成循环。"语管论"将宏观和微观层次管理间的互动视为其最重要的理论特征之一,认为正是这一点使其区别于其他语言政策与语言规划理论(Nekvapil and Sherman 2015),而这种衔接是通过发现并构建简单管理和有序管理之间的互动关系完成的(Jernudd and Neustupný 1987)。首先,"语管论"认为,简单管理会引发有序管理,而有序管理必须落实于简单管理。正如诺伊施图普尼(Neustupný 1994:50)所说:"我认为任何语言规划都应始于对话语中语言问题的考察,同时只有将上述问题解决之后,语言规划的过程才能宣告结束。"其次,"语管论"认为,简单管理和有序管理之间相互衔接,并在理想的管理过程中形成一个循环:简单管理→有序管理→简

第二章 一种多维度的描述框架

单管理(Sherman 2007)。这一循环可能会中断,或者会以碎片的形式单独出现。在理想的语言管理过程中,普通人在交流中遇到了无法解决的问题,求助于专业机构后专家提出了解决方案,普通大众接受了专家的方案并在实际交流中解决了问题。如果专家的方案没有被接受或者不能解决问题,这个循环就中断了,成为"简单管理→有序管理";如果进行语言规划的机构不考虑底层需求而推行一种自上而下的规划,那就是"有序管理→简单管理";如果普通人在日常交流中顺利解决了问题,那就只发生了"简单管理";如果语言规划机构既不考虑实际需求,也不重视政策实施效果,纯粹为科学而科学,则会发生无法实施的"有序管理"。

理论界认为"语管论"主张语言问题始于简单管理,意味着"语管论"倡导一种"自下而上"的语言规划方式,正如颜诺(Jernudd 1993:134)所指出的,"语管论"赋予"民众以资格,让其针对日常交流中潜在的语言问题,自行发现并建议各种有效的问题解决方案"。但实际上"语管论"并未排斥"自上而下"的规划路径,只是强调这种管理必须立足于简单管理,并最终落实到具体的交际中,即必须针对具体问题而发起管理,并以解决该问题为最终目标。通过这一主张,"语管论"将语言规划中的宏观规划和微观规划通过一种辩证的关系结合起来,呈现出与其他语言规划理论关注宏观而忽略微观的不同理论特质(Nekvapil 2012)。

第二,"语管论"主张语言管理必须遵循一定的过程,对于语言管理过程的描述也应与相关步骤一致。"语管论"的一个重要理论基础来自"语言匡正"理论,而管理过程的概念就是来源于其中有关匡正过程的论述。管理过程是"语管论"理论建设中的重要部分,"语管论"认为对于这一过程的细致观察和精确描述,是语言管理研究的重要任务。对于语言管理者而言,认真对待所有步骤,特别是最初的两步,即关注和评估,是进行成功管理的前提;尽管这两步并不一定导致后续的调整,但这是管理者发现语言问题的关键步骤(Neustupný 2012)。对于语言管理研究者来说,准确地划分这一步骤是一种重要成果,而遵循相应的步骤进行观察,则有助于完整描述语言管理的过程。

第三,"语管论"认为,(狭义)语言管理、交际管理和社会文化管理三者之间呈等级递进关系,即(狭义)语言管理必须基于交际管理,交际管理则基于社会文化管理。"语管论"认为语言管理不能仅关注语言本身,而应将语言问题置于更广的社会环境中进行考察,从根本上解决问题。"语管论"的这一主张使其关注对象不仅限于语言领域而且立足于交际关系的构建和社会文化交流背景的塑造,这大大增强了"语管论"的解释能力和实践指导价值。

第二节 语言权利事务管理机制描述框架

一、语言事务管理机制描述框架

长期以来,国际上参与语言规划与政策研究的学者都试图构建一种理论框架,对语言规划和政策进行整体性的描述。到目前为止,尽管这种努力已有所建树,但尚未形成一种广为认可的理论框架(Cooper 1989:41),或者至少没有出现一种统领性的理论(Ricento 2006:10)。"语管论"作为一种起源于欧洲学术传统的理论范式,与英美研究传统相比,在关注焦点和理论主张上均有差异,但与较为流行的一些研究范式仍然存在诸多共通之处,在一定程度上存在调和或融合的可能性。

20世纪90年代末,卡普兰和巴尔道夫(Kaplan and Baldauf 1997:27)梳理了当时影响较大的三种语言政策和语言规划理论框架,即豪根(Haugen 1983)的"地位规划-本体规划"(status planning vs. corpus planning)、哈尔曼(Haarmann 1990)的"声望规划"(prestige planning)、库柏(Cooper 1989)的"习得规划"(acquisition planning)和"八问方案",并在此基础上试图提出一个关于语言规划的综合描述框架。2003年卡普兰和巴尔道夫(Kaplan and Baldauf 2003)基于亚太国家语言习得规划的经验,再次对此框架进行补充和完善,使其成为迄今为止综合性最强的语言规划理论框架。到了2012年,巴尔道夫(Baldauf 2012)将这一综合了上述三位学者研究成果的框架称为语言规划研究的"经典范式"(classical approach),而将"语管论"作为第二种主要研究范式,同时将斯波斯基(Spolsky 2009)的"领域规划"(domain approach)和托尔夫森(Tollefson 2006)基于非洲现实建立的"批判范式"(critical approach)紧列其后,并将上述内容合称为当前语言规划的四大研究范式。

我们认为,"语管论"尽管是作为一种有别于传统研究范式的理论路线出现的,但其理论内容与其他研究范式在很多地方有互相借鉴之处、在一定程度上存在着融合的可能性。本书拟以"语管论"的有关概念和理论原则为基础,参考该领域其他理论框架,构建一个语言权利事务管理的描述框架,以此呈现中欧三国在语言权利相关事务方面所构建的管理机制(以下简称"语言权利事务管理机制")。作为这种努力的第一步,我们将首先构建一个关于语言事务管理机制的一般性框架,其中涉及的变量及其相互作用过程可以用图 2.2 表示。

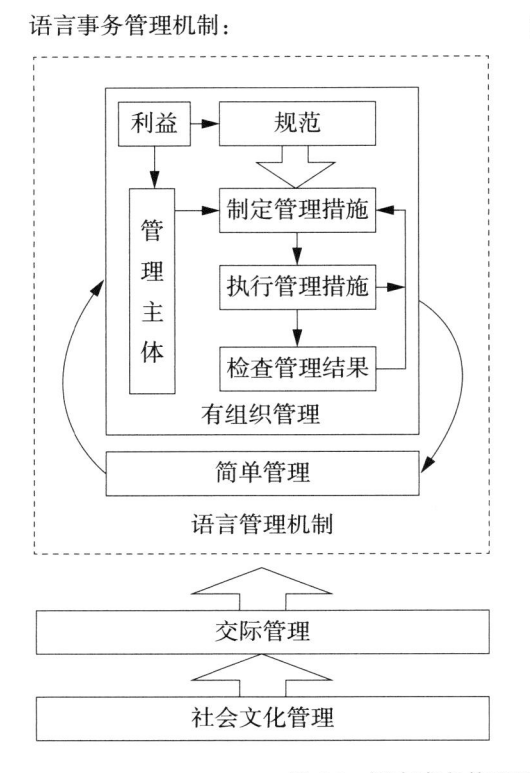

语言事务管理机制:

```
┌─────────────────────────────────┐
│  ┌──────┐    ┌──────┐           │
│  │ 利益 │───▶│ 规范 │           │
│  └──────┘    └──┬───┘           │
│ ┌──┐            ▼               │
│ │管│     ┌──────────┐           │
│ │理│     │制定管理措施│◀──┐     │
│ │主│     └────┬─────┘   │     │
│ │体│          ▼         │     │
│ │  │     ┌──────────┐   │     │
│ │  │     │执行管理措施│   │     │
│ │  │     └────┬─────┘   │     │
│ │  │          ▼         │     │
│ │  │     ┌──────────┐   │     │
│ └──┘     │检查管理结果│   │     │
│          └──────────┘   │     │
│              有组织管理           │
│  ┌──────────────────────────┐   │
│  │       简单管理            │   │
│  └──────────────────────────┘   │
│         语言管理机制              │
└─────────────────────────────────┘
           ▲         ▲
  ┌─────────────────────────┐
  │      交际管理            │
  └─────────────────────────┘
           ▲         ▲
  ┌─────────────────────────┐
  │      社会文化管理         │
  └─────────────────────────┘
```

描述维度:

1	利益关系
2	理念规范
3	管理主体
4	管理行为
5	管理效果
6	简单管理和有序管理间的互动
7	社会文化管理和交际管理的背景作用

图 2.2 语言事务管理机制框架图

基于"语管论"的基本理论并参考其他研究范式的相关成果,图 2.2 所示语言管理机制可以从如下几个方面进行描述。

(1)利益关系

利益关系是语言规划中需要首先面对的问题,因为语言规划一般总是为维护物质利益、非物质利益或两者兼有的动机所驱动;无论是掌权精英阶层还是反对派精英阶层,只有当语言规划符合其利益时,才会拥护该规划(Cooper 1989:183)。在一国之内,往往存在着不同的语言群体,这些不同的语言群体代表着不同的语言利益,为获得有限的语言资源而竞争。可以借鉴卡普兰和巴尔道夫(Kaplan and Baldauf 1997:270)绘制的语言规划所涉力量示意图(图 2.3)来展示这一多语共存的竞争态势。

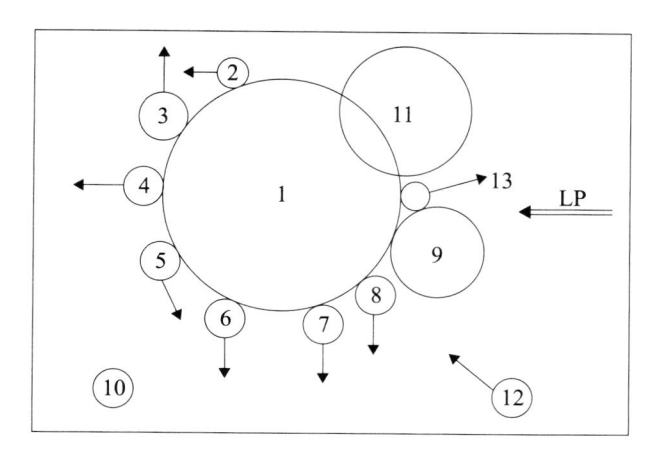

图 2.3　语言竞争态势图

在这幅图中,1 尺寸最大,表示官方语言;2—8 以及 13 表示小族语言;9 表示邻国语言,可能与官方语言比较接近;10 表示一种失去活力的历史语言;11 表示一种与官方语言有较大差异的宗教语言;12 表示一种试图复兴的语言。双线箭头表示语言规划所试图影响的对象,而单线箭头表示各种语言所变化发展的方向。该图较形象地展示了在一国之内进行语言规划可能涉及的各种利益攸关方之间的互动态势,而在实践中参与利益争夺的语言群体要远远超过这个数字,各群体之间的关系也远比该图复杂,管理者的一个行动也许只针对其中一个群体,但很可能会引起所有群体的反应。

"语管论"认为利益是语言管理中的首要决定力量,因为任何一种管理行为都必然代表着一定的利益。在一国之中,不同语言群体所代表的利益,在争夺有限的语言资源时,必然会发生冲突并外化成语言问题。只有清楚地辨明参与竞争的利益各方并了解各方争夺的利益所在,才可能找到语言问题的关键所在并寻找解决方案。当各方利益的协调达到一个比较平衡的状态时,各语言群体间的关系就比较融洽。我们认为,在国家层次的语言管理中,这种利益间的对抗和妥协的最重要环节发生在立法机构确立管理规范时,即在立法过程中各利益攸关方会进行博弈。这一环节确立的规范,如果未能平衡各方的利益诉求,就会激化矛盾并导致之后在具体语言管理中出现更多对抗;但如果能充分满足各方的诉求,也有可能改善语言间的关系。

(2)管理规范

在语言规划和语言政策研究中,规范是一个或多或少被忽视或被掩盖的概念,在很多论述中它似乎就是语言规划本身,现有研究(Haugen 1983)中涉及"规范"(norm)这一概念时主要指的是语法规范。很多时候,对于参与语言规划的实践者来说,制定合理的政策或计划就算不是其全部目标,也是其主要目标;而对于语言规划研究者而言,也将主要的注意力放在对政策条文的分析上。但实际上在语言规划的过程中有两个步骤也是非常重要的,那就是政策的制定和政策的执行;"语管论"将"规范"这一概念单独析出,既有助于研究者对成文的或不成文的理念和政策进行单独观察,又可以使政策制定和政策执行两个步骤成为独立的观察对象。

对于有序管理而言,管理规范是各方利益妥协后产生的结果,在国家层次表现为与语言相关的立法,也包括这些立法背后隐含的意识形态和价值判断。本书在描述对象国的管理规范时,会将其限定在涉及国家长期战略规划的语言政策和法律及其背后的语言意识形态范围内,而不涉及为执行这些政策而施行的具体措施。不可否认的是,这些意识形态的选择和法律的制定,必然受到历史背景、权力博弈、决策方式等因素的影响,其管理规范并不一定能照顾到所有群体的利益。但毫无疑问,国家层次确立的法律规范是政府管理行为的依据,是整个管理机制的总纲,是我们进行语言管理机制研究必须参考的坐标。

(3)管理主体

本描述框架中的管理主体对应着"语管论"中的"管理层次";这一概念并不是一个独有的概念,在很多现有语言政策和语言规划研究中都有类似的概念。这一概念就是库柏(Cooper 1989)的"八问方案"中涉及的第一个规划要素"谁"(who),即规划的主体。哈尔曼(Haarmann 1990)在他的语言规划分类中提出了政府、机构、群体和个人四个层次的语言规划。长期以来,语言规划研究领域将国家层次的规划称为宏观规划,而将较小单位的规划,如银行、公司、图书馆、学校、商店、医院、法庭甚至一个城市的语言规划都归入微观规划;其总体思想是将宏观和微观规划视为规划范围的两个极端,即最复杂的规划和最简单的规划,这也是为什么有学者提出了"中观"(meso-level)规划的概念(Kaplan and Baldauf 1997;李宇明 2012)。

毫无疑问,任何社会阶层都可以发起语言管理,而且这一现象确实正在发生,很多时候上一阶层做出的决定如要执行需要下层当局做出相应的决定(Cooper 1989:185)。根据"语管论",有序管理在所有层次发生,不同的层次分别对应着不同层级的管理主体。但显然,只有国家机构,即掌权的精英团体,才是最重要的管理主体,因为"无论是哪一阶层发起的规划,只有得到了掌权精英阶层或是反对派精英阶层的拥护和促进才可能成功"(Cooper 1989:183)。本书将聚焦于国家层级的管理主体,但不限于国家级主体,在描述中会涉及超国家主体和中观层次甚至微观层次的主体。

(4)管理行为

管理行为实际上对应着"语管论"核心概念中的管理过程,具体而言是指制定管理措施和执行管理措施这两个步骤。正如有学者(Lanstyák 2014)指出,实际上"语管论"的管理过程与传统语言规划理论中有关过程的论述是相似的,因此"语管论"并非一个新的概念。在国家层次的语言管理中,由政府指定的管理主体会根据法律规范制定并执行具体措施,以落实规范中确立的法律原则。管理行为涉及管理主体在不同领域制定和实施的管理措施,如在教育、文化、媒体、行政管理、司法等不同领域对语言权利提供的保障,也可以是双语教育的开展、小族语言书籍的出版、小族语言广播电视节目的播送、双语路牌的设立等。在不同的执法环境下,管理规范的实施程度是不同的,这也正是语言政策研究者要重视这一环节的原因。本书将对各对象国的语言管理行为进行描述,并进行横向比较,考察影响规范实施的因素。

(5)管理效果

对于管理效果的检验,是管理过程的一部分,但在传统的语言规划中往往被忽视了。自语言规划研究发展之初,拉宾(Rubin 1971:235)就批评了"语言学界对评估的消极态度",指出要将"评估"提高到学术和理论高度进行研究,好的语言规划应包括后续的评估和对计划的持续修正。然而直到20世纪90年代末,仍然没有多少关于语言规划评估的行动和研究成果面世(Kaplan and Baldauf 1997:90)。

"语管论"将效果检验作为管理过程的一个步骤,无疑是对现有语言规划研究的一种提醒和加强;但实际上"语管论"也是最近才将这一步骤正式纳入管理过程的(Kimura 2014),在现有研究中尚未积累起丰富的成果特别是有序管理层次的效果检验,相关研究还十分薄弱。我们认为可以借鉴现有语言规划研究中有关规划评估的成果来补充并发展"语管论"理论。比如布朗(Brown 1995)曾提出,在进行评估之前要先确定六个问题:"归纳性评估还是规定性评估、独立专家评估还是参与者模式的评估、田野式评估还是实验室评估、执行中评估还是执行后评估、定性评估还是定量评估、过程评估还是结果评估"。这方面较新的成果

第二章 一种多维度的描述框架

当属格林(Grin 2003b)的《语言政策评估与欧洲区域性语言和少数族群语言宪章》一书,他将对语言政策的评估分为前、中、后三个阶段。第一个阶段指语言立法完成后,提出可能的语言政策的具体方案;第二个阶段是各利益攸关方评估各种方案的优劣,并决定对方案的选择;第三个阶段则是对政策执行效果的检验(Grin 2003b:30)。对于政策效果评估这一学界核心难题,格林指出可以通过两个步骤进行量化:第一步是考察各领域(如教育、行政、司法、媒体、文化等)中语言使用情况的变化,并逐一给出考察指标;第二步是将各种政策实施结果转化为一个统一的衡量单位(如小族语言的使用时间)以比较各政策间的优劣。

本书将聚焦于各对象国语言权利事务管理的效果,通过考察语言权利的实现程度来评判语言权利事务管理是否成功,但对中欧三国小族群体在各领域语言权利的实现情况进行严格的量化评估显然是一项浩大的工程,非本书所应承担,因此本书拟借鉴格林的一些评估原则,对各国小族语言权利的实现进行概括性的分析。

(6)简单管理和有序管理的互动

"语管论"自创立之日起就致力于将宏观和微观层次的语言规划同时纳入其分析框架,主张语言规划者在宏观和微观之间达到平衡(Kuo and Jernudd 1993)。至于宏观和微观规划之间的关系,有人主张两者可以独立存在,分别置于语言规划和话语分析领域进行研究;也有人认为两者之间没有根本性差别,两者都是在"社会结构"(social structure)内进行操作,而微观层次也与宏观层次一样存在社会结构;"语管论"则认为宏观和微观规划行为既有区别又有联系,微观规划可以引发宏观规划,宏观规划需要落实到微观规划才能实现,两者之间相互影响,是一种辩证关系(Nekvapil 2012)。

简单管理和有序管理间的互动是"语管论"理论的重要环节,这一环节的运行是否顺畅,可以显示一个语言权利事务管理机制是否具有活力。在这个意义上,语言规划是一个循环往复、永无止境的过程(Kirkwood 1989)。一个完善的语言权利事务管理机制必然设置了简单管理和有序管理之间的交流渠道,以保障底层语言生活中发生的语言问题能够及时反馈到国家决策层。而国家层面的管理主体所启动管理行为时也能够自上而下迅速得到执行,管理效果能够传导到底层语言行为。本书认为,中欧三国在转型之后建立的语言权利事务管理机制,应进一步加强上下互动,在下文的描述和分析中将重点关注这一部分,特别

第二章 一种多维度的描述框架

是简单管理向有序管理传导的渠道是否通畅这一问题。

(7) 社会文化管理和交际管理对于语言管理的影响

受到海姆斯"交际民族志"理论的影响,"语管论"将社会文化管理和交际管理纳入语言规划研究的范畴。但显然这种观点并非"语管论"所独有,很多现有语言规划研究都非常重视社会文化背景的力量。比如卡普兰和巴尔道夫(Kaplan and Baldauf 1997:326)曾用一幅图表示语言规划在执行过程中所受到的社会和政治力量的影响(如图 2.4 所示)。卡普兰和巴尔道夫(Kaplan and Baldauf 1997:326)认为,语言规划者有责任调和相关的社会和政治力量,从混乱中建立秩序,寻找各方立场的共同基础,最终转化为各方都能接受的具体规则行为。

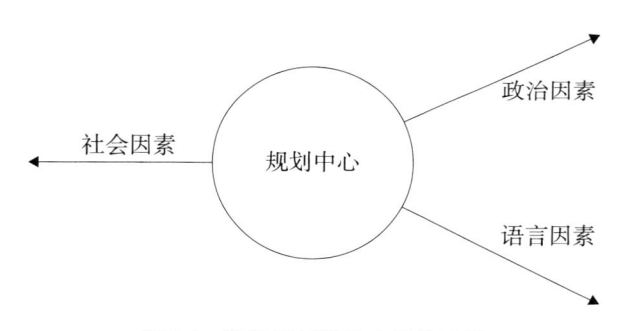

图 2.4 语言规划牵涉力量关系图

"语管论"对于这个问题的认识显然要更为深刻。"语管论"认为,语言管理不是在孤立的环境下进行的,社会文化(包括政治和经济)环境决定了社会主体人群与各小族群体间的交际关系,这种交际关系决定了管理规范和管理行为的设计,并在很大程度上决定了管理目标能否实现。本书将以此为基础,对于中欧三国在构建语言权利事务管理机制的过程中受到的国际和国家影响进行描述,以期更为清晰地展示其设计意图。

经典的语言规划研究理论一般认为最为典型的语言规划行为就是国家层次的管理行为(Jernudd and Gupta 1971),最重要的语言管理者无疑是政府,因此本书将在机制描述上聚焦于国家层次的语言权利事务管理行为。我们认为,上述"语管论"框架基本可以完整描述国家层次的语言管理过程,该框架融合了传统语言规划研究中的相关成果,囊括了相关影响因素,也加入了"语管论"的特有理论发现。在此我们可以将其与库柏(Cooper 1989:98)的经典"八问方案"进行比较,以呈现"语管论"框架与传统语言规划理论之间的异同。"八问方案"是库

第二章 一种多维度的描述框架

柏于20世纪80年代末基于当时主要的语言规划和语言政策理论成果提出的一个描述语言政策的综合性框架模型,在语言规划领域具有广泛影响,具体为:"谁,出于何种目的,在什么样的条件下,使用何种方式,采取了何种决策程序,试图对什么人的何种行为施加影响,取得了何种效果"(Cooper 1989:98)。在这个框架中,对于语言政策的描述可以通过如下要素来体现:规划者(actor)、规划行为(behaviors)、目标人群(people)、规划目标(ends)、规划条件(conditions)、规划方式(means)、规划效果(effect)。与"语管论"相比较,可以发现:规划者可以与管理主体相对应;目标人群在"语管论"中是默认存在的,因为所有的语言管理都针对特定的语言问题,必然涉及存在问题的人群以及出现问题的行为;规划目标在一定程度上与管理规范是接近的;规划条件与"语管论"中的经济社会管理和交际管理是类似的;规划行为和规划方式与管理措施是对应的;规划效果与管理效果几乎是等同的。而对于利益的重视、简单管理和有序管理之间的互动以及社会文化和交际层次关系的剖析,则是"语管论"所独有的。

综上所述,我们认为这一语言事务管理机制的描述框架融合了"语管论"以及语言规划研究领域的其他成果,考虑到国家层面语言事务管理的所有重要因素,并反映了各要素之间的关系,是一个较为完整的描述框架。

二、语言权利事务管理机制描述框架

与单纯的语言事务相比,对语言权利相关事务的管理要更为复杂,牵涉对现有权力结构的调整和社会资源的调配,并涉及语言之外社会领域的管理运行机制。本书拟结合欧洲语境下的管理现实,在上节提出的语言事务管理机制的基础上稍做扩充,使其成为一个语言权利事务管理机制的描述框架。

如前所述,目前语言权利的话语范式在国际上的影响逐步增强,主要循着语言生态论和语言人权论两条路线发展。在欧洲语境下,无论是欧洲区域层次的国际机构还是欧洲各国所制定的一系列与语言权利相关的法律文件,其背后的深层次考虑也可以分为两种,即对人权的维护和对语言多样性的维护(Grin 2003a)。

在人权保护方面,欧洲在二战结束后为了避免人道主义灾难的再度发生,建立了较为完善的人权保护机制。1950年欧洲各国即通过《欧洲人权公约》,设立欧洲人权委员会和欧洲人权法院,对基本人权提供有力的保障。一些与语言有关的人权,如言论自由的权利、不因语言受到歧视的权利等都在此框架下得到保

护。而在欧盟21世纪初的大规模东扩中，有关人权保护的机制得到了加强，各新入盟的中东欧国家也在欧盟的要求下重建了其国内的人权保护机制，其标准相较于西欧国家甚至更为彻底和严格。

在语言多样性保障方面，欧洲各区域组织均将语言多样性视为欧洲文化的重要特征，将多语制作为欧洲机构、特别是欧盟运行的基本原则。欧洲委员会通过《欧洲区域语言或少数族群语言宪章》（1992年）及其下设机制对各国境内的各族群语言予以保护。欧盟充分尊重各国保护官方语言的权利，同时也要求并鼓励各国保护境内的小族语言。我们认为这种以语言方面的诉求为出发点和落脚点而建立的管理机制，从设计、实施到结果检验都聚焦于语言方面的因素，形成了较为独立的语言管理机制。

此外，在欧洲语境下，对于人权的保护有一个重要的特点，那就是非常重视对于少数人，特别是少数民族权益的保障。少数人权利其实是在传统人权框架下提出并发展起来的，但由于欧洲在二战期间经历过一段残害少数民族的黑暗历史，因此少数人权利在欧洲语境下具有特殊的重要性。欧洲在区域和国家层面都建立了保护少数人的专门机制，比如《欧洲保护少数民族框架公约》框架所建立的约束机制已经较为完善，在人权保护机制下形成了一个相对独立的运行机制。从法理上讲，传统人权与少数人权利也是有显著差异的，前者主要强调个体权利，而后者主要是强调集体权利，因此有学者（Henrard 2003）用个体人权（individual human rights）和少数人权利（minority rights）这两个概念进行区分。中东欧国家历史上频繁的民族冲突和至今挥之不去的潜在危险，都使中东欧国家在加入欧盟时经历了更为严格的审视，并在欧盟的要求下建立起了相应的更高标准的少数人权利保护机制。本书所关注的小族语言群体毫无疑问也属于少数人行列，因此也受到少数人权利保护机制的保护。

综上，我们认为在欧洲语境下，在各国政府以及国际组织层次中存在着三个相对独立的机制，即语言管理机制、人权管理机制和少数人权利管理机制，三者共同保障着语言权利的实现。这一特点是我们在描述中欧三国语言权利事务管理机制时必须予以考虑的，因此我们拟在上节语言管理机制描述框架的基础上，结合欧洲语言权利事务管理的现实对其加以扩展，增加人权管理机制和少数人权利管理机制两个部分，形成一个用于描述中欧三国在国家层面进行语言权利事务管理机制的框架。该框架如图2.5所示：

第二章 一种多维度的描述框架

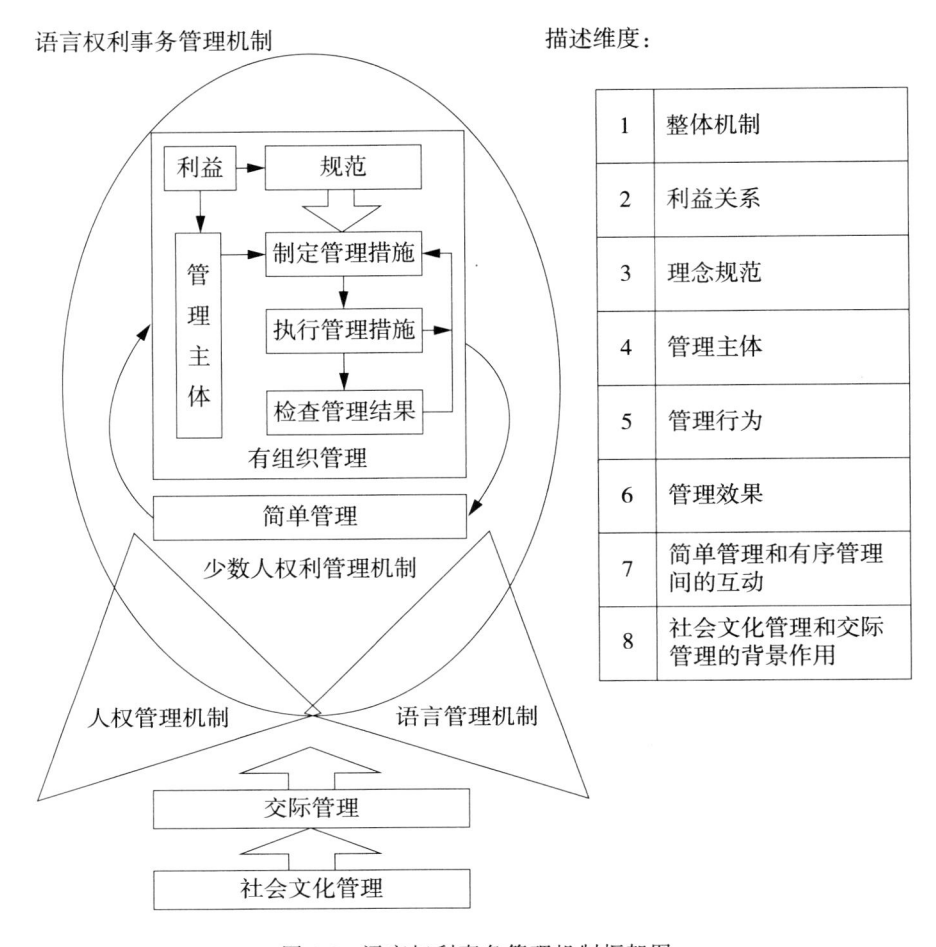

图 2.5 语言权利事务管理机制框架图

这个火箭式的示意图显示,欧洲国家的语言权利事务管理机制由三个相对独立又互有覆盖的管理机制共同组成,分别为人权管理机制、少数人权利管理机制和语言管理机制。这三个部分并未形成一个有统一机构统筹协调的实体机制,而是较为独立地各自运行,但各自覆盖的范围互有重叠,三者共同发挥着作用。从管理内容上看,少数人权利往往较一般人权而言有更多的诉求,而语言权利有很大一部分既属于一般人权,也属于少数人权利,但也有部分权利无法得到人权的保障,三者不能混为一谈。从管理机制上看,在欧洲层次除了建立了比较完善的人权管理机制外,还建立了相对独立的少数人权利管理机制和语言管理机制,三者各自独立运行。在国家层次,也往往设立了与欧洲机构对接的相关机构,建立了相关的管理机制。将这三者分离,既有助于我们理解中东欧国家语言权利事务管理机制的运行原理,也便于我们进行描述。因此我们在上节语言管理机制的描述维度上,增加"整体机制"这一维度,对各国语言权利事务管理机制中上述三个部分的分工或侧重点进行描述。

第三节 语言权利的实现维度

如前文所述,如今有关语言权利内容的争论焦点,主要集中在积极权利方面,即小族群体在公共领域使用本族语言的权利。我们将参考目前的学界总结、国际倡议以及欧洲国家的实践,选取一些对于小族语言较为重要的公共领域,结合其他与小族语言生存相关的领域,并以此作为对语言权利的观察维度。

关于语言权利内容所覆盖的领域范围,目前学界尚存争论,但现有研究以及各国政府的实践均揭示了一些比较核心的部分,对此取得了一定的共识。《世界语言权利宣言》第二篇关于语言体制的规定列出了行政当局和官方机构、教育、专有名称、传媒与新技术、文化、社会和经济领域六个方面。《欧洲区域性语言或少数族群语言宪章》第三编"促进区域性语言或少数民族语言用于公共生活的措施"所规定的领域包括教育、司法、行政与公共管理、传媒、文化、经济与社会生活、境外交流七个方面。著名法学家瓦伦斯(De Varennes 2001a)在《少数族群权利与语言概论》第五章论述公共领域的小族语言使用时提及了行政管理、公共教育、司法和行政、人名和地名指定、公共媒体、政治活动和选举程序、语言水平与公民身份七个方面。我们将三位学者所列举的内容分列了一个清单并进行比较(见表2.1)。

本书认为这一清单分别代表了国际呼声、区域实践和学界总结,基本反映了目前语言权利研究和实践中所涉及的领域。尽管三者之间有一些出入,但其中一部分领域被各界公认是比较重要的。有学者(Ulasiuk 2011)曾指出,教育、行政和传媒三个领域的使用对于小族语言的生存至关重要。从该表可以看出,行政和司法、教育、传媒是三个清单所共有的部分,与学界的研究结果是一致的。本书拟以这三个清单为基础,将行政司法、教育和传媒三个核心领域列入考察维度并将文化归入其中的传媒领域。考虑到社会应用也是语言权利得以彰显的一个重要领域,而且该领域对于语言生存和发展具有重要的推动作用[①],将社会应

[①] 这一观点出自李宇明教授题为"语言竞争试说"的讲座(北京外国语大学,2014年11月5日)。

第二章 一种多维度的描述框架

用作为第四个重要领域进行考察。

表 2.1 语言权利所覆盖的领域

《世界语言权利宣言》	《欧洲区域性语言或少数族群语言宪章》	《少数族群权利与语言概论》
行政当局和官方机制	行政与公共管理	行政管理
	司法	司法和行政
		政治活动和选举程序
		语言水平与公民身份
专有名称		人名和地名指定
教育	教育研究	公共教育
传媒与新技术	传媒	公共媒体
文化	文化	
社会和经济领域	经济与社会生活	
	境外交流	

有意思的是,上述三个领域清单均未涉及语言法定地位和语言本体发展这两个领域,而这两者其实是传统语言规划研究的焦点所在,其对于小族语言生存的重要性也是毋庸讳言,早已得到濒危语言研究的证明。我们认为有几个原因可能导致了这种情况:一是涉及语言地位的问题非常敏感,将其列入语言权利内容会招致各国政府的警惕和反感。尽管获得国家或地区官方语言等法律赋予的地位必然有助于语言的生存和发展,但政治现实限制了让所有语言都获得这种地位的可能性。《世界语言权利宣言》(1996年)在处理语言地位方面秉持一个基本原则,那就是倡议语言社区(注意不是语言)之间一律平等,而不依赖于其使用语言的政治或法律地位,换言之是用语言使用者之间的平等替代语言之间的平等。这种做法看似是对语言平等原则的过度支持,但也有对这一敏感问题故意回避的嫌疑。二是在语言权利清单中提及语言地位和语言本体发展,似乎支持将语言本身作为语言权利主体的观点,而目前大多是国际文件是以语言使用者作为语言权利的主体的。此外,语言本体的发展需要语言使用者作为一个群体进行相关工作,涉及对集体权利的承认,这在个人权利传统依然强大的西方进行推广是具有难度的。

但是我们发现,学界对语言功能(语言领域)和语言地位之间的关系并未做出清晰界定,这两者之间有重叠部分,而且有时也将语言本体发展纳入相关考察。传统语言规划一般将规划内容划分为四个维度,包括地位规划、本体规划、习得规划和声望规划。克劳斯(Kloss 1969:81—83)提出了地位规划(Status Planning)

和本体规划(Corpus Planning)这对经典术语,后经豪根(Haugen 1983)推广被学界接受。库柏(Cooper 1989:32—33)后来在此二分法上增加了一维,即习得规划(Acquisition Planning),后又有哈尔曼(Haarmann 1990)提出了声望规划(Prestige Planning),最终形成了较为经典的语言规划四维划分:地位规划本指民族国家的政府对不同语言的重要程度给予的认定,后来被扩展到对不同语言或语言变体的功能分配,包括指定教学语言、官方语言、传媒语言等;本体规划指的是对语言本身的发展,包括创造新的形式、修改旧的形式以及在现有的书面和口语变体中选择一种;习得规划指的是语言教学方面的安排;声望规划指的是通过"雅化"(intellectualization)等手段,推动语言在高声誉领域,如在政府机构、专业部门等领域的使用,以提高语言的声誉。但是在很长的时期内,学界对语言地位和语言功能的划分并无清晰的界定。如克劳斯(Kloss 1968)曾提出从四个方面对一个国家的语言地位进行划分:(1)官方语言是否为本地传统语言;(2)该语言的本体发展状况;(3)语言的法律地位;(4)该语言使用者在总人口中的比例。在这里,语言的本体发展、法律地位甚至使用人数都可以反映语言的地位。在语言法律地位方面,克劳斯(Kloss 1968)提出六个级别:唯一官方语言;与其他语言同为官方语言;地区性官方语言;非官方语言,但得到促进;得到容忍的语言;遭禁的语言。与此同时,斯图瓦特(Stewart 1968)提出了十种语言功能:官方语言、地区性官方语言、大范围使用的语言、国际性语言、首都地区语言、社群性语言、教育语言、学校科目语言、文学语言、宗教语言。我们发现,学界对于语言地位和语言功能的划分是含混不清的,两者的覆盖领域存在模糊和交叉部分(Haugen 1983)。在这里,似乎对于语言地位的判断依赖于其被分配的功能,但语言地位,特别是法定地位也是一种功能。

鉴于以上这种情况,我们认为,在考察语言功能或语言使用领域的时候,如果不考虑语言法定地位这一因素,则很难完整了解一种语言的生存空间。本书将引入语言法定地位这一指标,用于考察语言权利在一国的实现情况,并将其定义作为一国法律对小族语言地位的认定(Kloss 1968)。我们认为这一指标可以反映政府对小族语言的承认程度,有助于我们发现该国对小族语言的容忍和支持程度。

此外,语言使用者发展自身语言的权利也是得到国际文件支持的重要权利,如《世界语言权利宣言》第9条规定"每个语言社区均有权使其语言体系系统化和标准化,有权保存、发展及推广这种体系,且不受外来的或强加的干扰"。我们

第二章 一种多维度的描述框架

认为,语言的本体发展状况在很大程度上决定了一种语言得以应用的范围,如果不考虑这一因素,也很难准确把握小族语言权利实现的状况。本书拟将本体发展也作为语言权利实现程度的一个考察维度,借此观察语言使用者发展语言的权利在多大程度上得以实现。

至此,我们就确定了本书所要考察的6个领域:(1)法定地位;(2)本体发展;(3)教育研究;(4)司法行政;(5)大众传媒;(6)社会应用。现简要介绍如下:

(1)法定地位

法定地位是政府在宪法或其他相关法律中对小族语言地位的定位,这一维度反映了政府是否承认小族语言的存在及其价值,包括是否给予小族语言国家或地区的官方语言地位,是否对小族语言的地位划分等级等。

(2)本体发展

本体发展指的是小族群体对语言本体的发展,这一维度反映了小族语言使用者维护和发展自己所使用的语言的权利是否得到实现。本书将关注政府是否对小族语言在上述方面的本体规划中给予支持,并考察小族语言的发展水平。

(3)教育研究

小族语言使用者学习母语并用母语接受教育的权利是比较核心的语言权利。同时由于教育对于年轻的人群使用小族语言至关重要,习得规划向来是国家语言规划中投入较大的一个方面。斯库特纳布·坎加斯和菲利普森(Skutnabb-Kangas and Phillipson 1994)将母语与身份认同挂钩,认为母语权利是语言权利的重点,而且使用母语接受教育的权利是语言权利的核心。国内学者李宇明(2008)也指出:"母语权利是世界公认的语言权利,包括母语学习权、母语使用权和母语研究权。"本书将关注政府对于小族语言的教育所给予的支持力度,考察小族语言使用者在不同层次教育阶段中学习、使用或研究小族语言的情况。

(4)司法行政

司法行政综合了司法和行政管理等领域,主要是考察当局在提供公共管理服务时对小族语言的使用情况,具体包括:在法庭上口头或书面使用传统语言的权利,以及得到翻译的权利;将小族语言用于官方场合的权利;小族语言使用者用母语与官方进行联系,并得到该语言答复的权利;获得各种小族语言官方文件的权利;使用小族语言的专有人名、地名的权利等。

(5)媒体文化

这一维度包括媒体和文化两个方面,主要包括使用传媒传播语言的权利、通过传媒传播来了解相关文化的权利、受到传媒的公证和非歧视性对待的权利等。本书将考察政府对于小族语言在文化和媒体等领域传播的支持力度,注意小族语言的广播、电视、报刊、书籍的时长和数量等。

(6)社会应用

社会应用是一个较为宽泛的概念,包括文化、宗教、经济和社会生活以及跨境语言交流等。将考察小族语言使用者在文化、宗教、经济和社会生活中使用小族语言的情况,如保护小族语言遗产和文化遗产,让小族语言在各种文化活动和文化机构(包括图书馆、录像资料馆、电影院、戏院、博物馆、民间文艺、文化产业以及文化生活的所有其他表现形式)中有一席之地,允许使用小族语言进行宗教活动,使用小族语言从事其职业活动,在经济事务中使用小族语言,将小族语言用于与国内外其他相同或不同语言群体和组织的交流等。

我们将在上节提出的语言权利事务管理机制描述框架的基础上,结合本节所列举的六个语言权利的考察维度,对中欧三国语言权利事务的管理进行全面的描述和分析;在管理规范、管理行为和管理效果三个方面,我们将对这六个权利维度进行逐个考察,以求完整展示三国语言权利事务管理的面貌。

第四节　小族语言生存状况考察维度

一、有关语言活力评估的现有研究

对语言的生存状况进行评估,无论对于语言规划相关的研究者,还是对于语言政策的实际制定和实施者而言,都一项极具挑战的工作。这项工作不仅涉及与语言相关的诸多使用领域,而且一般要求进行大量的数据采集,更重要的是需要一个强大的分析和评估工具。学界对这方面的研究可以分为三个阶段:20世纪90年代之前的草创期、20世纪90年代以来的发展期和21世纪以来的深化期。

在20世纪90年代之前,对于语言地位进行评估的研究大都属于语言规划研究或濒危语言研究领域,其中较有影响的成果当属克劳斯(Kloss 1968)有关语言地位判断的研究,他就语言发展、法律地位和使用人口比例三个方面分别提出了6个等级,如表2.2所示:

第二章　一种多维度的描述框架

表 2.2　克劳斯(1968:65—89)对语言地位等级的划分

语言地位	本体发展状况	法律地位	比例
1	完全现代化的、成熟的、标准化的语言	唯一官方语言	≥90%
2	较少人使用的标准化语言	与其他语言同为官方语言	70%—89%
3	古代的标准化语言	地区性官方语言	40%—69%
4	年轻的标准化语言	非官方语言,但受到促进	20%—39%
5	未标准化的字母语言	得到容忍的语言	3%—19%
6	无书面语的语言	遭禁的语言	<3%

与其同时代的斯图瓦特(Stewart 1968)也提出了在多语社会中对一种语言的地位进行评估的标准:(1)本体标准化程度(standardization),即其使用者是否有一套公认的语言标准;(2)独立程度(autonomy),即该语言系统是否具有独特特征并独立存在;(3)历史性(historicity),即该语言是否具有语言传统;(4)活力(vitality),即该语言是否具有一个未被隔绝的语言群体将其作为口头语言使用。与此同时,斯图瓦特(Stewart 1968:540)认为可将语言使用者所占总人口的比例与语言地位挂钩,也提出了一个六级划分体系,不过他的等级比例与克劳斯有所不同,分别为:75%、50%、25%、10%、5%、<5%。需要指出的是,克劳斯(Kloss 1968)在将使用人口比例作为语言地位的评判指标时就承认,尽管人数比例确实能够反映一种语言的生存状况,但具体等级的划分是一个比较武断的行为。这里我们需要注意的是,语言使用者的比例确实与一种语言的地位相关,但是每个等级所对应的比例数值仍然没有定论,只能作为参考。

进入 20 世纪 90 年代后,费什曼(Fishman 1991)提出了著名的"语言代际传承活力度量"(Graded Intergenerational Disruption Scale, GIDS),成为语言活力研究最为经典的分析框架。该框架将一种地区性或少数民族语言在与社会优势语言进行竞争时的相对活力或其生存的活力分为 8 个阶段:(1)该语言在全国范围内广泛用于教育、工作、媒体和政府机构;(2)在地方政府和地区媒体中使用;(3)在地区性的工作场所使用;(4)该语言的书面语通过教育得以传播;(5)在某一地区所有年龄层次的人群中口头使用,其书面形式广泛使用;(6)在某一地区所有年龄层次的人群中口头使用,并被该社区儿童作为第一语言习得;(7)育龄人口使用该语言与上一代交流,但不再传递给下一代;(8)只有少数孤立的老人使用。该框架较早提出了语言从安全到濒危不同阶段的明确信号,在世界范围内得到了较高评价,被很多濒危语言抢救项目参考。尽管有学者(Lewis and Simons 2009)批评该模式的任何一个级别都很难准确描述一种语言的生存状况,但其仍然是20年来最广为引用的语言活力评估框架。

几乎与此同时,加拿大拉瓦尔大学国际语言规划研究中心的麦克康纳尔和金德伦(McConnell and Gendron 1993a)出版了《国际语言活力地图》,该系列地图册基于两位学者之前的研究成果,提出了一套对语言在不同领域的使用情况进行赋值的评估方法,并根据各语言所得总分进行活力排序。这一研究将语言活力分为"相对活力"(relative vitality)和"绝对活力"(absolute vitality)。"相对活力"即对无法量化的指标进行等级划分(频繁、偶尔、无、有、无)并分别赋值。"绝对活力"即对可以精确量化的指标,如使用人数、书籍数量和广播电视节目时长等,根据具体数值进行赋值。这一体系与费什曼的分析框架相似,都是以语言使用为核心,对语言的生存状况进行评估,不过该体系提出了更为具体的8个考察领域:宗教、教育、大众传媒、行政、司法、立法、工场和销售与服务。该地图册对世界范围内的语言活力进行了系统的评估,其中第四卷(McConnell and Gendron 1993b)对中国的汉语及60多种民族语言的活力也进行了评估。值得一提的是,国内学者黄行基于这一体系对中国的少数民族语言活力进行了开创性的研究,并发展了这一体系。黄行(2000)将语言活力分为使用活力和发展活力,其中发展活力又分为储存活力和处理活力,而使用活力包括了10个领域:行政、立法、司法、教育、出版、媒体、文艺、宗教、经济和信息。黄行的这一体系在赋值方法上参考了麦克康纳尔和金德伦(McConnell and Gendron 1993a)的成果,但在考察的领域上有所调整,其使用活力、发展活力(储存活力和处理活力)的区分则使考察的维度更为清晰,有助于更为准确地判断一种语言的活力。

到20世纪90年代末,兰德薇(Landweer 1998)提出了判断语言濒危程度或语言活力的8个指标:(1)抵制优势城市文化影响的能力;(2)使用的领域;(3)语码转用的频率和类别;(4)使用者的社会阶层分布;(5)作为一个独特社区的内部和外部认可程度;(6)与其他共存语言的相对地位;(7)获得经济支持的程度;(8)关键使用者的数量。这一指标体系与费什曼的等级划分相似,也是一种静态描写,不过要更为具体,但显然其中有很多关键概念也是很难清晰界定的,比如领域、语码转用和关键使用者等(Obiero 2010)。

第二章 一种多维度的描述框架

"民族语"(Ethnologue)①研究团队以其对世界语言的整理和分类而享誉学界,该团队将语言活力的评估分为5个等级:(1)活语言,作为第一语言被大量人口使用;(2)第二语言,只作为第二语言被使用;(3)近乎灭绝,使用者数量极少,如低于50人;(4)休眠,无使用者,但有人群将其与民族身份相关联;(5)灭绝,无使用者,无人群与其有身份关联。这一等级划分与其说是对语言活力的评估,不如说是对语言濒危程度的评估,因为其中缺乏对"活语言"活力程度的评判指标。

进入21世纪后,关于语言活力的研究出现了新的发展,集中体现学界研究成果的当属2003年"联合国教科文组织濒危语言保护规划国际专家会议"通过的《语言活力与语言濒危》研究报告②。该报告提出了语言活力评估的9个要素,其中6个关于语言活力状况,2个关于语言态度,1个关于语言记录的急迫性;并为每个指标要素提出了6个划分等级。这9个要素分别是:(1)代际语言的传承情况;(2)语言使用者的绝对人数;(3)该语言的使用者在总人口中的比例;(4)该语言的使用领域;(5)该语言对新语域和媒体的反应情况;(6)用于语言教育和学习的材料;(7)政府及机构的语言态度和语言政策,其中包括语言的官方地位和使用情况;(8)语言族群成员对待母语的态度;(9)有关该语言文献的数量和质量。这一标准体系的制定是由"联合国教科文组织濒危语言特设专家组"聘请的11名国际著名学者在前人研究的基础上,经过数月的研讨,并在征询了业内大量专家意见后提出的,可以说基本代表了目前学界对这一问题的权威研究成果。在随后的实际研究中,《民族语》的主编刘易斯(Lewis 2005)根据这一框架对世界范围内的100种语言进行了评估,旨在测试这一框架的可操作性、准确度和适用性,得出的结论是:"[该体系]不仅提出了一个用于评估的清晰框架,而且为研究者对于世界语言的调查勾勒出了一个非常有用的研究计划,具有坚实的语言保持和语言转用研究理论基础。"

随后不久刘易斯和西蒙斯(Lewis and Simons 2009)基于费什曼的框架,结合上述学界成果,提出了一个更为详细的"扩展版语言代际传承活力度量"体系(Extented Graded Intergenerational Disruption Scale,EGIDS),该体系包括13个等级(见表2.3)。

---

① "民族语"网址为 http://www.ethnologue.com。
② 《语言活力与语言濒危》(2003年),载《联合国教科文组织关于保护语言与文化多样性文件汇编》,范俊军编译,孙宏开审订,民族出版社,第38—49页。

表 2.3　刘易斯和西蒙斯（Lewis and Simons 2009：28—29）语言活力等级划分

等级	标签	表述	教科文组织标准
0	国际语言	在国际范围内广泛适用于各领域。	安全
1	国家语言	在国家范围内广泛使用于教育、工作、媒体和政府机构。	安全
2	地区语言	在地方政府和地区媒体中使用。	安全
3	贸易语言	在地区性的工作场所使用。	安全
4	教育语言	该语言的书面语通过教育得以传播。	安全
5	书写语言	某一地区所有年龄层次的人群将其作为口头语言使用，并作为书面语言广泛使用。	安全
6a	有活力	某一地区所有年龄层次的人群将其作为口头语言使用，且该语言社区的儿童将其作为第一语言。	安全
6b	受到威胁	某一地区所有年龄层次的人群将其作为口头语言使用，但仅有部分育龄人口将该语言传递给其子女。	脆弱
7	正在转用	育龄人口自身能自如使用该语言，但不再传递给下一代。	肯定濒危
8a	缺乏活力	只有老人使用。	严重濒危
8b	几乎灭绝	只有老人会使用，且使用机会极少。	极度濒危
9	休眠	只作为一个族群古老身份的记忆，无人实际使用。	灭绝
10	灭绝	不再有人将其与族群身份相联系。	灭绝

二、语言生存综合考察维度

本书的重点在于对中欧三国语言权利事务管理机制进行描述和分析，对于小族语言生存状况的考察也是本书的一个重要组成部分，其目的在于揭示语言权利的实现对语言生存和发展的影响。鉴于对语言活力的评估是一项非常复杂的工作并且对于三国小族语言生存状况进行深入描述也非本书的主要目的，因此我们不拟在这方面进行非常深入的探究，仅对各国情况进行一个概括性的描述。考虑到联合国教科文组织提出的语言活力评估框架基本代表了目前学界的较新研究成果并得到了广泛认可，本书拟参考该框架以确定考察的维度，包括 6 个语言活力维度、2 个语言态度维度和 1 个文献记录情况。该框架每个维度下的度量等级体系主要是为评估某特定语言的生存状况而设计的，不适用于本书对多种语言生存状况的总体评估，因此拟不使用其度量等级体系，而是就该维度的内容进行总体描述。这 9 个考察维度的介绍如下（我们将其中的语言使用人数、使用者所占比例两项进行了合并，因此共有 8 项①）：

---

① 联合国教科文组织网站"语言活力"部分的"评估语言活力与濒危程度的方法"页面，提供《语言活力与语言濒危》报告的中、英、法、西、阿五种语言版本。本书基于英文版对中文版翻译做了必要修改。网址为 http://www.unesco.org/new/en/culture/themes/endangered-languages/language-vitality/，2015-9-3 访问。

(1) 语言的代际传承情况

语言的代际传承显然对于语言的长期存续至关重要,是体现小族语言活力的重要指征。本书将对中欧三国小族语言的代际传承情况进行分析,并对其一般趋势进行说明。

(2) 语言使用者的绝对人数及其在总人口中所占比例

语言使用者的人数多少确实可以反映一种语言活力的大小,但具体数字和语言活力或濒危程度之间的联系至今并无一致说法,联合国的指标体系中也未对此维度提供等级划分标准。而小族语言使用者在本族人口中所占比例以及在国家总人口中所占比例也存在这一问题,即无法给出准确的量化衡量标准。本书也不拟对具体人数和比例进行评判,但拟通过人数和比例的变化判断小族语言生存状况的改善或恶化。

(3) 该语言的使用领域变化趋势

语言的使用领域是判断语言的生存状况时非常关键的要素,本书将主要关注小族语言在公共领域的使用,包括教育、行政、司法、传媒等核心领域。不过这一标准在判断中欧三国小族语言的活力时会遇到一个问题,那就是这些语言尽管在一国境内使用者人数较少,使用领域也很有限,但大部分都有母国,在母国具有广泛的应用领域。因此我们在对此进行描述时主要限于这些语言作为小族语言的应用情况,不涉及其母国状况。

(4) 该语言对新语域和媒体的反应情况

这一标准主要反映的是一种语言的持续发展能力,即其能否适应新的社会条件的需求并体现其价值。与上条类似,本书主要考察所涉及的语言作为一种小族语言的应用情况。

(5) 用于语言教育和学习的材料

本条主要考虑三国政府对于小族语言教学资料开发的支持力度,以及各小族语言学习资料获得的难易程度。

(6) 政府及机构的语言态度和语言政策

政府的语言政策往往既有显性的,也有隐性的;对于小族语言的态度也可以分为显性态度和隐性态度。本书将关注中欧三国在小族语言管理方面的公开法律和政策,同时注意观察其隐性的语言态度,以求揭示政府对于小族语言的真实态度。

(7) 语言族群成员对待母语的态度

小族社区对于其语言的态度在很大程度上决定了一种语言能否在该社区得

第二章　一种多维度的描述框架

到延续。不过鉴于语言具有象征性价值和工具性价值两个方面,很多时候调查所得往往是小族群体对于本族语言象征性价值的态度,未能反映小族群体实际使用中的态度。本书将综合现有数据和访谈结果,说明小族群体的总体语言态度。

(8)有关该语言文献的数量和质量

本书将主要考察中欧三国的本土小族群体所产生以及所能获得的语言资料的数量和质量。

第五节　研究方法和资料来源

一、研究方法

本书主要以"语管论"为基础构建分析框架,对中欧三国语言权利事务管理机制的现状及沿革进行描述,同时考察各国语言权利的实现情况和小族语言的生存发展情况,并在此基础上分析语言管理机制转变如何影响小族语言权利的实现,以及语言权利的实现对小族语言保护的影响。

对中欧三国的描述和分析主要取共时和历时两个维度。在共时维度上,以捷克、斯洛伐克和匈牙利三国的现状为主要观察对象,探讨在国家转型时期各国如何在国际影响和国内吁求双向压力下制定各自的语言权利管理机制,调查各国政策实施中面临的困难和取得的效果,并综合地区政治、经济和文化等因素进行解读,力图呈现该地区语言权利管理和小族语言保护的现状,探讨语言权利各攸关方利益平衡的支点。在历时维度上,主要以二战、东欧剧变、欧盟东扩等重大历史事件为节点,纵向梳理相关国家在语言权利管理相关方面的制度性变化,重点分析1989年苏联解体前后中欧三国在语言权利事务管理方面的机制性变迁以及各小族语言生存状况发生的改变。

在资料收集和分析方面,主要采用文献查阅、邮件访问、实地考察、当面采访等方法获得对象国的具体情况。在数据分析方面,采用案例研究的形式,从横向和纵向两个维度进行分析,并对各国异同和得失进行总结。

二、资料来源

本书的数据来源主要有三种:国际机构和各国政府公开发布的报告和文件、

第二章 一种多维度的描述框架

西方学者在相关领域的研究成果以及研究者赴对象国通过实地调查和访谈得到的资料。

国际层面的法律规范主要来自各国际组织的官方网站。首先是联合国人权高级专员办事处官方网站[1],该网站公布了联合国对各国人权状况的"普遍定期审议"报告以及各国提交的国别人权状况报告。中东欧国家的报告多涉及少数民族的权益保障情况,包括语言权利的实现。同时各国在报告中对各自在国内人权法律和机构建设方面的进展予以详细介绍,是了解各国人权和少数人权利相关法律框架的重要信息来源。此外,联合国教科文组织官方网站[2]中的"文化"部分,有关于促进和保护文化多样性的国际公约和专家报告,展示了国际社会对语言多样性的呼吁。联合国教科文组织 MOST (Management of Social Transformation) Clearing House 项目网站[3]中的"语言权利"部分也整理了截至2003年国际机构提出或通过的有关语言权利的法律和文件、各国宪法中有关语言权利的内容以及部分学者的相关研究成果。

各国具体情况的报告则主要来自欧洲委员会和欧盟等区域性国际组织的网站。欧洲委员会网站[4]的"人权"项包括"少数民族"和"区域性语言和少数族群语言"以及"移民"和"罗姆人"权利等栏目,其中最重要的是前两者。"少数民族"栏目下提供了《欧洲保护少数民族框架公约》签约国历年的执行状况报告,该报告是了解各国少数民族权利管理机制的重要信息来源。"区域性语言和少数族群语言"栏目下提供了《欧洲区域语言或少数族群语言宪章》签约国历年执行情况报告以及欧洲委员专家组现场考察评估报告,是了解各国小族语言管理机制及小族语言生存状况的重要信息来源。而"欧洲较少使用语言署"的网站[5]也提供了相关国家小族语言的大量数据,以及各国开展的小族语言保护方面的活动。同时欧盟、欧盟委员会、欧洲议会等机构的网站也提供了各国在教育、文化发展方面的重要统计数据,都是本书关于各国小族语言情况描述和分析最重要的信息来源。

---

[1] 参见该办事处官方网站,http://www.ohchr.org/CH/HRBodies/UPR/Pages/UPRMain.aspx,2015-9-3访问。
[2] 参见联合国教科文组织网站,http://www.unesco.org/new/zh/culture/,2015-9-3 访问。
[3] 参见 MOST 项目网站,http://www.unesco.org/most/ln2bib.htm,2015-9-3 访问。
[4] 参见欧洲委员会网站,http://www.coe.int/en/web/portal/home,2015-9-3 访问。
[5] 参见该组织网站,http://eblul.eurolang.net/index.php?option=com_content&task=view&id=14&Itemid=33,2015-9-3 访问。

有关各国小族语言群体更为具体的信息则来自各国政府相关部门的网站。比如捷克"少数民族理事会"网站[①]对该国少数民族管理机制的沿革有详细介绍,每年对国内少数民族状况进行报告,对各地少数民族委员会的工作进行总结,为我们了解该国小族群体的生存状况提供了详尽的信息。斯洛伐克和匈牙利也有类似机构。斯洛伐克外交部[②]和匈牙利司法部网站[③]对境内所有获得法律认可的少数民族历史和现状均有介绍。各国议会、最高法院或司法部则提供了本国宪法以及其他相关法律的英文版,为我们了解各国具体法律规定提供了权威信息。各国统计局"人口"栏目下均提供了历次人口普查的详细数据,为我们了解各小族群体人数以及各语言使用人数的变迁提供了较为可靠的信息。此外,各小族群体自治团体的网站、部分族群的跨国组织网站均对各自的语言生态有具体展示。

各国学者的研究成果可以从各学术电子数据库中获取,毋庸赘言;同时我们还以电子邮件形式对当地的学者进行了访谈,了解这些学者的民族身份及其在小族语言保护问题上的立场。研究人员也曾赴中欧地区的重要学府捷克查理大学访学半年多,广泛接触周边国家相关领域的学者,大量参与各种座谈和讲座,并赴对象国对重要的学者进行采访。从与各国学者的交流中,研究人员可以了解学界对于语言权利问题的深层见解以及各国民众对于政府语言政策的真实看法。鉴于这些学者很多就是制定本国语言政策的参与者,我们也可以通过他们了解各国政府对小族语言保护问题的立场。此外,研究者还与各小族群体的自治组织联系并上门采访,了解各小族群体在语言权利方面的生存现状及其诉求。总体而言,与人的交流可以弥补阅读书面数据和研究文献时无法获得的感性认识,有助于更深刻地理解官方数据的组织和措辞规律。同时,研究人员也走访了各国小族群体聚居区,对公共领域小族语言的使用情况进行了了解。所有这些调查和访问是本书的重要组成部分,所获得的信息也是我们进行描写和分析的基础。

---

① 参见该理事会网站,http://www.vlada.cz/en/ppov/rnm/historie-a-soucasnost-rady-en-16666/,2015-9-3 访问。
② 参见斯外交部网站,http://www.foreign.gov.sk/web/sk,2015-9-3 访问。
③ 参见匈司法部网站,http://emberijogok.kormany.hu/nationalities-in-hungary,2015-9-3 访问。

第三章 中东欧超国家语言权利事务管理机制及其转变

中东欧地区地处欧洲内陆,连接东西方世界,长期以来在地缘政治学中一直被视为控制欧亚大陆甚至整个世界的关键(龙静 2008),因此一直是周边大国的利益角逐场。但是中东欧国家大都是中小国家,经济和军事实力有限,不足以保护自身利益,很多时候处于被列强争夺和主宰的地位。进入 20 世纪,在美苏对峙的冷战时期以及冷战结束回归西方之后,中东欧国家仍然被视为东西方大国潜在冲突的最前沿地带,尤其是本书涉及的捷克、斯洛伐克和匈牙利等中欧国家,先后处于苏联和欧盟这两个人类历史上最为强大的区域国际组织的强力影响之下。在此背景下,中东欧国家国内政策的制定都不可避免受到国际力量的较大影响,因此对于中东欧国家国内政策的讨论,如果不以其所在的区域国际环境为背景,是无法理解其背后的决策逻辑和演进驱动的。

就语言权利事务管理而言,中东欧国家的相关政策和实践长期以来都受到区域超国家机构的影响,自 19 世纪以来,以维也纳会议、一战、二战和东欧剧变等重大历史事件为节点,曾经发生过几次较大的转变。第一次是拿破仑战争之后,欧洲列强以会议的方式协商处理欧洲的重大问题,其中包括少数民族的语言权利问题。1815 年的《维也纳会议最终方案》成为世界上第一个涉及语言权利的国际条约(De Varennes 1996b),但这一机制对于小族语言权益的关注实际上是十分有限的。一战结束后,原先统治该地区的四大帝国(俄罗斯帝国、德意志第二帝国、奥匈帝国和奥斯曼帝国)均告解体,地区版图被重新划分,出现了很多新的国家,但这些国家并未依民族划界,而是在大国刻意操控下被划分成了民族构成复杂的多民族国家,每个国家境内都出现了很高比例的少数民族(Pearson 1983:148)。在这一背景下,为了防止民族冲突过于激化,欧洲各国在国联领导下形成了一套保护少数民族的体系,该体系相较于维也纳会议创造的"欧洲协调"机制有所进步,但总的来说效果也是有限的(杨友孙 2010:35)。二战结束

第三章 中东欧超国家语言权利事务管理机制及其转变

后,中东欧的地缘政治、国家版图和民族人口成分再次发生重大变化,绝大部分国家都被纳入社会主义阵营,各国的疆界被重新划分,各国民族成分也有所"纯化"(Horak 1984:4),而小族语言权利的管理受到无产阶级国际主义思维的影响,出现了"去民族化"倾向(杨友孙 2010:46)。20 世纪 80 年代末 90 年代初,随着苏联的解体,中东欧国家纷纷脱离了社会主义阵营,集体"回归欧洲",在小族语言权利事务管理方面也与欧洲制度开始对接,向保护和融合模式转变。

本书所关注的历史阶段主要是冷战前后至今,即中东欧国家在冷战结束后在国家转型的背景下如何对小族语言权利事务管理机制进行调整。本章将主要探讨中东欧国家作为苏联"卫星国"的社会主义时期以及脱离苏联之后积极准备加入欧盟与加入欧盟之后的后社会主义时期,在该地区产生主要影响的苏联以及欧盟等超国家机构与语言权利相关的管理理念和约束机制,并对两者进行对比。

第一节 社会主义时期语言权利事务管理机制

二战之后不久,中东欧国家在苏联的影响下相继建立了社会主义制度,加入了社会主义阵营,自此各国与小族语言权利相关的政策都受到苏联的强力影响。1945 年 4 月斯大林在与南斯拉夫政府代表团谈及东西方的战争时明确指出(吉拉斯 1962/1989:85):"这次战争与过去不同,无论谁占领了土地,也就在那里强加他自己的社会制度。凡是他的军队所能到达之处,他就强加他自己的社会制度。不可能有别的情况。"事实上也确实如此,苏联通过共产党和工人情报局、"经济互助委员会"等手段在政治和经济上控制了中东欧国家,强制推行苏联高度集中的政治经济体制。苏联通过批判中东欧各国党派及其领导人存在的所谓反马克思主义的倾向,确立了苏联布尔什维克原则在中东欧的指导地位,同时强制性迫使东欧各国从战后初期的多党联合体制向共产党一党制政权过渡,由此加强对中东欧各国的控制。

必须指出的是,在社会主义时期,苏联主要是通过各国共产党政府间接统治中东欧国家,而非像对待其境内加盟共和国那样施以直接管理。苏联有关民族管理的法律并不能在中东欧各国直接适用,而是以党的思想和政策的形式影响各国政府,通过各国的管理行为得以贯彻实施。本书拟通过介绍苏联的语言管理理念,特别是与小族群体相关的部分,说明苏联对中东欧国家小族语言权利事务管理所施加的影响。

一、苏联的语言管理理念

社会主义时期,在苏联及其盟国内,可以说任何人类活动领域均受到马克思列宁主义理论框架的指导;在中东欧国家,指导有关语言问题的理论也主要是列宁和斯大林的民族关系理论(Neustupný and Nekvapil 2003)。

在苏联,"民族"是有资格参与政治活动的主体之一,这一概念的发展经历了一个演变的过程。1913年,斯大林(1913/1948:12)发表了名为《马克思主义与民族问题》的文章,在该文中提出了一系列影响深远的定义,其中最重要的就是"民族":"民族是人们在历史上形成的一个有共同语言、共同地域、共同经济生活以及表现在共同文化上的共同心理素质的稳定的共同体。"(后来斯大林在1929年的《民族问题和列宁主义》中将上述定义修改为:"民族是人们在历史上形成的有共同语言、共同地域、共同经济生活以及表现于共同的民族文化特点上的共同心理素质这四个基本特征的稳定的共同体。")[①] 该理论是基于20世纪初就在中东欧地区出现的一些民间理论发展而成的,尽管是一个宏观视角的理论,没有涉及微观层面的语言问题,但对于后来苏联的民族关系理论具有深远影响。起初,苏联的民族关系理论中有"民族"(nations)和"群族"(nationalities)两个相近的概念:"民族"是历史上形成的群体,具有稳定的共同的经济生活(存在工人阶级)、领土、语言(特别是书面语或文学语言)、民族归属感、心理品质、传统、生活方式、文化和为了解放的斗争(Isayev 1977:191)。"民族"已经进入了资本主义阶段。"群族"与"民族"在很多特征上都相同,但是"群族"没有进入资本主义阶段。因此,在工业革命之前,只有群族,而在工业革命之后,才有一些群族成为了民族。这一术语分类的边界并不十分清晰,而且由于一个民族的地位及所能获得的资源与此相关,因此在实际执行中造成了很多困扰与纷争,比如乌克兰和格鲁吉亚族均认为本身已经相当发达,曾要求登记为"民族"而非"群族"。在二战结束后,马克思主义的社会科学家认为共产主义国家不再有资本主义的民族,于是对原先的术语内涵进行了调整,开始用"nation"表示国家主体民族,而用"nationality"表示少数民族。自20世纪70年代后,苏联文献中开始使用"民族群体"(etnikum,即英语的 ethnic group)一词,该术语包括上述"民族""少数民族"以及其他

---

① 中国社会科学院民族研究所编(1990),《斯大林论民族问题》,北京:民族出版社,第395页。

更小的群体(Grenoble 2003:40—41)。总的来说,中东欧国家属于社会主义阵营期间,苏联的民族理论中存在着"民族"和"少数民族"之分,与此理论保持一致,中东欧国家在国内也认定了各自的"民族"和"少数民族"。

苏联的社会主义民族观有两种主张(Neustupný and Nekvapil 2003):第一是坚决给予民族团体平等的权利并满足其利益要求;第二是国家间和民族间应当具有无产阶级国际主义的和睦关系。这种立场的问题在于它一方面重视民族平等和对少数民族的保护,但另一方面又指出社会主义国家的民族和国际统一也很重要。有学者(Grenoble 2003:1)指出,这种矛盾的思维正是理解苏联语言政策的核心:苏联一方面试图利用民族语言在当时数量众多的语言群体中制造身份意识(这显然有导致民族主义上升的可能性)。另一方面,又有强烈的冲动,力图在一个统一的、工业化的民族国家中推行一种统一的语言,让俄语在行政、法律和教育等领域作为官方语言行使所有功能。

在苏联建立初期,所执行的民族政策更强调其民族观的第一个方面,即民族平等。如列宁(1987b:628—634)曾针对大俄罗斯主义提出了著名的"补偿论":"压迫民族即大民族要以对待自己的不平等来抵偿生活上实际形成的不平等",承认"各民族语言的自由和平等",防范"俄族沙文主义"。有学者(Isayev 1977)认为,这与当时共产党所面临的工作形势有关:在十月革命之后,苏联政府不得不与从沙俄政府的高度歧视性体系中解放出来的数百个民族群体打交道,而且这些民族绝大多数成员是文盲。在这个时候,语言规划在苏联之所以重要是因为"它是共产党工作不可分割的一部分":语言规划提高识字率,一是使人们得以理解马克思主义,二是有助于进行工业化建设。列宁(1987c:200)指出:"一个不识字的人是不能参与政治的,因此必须要学习识字。没有这一条,就没有政治。"而提高公民识字率,培养具有基本素质的劳动者,对于新政府的社会主义建设是非常重要的。

在此背景下,列宁(1987a:120—154)提出了坚持民族语言平等的原则,主要有:(1)无条件地承认各种语言的充分自由;(2)否认任何一种语言的任何特权,任何一个民族、任何一种语言都不得享有任何特权;(3)反对强制推行某个民族的语言或某种语言;(4)各少数民族根据平等的原则,有权要求无条件地保护自己的语言的权利。这些原则在1917年11月2日的《俄罗斯各民族权利宣言》(赵常庆、陈联璧 1987:4)中也得到确认。1921年俄共(布)第十次代表大会的决议,对民族问题的处理做出如下表述:"采取适合民族特征和生活方式的形式发

第三章 中东欧超国家语言权利事务管理机制及其转变

展和巩固其苏维埃国家地位;发展和巩固使用民族语言的司法、行政、经济和政府机构,并由熟悉当地人民生活方式和心理特征的当地人运行上述机构;发展使用其民族语言的出版机构、学校、剧院、俱乐部和文化机构;使用其民族语言建立广泛的普通和专门学校系统,并开发相应课程。"(Crisp 1989a)

与此同时,我们要看到,列宁民族理论的最终目标是将所有的民族都统一到一个共产主义国家中,这种统一并非基于多样化的共存而是基于对民族群体的同化。列宁所采取的语言政策,看起来与这一目标相冲突,但似乎列宁认为这只是一个过渡时期,是抵达更高共产主义发展阶段的一条必经之路(Grenoble 2003)。列宁曾说,"只要在人民和国家间还存在民族和国家差异,共产主义工人阶级运动的国际联合策略就要求不得消除或压迫民族差异。"(转引自 Grenoble 2003)这似乎意味着,在目前阶段,多样性是可以容忍的,但长远看来,民族差异性会消失。这也解释了上述民族理论的第二个方面,即总体上民族间差异应该逐步弱化。根据这一理论,民族会自主发展而且与少数民族相互影响并趋于相似。在马克思主义的理论著作中,马克思和恩格斯也不太倡议保护小族语言权利(Kymlicka 1995:69)。马克思理论认为,民族差异是资本主义之前的国家特征,而在社会主义国家,统一是主要特征。这种统一是通过融合和同化达成的:融合是一种相互影响的结果,而同化是将一个民族变成另一个民族。社会主义国家拒绝强制同化,但自然同化是另一种类型,而这种同化不会对民族造成伤害因为它只影响到个人或小群体(Sokolová 1987:13)。因此总的来说,如果一个民族的文化或语言消失了,也不被视为悲剧,而被视为一种积极的发展,因为这是符合历史进程的。苏联的理论家和实践者认为,对于较小的少数民族群体,"双语主义应视为一个向单语主义过渡的阶段,即少数民族群体完全被同化为该国主体民族"(Isayev 1977:200)。

在整个苏联时期,苏联的民族语言规划都是以上述理论为指导的;不过在不同的历史阶段,所施行的具体语言政策并不相同,呈现一种由该理论的第一方面向第二方面转化的明显趋势。在斯大林执政时期,主要是 20 世纪 30 年代末,苏联开始了这种转向,强调民族融合,在各加盟共和国强行推广俄语,挤压民族语言的生存空间。这一进程在赫鲁晓夫和勃列日涅夫时期得到了加速和扩大,一直持续到 20 世纪 80 年代末。因此 20 世纪 40 年代末,中东欧国家加入社会主义阵营后主要受到"民族融合"观的影响,其民族政策的制定"取决于一个目的,那就是社会主义国家、民族及其文化间的融合"(Crisp 1989b)。

二、苏联语言事务管理机制演变概述

苏联境内共有130个民族,至少100多种语言(Kirkwood 1989),处理民族问题一直是苏联的重点工作之一。在苏联,语言政策主要是民族政策的一个工具(an arm),与语言权利相关的管理不仅是一个语言问题,而与政治环境密切相关;这导致了苏联的语言政策前后相差很大,充满了矛盾、不合逻辑的决定而且反复无常(Grenoble 2003:1)。此外,表面的政策和实际的执行之间也永远存在着差距,即使是正式立法,也难以保障其规定能得到执行(Grenoble 2003:1)。苏联历史上不同时期的语言管理目标和措施有着明显差异,而且这种转变与最高领导人的观点有很大关系,鉴于此,我们将苏联民族语言政策演变的历程分为三个阶段。

(1)列宁时期

这一时期自1917年十月革命起直至1924年列宁逝世,甚至可以延续到20年代末。这一时期苏联相关工作的指导性原则是语言平等和民族团结,将语言政策作为民族政策的一部分,旨在促进和发展过去沙俄帝国遗留下来的大量少数民族的语言。

学界的基本共识是:列宁本人热爱俄语并认为自愿地转用俄语是一件好事,但他强调在多语国家中所有语言的绝对平等性,反对强制维持单一的国家语言。他批评那种想将俄语作为单一国家语言的沙文主义,支持对沙俄帝国遗留下来的小族语言开展研究。列宁强调,哪怕是最小的语言群体的平等权利也必须尊重,坚持反对赋予俄语特殊优越地位。1917年《俄罗斯各民族权利宣言》正式宣布一项政策:所有俄罗斯公民人人平等,人民拥有自决权。这项政策明确指出四个原则:俄罗斯各民族独立、自主、平等;俄罗斯各民族有权自由自决,甚至可以分离和建立独立国家;取消一切民族和民族宗教的任何特权;少数民族和俄罗斯领土上聚居的民族可以自由发展。

1917年全俄罗斯苏维埃代表大会成立了两个"人民委员部"(People's Commissariats)用于处理与民族语言相关的事务(Grenoble 2003:38)。"教育人民委员部"负责教育和艺术;"民族人民委员部"负责民族问题,所有的民族在该委员部下都有一个对应的委员会,该委员会中又有一个部门负责该民族的教育系统,包括母语教学课程的开发。由于"民族委员部"组织不力,其教育业务在1919年后被"教育委员部"接管。1919年"教育人民委员部"下还设立了"少数民族理事

第三章 中东欧超国家语言权利事务管理机制及其转变

会",以保护少数民族利益,防止大俄罗斯沙文主义。1918年10月31日教育人民委员部又颁布了《关于少数民族学校的规定》。1919年,在俄共(布)第八次代表大会上谈到必须成立用本民族语言进行教学的统一的劳动学校。1921年,俄共(布)第十次代表大会通过了关于民族政策的决议,并在这一决议中提出全国各民族法庭、行政机关、经济部门、剧院等改用民族语言的任务(周炜 2002)。1923年6月俄共(布)中央第四次会议上,斯大林正式提出"本土化"政策:"边远地区的共产党员要适应当地条件,向当地愿意进入苏维埃体系的力量让步。"其主要内容包括自由使用母语,帮助非俄罗斯各族发展使用本族语言的报刊、学校、剧院、俱乐部事业以及一般文化机关,广泛地建立并发展使用本族语言的普通教育性质的和职业技术性质的训练班与学校(张建华 2004:180)。

西方学者(Grenoble 2003:30)认为列宁是一个政治实用主义者,其民族政策是为了应对当时复杂的民族问题状况;尽管马克思主义理论对民族问题并不重视,但列宁决定充分利用广大的被压迫人民的民族主义运动。虽然这一阶段的语言管理也存在一些问题,比如很多共产党员对于将政府、教育或经济的控制交给少数民族表现出抗拒,同时企图对少数民族施加影响,使其在本民族语言中接受大量的俄语词汇、语法结构甚至俄语的拼写方式(Grenoble 2003:37)。但总的来说,这一阶段是苏联民族语言蓬勃发展的黄金阶段(Wee 2011)。

(2)斯大林时期

这一时期自20世纪20年代末起至1953年斯大林去世。斯大林在执政初期依然执行着列宁时代的语言政策,反映其民族思想的政策调整是在20年代末开始的。斯大林首先在政治和经济领域开始了对民族主义的清除,出现了强调苏维埃爱国主义、强制经济的集体化等新的动向,要求各民族团结在俄罗斯族周围建设社会主义现代化(Crisp 1989a);随之而来的是俄语和俄罗斯文化被公开宣传为建设苏维埃社会的最佳方式(Grenoble 2003:44)。

要理解斯大林的语言政策,必须了解他的"民族"发展理论。在他著名的文章《民族问题和列宁主义》(1929年)中,他除了给民族下了一个影响深远的定义,还提出了民族发展的三阶段论:第一阶段,在曾经的压迫被解除之后,民族语言会繁荣发展;第二阶段,无产阶级掌权之后会出现一种新的通用语,通用语会与民族语言共同存在;第三阶段,无产阶级统治世界,民族差异被消除,出现一个新的世界语(中国社会科学院民族研究所 1990:395)。斯大林显然认为苏联已经进入了第二阶段,开始公开推广俄语和俄罗斯文化。

第三章　中东欧超国家语言权利事务管理机制及其转变

1934年,斯大林在联共(布)十七大讲话中称当前最大的威胁已经不是俄罗斯沙文主义而是民族主义。官方随后开始推动俄语和俄罗斯文化。1938年3月13日苏联人民委员会和联共(布)中央联合发布《关于民族共和国和民族州必须学习俄语》的决议,正式提出:"俄语教学成为所有适龄儿童必须接受的义务教育"(Grenoble 2003:54)。1939年联共(布)十八大决议提出:"苏联实现了无产阶级的社会主义社会的建设,并从社会主义逐渐过渡到共产主义阶段。"(苏共中央马克思列宁主义研究院 1956:11)斯大林认为"制造民族纠纷的主要势力即剥削阶级已经消灭,培植民族互不信任心理和燃起民族主义狂热的剥削阶级已被消灭","苏联各民族和种族,在全国经济、政治、社会和文化方面都享有同等的权利。所以,根本谈不到民族权利会受损害。"(中共中央马克思恩格斯列宁斯大林著作编译局 1962:88—89,103)

尽管在20世纪三四十年代俄语化倾向变得显著,但总体来说并未完全放弃早期的承诺,即将民族语言作为多语国家社会主义建设的重要工具。比如1936年的《宪法》第23条规定,苏联公民具有平等的权利,无论其民族或种族;第121条规定,苏维埃公民有权使用母语接受教育(Grenoble 2003:36)。因此在斯大林时代结束时,民族语言在教育和出版领域依然占据着相对重要的地位,并使用着尚能满意的标准文学形式(Crisp 1989a)。

(3)赫鲁晓夫及之后

在赫鲁晓夫和勃列日涅夫等苏共领导人当政时期(1953年至1989年),苏联在民族理论上未再提出新的创见(Weeks 2010),依然宣称遵循着列宁主义的民族观,但在语言政策上做出了较大调整,并呈现同一发展方向,因此本书将其归为一个阶段。在这一时期,苏联官方开始公开正式地推进俄语的地位,并一直延续至苏联解体。赫鲁晓夫提出了"新的历史群体-苏联人民"的说法,将俄语作为其主要标志之一,这一提法在勃列日涅夫时期进入苏联的官方民族政策。

在1953年斯大林逝世之后,苏联语言规划的方向发生了根本性转变:在那之前,规划的最主要对象是俄语之外的民族语言,初期是标准化和功能扩展,后期趋向俄语化;20世纪50年代中期之后官方的重要精力都放在了俄语上,试图将其变成"苏联人民"的语言,并保持其现有形式,阻止任何新的变体出现(Crisp 1989b)。到20世纪50年代末期,已经有语言学家发表文章质疑民族语言在共产主义建设中的角色和功能,并提出考虑一种族际交流的单一语言及其在共产主义建设中的角色和功能;开始有语言学家将苏联的民族语言按发展程度分成

第三章 中东欧超国家语言权利事务管理机制及其转变

五类,列出其中即将消亡或应该消亡的语言;而这种观点在列宁时期是不可想象的(Crisp 1989b)。

赫鲁晓夫在1958/1959学年推出教育改革,在全苏联境内推进俄语教学,这是苏联民族语言政策的一个重要节点。这一改革导致大量民族语言学校迅速转为俄语学校,有很多学校在低年级就开始教授俄语,而那些较小的语言受害最重,民族语言学校和出版几乎立即被停止。1958年苏共中央和政府部长会议颁布了《关于加强学校同生活的联系和进一步发展苏联国民教育制度的提纲》,提纲强调:"各加盟共和国和各自治共和国的中学也必须要认真学习俄语,因为俄语是民族间交际的强有力的工具,也是加强苏联各族人民友谊、使各族人民享受俄罗斯文化和世界文化宝库的有力工具。"(华东师范大学研究部编译室 1959:3)1961年召开的苏共二十二大专门对俄语学习问题进行了讨论,强调积极学习俄语的意义。时任苏共中央第一书记的赫鲁晓夫在会上强调,"苏联进入了一个加速建设共产主义时期","俄语实际上已经成为苏联各族人民的第二母语","在生活中发生的自愿学习俄语的过程,对于族际关系的发展具有积极的意义",并把"俄语实际上已成为苏联各族人民相互交往和合作中共同使用的语言"列入党纲,以法律手段确定了俄语"族际交际语"的特殊地位(Grenoble 2003:57)。

勃列日涅夫上台后,将斯大林和赫鲁晓夫时期俄语在理论上的特殊地位付诸实践,将俄语化进程进一步加速推进。勃列日涅夫将俄语称为十月革命的语言、列宁的语言、共产主义未来的语言;宣称对于非俄罗斯人民而言,俄语已经不再是外语,而是所有苏联公民的共同语言(Crisp 1989b)。勃列日涅夫推行"民族语+俄语"的"双语制",即非俄罗斯民族除了掌握本族外,还要掌握俄语;俄罗斯族在掌握俄语的同时也要学习另外一种民族语言。1977年的《宪法》第36条指出苏联公民应有机会使用其母语及其他民族语言;第45条规定确保苏联公民有机会用母语接受教育(Grenoble 2003:58)。这与1936年《宪法》的说法已有较大差异:从保障这一权利,变成有机会实现这一权利。1978年通过835号法,《关于在联邦共和国进一步改进俄语研究和教学措施的规定》,要求执行新的俄语教学大纲,开发新的教材,重新培训所有俄语教师,增加俄语教授的课程,在所有学校设立俄语中心,甚至要求在学前层次就要开始俄语教学,以加快其传播速度(Landau and Kellner-Heinkele 2001:567)。在此时期,对俄语的大力推广以及俄语在社会生活中的族际语功能使得非俄罗斯民族中掌握俄语的人数大大增加,而民族语言在学校、党和国家机关、出版和经济活动中的地位遭到削弱。至此，列宁的语言平等理论再不被提起，官方认为民族文化和民族语言不需要一致，俄语可以满足几乎所有的文化需求（Crisp 1989b）。

勃列日涅夫去世之后，苏联开始重新关注俄语和非俄语之间的平衡，并降低了美化俄语的力度。1985年戈尔巴乔夫上台后，其改革重点在经济和政治上，对于民族问题关注甚少，直至1989年语言和民族政策基本没有发生变化（Grenoble 2003:58）。1986年的苏共二十七大对俄罗斯人民不再专门予以颂扬，对于俄语只称"增加了接触科学技术、本民族和世界文化的机会"，强调了俄语作为一种交流工具的特征（Crisp 1989b）。到20世纪80年代末，已经有一些共和国开始修改语言政策，而苏联并没有制止。如摩尔多瓦1987年就通过法律扩大摩尔多瓦语的使用领域，1989年正式改用罗马字母。1989年爱沙尼亚首先通过法律将爱沙尼亚语作为国语，随后引发了其他两个波罗的海国家以及其他加盟共和国的跟进。1990年，苏联中央政府通过了《苏联各民族语言法》，正式将俄语作为国语，有学者（Grenoble 2003:63）称这与其说是一种明确的语言政策，不如说是对已经出现的民族主义分裂倾向的一种被动回应。

上述语言政策在苏联（主要是在其加盟共和国境内）得到了比较彻底的实施，其直接影响对象主要是苏联境内的各民族。而中东欧国家加入社会主义阵营之后，几乎被完全置于苏联控制之下，各国虽不受苏联法律直接约束，但各国党的政府所制定的民族政策和语言政策均对苏联亦步亦趋，与苏联对境内民族的管理理念保持高度一致。苏联对于中东欧各国的小族语言管理所产生的具体影响包括如下几个方面：

第一是在理念上鼓励对小族群体的同化。在所有的社会领域，中欧各国的共产党政府都非常强调"向苏联学习"（Neustupný and Nekvapil 2003），在小族语言管理方面也是如此。中东欧各国加入社会主义阵营的时候已是斯大林统治的后期，指导苏联民族工作的理论尽管仍然是马克思列宁主义，但在实践中已经从列宁时期的尊重民族平等转向了几乎是公开的俄族化。而在赫鲁晓夫和勃列日涅夫时期，苏联官方公开正式地推进俄语化。在这一时期，捷克斯洛伐克和匈牙利都与苏联保持高度一致，强调无产阶级国际主义，而批评民族主义（Neustupný and Nekvapil 2003）；强调所有民族的平等性，而反对提及各民族间的文化、语言或宗教差异（Connor 1989:23）。在此背景下各国政府将强调民族身份和民族特征的言论定性为一种"有害的西方资产阶级思想"（Fenyvesia 1998），同

第三章 中东欧超国家语言权利事务管理机制及其转变

时相信在社会主义国家，在马克思列宁主义的指导下，民族问题会自动解决，因此对于小族群体无需在意，对其文化和语言无须过分强调。

第二是在法律上对少数民族地位进行选择性认定。中东欧国家通过选择性赋予少量族群以合法地位的方式，彰显了其保护少数民族的原则，但同时也否定了其他小族的法定权利。比如在捷克斯洛伐克，《宪法》认定捷克族和斯洛伐克族为"民族"，而匈牙利族、波兰族、乌克兰/鲁塞尼亚族和德意志族则被赋予"少数民族"地位，并给"少数民族"赋予母语教育权利等特殊权利。值得注意的是，作为"民族"的斯洛伐克族并不享受"少数民族"所享有的权利，而其他各族，包括人数众多的罗姆族都只是"居住群体"，不享受任何保护。在匈牙利，小族群体的法律地位只是在《宪法》中得到表面的承认（lip-service）（István 2011），但其实际合法地位直到1993年《少数民族和族裔权利法》通过的时候才得以确认。

第三是在实践上对小族语言的生存进行限制。捷克斯洛伐克和匈牙利的国有化政策均没收了所有小族组织的财产，包括学校、图书馆及其他建筑和设施。同时小族群体被限制成立维护本族利益的组织，各种民族团体被解散（Göncz and Geskó 1997）。对少数民族的教育全部收归国家控制和管理，大量的少数民族学校被改为双语学校，小族语言从教学语言变成了学习科目。在教育系统中，俄语成为所有学生的必修课程，所占比重越来越高，小族语言的教育则不受重视。在捷克斯洛伐克，捷克境内的波兰族和斯洛伐克境内的匈牙利族都受到了压制，其他小族语言的状况更为糟糕。不过匈牙利的特殊之处在于，在20世纪60年代末之后，匈牙利决定采取一种新的民族政策，即通过保护境内的少数民族来要求其他国家以同样的力度保护该国境内的匈牙利裔少数民族（Fenyvesia 1998）。匈牙利在国家教育学院下新设了"民族系"，并开始放松对于民族学校和文化机构的管制，这些行为使小族语言的状况有所改善；但这些做法到底在多大程度上对小族语言的生存起到实际作用遭到很大的质疑（Fenyvesia 1998），因为到1989年，几乎所有的小族语言都从公共领域消失了，仅限于家庭使用（Paulik and Solymosi 2004）。

第二节 后社会主义时期语言权利事务管理机制

中东欧国家加入社会主义阵营并非出于自愿，乃是苏联挟二战胜利之势为对抗西方而强行收编的结果，战后的数十年中在武力威慑、政治高压和经济

第三章　中东欧超国家语言权利事务管理机制及其转变

控制之下保持了与苏联的一致。然而苏联的社会主义模式过于僵化,过度限制人的自由,不能很好地适应全球化和科技飞速发展的新形势,错失了进行制度革新的历史性机遇,拉大了同西方资本主义世界的差距(朱晓中 2009)。"在苏联终于失去了对内部威胁的干预能力的时候,中东欧国家立即脱离了社会主义阵营,寻求回归西方。[①]"脱离东方集团之后,在全球化的浪潮中除了向欧盟靠拢之外别无他途[②],因此中东欧国家积极参与国际事务,接受国际游戏规则,努力成为真正的国际社会成员。对中东欧国家的语言权利事务管理产生影响的超国家机制包括区域(欧洲)层面和国际(联合国)层面。出于如下三个方面的考虑,本书不重点考察国际层面的语言权利事务管理机制而聚焦于欧洲层面的机制。

第一,联合国层面的保护多是原则性的,表述模糊且无约束力。在国际层面,联合国迄今尚未通过专门保护语言权利的文件,语言权利是通过人权、文化多样性等其他领域的文件得到间接保护的。国际人权法为确立语言权利标准提供了一种最低限度的规范性框架。联合国教科文组织网站上列出的与语言权利相关的 17 种宣言或公约以及 7 份建议书中,比较核心的是《联合国宪章》(1945年)和《世界人权宣言》(1948年)。这两个文件是联合国后来几乎所有人权文件的基础:《联合国宪章》写入了较强的人权条款,同时确立了作为人权基础的平等与禁止歧视原则;《世界人权宣言》第一次在国际范围内较系统、全面地提出了人权和基本自由的具体内容,同时明确规定了平等和禁止歧视原则,并扩展了平等与禁止歧视的范围。这两个文件本身无约束力,但其相关内容在《公民权利和政治权利国际公约》(1966年)和《经济、社会、文化权利国际公约》(1966年)两个有约束力的文件中得到体现。《公民权利和政治权利国际公约》第 27 条规定,凡存在种族、宗教或语言少数的国家,属于这种少数的人不应被剥夺与同一群体的其他成员一起享受自己文化、信奉自己宗教或使用自己语言的权利。这一条款是后来很多国际宣言的元条款,比如 1992 年的《在民族或族裔、宗教和语言上属于少数群体的人的权利宣言》。除了上述几个比较重要的文件,联合国有关机构还通过了其他一些与语言权利有关的人权文件,如《国际劳工组织公约》第 107 号(1957年)和第 169 号公约(1989年)、《反对教育歧视公约》(1960年)、《儿童权利

---

① 原捷克斯洛伐克联邦副总理扬·查尔诺古尔斯基语,转引自高歌(2011:85)。
② 同上。

第三章 中东欧超国家语言权利事务管理机制及其转变

公约》(1989年)、《保护所有移徙工人及其家庭成员权利国际公约》(1990年)等。此外,联合国还从促进文化多样性的角度通过了《世界文化多样性宣言》(2001年)、《保护非物质文化遗产公约》(2003年)等一系列文件。

但无一例外的是,语言权利在上述文件中都是作为一种较为边缘的权益被提及的,表述较为模糊,所提供的保护是有限的。总的来说,目前无论是在理论研究还是具体实践上,语言权利的内容和范围仍处于探索之中,离一份内容具体、具有约束力的普遍性国际法律文件还有很长的路要走。

第二,对于中东欧国家而言,欧洲区域层面的机制转变力度大、范围广、程度深,调整显著。本书试图将中东欧国家的机制调整置于其国家转型的背景中予以考察,而这一转型是在新的区域国际政治环境中进行的。在这一转变过程中,不仅中东欧国家所接受的约束机制从苏联机制转向了西欧机制,同时欧盟等欧洲机构也为接受中东欧国家而对自身的组织运行机制进行了大幅度的改革。

冷战结束后,中东欧各国解除了与苏联的全方位的结盟关系,积极谋求加入欧盟和北约等西方组织以求回归欧洲。在这一过程中,中东欧国家开始接受欧盟的约束机制,在政治和经济体制等方面接受欧盟的引导和规范。1993年6月,欧盟提出了中东欧国家入盟的哥本哈根标准,要求中东欧国家在政治上建立尊重民主、法治、人权和少数民族的制度;在经济上建立市场经济体制,能够稳定面对来自联盟内的竞争;在法律上接受共同体法,具备履行成员国义务的能力。自此以后,欧盟通过定期评估的方式不断推动中东欧国家在政治、经济和司法制度上向西方标准靠拢,而其中的一个重要方面就是对人权和少数民族权利的保护。至2004年中东欧十国加入欧盟之后,这些国家已经基本脱离了苏联的影响而投入了西方的怀抱,而且完全接受欧盟等新的区域国际约束机制。

对于欧盟来说,吸纳中东欧国家加入欧盟在其制度设计方面也是一个巨大的挑战:一是国家数量较多,2004年一次性就接受了10个国家加入,后又于2007年和2013年陆续接受3国加入。对于原先只有15个成员国的欧盟,在短期内扩大近一倍,对其原先的运行机制提出了新的挑战。二是新加入的国家与西欧国家在制度上存在巨大差异,其原先长期运行的一党执政的政治制度和计划经济体制都与欧盟原有体制差异巨大。欧盟为了接纳这些新的成员,在自身运行和管理制度方面进行了大刀阔斧的改革,取得了较大的转变。

第三,欧洲区域层次的机制属于国际样板性质,而且对中东欧国家产生的影响更为直接。欧盟作为迄今为止世界上最为成功的一体化区域国际组织,其区域协调和约束机制在世界同类组织中是最为完善的。欧盟本身也是一个不断演化、一体化程度不断提高的机构,随着其联盟法律体系的不断改革和执行力的不断提高,对于成员国的约束能力也越来越强。与此同时,欧洲委员会、欧洲安全与合作组织等国际机构与欧盟相互协调,进行密切的合作,各方在行动上互相配合,在人权保护领域发挥着重要的作用。此外,与联合国层次的机制相比,由于欧盟的很多立法可以直接适用于其成员国,欧洲的区域机制对于中东欧国家的影响更为有力。

一、欧洲语言权利事务管理的相关法律规范

在欧洲区域层次,与语言权利事务管理相关的法律规范及其执行机制,大致可以分为三个相对独立的部分,即个体人权管理部分、少数人权利保护部分和语言管理部分。这三个部分是欧洲各国出于不同的政治考虑、针对不同的区域问题、在不同的历史时期逐步分别建成的,并未形成一个具有统筹功能的独立实体机制,而是在各自领域内分别运行,形成了三个较为独立的机制。大致而言,人权管理机制主要服务于保护传统个体人权;少数人权利管理机制主要是为了消除潜在的族际冲突;语言管理则旨在保存欧洲的语言多样性和文化多样性。这三个机制并不能截然分开,而是互有重叠、相互补充;欧洲层次与语言权利相关的立法规范基本都可以归入这三类,这种分割也有助于我们更好地理解欧洲的整体语言权利事务管理机制。

(1)通过人权保护语言权利

这一类法律规范以欧洲委员会通过的《欧洲人权公约》(*European Convention for the Protection of Human Rights and Fundamental Freedoms*,又称《欧洲保护人权与基本自由公约》)为代表,它是欧洲迄今为止最为成功和影响最为深远的人权保护机制(Henrard 2003),甚至可以说在世界范围内也是如此。该公约是国际人权领域的第一部具有法律约束力的区域性国际人权文件,其实质性条款以联合国《公民权利和政治权利国际公约》的早期草案为依据,规定了人人享有的个人权利和政治权利。该公约规定,个人所享有的权利不得因语言而受歧视,其中涉及不少与语言相关的条款,并且强调个人权利如受到侵犯可向国家当局要求救济。

关于该公约对于语言权利所提供的具体支持力度,学界仍然存在争议,比如有学者(Henrard 2003)认为这一公约中并未明确包含如今学界所倡议的语言权利。如第 5 条和第 6 条规定了被告人获知被捕原因、被诉事由以及庭审获得翻译的权利,只隐含使用被告人理解的语言;相关条款并未包含使用母语通知被告人的权利,当被告人理解庭审语言时就无权使用母语或选择其他语言,无论此人是否属于少数人群体。上述权利并未超出辩护权和相关的程序正义和平等武装原则,这些与语言相关的条款很难与少数人群体的语言权利相对应。相关的判例也明确显示,《欧洲人权公约》中的相关条款对于语言权利的保障是很小的,其保护被明确限制在禁止歧视原则的使用上。此外,有关教育权的条款并未规定母语教育的权利;第 14 条规定不得基于语言歧视任何人,但人权法院极少判有人违反此条。

尽管如此,正如格林(Grin 2003b)所指出的,人权"相关的国际义务和承诺构成最低国际标准,如以保守的方式进行解读则是对其精神和意图的背离"。随着语言权利意识的提高,对于原先人权法律条文的解读正出现新的变化,欧洲的人权管理机制正更多地支持语言权利方面的诉求,如欧洲人权法院最近的判例正出现倾向于支持母语教育的积极进展。

(2)通过少数人权利保护语言权利

这一类法律规范以 1994 年欧洲委员会通过的《欧洲保护少数民族框架公约》(*Framework Convention for the Protection of National Minorities*)为代表,该公约是世界上第一个致力于将少数民族保护作为人权保护不可分割的一部分的具有法律约束力的区域性多边条约(Benoît-Rohmer 1998:145)。它产生于东欧剧变后,即保护少数民族权利日显其对欧洲大陆的稳定、民主、安全与和平的重要性之背景下。它在《欧洲人权公约》的基础上,不仅明确赋予并承认了"属于少数民族的人"应享有的广泛权利,而且规定了缔约国在限制其可能对少数民族的利益造成损害的国家行为、采取积极措施提高少数民族的地位、保护和发展"属于少数民族的人"的权利方面的国家义务。这一立场在欧洲层次的其他文件中也得到体现,如 1990 年欧洲安全合作会议成员国通过的《新欧洲巴黎宪章》(1990 年)就明确规定:"少数民族的权利必须作为普遍人权的一部分得到完全的尊重。"[1]

与此同时,这些文件在涉及具体操作的规定中也保持了一定程度的措辞模

---

[1] 参见欧安组织网站,《新欧洲巴黎宪章》(1990 年),http://www.osce.org/mc/39516?download=true,2015-9-3 下载。

第三章 中东欧超国家语言权利事务管理机制及其转变

糊,带有一些留有后路的条款,为签约国提供了较大的操作空间(Benoit-Rohmer 1994:50)。如《欧洲保护少数民族框架公约》第 10 条规定少数民族有权使用其母语与当局交流,但是规定了很多限制性条件(如很高的聚居程度),使用了留有余地的表达:"当该请求确实符合实际需要""在可能的情况下"等;第 14 条规定了学习少数民族语言的权利、被教授或使用少数民族语言接受教育的权利,但措辞同样谨慎(Benoit-Rohmer 1998:139)。同时,公约似乎并没有规定国家有义务采取积极的措施确保学习少数民族语言的权利得以落实,特别是使用小族语言接受教育的权利,只是鼓励提供这种服务,同时还设定了与聚居程度有关的条件,使用了"在可能的情况下""在其教育系统的框架内"等表述(Benoît-Rohmer 1998:48—49)。

但毫无疑问,相对于传统人权所能提供的语言方面的保护,少数人权利对于小族语言权利显然贡献更多,它不仅包含了个体人权中的相关核心成分,并将其中与少数人有关的成分予以发展,使其更好地满足少数人的需求(Henrard 2003)。在少数人权利的框架下,无论是一般性的少数人权利还是那些语言相关的权利,都得到了更好的保护,更有利于小族群体保存其身份;同时,少数人权利与个体人权密切结合,可以建立起将少数人保护得更好的机制。

(3)通过语言多样性机制保护语言权利

这一类文件以 1992 年欧洲委员会通过的《欧洲区域性语言或少数族群语言宪章》(*European Charter for Regional or Minority Languages*,以下简称《宪章》)为代表,《宪章》是欧洲目前唯一一份专门针对语言保护制定的法律文书。《宪章》明确宣称,未赋予使用小族语言的个人或群体任何权利,而是聚焦于语言本身,是对语言多样化的一种承认、保护和促进。《宪章》仅适用于签约国境内的国民或族群传统上所使用的语言,从而排除近年外来移民所使用的语言;同时《宪章》要求其保护对象应不同于官方语言,从而排除签约国仅仅关注当地的法定方言或主要语言的情况。《宪章》保护对象可能以领土为基础,如国家或区域内国民传统上所讲的语言;也可能不局限于一个国家内的少数民族语言,例如在欧洲被广泛使用的罗姆语。《宪章》开创性地使用了一种"菜单机制",即要求签约国对国内存在的区域性或少数族群语言进行两种层级的保护。第二和第七条规定了一个基本原则,就是国家可以选择其履行的义务:国家可以决定其境内应用《宪章》的语言;同时,在每一个保护主题下,《宪章》提供了由弱到强的不同义务,国家可从 72 项义务中选择至少 35 项付诸实际。同时,《宪章》第七条规定,

第三章 中东欧超国家语言权利事务管理机制及其转变

那些为了促进小族语言使用者与其他人群之间的平等的积极措施,不应被视为对主体人群的歧视。

有学者(Henrard 2003)认为,《宪章》对于小族语言的贡献,显然受到其提供的高度灵活性的抵消。同时,《宪章》规定国家不得随意选择所接受的义务,而应根据每种语言的不同情况来决定,这隐含了语言使用人数越多、地区同质化程度越高,应选择的条款义务越强的规律。而国内则有学者(郭友旭 2010)认为,《宪章》未能明确彰显对语言权利的保护,对于语言权利这一概念在国际社会的推广和接受错失了一个极好的契机。

与此同时,欧盟在法律和政策层面也有大量相关的行动,这些行动大都是在促进多样性的名义下开展的。比如 1992 年的《马斯特里赫特条约》[①]中"文化"部分第 128 条规定,欧共体应促进各成员国文化的繁荣,尊重其民族和地区多样性,同时彰显共同文化遗产。2000 年通过的《欧洲联盟基本人权宪章》[②]第 22 条规定"尊重文化、宗教和语言多样性"。2007 年通过的《里斯本条约》[③]第 2 条第 3 款规定"尊重文化和语言多样性,保障和加强欧洲文化遗产";同时第 16 条声明"重视文化多样性,特别关注语言"。除此之外,欧盟出于尊重和保护文化多样性的考虑,也出台了一些指向性明确、以保护少数人语言为目的的决议(详见本书"欧洲语言权利事务管理机构及其约束机制"部分)。毫无疑问,这些以促进语言多样化的名义通过的公约或法律,尽管未在表述上提及语言权利保护,但在客观上对语言权利的实现提供了极为重要的保障。

需要注意的是,尽管上述法律框架的适用范围包括中东欧地区,也包括西欧国家,但欧洲区域组织对中东欧国家实行了比西欧更为严格的保护标准。一方面,中东欧国家在申请加入欧盟时存在着较大的种族冲突潜在可能性,因此很多区域文件都是针对中东欧地区的情况而制定的;另一方面,也被批评为反映了西方国家霸权主义的虚伪心态,他们作为规则制定者对于中东欧国家采取了双重标准(Skutnabb-Kangas *et al.* 2009:220)。比如,总体上这些欧洲标准都呼吁小族语言教育(education of minority languages),但并不强调是以小族语言为教学

---

① 参见欧盟网站,http://eur-lex.europa.eu/legal-content/EN/TXT/?uri=OJ:C:1992:191:TOC,2015-9-3 访问。
② 参见欧盟网站,http://www.europarl.europa.eu/charter/pdf/text_en.pdf,2015-9-3 访问。
③ 参见欧盟网站,http://eur-lex.europa.eu/legal-content/EN/TXT/PDF/?uri=OJ:C:2007:306:FULL&from=EN,2015-9-3 访问。

第三章 中东欧超国家语言权利事务管理机制及其转变

语言的教育(education in minority languages)。《欧洲保护少数民族框架公约》第13条指出少数民族有权建立私立教育机构,但并不要求国家给予资金支持;第14条则模糊地规定少数民族成员个体有权学习其母语。欧洲标准同时强调所有公民均有义务学习官方语言,以防止全部使用小族语言进行教学所暗含的分裂主义意味。因此如果按照欧洲最低标准,只要提供小族语言教学,甚至作为一门外语进行教学即可。但在中东欧地区,这一标准似乎更为严格,要求国家提供更有力的支持,至少也要双语教学,很多情况下要求使用小族语言进行教学(Stockton 2009)。因此我们在解读欧洲超国家机制对于中东欧国家的约束时,要注意只能以最低标准的限度来对照,对于中东欧国家而言,如果只达到了欧洲最低标准,几乎可理解为一种消极实现。

二、欧洲语言权利事务管理机构及其约束机制

欧洲区域层次与语言权利事务管理相关的机构包括各种官方和非官方组织,其中最为重要的有三个:欧洲委员会、欧盟(包括欧洲理事会、欧盟委员会、欧洲议会、欧洲法院)和欧洲安全与合作组织。这三个组织的成员国有很大一部分是相互覆盖的,本书涉及的中欧三国均是上述三个机构的成员国,但这三个机构在运行上又相互独立,具有各自的运作机制。

(1)欧洲委员会(Council of Europe)

欧洲委员会成立于1949年,总部设在法国斯特拉斯堡,成员国加入标准为"实行多元化民主、法制和尊重人权的欧洲国家",现有成员国47个,覆盖全欧洲,其中28个同时系欧盟成员国,目前欧盟正准备以独立成员的身份加入该机构[①]。该机构的宗旨是在欧洲范围内维护人权、民主和法治。欧洲委员会是欧洲人权保护的最重要机构,上文述及的语言权利保护的三个重要公约或宪章均由该机构主导通过,同时该机构还设立了相应的监督实施机制。对于急于塑造自身形象的中东欧国家,加入欧洲委员会具有特别重要的意义,因为这意味着国际社会对其民主国家地位的承认,以及他们被视为自由国家的意愿(Mundy 1997:70—1)。实际上本节"欧洲语言权利事务管理的相关法律规范"部分所述三类法律规范中,最核心的三个文件均是在欧洲委员会牵头下通过的,并且该委员会也负责运行在上述三个文件框架下建立起来的机制。

---

① 参见欧洲委员会官网,http://www.coe.int/en/web/about-us/who-we-are,2015-9-3访问。

第三章　中东欧超国家语言权利事务管理机制及其转变

第一,《欧洲人权公约》(1950年)机制。《欧洲人权公约》是欧洲委员会的核心条约,所有成员国必须签署该条约,拟加入欧洲委员会的欧盟也准备签署该公约。根据公约,欧洲委员会于1959年在斯特拉斯堡成立了欧洲人权法院,它是欧洲最强大的人权救济机构,受理违反《欧洲人权公约》的案件,接受个人、团体或机构的上诉,也接受国家间的指控,指控对象必须是一个或几个国家。个人上诉可不需律师协助,只要填写申请表并提供所需材料即可,相关审判不收取任何费用。该法院判决具有法律约束力,相关国家必须执行;欧洲委员会部长委员会负责监督相关判决的执行,比如对受害人做出赔偿。判决会提交给部长委员会,由部长委员会与相关国家及相关部门就如何执行判决沟通,并防止类似违反行为再次发生,因此通常会导致相关国家的立法调整以及具体措施的出台[1]。

第二,《欧洲保护少数民族框架公约》(1994年)机制。该机制不对个人提供上诉渠道,也没有法院或委员会对具体案件做出判决或决定,对于公约的监督主要是基于各国提交的报告。对该公约的执行进行监督的主要是欧洲委员会的部长委员会和一个由独立专家组成的特设咨询委员会,其主要流程是:国家加入公约后,须在一年内提交第一次国家执行报告,然后每五年提交一次后续执行报告(部长委员会有权要求提供规定次数之外的执行报告),报告撰写过程中一般需与相关少数人群体和非政府组织协商,而这些组织也可以提交独立的报告;咨询委员会对国家报告进行评估,也会实地考察访问,获得更多信息;咨询委员会随后形成评估意见并送达相关国家,该意见将于4个月后公之于众,国家须在此4个月内对评估意见做出反馈,该反馈也可能会被公布;部长委员会形成决议,包括评估结论和对相关国家执行公约的建议,该决议通过后即公之于众;鼓励相关国家的政府定期向咨询委员会通报后续进展。[2] 该机制未对"少数民族"提供统一定义,在该机制下,个人可以自由选择加入某一个少数民族,但需要满足语言、宗教和文化等方面一定的客观条件。

第三,《欧洲地区性语言或少数民族语言宪章》(1992年)机制。该《宪章》实施机制的核心是一个由独立专家组成的专家委员会,该专家委员会根据《宪章》

---

[1] 参见欧洲人权法院网站,《欧洲人权法院常见50问》,http://www.echr.coe.int/Documents/50Questions_ENG.pdf,2015-9-3访问。

[2] 参见欧盟网站,《欧洲保护少数民族框架公约》宣传手册,http://www.coe.int/t/dghl/monitoring/minorities/6_Resources/PDF_brochure_en.pdf,2015-9-3访问。

第17条成立,负责对缔约国的执行情况进行审核。具体流程是:各缔约国根据一份通用提纲,每隔三年提交一份有关《宪章》第二部分和第三部分所接受条款执行情况的报告,汇报并解释其政策和实施行动,该报告将对外公布;专家委员会在此报告的基础上与该国当局或相关人士沟通,然后派出一个工作组赴该国进行实地考察,在此期间接收各区域性或少数族群语言团体反映的情况;调查结束后专家委员会形成一份评估报告,对该国执行《宪章》的情况给予评价,并指出存在问题,要求其在下一轮执行期间改进;专家委员会同时向欧洲委员会部长委员会提出一系列建议,作为部长委员会进一步向该国家的政府部门提供建议的参考文件;部长委员会在收到专家评估报告后,将其公之于众,并在此基础上向相关国家做出建议,督促其采取必要行动,使其政策、法律和实践与《宪章》要求保持一致;欧洲委员会在执行国召开圆桌会议,会议由专家委员会成员主持,组织当局和相关语言群体就如何执行建议进行讨论。①

(2)欧盟(European Union)

欧盟前身是成立于1952年的欧洲煤钢共同体,1967年与欧洲经济共同体和欧洲原子能共同体合并后统称欧洲共同体。1993年《欧洲联盟条约》(又称《马斯特里赫特条约》)生效后,欧洲共同体演化为欧洲联盟(简称"欧盟")。2009年《里斯本条约》生效后,欧盟具备了国际法主体资格,正式取代并继承欧共体,成为欧洲最重要的经济和政治联盟。经过数次扩大,欧盟如今成员国共28个,绝大多数中东欧国家都已经加入或正在申请加入欧盟,本书涉及的三国均为欧盟成员国。欧盟自1958年就通过决议(Regulation No.1),确立法国、德国、意大利、荷兰、比利时、卢森堡6个创始国的法语、德语、意大利语、荷兰语为欧共体官方语言(比利时为法语,卢森堡不要求使用卢森堡语),自此除有例外情况,成员国官方语言即为共同体的官方语言和工作语言,目前有24种官方语言。

欧盟出于对欧洲文化多样性的尊重与保护,自20世纪80年代起加强了对小族语言的保护和促进,目前已成为欧洲小族语言使用者表达自身诉求的重要平台(Hogan-Brun and Wolff 2003)。欧盟在这方面的工作可以分为几个部分。

第一,通过法律进行规范。欧盟的法律体系可以分为三个层面(张晓东

---

① 参见欧洲委员会网站,http://www.coe.int/t/dg4/education/minlang/aboutmonitoring/default_en.asp,2015-9-3访问。

第三章 中东欧超国家语言权利事务管理机制及其转变

2010):首先是成立欧盟及其前身欧共体的国际条约以及后续修改的一系列条约;其次是欧洲议会、部长理事会等欧盟主要机构根据基本条约,以解释条约和执行条约的方式制定的,具有国内法属性的条例、指令、决定等法规及欧洲法院的判例;第三是各成员国的国内法,但这一部分有时不被归入欧盟法范围内。这里我们只关注第一和第二层面的立法,即一般所谓的欧盟基础条约和派生立法。欧盟法具有直接效力和优先效力原则,前者指在一定条件下,欧盟法可以在成员国国内直接适用,直接为个人创设权利和义务,后者指欧盟法与国内法的规定发生冲突时,欧盟法的效力优于国内法。

在基础条约方面,2009年《里斯本条约》生效后成为欧盟运行的根本条约,该条约确认欧盟实行多语制,以尊重文化和语言多样性,同时通过第6条赋予《欧洲联盟基本人权宪章》(2000年)效力[1]。在次级立法方面,欧洲议会、欧洲理事会、欧盟委员会等机构通过了大量支持语言多样性和小族语言使用的文件。

比如欧洲议会曾通过如下与语言多样性和小族语言有关的决议:

1981年10月通过《关于区域性语言文化的共同体宪章及少数民族权利宪章的决议》[2],该决议是欧共体首个关于促进小族语言的文件,要求各国和地区政府在教育、大众传播、公共生活与社会事务三个主要领域促进少数民族语言的使用;

1982年通过《关于多语制和欧共体的决议》[3],该决议是较早规定多语制的文件,文件中强调了欧共体所有工作语言的绝对平等性,反对任何形式的语言歧视;

1983年通过《关于支持少数人语言和文化的措施的决议》[4],呼吁加强对少

---

[1] 参见欧盟网站,欧洲议会决议"Parliament Resolution of 16 October 1981 on a Community Charter of Regional Languages and Cultures and on a Charter of Rights of Ethnic Minorities (1981)",http://eur-lex.europa.eu/legal-content/EN/TXT/PDF/?uri=OJ:C:2007:306:FULL&from=EN,2015-9-7访问。

[2] 参见欧盟网站,欧洲议会决议"Parliament Resolution of 14 October 1982 on the Multilingualism of the European Community (1982)",http://eur-lex.europa.eu/legal-content/EN/TXT/PDF/?uri=OJ:JOC_1981_287_R_0102_01&from=EN,2015-9-7访问。

[3] 参见欧盟资助的"欧洲多样性"网站,欧洲议会决议"Parliament Resolution of 14 October 1982 on the Multilingualism of the European Community (1982)",http://www.europadiversa.org/eng/docs_oficials.html,2015-9-7访问。

[4] 参见欧盟资助的"欧洲多样性"网站,欧洲议会决议"Parliament Resolution of 11 February 1983 on Measures in Favour of Minority Languages and Cultures (1983)",http://www.europadiversa.org/eng/docs_oficials.html,2015-9-7访问。

第三章　中东欧超国家语言权利事务管理机制及其转变

数人语言和文化的支持；

1987年通过《关于欧共体地区或少数族群语言与文化的决议》[①]，呼吁在教育、大众传媒、经济和社会等领域加强对小族语言的使用，特别是呼吁各成员国在《宪法》和其他法律中承认区域或少数族群语言的地位，该决议是《欧洲区域性语言和少数民族语言宪章》的先声；

1990年通过《关于欧共体语言状况及加泰罗尼亚语的决议》[②]，强调欧洲议会将采取"全面多语制"（full multilingualism）的原则，并尊重所有成员国的官方语言；

1994年通过《关于欧共体语言上的少数人决议》[③]，继续要求在政策上对小族语言予以支持，同年还通过了《关于使用自己语言的权利的决议》[④]，提出对于各国官方语言的使用包括书面语和口语两种形式，并指出保障使用自己语言的权利有助于建立一个人民的欧洲（the People's Europe）；

1995年通过《关于欧盟机构官方语言使用的决议》[⑤]，重申了之前数个文件中关于官方语言使用的规定，宣布多语制是欧盟所有理念以及成员国政治平等的基石（corner stone），不同的语言是欧洲文化的象征，是欧洲多样性的重要方面，是欧洲的文化财富；

2001年通过《关于地区性和较少使用的欧洲语言的决议》[⑥]，要求所有成员国采取措施确保所有公民在一个语言和文化多元化的欧洲，有学习不同的语言以进行交际的机会，促进相互理解和宽容，促进人口流动，提高公民获得信息的能力；

[①] 欧洲议会决议"Parliament Resolution of 30 October 1987 on the Languages and Cultures of Regional and Ethnic Minorities in the European (1987)"，2015-9-7下载。

[②] 欧洲议会决议"Parliament Resolution of 11 December 1990 on the Situation of Languages of the Community and the Catalan Language (1990)"，以下7个文件的全文均附在欧盟一份介绍其语言机制的报告中，http://www.europadiversa.org/eng/pdf/strubell_mari_eng.doc，2015-9-7下载。

[③] 欧洲议会决议"Parliament Resolution of 9 February 1994 on Linguistic Minorities in the European Community (1994)"，2015-9-7下载。

[④] 欧洲议会决议"Parliament Resolution of 25 July 1994 on the Right to Use One's Own Language (1994)"，2015-9-7下载。

[⑤] 欧洲议会决议"Parliament Resolution of 20 January 1995 on the Use of the Official Languages in the Institutions of the European Union (1995)"，2015-9-7下载。

[⑥] 欧洲议会决议"Parliament Resolution of 13 December 2001 on Regional and Lesser-Used European Languages (2001)"，http://www.europarl.europa.eu/sides/getDoc.do?pubRef=-//EP//TEXT+TA+20011213+ITEMS+DOC+XML+V0//EN&language=EN#sdocta31，2015-9-7访问。

第三章　中东欧超国家语言权利事务管理机制及其转变

2003年通过《关于欧盟扩大及文化多样性背景下区域性及较少使用语言——欧盟中的少数民族语言——的决议暨向欧盟委员会的提议》[①]，对推动小族语言的使用和语言多样性提出数个具体要求。

欧洲理事会也曾通过如下条例：

1958年的《关于欧洲经济共同体语言使用的条例》[②]，确立了欧盟语言平等的原则；

1996年的《关于设立多年期项目促进共同体信息社会语言多样性的决定》[③]，建立"多语信息社会项目"（Multilingual Information Society Programme）；

2001年的《关于欧洲语言年项目目标与实施框架下的语言多样性和语言学习的决议》[④]，开展"欧洲语言年"项目。

在过去，欧洲国家小族语言使用者的地位是被边缘化的，而欧盟对于语言权利的大力促进使大部分国家有了进展，小族语言群体从中受益良多。

第二，成立专门机构协调相关行动。1982年，根据欧洲议会的倡议成立了"欧洲较少使用语言署"（European Bureau for Lesser-Used Languages）[⑤]，该机构是一个非政府组织，其任务是提高欧共体成员国当地少数民族语言和文化的地位，但不包括移民语言。该机构与欧盟委员会、欧洲议会、欧洲委员会、联合国、联合国教科文组织、欧安组织等国际机构保持密切的合作关系，在很多国家均有分支机构，构建了一个较大的运行平台，在促进欧洲小族语言保护方面发挥过较大的积极作用。该机构主要由欧盟委员会和部分成员国提供资助，但于2010年停止运营。

[①] 参见欧盟网站，欧洲议会决议"European Parliament resolution with recommendations to the Commission on European regional and lesser-used languages—the languages of minorities in the EU—in the context of enlargement and cultural diversity (2003)"，http://www.europarl.europa.eu/sides/getDoc.do?pubRef=-//EP//TEXT+TA+P5-TA-2003-0372+0+DOC+XML+V0//EN，2015-9-7访问。

[②] 参见欧盟资助的"欧洲多样性"网站，欧洲理事会决议"Council Regulation No 1 determining the languages to be used by the European Economic Community (1958)"，http://www.europadiversa.org/eng/docs_oficials.html，2015-9-7访问。

[③] 参见欧盟资助的"欧洲多样性"网站，欧洲理事会决议"Council Decision of 21 November 1996 on the adoption of a multiannual programme to promote the linguistic diversity of the Community in the information society (1996)"，http://www.europadiversa.org/eng/docs_oficials.html，2015-9-7访问。

[④] 参见欧盟资助的"欧洲多样性"网站，欧洲理事会决议"Council Resolution of 29 November 2001 on the linguistic diversity and language learning in the framework of the implementation of the objectives of the European Year of Languages (2001)"，http://www.europa diversa.org/eng/docs_oficials.html，2015-9-7访问。

[⑤] 参见"欧洲较少使用语言署"官方网站，http://eblul.eurolang.net/index.php?option=com_frontpage&Itemid=1，2015-9-7访问。

1987年，欧共体委员会倡议建立墨卡托网络（Mercator Network）[①]，旨在推动欧洲较少使用语言的学习、研究和传播，依靠其在欧洲建立的研究中心网络，在语言教育、语言研究和语言政策制定等方面开展了大量工作。该机构的关注对象也包括移民语言。

2009年，欧盟委员会推动建立了"欧盟语言多样性民间组织平台"（EU Civil Society Platform on Multilingualism）[②]，该平台旨在吸纳欧洲有影响的民间组织，加强欧盟委员会与民间组织的对话，共同推动欧洲语言多样性的发展。如今该平台有来自教育、文化和传媒等领域的29个成员组织，已开展了大量研究项目，就多语化教育等问题直接向欧盟委员会和各成员国提供政策建议，同时支持对移民群体加强语言教育，呼吁欧洲各国公共机构提供更好的语言服务。

第三，资助具体项目并给予支持。欧洲议会、欧盟委员会[③]等机构还发起并资助了大量与语言多样性相关的具体项目。如自2001年开始举办至今的"欧洲语言日"（European Day of Languages），每年9月26日就语言话题开展各种活动，包括对小族语言（包括移民语言和手语）学习和使用的促进，鼓励语言的终身学习。

（3）欧洲安全与合作组织（OSCE）

欧洲安全与合作组织（以下简称欧安组织）前身是1975年成立的欧洲安全与合作会议（欧安会），1995年起更名为"欧洲安全与合作组织"，共有成员国57个[④]，包括所有欧洲国家以及北美和亚洲的部分国家，主要使命是为成员国就欧洲事务、特别是安全事务进行的磋商提供平台，以促进欧洲地区的民主、尊重人权和少数民族利益、建设法治国家为己任。

欧安组织是一个安全组织，但它不像北约一样有军事设施，主要是通过外交手段来工作。冷战期间，作为一个政府间外交平台，致力于在当时敌对的东西方势力间寻求共识。在冷战结束之后，欧安组织基于"全面安全"（comprehensive security）和"合作安全"（cooperative security）两大原则继续工作，其工作内容主

---

① 参见"墨卡托"项目网站，http://www.mercator-network.eu/home/，2015-9-7访问。
② 参见欧盟委员会网站，http://ec.europa.eu/languages/information/language-related-tools/civil-society-platform-multilingualism_en.htm，2015-9-7访问。
③ 参见欧盟委员会网站"语言"板块，http://ec.europa.eu/languages/index_en.htm，2015-9-7访问。
④ 参见欧安组织网站，http://www.osce.org/states，2015-9-7访问。

第三章　中东欧超国家语言权利事务管理机制及其转变

要包括三个部分：与军事相关的安全问题、经济合作和环境保护以及人权，通过推动相关国家在这三个方面的合作，促进其共同安全。尽管在1975至1987年之间欧安会一直召开，但直到冷战结束之后，通过在巴黎（1989）、哥本哈根（1990）和莫斯科（1991）召开的一系列会议，人权方面的工作才取得实质性进展。巴黎会议确立了民主政治和市场经济两大原则，哥本哈根会议在人权标准方面，包括少数人权利方面，取得了重大进展。1990年前南斯拉夫的流血冲突和分裂使欧洲意识到仅有民主和市场经济不能确保成功的转型，更无法保障和平和安全。于是1992年在赫尔辛基会议上，设立了"少数民族高级专员"，授权其进行"早期预警"(early warning)、"早期行动"(early action)，以尽早介入与少数民族相关的冲突，在相关国家促进和平稳定，其着眼点是安全而非人权。但其不处理有关个人权益受侵犯的案例，也不处理存在"有组织恐怖主义行为"(organized acts of terrorism)地区的少数民族问题。通过一种静悄悄的外交方式，人权高专员与政府最高级别领导层和社区领袖举行秘密会谈，查明各方真实想法，在媒体关注之外促成各方达成共识，解决或减少冲突。

"少数民族高级专员"(OSCE High Commissioner on National Minorities)[①]将小族语言和小族语言群体的保护作为其中心工作之一。其主要工作方式是基于现有国际标准，通过促进各方对话，鼓励相关国家的政策，向预防冲突的方向发展，一般情况下有如下几种手段可以使用：

一是公开声明，一般是通过公开演讲呼吁通过自由主义的方式处理语言多样化的问题，倾向于融合而非同化，其核心信息是将语言多样性作为一种物质资产、一个多元文化的来源、欧洲身份的核心特征，而非一种代价高昂的不利条件或是一种文化上的削弱和威胁。

二是特殊场合的正式建议，通过书面信件的形式向相关国家就具体议题提供建议，这些建议通常会在随后公开发表。这种沟通是欧安组织民族高专员的重要工作方式之一，至今尚未有任何国家对此表示不满。比如高级专员曾就小族语言教育的问题向罗马尼亚和斯洛伐克提出建议。

三是一般性建议，即就常见问题为相关国家的政策和法律制定者提供指导性建议。一般情况下会邀请国际知名的独立专家共同工作，提出一套一般性建议，供相关国家使用。迄今，民族专员在小族语言保护方面提出的较重要建议有

---

① 参见欧安组织少数民族高级专员署网站，http://www.osce.org/hcnm，2015-9-7访问。

三个,这些建议为各国在教育、语言和少数民族参与公共生活等领域制定政策时提供参考,三个建议如下:

《关于少数民族教育权利的海牙建议书》(1996年)[①],认为少数民族群体成员只有通过教育获得母语的知识才有助于其形成民族认同,指出各国应积极采取措施对待少数民族的教育权利问题(包括获得资源,建立学校等),同时强调少数民族成员有义务学习国家的官方语言;

《关于少数民族语言权利的奥斯陆建议书》(1998年)[②],提出了一个少数民族的语言权利清单,包括使用母语命名,在宗教、社区生活会、媒体、经济活动、行政和公共服务、司法系统、国家机关等领域使用民族语言的权利;

《关于少数民族切实参与公共生活的隆德建议书》(1999年)[③],对少数民族参与国家、地方管理中的决策过程以及进行自我管理的具体做法提出了建议,包括法律制度对这一权利的保障以及该权利受到侵犯时的救济制度。

此外,《关于广播电视媒体中使用少数民族语言的指导方针》(2003年)和《关于多族裔社会中治安管理的建议书》(2006年)等也直接或间接提到语言权利问题。

四是公共研究报告,指民族高专员就专门议题,请独立专家就相关国家的政府行为进行调研并出具报告。这种报告会请相关国家提供资料,使其有机会展示其观点,也会进行问卷调查,反映民众观点。报告会提交有关国家,指出问题,并附上建议的解决方案,提供适用的国际标准,以及如何实施进一步措施。这会使相关国家无法回避有关问题。

五是具体计划,指通过实施具体项目,推动有关议题的发展。比如资助研究机构进行研究、组织行业专家参加研讨会、为小族语言教学提供支持等。

迄今为止,欧安组织民族高专员已经就语言相关的多样化融合、公民入籍、语言地位、法律执行、姓名权、小族政治参与、商务活动、教育、语言发展等议题做了广泛的工作。

---

① 参见欧安组织网站,"The Hague Recommendations regarding the Education Rights of National Minorities (1996)",http://www.osce.org/hcnm/32180?download=true,2015-9-12下载。

② 参见欧安组织网站,"The Oslo Recommendations regarding the Linguistic Rights of National Minorities (1998)",http://www.osce.org/hcnm/67531?download=true,2015-9-12下载。

③ 参见欧安组织网站,"The Lund Recommendations on the Effective Participation of National Minorities in Public Life (1999)",http://www.osce.org/hcnm/30325,2015-9-12下载。

第三章　中东欧超国家语言权利事务管理机制及其转变

第三节　超国家语言权利事务管理机制转变分析

20世纪90年代之后,中东欧各国逐步脱离了苏联的控制,加入了欧盟和北约等组织,接受新的区域组织机制的约束。这种超国家组织层次的转变所带来的影响是多方面的,其中与语言权利事务管理相关的部分可以从如下几个方面进行分析。

一、管理主体从一元控制转向多方参与

在社会主义时期,中东欧国家全方位接受苏联的影响,这种影响与其说是一种超国家组织的约束,不如说是一种强权对弱者的彻底的控制。二战后,中东欧国家迫于压力接受了苏联模式,在政治、经济和军事上均严格受控于苏联,被全面纳入了社会主义的阵营。在政治上,中东欧各国多党联合政府被迫解体,相继建立了受到苏联控制的共产党一党政权;在经济上,中东欧国家加入了"经济互助委员会",把原先与西方国家的贸易关系全部转到了苏联和其他中东欧国家,被纳入了苏联高度集中统一的计划经济体系,服务于苏联的经济发展需求;在军事上,接受了苏联的军事改革和驻军,实现了与苏联的军事一体化。总的来说,苏联对中东欧国家的内部生活进行了最为直接的、开放式的干涉,从全面监控到直接支配,并要求东欧国家的民族和国家利益必须严格服从东方阵营的需要,接受苏联的最高统治(王一诺 2012)。在这一背景之下,中东欧国家在民族关系的处理,包括民族语言的管理方面,均受到了苏联意识形态的影响。但这种影响并非通过具体的超国家管理机构以明确的法规施加到中东欧各国,而是通过受苏联完全控制的各国执政党主动施政的方式进行的。在苏联控制之下的各国共产党无论是自愿还是被迫,都主动实施了与苏联路线相一致的民族政策。在这一时期,中东欧国家虽然也是联合国等国际组织的成员,但无论在什么场合其立场总是与苏联保持一致,与其他的超国家组织保持着若即若离的关系。在这一阶段,中东欧国家的语言权利事务管理以及几乎其他所有领域,均受到来自苏联的党的高度控制。

冷战结束后,中东欧国家逐渐脱离了社会主义模式的影响,融入了以西方国家为主导的国际社会,同时赶上了全球化时代的浪潮,在国际社会的大量行为主体间建立了密切的关系。20世纪90年代初,全球范围内已出现了大量的国际

组织,据统计其总量已达到近5000个,其中非政府间国际组织约4600个,政府间国际组织约300个(贾修磊2010)。这些组织中既有掌握巨量政治和经济资源的政府间国际组织,也有以营利为目的的跨国公司,还有大量在民间具有巨大影响力的各种非政府跨国社团组织(NGO)。这些组织出于不同的目的,活跃在国际舞台上,在世界和区域层次参与着对全球事务的管理。中东欧国家脱离苏联影响之后,经过多年的积极准备,加入了欧盟和北约,更为开放地参与欧安组织、欧洲委员会等区域组织,与各种非政府组织也开展密切合作,进入了多元管理的时代。在这一新的背景下,中东欧国家建立起了以国家行为体为主导、与区域多元行为体之间频繁互动的治理模式。在语言权利事务管理方面则接受来自联合国、欧盟、欧洲委员会、欧安组织等国际组织的影响,并与各民族跨国组织开展积极合作,建立了全新的管理机制。

二、管理理念从消融差异转向支持多元

中东欧国家长期以来一直受制于周边的大国势力或强势文明,只能在大国的博弈夹缝中求得生存和发展,其本身的利益和诉求很难得到维护。在语言管理方面也是如此,自20世纪50年代以来,其语言管理理念在很大程度上都受到高于国家意识的超国家意志的影响,并从消融差异转向支持多样性。

社会主义时期,中东欧国家的语言权利事务管理实践主要是在苏联的民族理论指导下进行的。这种理论一方面宣称保护小族群体的利益,赋予其平等的权利,但另一方面又认为民族差异是资产阶级的特点,在社会主义制度下,各民族会自主地相互影响并趋于相似,最终统一到共产主义之中。20世纪50年代初,斯大林逝世之后,苏联的民族管理实践已经从上述理论的第一方面全面转向了第二方面,其工作重点已从少数民族语言转向了俄语,试图将俄语作为一种"苏联人民"的语言予以推广,并开始讨论民族语言的消亡。赫鲁晓夫在1958和1959年推行的教育改革强调俄语的学习,导致大量民族语言学校的关闭;勃列日涅夫则加速了这一进程,对民族语言的生存空间进行了全面的挤压。受此影响,中东欧国家在民族关系处理上倾向于促进少数民族和主体民族的融合,淡化民族特征,而使人与人之间的关系,不同群体之间的关系,包括民族之间的关系淹没在"无产阶级-资产阶级"的划分和对抗之中(杨友孙2008:63)。中东欧各国倾向于只保留主体民族的语言、宗教和学校;而要求少数民族的文化向主体民族文化看齐、靠拢、融合。这使中东欧国家的少数民族与主体民族的关系不断恶

第三章 中东欧超国家语言权利事务管理机制及其转变

化,主要具有如下几个特点(杨友孙 2010:47):第一,少数民族作为"民族"的存在被掩盖,甚至不被承认,民族特色不再被强调,而是有意淡化;第二,在少数民族保护方面,中东欧国家执行的是同化政策,相对两战期间的一些保护措施来说,出现了历史性倒退;第三,中东欧少数民族人口比例虽然大大降低了,但民族矛盾却加深了,这些民族矛盾在东欧剧变之后全面暴露并愈演愈烈。在语言政策上,中东欧国家紧紧跟随并模仿苏联的做法,自 1958/1959 学年起推行教育改革,一方面加强了俄语的教学,另一方面对境内少数民族语言学校也采取了类似的挤压政策。这导致在整个社会主义时期,中东欧国家的小族语言不断衰落,语言活力不断下降。

1989 年政局剧变之后,中东欧国家开始接受由西方国家主导的欧盟等国际机构的约束,在语言管理理念上也逐步转为更加包容、更加支持多样性。欧盟尽管在政治和经济上走的是一体化的路线、在语言和文化上却奉行多元化的理念,将多语主义的理念和多语制的实践作为其存在的基石。欧洲委员会长期将促进语言多样化作为其职责所在,将语言多样性作为提升欧洲公民理解能力和保存欧洲文化遗产的重要工具,在全欧洲范围内推行多语主义。欧洲安全与合作组织则将促进语言多样性作为维持地区和平、防范族际冲突的重要手段。各种公益组织和民族联合会等组织也致力于推广语言和文化方面的多样化共存。在这种背景之下,中东欧国家半主动半自动地接受了多样化的价值,但更为重要的是,西方国家将维护语言文化多样性的制度建设作为加入欧盟等西方机构的硬性指标,这促使中东欧国家的语言权利事务管理规范发生深刻的变化,对小族语言使用者权利的尊重和对语言多样化价值的承认成为官方主流观点。

三、管理方式从政治控制转向法律约束

语言管理或语言规划就是"关于语言的决策"(Cooper 1989:185);超国家机构对于中东欧国家语言管理的影响主要是通过影响其决策来完成的。苏联对于中东欧国家的影响是通过直接的政治控制,而西方国家的区域组织则主要是通过法律手段进行约束。

社会主义时期,苏联的语言规划是一个高度政治化的领域,接受党的直接监督,对这一领域进行设计和实施的社会体系主要是党和政府。苏联党政机关的政治影响可以超越法律,通过电话左右中东欧国家的政策,这种控制模式被称为"电话统治"(telephone ruling)、"电话法律"(telephone law)或"电话司法"(telephone justice)(Ledeneva 2008)。在这一背景下,中东欧国家的党和政府接受苏联的党的指导,并主动向苏联模式学习、靠拢。苏联的影响不是通过法律形式,而是通过党的政策施加到中东欧国家,并转化为国内法律。在这一过程中,普通的理论研究者无法接触这些理论设计以修改或发展它(Neustupný and Nekvapil 2003),只有少数受到党信任的专家可以参与这一过程。而受这些政策影响最大的群体,小族语言使用者,更加没有任何参与讨论的机会,只能被动接受规划者的安排。

西方国家对中东欧国家转型的引导或控制,主要是通过法律的手段进行的。在现代欧洲语境下,民主是政权合法性的来源,广泛的参与和讨论是决策的基本前提;法律文本作为民主讨论的结果,是规范性话语,它声明或反映了一个社会对于正义或非正义的认定。在法治社会,政府所有的管理行为,包括对于语言权利的管理都是建立在法律的基础之上的;即使有人对于该法律的正义性提出质疑,但只要该法律是通过民主辩论达成的结果,就可以作为制定政策的合理基础。西方国家对于中东欧国家在小族语言管理方面的要求更多地是以国际法律文件的形式提出,并在其签署后督促其实施,比如欧盟的基础条约和次级立法。在此过程中,中东欧国家参与决策,可以就自身利益讨价还价,并为自身的选择负责。这种国际约束与欧盟的一体化进程有所重合,在此背景下,欧盟层次基于基础性条约制定的次级立法直接适用于所有成员国,并在地位上高于其国内法,具有普遍的约束力(刘兆兴 2006)。因此我们认为,如今欧盟对于中东欧国家的控制,相对于苏联的政治控制,要更为彻底和直接,影响也更为深远。

需要指出的是,无论是在社会主义时期,还是在加入欧盟的过程中,中东欧国家的决策选择其实都没有太大自主空间。中东欧国家对于欧盟的运行机制没有太大的影响力,主要是接受现有的或西方国家为他们专门制定的规范;在小族权益保护的问题上,尤其如此。

四、管理环境从封闭压抑转向全面开放

冷战结束之后,欧洲的政治、经济和社会环境均发生了深刻的变化,中东欧国家所处的国际环境及其内部的社会和文化环境均发生了根本性的改变,这对于其语言权利的管理无疑具有直接的影响。

政治方面的变革是颠覆性的,中东欧国家集体回归了西欧的民主世界,国家政治制度均由共产党一党执政的社会主义制度转向了西方式的多党选举制度。

第三章　中东欧超国家语言权利事务管理机制及其转变

在这一环境下,小族语言群体在国家内部被允许参与决策过程,影响与自身相关的政策制定;对外可以向国际组织寻求支援,维护自身权益。在经济方面,中东欧国家一律抛弃了计划经济而转向了西方的市场经济体制,在经历了初期的"转型性"衰退后,均开始稳步增长。国家经济的好转也为资助小族语言群体提供了条件,使小族群体客观上得到了更多的资源。在社会大众层面,民众接受人权、语言多样性等概念之后,对小族语言持相对更为宽容的态度。这为小族语言的生存提供了很好的土壤。

这种开放的环境,使中东欧国家的语言管理状况发生了根本性的改变,小族语言群体与主体民族之间的利益竞争迅速表面化,并在初始阶段导致族际关系紧张。一方面,各国主体民族对部分小族群体的敌视态度变得公开化,另一方面小族群体得以组织起来捍卫自身权益。中欧三国在转型初期均出现了激进组织对小族群体(主要是罗姆人)的攻击;捷克捷欣地区有部分捷克族居民公开流露出对于波兰族的敌意;斯洛伐克族则表现出极高的民族主义情绪,对境内匈牙利族进行公开打压。但随着民主体制的建立和完善,双方之间的博弈逐步转变为一种有序的竞争,比如在新的环境中,小族语言群体可以直接表达其诉求,并在新的领域与主体民族语言争夺资源。但与此同时,这种新的环境也为小族语言的生存带来了新的威胁,如市场经济的建立使语言的经济价值得以凸显,使得年轻人倾向于学习经济价值更高的强势语言,而不愿意花费时间和精力学习经济价值相对较低的小族语言。俄语丧失了其原先的国际语言地位之后,英语、德语和法语等强势语言立即取而代之。而更大的人口流动性也使更多的年轻人离开家乡到别的国家去工作和生活,使语言的传承变得困难。

第四章 捷克的语言权利事务管理和小族语言生存

第一节 语言社区概述

一、总体语言状况

捷克共和国位于欧洲中部,系内陆国家,东靠斯洛伐克,南邻奥地利,西接德国,北毗波兰,国家领土 78 867 平方千米,人口 1051 万(截至 2013 年底)[①]。公元 7 世纪时斯拉夫人在如今捷克的领土上建立了独立的"萨莫帝国"(Samo's kingdom),在此基础上逐步发展形成了现代捷克民族,并在 20 世纪初与斯洛伐克合并建立了捷克斯洛伐克共和国,1993 年 1 月 1 日两国和平分离后独立成为如今的捷克共和国。

捷克一直是欧洲国家中国民读写能力最高的国家之一,其主体民族捷克族所使用的捷克语属于斯拉夫语族的西斯拉夫语系,具有悠久的文学和研究传统。捷克语在历史上的使用地域与现在的捷克共和国领土基本相合,在长期的发展过程中借用了很多欧洲语言的资源,受德语影响较大,但它同时也较好地保持了自身的特点。如今捷克语有两种最重要的变体,即标准捷克语和通用捷克语,两者之间的关系类似"双言"中的高变体和低变体。标准捷克语是 19 世纪的捷克学者根据 16、17 世纪文艺复兴时期的捷克语作品创造出来的,经过系统整理编订,至今变化不大,主要用于正式场合以及书面语。通用捷克语是捷克人长期以来使用的口头语言,数世纪以来发生了很大的改变,它与标准捷克语使用相同的

[①] 数据来自捷克国家统计局《2014 捷克共和国统计年鉴》(2015)第 66 页,http://www.czso.cz/csu/2014edicniplan.nsf/engt/770029FCAC/$File/32019814.pdf,2015-6-2 下载。

音素，但是在词汇和形态方面都有不同，如今是一种介于标准捷克语和捷克语方言之间的变体（Neustupný and Nekvapil 2003），主要用于非正式场合。在布拉格及其周边的波希米亚地区，由于方言的弱化，人们在交流中一般在标准捷克语和通用捷克语之间选择，而在其他地区，人们则根据需要在标准捷克语、通用捷克语以及方言之间选择一种变体使用。

在捷克境内，除了捷克族，摩拉维亚族、西里西亚族，一部分斯洛伐克族、波兰族和罗姆族等少数民族也使用捷克语作为母语。2011年的普查中有926万人宣称使用捷克语作为母语，占捷克总人口的88.76%①。从使用人口的绝对数量上来讲，捷克语是一种小语言，但远非一种濒危语言，其本身达到了较高的发展程度，广泛运用于捷克的科学研究、高等教育、工业生产和经济活动等领域，具有很高的活力。尽管捷克并未在法律上指定任何语言为官方语言，但捷克语在事实上充当了官方语言的角色。

二、小族语言社区介绍

如今的捷克在欧洲范围内并不能算是一个典型的多民族国家，官方数据中最大的境内少数民族斯洛伐克族也仅占总人口的1.41%；但捷克显然也并非一个绝对的同质化社会，在经过了数十年的同化之后，仍然有约6%的人系非捷克族人②，有约10%的人使用着不同于捷克语的语言③。

捷克的语言边界比较简单，只与德语、波兰语和斯洛伐克语直接接壤，但由于其长期处于欧洲的中心位置，是各国往来交流的中心路口，因此从历史早期起捷克境内就存在大量的非捷克语社区。目前获得捷克官方认可的有较长居住传统的少数民族包括有斯洛伐克族、波兰族、德意志族、罗姆族等共计14个少数民族，共占总人口的6%左右。这些民族在历史上不同的时期出于不同的原因来

---

① 数据来自捷克共和国2011年人口普查结果，需要说明的是本次普查中有25.3%的受访人没有填写"民族"项，有8.04%的人没有填写"母语"项，因此其结果的准确性受到影响，本书将参考这两项结果及其他来源信息判断民族语言使用情况，后文引用的2011年数据均有此问题，在此一并说明。有关数据可查询捷克国家统计局有关2011年普查的专题网站，http://www.czso.cz/sldb2011/eng/redakce.nsf/i/home，2015-6-2下载。

② 根据2001年普查结果，捷克族人口（包括摩拉维亚族和西里西亚族）共占94.25%；很多专家认为这一比例远远高于实际情况。2011年的普查因大量的被调查者没有填写"民族"项，仅有69.43%的人登记为捷克族（包括摩拉维亚族和西里西亚族）。

③ 2011年的普查显示有88.76%的人以捷克语为母语。

到捷克，形成了规模不一的小族语言社区，下面我们逐一简要介绍一下这些语言社区。

（1）斯洛伐克语——长期友邻语言：在历史上，捷克人和斯洛伐克人的领土相邻，在语言和文化上关系紧密，并于1918年组成一个国家。但两族传统上所居住的领土并未重合过，并在现代化的过程中分别形成了各自的民族身份。不过斯洛伐克人直到1918年都和匈牙利人共同属于一个国家，其民族文化发展水平整体低于捷克族。1918年两族合并组建捷克斯洛伐克之后（在二战期间两族曾短暂分开），大量斯洛伐克人进入捷克境内学习和工作。如今斯洛伐克语是捷克境内最大的小族语言之一。

（2）波兰语——曾经的争议地区语言：波兰与捷克直接接壤，因此很早就有波兰人进入捷克境内。如今大部分波兰族聚居在捷克东北部与波兰接壤的捷欣（Tešín）地区，他们也是捷克领土上唯一一个具有固定生活区域的少数民族。这一区域的形成，源于一战结束后捷克斯洛伐克和波兰对这一两族混居地区铁路资源的争夺，最终捷克斯洛伐克获得了其中一部分有波兰人居住的地区。这一地区曾发生两国的严重冲突，该地区的语言平等问题也一直是一个敏感话题，引起了很多研究者的关注。

（3）德语——古时的官方语言：捷克在西北方向与德国接壤，德语在捷克境内的历史有千年以上。9世纪时，捷克就有部分阶层能够同时使用捷克语和德语。自13世纪起，德国土地上的富余人口就迁徙到捷克境内，从事农业生产、纺织业和玻璃制造等轻工业（Skála 1977）。而16世纪下半叶，哈布斯堡王朝的神圣罗马帝国皇帝鲁道夫二世（Rudolf Ⅱ）将宫廷从维也纳迁到布拉格时更是将德语带入捷克的上层社会。这些历史因素导致如今在捷克的苏台德地区和首都布拉格等地区仍有小部分德语使用区。

（4）罗姆语——流浪民族的语言：罗姆人是一个起源于印度北部、现散居于世界各地的流浪民族，如今广泛存在于欧洲各国，尤其是中东欧国家；捷克在欧洲范围内属于罗姆人较多的国家。自14世纪末起就有罗姆人来到捷克，并在此定居。不过在二战期间，原先捷克境内的罗姆人大都被纳粹屠杀于集中营中，而斯洛伐克由于未由纳粹直接统治，其境内的罗姆人免遭此劫。如今捷克境内的罗姆人大都是二战后由斯洛伐克迁来的。尽管在很多官方统计数据中难以体现（2011年普查显示只有5万人），罗姆人可能是捷克境内最大的少数民族（Neustupný and Nekvapil 2003），有学者估计总数在20万至30万之间（Mozny 2002）。

第四章 捷克的语言权利事务管理和小族语言生存

(5)俄语、乌克兰语、鲁塞尼亚语和白俄罗斯语——东斯拉夫诸民族语言:捷克境内的俄罗斯族和乌克兰族等东斯拉夫诸民族主要是在20世纪初俄国发生十月革命时迁到捷克避难的。鲁塞尼亚(现在是乌克兰的一部分,靠斯洛伐克东界)则在一战后被划归新成立的捷克斯洛伐克;在捷克斯洛伐克成立之初,曾有人建议国名用"捷克-斯洛伐克-鲁塞尼亚"。普通捷克民众认为这些民族大都使用俄语或跟俄语类似的语言,但分不清具体差异,因此常将它们归为一类(Neustupný and Nekvapil 2003)。

(6)匈牙利语——曾经的斯洛伐克宗主国语言:捷克与匈牙利两国不接壤,在哈布斯堡王朝时期(1526—1918年)曾有部分匈牙利人从斯洛伐克和罗马尼亚迁到捷克,总的来说两国人民接触很少(Neustupný and Nekvapil 2003)。不过斯洛伐克曾经长期处于匈牙利王国的控制之下,对于斯洛伐克人来说是一种留下了不愉快的压迫记忆的宗主国语言。

(7)克罗地亚语——历史悠久的移民语言:在捷克的克罗地亚人有悠久的历史。从16世纪起,就有一批克罗地亚人为了逃离土耳其人的统治而来到捷克,在摩拉维亚南部建立了一些聚居的村庄。这些人虽然经历了长期的同化,但至今仍在小范围内保留了其语言特色。

(8)希腊语——迁入历史较短的外来语言:希腊人来捷主要是为了逃避1946年至1949年期间的希腊内战,当时有12 500名希腊难民迁移至此(Neustupný and Nekvapil 2003)。1956年匈牙利发生了"十月事件"(匈牙利称为"1956年革命"),二战时迁到匈牙利的希腊难民大都持左翼思想,因担心会遭到迫害也曾有不少人迁到捷克(Otèenášek 1998)。

(9)越南语——新获承认的亚洲移民语言:1955年捷克斯洛伐克与越南两国社会主义政府签订经济、科学和技术合作协议之后,大量越南人来到捷克接受机械工程、冶金等领域的培训,同时用劳务输出的形式偿还部分贷款;1989年天鹅绒革命后,捷克新政府与越南续签了类似的合作协议,因此有很多越南人来到捷克并在此定居(Müllerová 1998)。越南人因在捷克大量从事商业活动而建立了稳固的社会基础,并具有较高的显现度。

(10)保加利亚语和塞尔维亚语——长期低调存在的语言:同属南斯拉夫人的部分保加利亚人和塞尔维亚人也在历史上的迁徙中来到捷克,如今仍保有一定数量,并获得捷克政府的承认。

第四章 捷克的语言权利事务管理和小族语言生存

根据捷克 2011 年普查中"母语"项的统计结果①,捷克境内还存在如下一些语言社区:英语(7202 人)、中文(3422 人)、蒙古语(3333 人)、罗马尼亚语(2711 人)、阿拉伯语(2671 人)、摩尔多瓦语(2211 人)、法语(2056 人)、意大利语(1418 人)、波斯尼亚语(726 人)等。除了普查中所反映的,捷克境内还存在着一些其他语言的使用者,如一些由犹太人运营的教授希伯来语的学校,尽管他们自认为是一个宗教团体而非民族群体。此外,布拉格有很多泰式按摩店,也有不少泰国籍或泰裔的人员。这些语言社区人数较少,从语言权利角度看也有分析价值,但鉴于政府的主要管理行为一般都落实在较大语言社区上,本书拟将主要篇幅用于分析那些大的语言社区,希望以此探究国家的管理机制。

第二节 现行语言权利事务管理机制及其沿革

一、整体机制上弱化语言管理

捷克现有的语言权利事务管理机制主要是在 1989 年之后国家转型期间逐步建立和完善起来的。在 20 世纪 90 年代初,新独立的捷克共和国政府对于少数民族保护问题并未给予太多关注,只希望在这一领域维持现状而非采取积极措施以改善;但后来民族冲突愈演愈烈,成为对国家安全最严重的威胁之一②,这才引起了政府的重视。为了改善族际关系并满足欧盟的入盟标准,捷克政府于 90 年代后期陆续采取了一些重大措施,逐步建立起了比较完善的人权、少数民族权利以及语言管理机制,形成了一个较为完整的语言权利事务管理机制。这一机制以少数民族管理机制为核心,为少数民族的语言权利提供保障,不过鉴于捷克境内民族关系总体较为平和、捷克语地位非常稳固,捷克在语言管理方面采取了一种淡化处理的方式。

(1)人权管理机制

天鹅绒革命(1989 年)③之后,捷克积极加入新的国际条约,建立起国家一级

---

① 捷克国家统计局网站,人口普查页面,https://www.czso.cz/csu/czso/population-censuses,2015-6-5 访问。
② 1989 年之后,捷克境内种族主义攻击陡增,自 1994 年之后,政府把种族冲突列为《国家安全报告》中最重要的安全风险。具体内容请参见捷克《保护少数民族框架公约》第一轮国家报告(1999),第 8 页,http://www.coe.int/en/web/minorities/country-specific-monitoring# Czech_Republic,2015-6-2 访问。
③ 捷克斯洛伐克于 1989 年 11 月从共产党政府转向多党议会政府,顺利完成民主化革命,未经过大规模的暴力冲突就实现了政权更迭,如天鹅绒般平和柔滑,被称为"天鹅绒革命"。

第四章 捷克的语言权利事务管理和小族语言生存

保护人权的法律框架,设立了相关保护人权的机构,并采取了大量切实保护和促进人权的措施,获得了国际社会的认可,于 2006 年当选为联合国人权理事会第一批成员之一。关于捷克的人权管理机制可以从如下三个方面进行介绍:

首先,加入重要的国际人权条约。捷克批准了联合国九个核心人权条约中的七个,其中与小族语言保护密切相关的有:《消除一切形式种族歧视国际公约》(1963 年)、《公民权利和政治权利国际公约》(1966 年)、《经济、社会、文化权利国际公约》(1966 年)、《儿童权利公约》(1989 年)等。同时,捷克还加入了欧洲区域层次的《保护人权与基本自由公约》(1950 年)、《保护少数民族框架公约》(1994 年)、《欧洲区域语言或少数族群语言宪章》(1992 年)、《欧洲社会宪章》(1961 年)等。根据《捷克共和国宪法》(1992 年)①的规定,捷克接受国际条约的法律约束,并将这些国际条约作为国内法的部分内容。假如国际条约的规定超出国内法律范围,则可立即生效。捷克共和国作为《保护人权与基本自由公约》的缔约国,承认欧洲人权法院的管辖权。

其次,建立保护人权的国内法框架。捷克《宪法》规定,捷克共和国是统一、民主的主权国家,立国之本是尊重个人及公民的权利和自由。宪法性法令《基本权利和自由宪章》(1992 年)②规定,基本人权、公民权利和法律主权神圣不可侵犯。此外,捷克的《平等待遇和不受歧视法》(2009 年)、《民事诉讼法》(1963 年)、《刑事诉讼法》(1961 年)和《行政诉讼法》(2002 年)等立法均载有关于人权和基本自由的法律标准。

再次,设立保护和支持人权的机构。人权方面的司法部门包括宪法法院和最高行政法院:宪法法院对有关宪法的申诉做出决定,申诉内容涉及公共管理当局侵犯宪法所保护的基本权利和自由的最终决定和其他行为;最高行政法院则保护自然人和法人的公共主体权利。行政管理部门主要是在人权和国家少数民族内阁部长(于 2007 年 1 月设立)的领导下工作,该部长负责协调各政府咨询机构的工作:包括内阁人权理事会、内阁国家少数民族理事会、内阁罗姆人社区事务理事会等。此外,捷克参众两院也设立了一些负责保护人权的委员会,如议会

---

① 请参见捷克宪法法院网站。该《宪法》于 1992 年 12 月 16 日通过,后于 1997 年、2000 年、2001 年、2002 年、2009 年、2012 年多次修正,英文版网址为 http://www.usoud.cz/en/constitution-of-the-czech-republic/,2015-6-9 访问。
② 捷克宪法法院网站,Charter of Fundamental Rights and Freedoms,曾于 1998 年修正,http://www.usoud.cz/en/charter-of-fundamental-rights-and-freedoms/,2015-6-9 访问。

第四章　捷克的语言权利事务管理和小族语言生存

请愿委员会(下设《基本人权和自由宪章》实施委员会和少数民族委员会)和参议院教育、科学、文化、人权和请愿委员会等。

(2) 少数人权利管理机制

捷克在保护公民基本人权的基础上,对少数人群体,特别是得到国家认可的少数民族提供更为充分的权利保障。

首先,在法律框架上,除了上述人权保障体系,还制定了少数民族权利方面的专门法律。在国际法层次,联合国的《消除一切形式种族歧视国际公约》、欧洲委员会的《保护少数民族框架公约》等提供对小族群体的保护。在国内法层次,《宪法》和《基本权利和自由宪章》中均有针对少数民族权利的专门规定的条款。而《少数民族权利法》(2001年8月2日生效)则为少数民族权利保护提供了专门的法律保障。

其次,在管理机构上,在人权和国家少数民族内阁部长的统筹下,根据《少数民族权利法》成立的国家少数民族理事会,是管理少数民族事务的最重要机构,该理事会吸纳少数民族代表,为保护和支持少数人权利向政府提供咨询和建议。此外,还有罗姆人社区事务理事会,负责推动落实罗姆人的权利,帮助其融入社会。

(3) 语言管理机制

尽管捷克曾有较强的语言管理传统,但目前捷克采取一种弱语言管理模式,在语言管理方面没有专门的立法,也未设专门的管理机构,而是将关于语言使用的规定分散在不同法律中。

在官方语言的使用上,捷克尽管没有法定的官方语言,但从《国籍法》(1993年)[①]、《行政程序法》(2004年)等法律的规定来看,捷克语无疑是事实上的官方语言。在捷克政府为外国人印制的捷克情况介绍中,明确指出捷克所有政府部门使用的官方语言是捷克语[②]。不过总体而言,捷克在语言管理方面没有很强的管理需求,学界对于语言规划的研究动机也不强[③]。2004年波希米亚和摩拉维亚共产党(KSČM)曾提出两项议案,分别要求修改捷克《广播法》和《宪法》,前

[①] 《国籍法》(Law No.40/1993, On the Acquisition and Loss of Citizenship of the Czech Republic),规定掌握捷克语是获得捷克国籍的条件之一。

[②] 参见 Information Publication for Foreigners (2011),3.6 Official language at the authorities,下载地址为 http://www.cizinci.cz/images/pdfka/publikace/en.pdf。

[③] 在笔者与捷克以及斯洛伐克社会语言学界学者的交流中,这种情况得到了证实。

第四章 捷克的语言权利事务管理和小族语言生存

者要求在所有的商业电视和广播节目中使用正确的捷克语法,后者要求在宪法中明确规定捷克语是捷克国家和民族身份的不可分割的一部分。两个议案引起广泛关注,但均未得到多数议员响应,且遭到小族群体反对,最终被否决。目前捷克对于捷克语的规范主要通过接受官方资助的研究机构,如由捷克科学院、高等学校等研究机构研究并发布的成果;对于少数民族语言使用的规定则散落于各领域的相关法律中。

值得注意的是《欧洲区域语言或少数族群语言宪章》所发挥的作用。捷克于2000年签署的《宪章》,2006年得到批准,2007年3月1日正式生效。捷克为了执行《宪章》的规定,进行了一系列的立法调整,并拨付专门款项用于支持有关措施的落实。捷克在《宪章》框架下开展的立法和行政管理工作,可以视为捷克语言管理机制的一部分。

二、族际互动平和有序

自1918年捷克斯洛伐克建国至今,捷克的民族成分发生过剧烈的变化,从欧洲民族成分最复杂的国家变成了一个民族构成相对单一的国家,在此过程中不同民族所掌握的权力和享有的利益都出现过消长变化。不过自1989年政治变革以来,各小族群体之间相安无事,小族群体与主体民族间的互动总体而言也较为平和。本节主要介绍捷克各主要小族群体自20世纪中叶以来社会权力地位的消长及其与主体民族关系的变化。

1918年捷克斯洛伐克建立之初,是一个民族异质化程度非常高的国家,仅有64.3%的人口属于捷克斯洛伐克族[①],而这一主体民族在很大程度上也是为了保持其比例优势而特意将捷克族与斯洛伐克族组合起来的。当时德意志族就有300万人,匈牙利族有75万人,俄罗斯族、波兰族和犹太人等民族均有相当可观的人口数量[②]。捷克斯洛伐克当时签署了由列强主导的国际条约,承诺对属于"种族、宗教或语言上的少数人"的公民予以保护,随后于1920年在宪法中对这一原则予以确认,不过并未列出少数民族的名单。二战之后,犹太人和罗姆人几乎被纳粹屠戮一空,绝大部分德意志人又被驱逐出境,该国人口构成因而变得相

---

① 捷克《保护少数民族框架公约》第一轮国家报告(1999),第3页,http://www.coe.int/en/web/minorities/country-specific-monitoring#Czech_Republic,2015-6-9访问。
② 同上。

第四章 捷克的语言权利事务管理和小族语言生存

对简单。捷克斯洛伐克在苏联民族理论的影响下，把国内民族分为国家主体民族（nation）和少数民族（nationality），1968 年《宪法》认定该国有 2 个民族，即捷克族和斯洛伐克族，以及 4 个少数民族，即匈牙利族、波兰族、乌克兰/鲁塞尼亚族以及德意志族①。而 1993 年捷克斯洛伐克分裂之后，捷克的人口构成变得更为单一，仅有 5.2% 的人登记为捷克族之外的民族，其中还包括了大量新获承认的斯洛伐克族②。新的《基本权利和自由宪章》(1991 年)取代了 1968 年《宪法》，承诺对少数民族的权利予以保护。在那之后，政府对于民族身份的认定变得更为宽容，允许民众在人口普查中登记为各种民族。捷克族的两个分支，摩拉维亚族和西里西亚族，也允许单独登记（鉴于这两个分支人数不多，所使用的语言均为捷克语，本书在统计时统一归为捷克族）。目前获得捷克政府认定的少数民族(national minority)一共 14 个，其中白俄罗斯族和越南族是 2013 年新增的。

无论是在苏联影响下的社会主义时期，还是天鹅绒革命后的转型时期，捷克小族群体所享受的语言权利的多少实际上都取决于其所属民族的地位及其所掌控的权力。尽管如今捷克在法律中声称所有民族的地位一律平等，但在实际操作中鉴于各小族人口的数量、聚居程度和主观意愿等因素，不同小族语言社区所享受的保护依然是有阶梯等级之分的。我们认为根据各小族群体在语言方面享受的保护程度，可以将他们分为三类。

第一类：受《欧洲区域语言或少数族群语言宪章》(以下简称《宪章》)保护的语言

根据捷克的《少数民族权利法》(2001 年)，目前捷境内获得承认的 14 个少数民族所使用的语言均受到有关机制的保护，但同时根据《宪章》捷克对斯洛伐克语、波兰语、德语和罗姆语 4 种语言予以更多的保护。其中斯洛伐克语和波兰语获得《宪章》第二和第三部分的保护，而德语和罗姆语仅获得第二部分的保护。

---

① 需要注意的是，捷克斯洛伐克在 1968 年的《宪法》中并未使用 national minority（捷克语为 narodni）一词，而是使用了 ethnic group（捷克语为 narodnost），这主要是因为当时捷克斯洛伐克不愿将带有国族意味的 national 一词用于描述境内的小族群体，这种用法至今仍然存在，甚至在翻译《欧洲保护少数民族框架公约》(*Framework Convention for the Protection of National Minorities*) 时也使用了 narodnost。不过在捷克官方出具的英文版文件中，narodnost 对应的英文词就是 national minority。有关论述见捷克《保护少数民族框架公约》第一轮国家报告(1999)，第 3—4 页，http://www.coe.int/en/web/minorities/country-specific-monitoring#Czech_Republic，2015-6-10 访问。

② 1991 年人口普查结果，见捷克统计局网站，https://www.czso.cz/csu/czso/population-censuses，2015-6-12 访问。

第四章 捷克的语言权利事务管理和小族语言生存

现将有关语言的情况介绍如下：

（1）斯洛伐克语——事实上的副官方语言

1993年捷克斯洛伐克解体前，斯洛伐克语一直处于一种在法律上等同于但在实际上从属于捷克语的地位；1993年捷克独立之后，斯洛伐克语在捷克成为地位仅次于捷克语的受认可程度最高的小族语言，享受着一种事实上的副官方语言（co-official language）的地位[①]。

捷克语与斯洛伐克语不平衡的权力关系由来已久。捷克语在14世纪末时就已经发展成为一种高度发达的语言，并在宗教改革家胡斯（John Hus，1371—1415）的影响下完成了现代拼写改革，使拼写方式得到固定。斯洛伐克自15世纪起就一直使用捷克语作为书面语言，直至19世纪上半叶标准斯洛伐克语建立起来后才转用斯洛伐克语。1918年两族合并建国后，为了避免主体民族人口不足总人口一半的尴尬局面，官方宣称两族是同一个捷克斯洛伐克族。然而斯洛伐克族虽然在形式上享有与捷克族平等的地位，但其独特身份被牺牲了（Berger 2003），而且由于斯洛伐克族知识分子数量非常少，其原有领土的很多公务员职务都是由捷克族人担任的。这一权力关系使捷克语成为高于斯洛伐克语的语言，而斯洛伐克在某种程度上成为了捷克人的"殖民地"，导致了斯洛伐克人对捷克人的强烈不满，并在很大程度上使其在二战期间倒向纳粹。二战结束之后，斯洛伐克又重新回到捷克斯洛伐克，但两族间的权力关系并未发生改变。斯洛伐克族限于教育程度较低等原因，在权力分配上远远少于捷克族；但同时鉴于其享有主体民族身份，他们甚至不能享受少数民族合法享有的权利，如建立自己语言的学校等，这使斯洛伐克族认为其利益无法得到保障而时时抗议。由于斯洛伐克知识分子的推动，国家规定自1952/1953学年起，在全国学校里建立了数量庞大的"斯洛伐克语角"，知识分子们希望能以此促进斯洛伐克语的应用与发展，但并未取得预期效果。不过在社会主义时期，两族语言间的冲突都被政府压制下去了，或至少在表面上得到了化解。

天鹅绒革命之后，斯洛伐克族认为在捷克斯洛伐克框架下，其利益无法得到保障，最终独立了出去，留在捷克境内的族人成为捷克的一个少数民族。由于捷克与斯洛伐克两国的天然友好关系以及两族语言的高度相似性，斯洛伐克语保

---

① 来自捷克查理大学语言学系教师Marián Sloboda的教学讲义，笔者在赴捷克访学期间与Sloboda就此问题也有过探讨。

持了较高的法律地位。比如捷克《行政程序法》(2004年)规定公民与当局交流所提交的材料需以捷克语书写，少数民族语言的材料需翻译成捷克语，但斯洛伐克语材料可以无须翻译直接提交。总体而言，如今斯洛伐克族与捷克族关系密切，斯洛伐克语享受着较高的地位，并得到较好的保护。

(2) 波兰语——地区行政语言

波兰语是捷克唯一具有固定使用区域的少数民族语言，其在捷克的地位在很长时期内都随着捷波关系的变化而变化。波兰族人主要居住在摩拉维亚-西里西亚州(Morávia-Silésia)的弗里代克-米斯泰克区(Frýdek-Místek)和卡尔维纳区(Karviná)，特别是位于卡尔维那捷波边境的捷欣(Těšín)。捷欣本属于奥匈帝国的切申(Teschen)城，系波兰族和捷克族混居地区。奥匈帝国瓦解后，切申主城被划归波兰，而拥有铁路资源的西郊捷欣地区被划归捷克斯洛伐克，这一划分导致对该地区主权归属有争议的捷波两国后来发生数次严重冲突，包括1919年的捷波边界战争和两国在二战期间以及战后对这一地区的占领与反占领。该地区的波兰族人对于被划给捷克斯洛伐克感到不平，这种情绪此后长期存在于该地区的波兰人和捷克人之间。

在社会主义时期，捷波两国的冲突在苏联的强大压力下得到了压制，两国的关系有所改善。捷克斯洛伐克政府相对小心地处理这个地区的民族问题，不再如二战前那样采取显性同化措施。自1955年起，经中央政府同意，地方政府正式在该地区实施双语政策，即在有大量波兰族居民的地方，确保在建筑物标志和正式行政通知上使用双语。这是象征波兰族和捷克族在该地区平等地位的重要举措。

1989年之后，社会氛围更为自由，波兰人开始更多地争取其权益。波兰族建立了一些组织能力较强的社会团体(如Rada Poláků)，同时在90年代的经济发展中，波兰族以及波兰语的地位得到了提升。此外，1993年捷克斯洛伐克解体之后，捷克的民族构成相对简单，捷克和波兰政府对捷欣地区波兰族问题的处理投入了更多的精力。如今在该地区波兰族居民达到人口总数10%的市镇，波兰语同时作为地方行政当局的语言被人们使用，享有地区行政语言的地位。波兰族与捷克族的关系也相对稳定，总体而言关系比较和缓。

(3) 德语——经济价值凸显的语言

德语在捷克的地位经历了非常大的起伏，曾是捷克的唯一官方语言，也曾是人人憎恶的敌国语言，其地位升降与德意志族在捷克权力地位的变化密切相关。

18世纪之前，捷克语与德语并无明确边界，语言并非个人民族身份的标志

第四章 捷克的语言权利事务管理和小族语言生存

(Neustupný and Nekvapil 2003)。1806年,神圣罗马帝国解散,现捷克所在的波希米亚国王由奥地利皇帝兼任;德语成为唯一的官方语言,捷克语则是方言。随后,捷克语与德语使用者在社会和政治方面的对立逐渐造成德意志族讲德语而捷克族讲捷克语的局面。到19世纪下半叶,随着双方民族主义情感的发展及捷克语进入高等教育领域,学习德语的捷克族儿童越来越少。

一战后德国战败,捷克斯洛伐克于1918年成立,随后通过一项《语言法》(1920年),规定公务员以及公共机构雇员都必须会捷克语或斯洛伐克语(Stanik 1999:98)。这一要求意味着捷克官员掌握了德意志人居住的苏台德地区,因为那里很少有人会讲捷克语或斯洛伐克语。二战时德国占领捷克期间,曾发生语言地位逆转,德语成为强势语言。德国人启动了强大的德语化项目,其总体目的就是要全面清除捷克语和捷克民族(Malý 1991)。

二战结束后,捷克斯洛伐克将大量德意志人驱逐出境,使其人口从1945年的280万减少到1947年的18万,此时德意志人仅占总人口2.1%(Srb 1988)。同时,对于德国人的憎恨导致对于德语以及德语外来词的憎恶。1947年捷克斯洛伐克出于实用主义考虑,曾试图将其作为选修课引入学校,但因遭到媒体批评而未能实现(Stanik 1993:52)。1948年以后,留在捷克境内的德意志人仅有反法西斯者(如社会民主党和共产党人)、老人、与当地人通婚者和经济运行必需者,尽管这些人都是经过筛选的、符合社会主义价值观的,但社会主义政府依然对他们采取了歧视的政策,直到1953年德意志人才获得捷克国籍,1968年才获得少数民族地位,比其他民族晚8年。

1989年之后,由于社会宽容程度的提高以及大量德国商人到捷克投资,德语的地位大幅提高,人们对德语外来词和直译词的态度变得宽容(Nekula 1997)。捷克与德国政府签订条约,开始在德意志族聚居的地区建立"捷德交流中心"。同时,德国强大的经济实力和较高的经济活力也使得捷克人将德语作为一门外语学习,且学习积极性非常高,仅次于英语(Neustupný and Nekvapil 2003)。尽管德语社区作为传统少数民族并未取得复兴,但如今德意志族在社会上或政治上已经不再受到任何歧视或处于劣势地位了。

(4)罗姆语——受到消极评价的语言

与上述三种语言相比罗姆语的地位要低很多,一方面是因为罗姆人长期处于社会底层,另一方面是因为罗姆语的发展程度较低,而其无法令人忽视的最大原因乃是罗姆人口数量甚巨。

罗姆人的利益长期以来被社会主体忽视，这一点无论是在社会主义时期还是在转型之后都没有根本性的区别。在语言上，罗姆人并无统一的口头语言，仅在捷克就使用着捷克罗姆语、斯洛伐克罗姆语、匈牙利罗姆语、罗马尼亚罗姆语等各种变体，而且相互间差异很大。在文化上，罗姆人固守其异于社会主体人群的传统文化，这导致其在社会经济权力的分配中长期处于劣势地位。但同时罗姆人并未建立起罗姆民族意识，这大大削弱了其作为一个民族在政治上的代表性，使其无法有效地向主体社会争取权益。

捷克的社会主体人群对于罗姆人的态度是消极的且怀有很深的成见，认为他们不重视子女教育、不打扫卫生、不爱干净、上班没谱等；同时罗姆人受教育程度低、犯罪率高等因素也导致了社会主体对于罗姆人的歧视甚至残忍攻击。在社会主义时期，捷克斯洛伐克政府曾试图采用同化的方法解决罗姆人问题，但没有成功。捷克独立后，在加入欧盟的压力下，为了改善人权状况和民族关系，政府开始采取措施改善罗姆人的处境，包括改变警察的态度。同时有罗姆人政治精英开始试图建立一种整体的民族意识，以提高民族整体凝聚力。但总的来说，罗姆族以及罗姆语在捷克的地位是较低的，甚至是负面的。

第二类：受到捷克少数民族理事会承认的其他语言

在捷克还有 10 个少数民族得到政府少数民族理事会的承认，他们所使用的语言受到《少数民族权利法》（2001 年）等法律的保护，但其受到保护的程度低于第一类语言。

（1）俄语、乌克兰语、鲁塞尼亚语和白俄罗斯语——社会主体印象不佳的语言

俄罗斯族、乌克兰族、鲁塞尼亚族等族系 20 世纪初俄国革命期间为逃避革命来到捷克，其中有大量贵族阶层。当时的捷克斯洛伐克政府曾启动了一个援助计划以安置这些难民，为他们提供优越的生活条件，甚至建立了从幼儿园到大学的俄语和乌克兰语学校（Zilynskyj 1995）。这些人建立了自己的社区，甚至在二战纳粹占领捷克期间也得到了德国人的包容，保持了比较稳定的生活。

二战结束后，苏联对这部分人进行了清算，鲁塞尼亚则被并入苏联，不再有外来人口补充，人数逐步减少。捷克斯洛伐克政府于 20 世纪 50 年代将这批人登记为一类人，即乌克兰人或俄罗斯人，而乌克兰人中包括了鲁塞尼亚人；1968 年的宪法甚至创造了一个民族——"乌克兰（鲁塞尼亚）族"。这些人大都使用俄语，而且乌克兰语、鲁塞尼亚语和白俄罗斯语均与俄语相近，捷克人一般视其为一类语言。在天鹅绒革命之后，个人在国家普查中可以自由选择民族，俄罗斯

第四章 捷克的语言权利事务管理和小族语言生存

族、乌克兰族和鲁塞尼亚族重新登记为原来的民族名称,在母语项中也可以登记为各民族相应的语言。这些语言社区虽然数量不多,但自身组织较好,因此得到政府的承认,可以较好地维护自身的利益;不过捷克社会主体对与他们的印象仍偏于负面。

俄语在捷克作为一种外语的地位也经历大起大落,这与捷克政府的政治取向有直接关系。在1968年之后,由于苏联的强势推广,俄语是捷克斯洛伐克最为重要的外语,也是所有的学生在学校的必修课,被视为最具有国际地位的语言。但同时,由于苏联在"布拉格之春"(1968年)事件中对捷克的武力侵入,捷克人对俄语抱有很深的恶感,捷克语受到俄语的影响非常小。1989年国家不再强制学习俄语后,俄语的地位一落千丈,很少有捷克学生选修俄语。不过近年来随着捷克与俄罗斯关系的调整,出于与俄罗斯经济合作的需要,俄语又开始逐渐得到重视。

(2)越南语——经济新贵的语言

越南族在捷克能够得到政府承认成为一个少数民族,是一个特例,充分证明了小族群体所掌握的权力可以转化为对其语言进行保护的权利。在天鹅绒革命之前,在捷越南人虽然已有至少3万人,但这些人除了具有意识形态方面的特殊意义外,与普通的外来务工人员差别并不大。但1989年之后,越南人的活动空间扩大,开始大量经商,经济实力不断提高,越南人开始成为有些地方的重要纳税者,并雇用了很多捷克人。1992年越南人建立了"越南商人联合会",1999年成立了"越南人联合会",以保护越南人的利益。尽管越南人来到捷克时间很短,而且捷克社会主体对越南人印象并不好,但随着越南族社会显现度的不断提高,捷克少数民族理事会在2013年终于承认了越南族的少数民族地位。

(3)匈牙利语——不愿引人注目的语言

匈牙利族主要居住在斯洛伐克南部地区,在捷克斯洛伐克时期获得政府承认,成为主要少数民族之一,并获得了相当程度的保护。但在1993年捷克与斯洛伐克独立之后,匈牙利人成为斯洛伐克领土上的主要少数民族,在捷克境内的人数非常少,显现度也大幅下降。1991年至2011年期间,在捷登记的匈牙利人减少了55%,部分原因是不断的同化,部分原因是外来移民很少。1992年的一项调查显示,匈牙利人不愿意让别人知道他们的民族身份(Neustupný and Nekvapil 2003)。因此匈牙利族尽管在数量上不是各民族中最少的,但却是最不引人注目的民族之一。

(4) 希腊语——没有根基的语言

希腊语在捷克的地位主要取决于捷克政府,希腊族在这个问题上较为被动。希腊难民初到捷克时以为可以很快就回到国内,有一段时间保持了较为独立的社区,对于子女的教育也采用希腊模式,使用希腊语。后来意识到无法在短期之内回到祖国之后,希腊人很快就转向并融入捷克社会。从1975年起,希腊人中有四分之三都陆续返回祖国,如今留在捷克的希腊人数量不多。希腊人在捷克也有一些组织,如"居捷希腊团体联合会",致力于保留希腊的语言、舞蹈、节日等。

(5) 克罗地亚语——努力争取更多承认的语言

克罗地亚政府在二战期间支持纳粹,而捷克摩拉维亚地区的克罗地亚族也声称支持纳粹,因此战后大部分克罗地亚族被捷克政府驱逐到100多个摩拉维亚城镇上,并很快被同化。1989年之后,那些依然保留克罗地亚民族身份的人开始组织起来,致力于保持其民俗传统,同时力图保留其方言。他们的代表向欧洲委员会派往捷克进行调查的专家委员会反映,他们所讲的克罗地亚语是一种摩拉维亚克罗地亚语,保持了自16世纪以来的基本语言结构,应予以承认和保护。专家委员会建议捷克将摩拉维亚克罗地亚语纳入《宪章》保护范围,目前此事仍在讨论中。

(6) 保加利亚语、塞尔维亚语——声音不多的语言

大部分保加利亚族是在二战后来到捷克的,他们中有一部分居住在德意志族曾占据的捷德边境地区。塞尔维亚族也是在20世纪才来到捷克的,但是人数较少,在1992年的普查中甚至未有登记,如今约为千人。

第三类:不受少数民族理事会承认的语言

除了上述14种语言,捷克境内的其他语言所能得到的保护相当有限,比如移民语言或其他使用人数较少的语言。这一类语言,其使用者人数较少或使用者在社会权力结构中地位不高,因而受到的关注很少,处于自生自灭状态。有趣的是我们在一些商场里也发现了中文导购标识以及会讲中文的导购人员,在一次就餐过程中餐厅经理专门过来用中文与我们寒暄。在布拉格有一所"中华学校",主要为在捷华人子女提供汉语教育。

三、管理规范外松内紧

捷克在语言权利事务管理方面的法律规范与其管理机制的构成相一致,分别体现在人权、少数人权利和语言事务管理等三个领域的法律中,其中以少数民

第四章 捷克的语言权利事务管理和小族语言生存

族权利保障的法律为核心。鉴于这三个方面互有重合、难以完全割裂,本书拟对其进行综合描述,不予分别交代。这一规范体系总体而言为小族群体提供了较为宽松的语言使用环境,在语言事务的管理方面没有较强的约束机制,但对于小族语言在关键领域的使用有明确的法律规定,呈一种外松内紧的状态,而且我们认为对于处于劣势的小族语言群体而言,在法律规范方面的缺失实际上体现了一种保障方面的不力。

在社会主义国家阶段,捷克政府有关民族语言问题的指导思想与政策法规均受到苏联民族理论和阶段性民族政策的影响,对于小族群体语言权利的保障比较薄弱。在这一时期对少数民族语言权利最为重要的文件是1968年的《宪法》,该《宪法》认定了国内4个少数民族(nationality),承认其政治与文化权利,具体包括如下几个方面:接受母语教育的权利,发展文化的权利,在该民族居住地用母语与当局沟通的权利,组建少数民族文化团体的权利,以及通过母语获得出版及媒体信息的权利。无论是就保护的人群范围,还是就保障的权利内容而言,这一规定都是比较保守的。比如当时捷克斯洛伐克境内的罗姆人虽然人口数量巨大,但只作为居民群体处理,未算作少数民族。

20世纪90年代后,捷克政府进入转型发展期,为了改善国内民族关系,满足加入欧盟的标准,对相关法律规范进行了大幅度的修改和完善,形成了较为完整的保障体系。这一规范体系可以分为国际法和国内法两个部分。国际法又可以分为国际条约和双边条约两种,其中核心的国际条约可参见本章第二节第一部分"整体机制上弱化语言管理"。根据捷克《宪法》第10条,在国会批准国际条约的执行之后,该条约则对捷克政府具有约束力,当条约内容与国内法相冲突时,以国际条约为准。与此同时,捷克与波兰、德国、斯洛伐克和克罗地亚等国签署了不少涉及语言权利的双边条约①。

捷克与语言权利事务管理相关的国内法则数量更多,包括宪法层次和普通法层次。宪法层次的法律文件有两个:《捷克共和国宪法》与《基本权利和自由宪章》。《基本权利和自由宪章》规定:"任何个人不得因属于少数民族或民族团体

---

① 参见捷克第一轮《宪章》执行国家报告(2008),第27页注3,包括:《捷克斯洛伐克联邦共和国和波兰共和国睦邻、团结、友好条约》《捷克斯洛伐克联邦共和国与波兰共和国政府间文化和科学合作条约》《捷克斯洛伐克联邦共和国与德意志联邦共和国睦邻友好条约》《捷克-德国双边关系和未来发展宣言》《捷克共和国和斯洛伐克共和国睦邻、友好和合作条约》和《捷克共和国和克罗地亚共和国政府间文化、教育和科学领域条约》。

而受到不利影响";"属于少数民族的公民有权获得全面发展,有权与该民族其他成员一起发展其文化,用其母语发布和接受信息,组成民族团体";"少数民族公民依法享有使用其母语接受教育的权利,使用其母语与官方当局交流的权利,参与处理有关少数民族事务的权利"。

普通法可以又分为两种,即一般性法律和各领域具体法律。一般性法律中,最重要的是《少数民族权利法及若干法律的修改》(2001年),该法是目前小族群体语言权利事务管理的基本法律文件;作为该法的一部分,当时一共修改了5部重要的相关法律。该法对"少数民族"做了如下定义:"少数民族是指居住在捷克境内,与其他公民在族群、语言、文化和传统上相异,形成了一定的人口,愿意被认定为少数民族以保存和发展其多样性、语言和文化并保护其群体利益的公民团体。"这一定义主要是根据其民族起源、语言、文化和传统、人数以及被认定为少数民族的意愿来界定的,与欧洲委员会的精神基本保持一致。该法同时也提出少数民族需满足"世居或久居"捷克的标准,但是未对居住时间做明确规定。需要注意的是,该法首先承认少数民族群体,然后从这个概念推出个人的权利。这与以前的保守政府的思维不同,以前认为所有的权利都是个人权利而非集体权利(Frištenská and Sulitka 1995)。该法赋予少数民族成员如下权利:(1)集会的权利;(2)参与相关决策的权利;(3)使用少数民族语言作为姓名的权利;(4)公司和其他机构、街道和其他标识使用多种语言的权利;(5)使用少数民族语言与当局联系的权利,在审判和选举中使用少数民族语言;(6)使用少数民族语言进行教育、发展本族文化的权利;(7)使用本民族语言接受和传播信息的权利。

此外,一般性法律还包括《市镇法》(2000年)、《州郡法》(2000年)和《首都布拉格法》(2000年),这些法律对如何在地方层面建立少数民族委员会,如何决定街道和公共建筑的少数民族语言标牌等公共领域的语言使用问题做出了规定。《第98号政府条例》(2002年)对国家预算中划拨经费用于支持少数民族成员活动以及罗姆人融合的相关条件和方法做出了规定。《登记法》(2000年)对少数民族姓名使用做出了规定;与选举有关的法律也对少数民族相关问题做出了规定。《行政程序法》对与行政当局进行交流时少数民族语言的管理做出了规定。此外,捷克在教育、司法、行政、公共服务、媒体、文化、社会和经济生活、跨境交流等具体领域有50多部法律对具体情况下小族语言的使用予以规定[①]。

[①] 完整目录可参见捷克第一轮《宪章》国家报告(2008),第26页注1。

第四章 捷克的语言权利事务管理和小族语言生存

总体而言,捷克有关小族群体语言权利的法律保障体系还算完整,所赋予的权利也较为充分,基本符合欧洲标准,然而并没有体现出对小族语言较强的保护动机,呈现出一种外松内紧的取向。

四、管理主体明晰一贯

捷克的少数民族事务管理机构主要是"政府少数民族理事会"(Government Council for National Minorities),这一理事会自1968年成立以来一直是捷克国家层面的主要民族事务协调处理机构,虽章程屡经修改,但其角色一直未有变动,是处理民族事务的权威部门。

在社会主义时期,捷克斯洛伐克主要根据党的政策对小族语言权利进行管理,因此我们可以认为最重要的管理主体无疑是党的权力机关。在具体操作上,主要由"政府少数民族理事会"负责,该机构是根据《宪法》(1968年)第5条的规定成立的,专门负责协调与少数民族有关的事务,一直延续至今。

1993年捷克独立之后,捷克继承了之前捷克斯洛伐克时期的一些基本架构,并在此基础上建立了一个包括各政府层级、覆盖各政府部门、广泛吸收少数民族代表以及学界代表参与的咨询和管理机构。在国家层面,最为重要的机构仍然是政府少数民族理事会,该机构是捷克保护和促进少数民族权利(包括其语言权利)的总协调机构。根据该理事会条例规定,理事会主席一般由总理或1名负责人权事务的高级政府官员担任。在成立之初,该理事会由18名民族代表(根据人数,每个民族有1至3名代表)和11名政府代表组成,负责讨论给政府的提案,提交有关拨款的建议等。该机构同时统筹协调国内地方层次的少数民族事务管理局或委员会。2011年,捷克政府修改了《政府少数民族理事会条例》,将《宪章》所保护语言的民族代表数量一律增加为2名(其余语言的民族代表为1名)以强调其对《宪章》的支持。2013年,通过新的条例,新增白俄罗斯和越南族代表作为理事会成员。如今理事会共有31名成员,包括各部委一名副部长以及14个少数民族的代表。

国家层面的机构还包括国会以及各部委的相关委员会。国会下设的各委员会中有3个与此相关,一是众议院申诉委员会少数民族分委会(Sub-Committee for National Minorities within the Petition Committee of Chamber of Deputies of the Parliament),二是申诉委员会(Petition Committee),三是参议院人权、科学、教育和文化委员会(Committee for Human Rights, Science, Education and Culture of the Senate）。各部委也设立了相关委员会，负责具体事务的设计与执行，如文化部和教育、青年与体育部均设立了咨询委员会。此外政府还设立了罗姆人问题理事会，由罗姆人和政府各出 14 名代表组成（不包含学者和专家），主要负责监督《政府罗姆人政策的有关原则》的执行，充当罗姆人社区和政府之间的桥梁，该理事会下设三个委员会和两个工作组。

在地区和更低层级，根据《市镇法》（2000 年）和《州郡法》（2000 年），捷克设立了约 60 个少数民族事务委员会，负责民族事务的管理。《市镇法》第 117 部分第 3 段规定："如在某乡镇的地理范围内，上一次普查中有 10% 的人口属于捷克族之外的某族，乡镇议会应成立少数民族委员会。"在州一级别，《州郡法》第 78 部分第 2 段，有相同的规定，但人数比例降至 5%。2006 年 6 月 7 日的政府决议则允许乡镇或州灵活处理这一规定，即在人口比例不足时也可设立少数民族委员会，或在比例达标时因其他原因不设立。《宪章》专家委员会认为捷克有 261 个市镇都符合设立少数民族事务委员会的下限，但目前仅有不足四分之一的市镇设立这一机构，仍有较大发展空间。

此外，还有大量的非政府组织和民间团体。如曾经较为活跃的欧洲较少使用语言总署捷克分署（Czech BLUL），系非政府组织，旨在保护和促进少数民族语言。捷克法律允许所有少数民族建立民间机构，目前内政部有 5000 多个与少数民族相关的注册机构，不过仅有三分之一处于活跃状态。总体而言，捷克所有与民族事务相关的官方机构都接受"政府少数民族理事会"的协调，管理主体非常明确，为相关工作的开展提供了较大的便利。

五、管理行为缓进微调

捷克政府及有关机构对于小族语言权利相关事务的管理，总的来说是中规中矩，不采取激进举动，符合欧洲一般标准，但近年来支持力度呈不断增长态势。现根据本书所拟定的语言权利的 6 个维度，逐一进行介绍，在描述过程中也将涉及对相关具体法律规范的介绍。

（1）法定地位

社会主义时期，捷克在 1968 年《宪法》中认定了 2 个民族（捷克族和斯洛伐克族）和 4 个少数民族（匈牙利族、波兰族、乌克兰/鲁塞尼亚族、德意志族），对其文化权利予以承认。与此同时，其他民族如罗姆族，只能作为居住人群，而这些民族使用的语言也谈不上有什么法定地位。

第四章　捷克的语言权利事务管理和小族语言生存

1989年之后,捷克开始对小族群体采取宽容的态度,在立法层面明确禁止任何基于语言的歧视,正式承认小族语言的文化价值。在此期间,"nation"与"nationality"两个词回归了其日常用法,国家不再在法律中官方正式列举认可的民族,在人口普查中将"民族"项设定为一个开放式的问题。与此同时,捷克在管理层面对小族群体的法定地位做了另一种形式的认定,即通过在政府少数民族理事会中设置代表席位而对其"少数民族"(national minority)的地位予以承认。自天鹅绒革命之后,少数民族理事会的章程在1991年、1994年、2001年、2012年、2013年和2014年经过多次修订,以接纳更多的少数民族代表。该理事会最近的一次扩员是在2013年,增加了白俄罗斯族和越南族,使少数民族代表的数量增加到14个。

从捷克在少数民族地位认定方面的表现来看,保护范围的持续扩大显示捷克对于小族群体权益的保护持一种积极态度,而对越南族这一亚洲新迁入民族的认可也在一定程度上证明了其开放的心态。

（2）本体发展

捷克在20世纪上半叶曾对捷克语进行过大规模的标准化工作,但在社会主义时期对语言规范化工作已有所放松,而进入转型期之后则基本转为隐性规划;对于小族语言的本体发展则采取了一种放任自流的态度。

社会主义时期,捷克与其他中东欧国家一样,一切领域的实践活动都接受马克思列宁主义的指导。但这一理论乃是一个宏观视角的理论,并未涉及微观层面的语言问题,或者说对微观问题不是非常关心,这使布拉格学派流传下来的语言培养理论(language cultivation theory)能够被党的政府所接受,并继续对捷克的语言本体规划产生作用(Neustupný and Nekvapil 2003)。在这一理论指导下,捷克斯洛伐克科学院捷克语研究所编撰了四卷本的《标准捷克语词典》(*Slovník spisovného jazyka èeského*,1960—1971)。而对于少数民族的语言情况仅限于一些调研,不涉及语言本体的规划(Sokolová 1987)。

1989年之后,捷克对捷克语的本体规划采取一种隐性规划的方式,即不设专门机构采取专门措施进行规范,但通过教材审定等方式对这一领域的发展予以引导。而对于小族语言的本体发展,则主要采取一种放任的态度,学界对此也不很关心。不过由于斯洛伐克语的独特地位,捷克和斯洛伐克政府还是做了一些工作的。斯洛伐克语是一种与捷克语非常接近的语言,"在500个最常用的词中,有230(46%)个完全相同,154(30.8%)个部分相同"(Zeman 1997:1653)。但是即使是在捷克斯洛伐克尚未解体的时候,也很难说两种语言的使用者可以完全相互理解。直到 1967 年才有学者（Gašparíková 和 A. Kamiš）出版了当时第一部捷斯对照词典（Neustupný and Nekvapil 2003）。为了防止捷克语和斯洛伐克语间似是而非的理解（semi-communication），捷克与斯洛伐克两国政府采取了一系列措施，如将两种语言的文学作品翻译为对方语言；国家设立联合术语委员会，确保两种语言的术语平行发展；学校里教授对方的语言；电视台和广播电台互相交换捷克语和斯洛伐克语的新闻、体育等节目的播音员等。

（3）司法、行政及公共服务

在司法、行政等公共管理领域，小族语言的应用范围较小，主要是在少部分领域以及部分少数民族聚居区有一定程度的使用。在社会主义时期主要是波兰族在捷欣地区以及匈牙利族在斯洛伐克南部地区能够使用民族语言与当局交流，而捷克与斯洛伐克分裂之后则只有波兰语依然在捷克得到使用。

1989 年之后，捷克政府所构建的司法和行政体系承诺为少数民族成员提供相应语言服务。在司法方面，捷克的法律保障司法程序中少数民族语言的使用，承认少数民族语言的法律有效性（如少数民族语言的文件、证词、证据等，但有时少数民族语言的材料需翻译成捷克语），相关规定主要涉及三个部分，即审判前的行政事务处理、刑事案件庭审和民事案件庭审。捷克《少数民族权利法》（2001 年）允许少数民族成员在审判前的行政事务中使用少数民族语言，并用该语言书写文件。《行政司法条例》（2002 年）则规定需保护当事人免受歧视，包括使用译员的权利，所产生的费用由国家承担。《刑事案件程序条例》（1963 年，沿用至今）规定，任何当事人（外国人或少数民族成员）如声称其不懂捷克语，可使用其母语或其他掌握的语言与司法当局交流，司法当局必须指定一名使用其民族语言或所属国家官方语言的译员，所产生的费用由国家承担。《民事案件程序条例》（1963 年，沿用至今）规定，当事人有权在法庭上使用其母语，如其母语非捷克语，法庭需指定译员，所产生的费用由国家承担。最新的《刑事犯罪受害人法》（2013 年）也规定了受害人的知情权，如受害人是少数民族成员且不懂捷克语，可依法通过其理解的语言了解相关信息。

在行政管理方面，《行政程序条例》（2004 年）第 16.1 款规定，所有使用斯洛伐克语进行的交流和文件，无须翻译成捷克语，直接有效。同时第 16.4 款规定，任何属于传统上居于捷克境内的少数民族的捷克公民，可以使用其民族语言与行政当局交流。如当局中无人理解这种语言，当事人应聘请一名注册译员为其翻译，所需费用由当局承担。中央政府划拨相关经费以确保该条款得以落实。

第四章 捷克的语言权利事务管理和小族语言生存

此外,根据《少数民族权利法》第 10 部分,捷克的选举均用少数民族语言宣布,有关通知均用少数民族语言发布。

在公共服务方面,捷克大部分公共服务都是由私有公司运营的,因此政府可干预的范围有限。《市镇法》(2000 年)第 29 部分第 2 段对市镇传统地名、符号、题字等的使用做出了规定。如在上一次普查中少数民族成员占该市镇人口 10% 以上,经少数民族代表向当地少数民族事务委员会请求并获批准,市、区、街等公共场所的名字可使用捷克语与少数民族语言的双语标识,各政府机构名牌也应使用双语。《交通法》则对此做出了更为具体的规定,如少数民族语言的标牌应置于标准标牌之下。根据《少数民族法》第 7 段,"少数民族成员有权根据相关规定使用其民族语言的姓和名"。捷克为此数次修改《登记法》(2000 年)以确保此项权利的落实。在捷克,可以使用符合少数民族语言语法和拼写法的姓氏,且不限于某种少数民族语言。

(4)教育与研究

捷克政府对少数民族语言的教育有一定程度的支持,近年来支持力度有所加强,但无论从受益的范围还是从实际教育和研究的开展程度来看成果并不非常突出。

社会主义时期,捷克斯洛伐克政府对法律承认的 4 种少数民族语言的教育给予一定支持。其余小族语言的教育则依赖各族民众的自发行为,政府给予的支持非常少。如今,捷克政府宣称使用民族语言实行教育是一项国策。《少数民族法》第 11 段规定少数民族可以接受母语教育,包括学前教育、小学、中学、高等职业教育和其他教育。

根据《教育法》(2004 年)第 14 部分第 2、3 段,要建立民族语言的班级需满足最低人数限制(幼儿园 8 人,小学 10 人,中学 12 人),如果所有班级均能满足最低人数限制则可以建立一个小族语言学校;同时根据第 23 部分,地方当局可以将此数字降低 20%;根据第 14 部分第 5 段,校长可在人数不足以开设小族语言授课班级的情况下酌情设置双语班级。《教育法》第 14 部分规定,在乡镇级别,建立区域性或少数民族语言教育的前提是该乡镇必须设有少数民族委员会(《市镇法》(2000 年)第 117 部分第 3 段规定:"如在某乡镇的地理范围内,上一次普查中有 10% 的人口属于捷克族之外的某族,市议会应成立少数民族委员会。"不过仅有少部分满足该条件的市镇设立了少数民族委员会。)教育部承诺如果一个民族群体有 3—4 名学生有兴趣,就会资助使用那种语言的课程,但实际上很难找到合适的教师。教育部有专项补贴支持使用少数民族语言进行的教育以及多语教育,以资助那些不足以开设独立学校但提供少数民族语言教育的机构。《教育法》同时规定,提供少数民族语言教学的学校,所有学校报告、实习证书、毕业证书都必须使用捷克语和相关少数民族语言的双语版本。

2007年捷克引入了旨在促进多元文化教育的基础教育大纲;自2010—2011学年起,引入新的毕业考试模式,使用少数民族语言接受教育的学生,可以选择使用捷克语或少数民族语言回答毕业考试的通用和概要部分(common and profile part),且无须考捷克语言文学。捷克政府还推动了一个实验性的双语教学项目,"双语中学框架教育项目和学校教育项目"(Framework Educational Programme and the School Educational Programme for Bilingual Grammar Schools),目前共有17所双语学校,分别为6所捷克语—西班牙语,5所捷克语—法语,1所捷克语—意大利语,2所捷克语—英语,3所捷克语—德语[①]。

捷克也支持高校对少数民族语言的教学和研究,大学可申请相关政府资助开展相关研究。如布拉格查理大学提供罗姆语、波兰语、德语等小族语言的学士和硕士课程,并提供相关的研究项目。

(5)传媒和文化

捷克在传媒和文化领域对小族群体的支持主要是象征性的,仅能保障小族群体的文化活动在有限程度上开展,近年来支持力度呈下降趋势。

在传媒和文化方面,捷克政府每年均通过文化部为少数民族的活动提供资金支持。传媒方面,捷克电视台和捷克广播电台均需依法[②]根据各民族人口比例为全国所有人口制作并提供节目,反映人口的多元化。《广播电视法》(2001年)对这一规定予以确认,要求电视节目应致力于发展捷克的文化身份,包括少数民族成员;相关义务由广电理事会负责监督履行。在文化方面,捷克政府每年拨给文化部专项经费用于支持少数民族的文化活动,包括艺术、文化教育、少数民族文化的记述、出版等。该类项目申请者需自筹经费30%,但根据一项政府令(No.98/2002),在某些情况下也可减少或减免这部分经费。

捷克文化部的地区和民族文化司负责为反映少数民族文化活动的节目提供资金支持;媒体和视听节目司则为少数民族语言的期刊或广播电视节目提供支

---

① 捷克第三轮《宪章》国家报告(2014),第34—39页。
② Act No.484/1999 Coll.对捷克广播台做出规定;Act No.483/1991 Coll.对捷克电视台做出规定。

持。捷克文化部自2008年以来对少数民族语言出版和文化活动的资金支持情况见表4.1①：

表4.1 捷克文化部历年用于少数民族语言出版和文化活动经费情况

年份	出版项目经费支持（单位：克朗）	文化活动经费支持（单位：克朗）
2008	30 000 000	10 000 000
2009	30 000 000	10 000 000
2010	23 847 000	8 500 000
2011	28 571 000	8 541 906
2012	21 929 000	7 296 611
2013	15 694 000	6 295 735

可以看出，在捷克不断增加法定少数民族数量的同时，用于支持少数民族传媒和文化活动的经费却呈急剧下降趋势，这说明捷克对该领域活动的支持只是一种象征性的表示，力度还十分有限。

（6）社会应用

少数民族语言在社会终端中的应用，多体现为私人领域的活动，政府层面干预的空间有限，因此作为不多。《劳动法》(1965年，2006年修订)第1部分第4段规定禁止基于种族、民族或语言而歧视。《贸易法》(1991年)允许捷克籍少数民族人士使用本民族语言通过翻译与管理当局交流，翻译费用由贸易注册办公室承担。

六、上下互动依章循序

捷克的语言权利事务管理机制中包含了较为有效的自上而下的信息传达和较为顺畅的自下而上的信息反馈渠道，这些渠道有的是官方机制设计的一部分，有的是社会转型中自发形成的，在官方和民间的交流中发挥着信息传导的作用。总体而言捷克主体民族和小族群体之间的关系较为平和，官方部门与小族群体之间的沟通也较为顺畅，双方的互动属于一种较为正常的交流。

在所有的政府和民间的信息交流桥梁中，最为重要的当属全国各个级别的少数民族委员会。捷克法律规定在少数民族聚居达到一定程度的地区，应在地方政府内部建立少数民族委员会，该委员会由小族群体代表组成，负责向地方政府就小族群体相关事务提供建议和处理意见。2013年全国已有5个州建立了

---

① 数据来自捷克第三轮《宪章》国家报告(2014)，第5—6页。

第四章 捷克的语言权利事务管理和小族语言生存

少数民族委员会或类似机构,在低一级的市镇级别有53个市建立了少数民族委员会。这一系统往往在组织各类少数民族文化活动上充当主力,同时也是少数民族成员向政府反映意见、提供建议的有效渠道。捷克少数民族理事会每年根据内政部的统计和筛选,调查符合条件可以建立少数民族委员会的州郡、直辖市和市镇政府,了解少数民族委员会的建设和活动情况,并形成书面报告。这一询问包括机构建设情况、机构活动涉及的少数民族事务、地方委员会与全国委员会的合作情况、成功的活动案例,以及存在问题。比如2007年的活动报告中有如下问题:(1)Albrechtice镇反映,在公交站台使用双语标识、在镇的边界设立双语标识等做法遭到了部分居民的反对,双语标识遭到涂污。(2)Hnojník镇的波兰族代表要求在镇议会中增加2名代表并得到批准;镇议会认为《市镇法》和《民族法》有关双语标识的规定有冲突,应予以评估。(3)Horní Suchá镇反映,波兰语的街道标志多次遭到涂污。(4)Jablunkov镇代表认为,双语标识的批准手续太过复杂耗时。(5)Nová镇报告,罗姆族儿童的入学率偏低,在学儿童逃学,家长故意不送儿童入学。(6)Ostrava市表示提供给小族群体的住房不够,小族群体失业率较高、教育程度较低。从上述问题可以看出在最基层的行政单位中各民族民众之间的关系是否融洽,族际争议的主要话题,以及小族生存中的困难。这一信息采集渠道保证了国家层次的决策者能够了解底层的语言权利实现情况和存在问题。这些问题主要在地方层次得到处理,部分得到了解决,而无法解决的则由国家层面的机构介入予以解决。

小族群体自身的社团组织也是各小族群体表达自身利益诉求,保护自身合法权益,推动本民族文化发展的重要机构。如今捷克境内几乎所有小族群体都建立了自身的团体,这些团体对内组织各种活动服务于本族成员,对外宣扬和推动本族文化发展,并负责与各级政府打交道,保护本族民众利益。如克罗地亚族有2个全国性机构,致力于保护和发扬其400多年的历史传承,呼吁将克罗地亚语纳入《宪章》保护范围。匈牙利族各民间团体代表定期聚会,讨论各团体间的合作事宜,并出版期刊发布各团体活动情况。德意志族则由20多个民间团体共同组成了一个联合阵营"波希米亚、摩拉维亚和西里西亚德意志人大会",有统一章程,主要活跃在文化和社会领域。波兰族则通过"波兰人大会"将30多个民间团体组织到一起,为波兰族民众提供各种服务,其中最大的"波兰文化教育联合会"有84个分支机构,1.5万名会员。罗姆族则拥有数量最多的民间团体,不过组织程度较差,其中只有三分之一保持活跃。

国家民族理事会也主动与上述团体联系，通过这些团体了解小族群体的最新动态。比如民族理事会每年针对所有小族群体开展一项调查，并据此形成公开报告，调查内容包括：本族社团组织、社团组织的活动情况、民族社团与行政当局在各个层面的合作情况、本民族社团与其他小族社团之间的合作情况、本族社区生活中遇到的问题、本民族社团获得的经济资助情况、本民族在民族理事会派驻代表的价值、对本民族在民族理事会代表的表现的评价、国家民族理事会应优先处理哪些民族问题。这一调查为小族群体反映自身情况提供了便利的渠道，民族理事会可以借此了解各小族的基本活动情况，各族之间的互动关系，以及各小族群体所面临的问题。

除了通过国内官方和民间的组织机构表达诉求，捷克的小族群体还可以通过向国际机构反映问题的方式向捷克政府施压，如向欧洲委员会派来的实地调查专家组反映情况。此外，各小族群体还可以通过媒体报道、自媒体表达甚至集会抗议的方式表达自身的利益诉求。总的来说，在国家转型过程中，捷克建立起了较为有效的上下信息交流渠道，小族群体能够较为顺利地反映具体语言活动中存在的问题，并有望得到管理部门的及时干预。

第三节　小族群体语言权利的实现情况

在社会主义时期，政府对于境内事务有较高程度的把控，因此受法律保护的几种小族语言可以得到比较有力的保护。而那些没有被法律认定为少数民族的群体，总的来说承受着较强的同化压力，其语言的生存状况也不断恶化。捷克转型为民主国家之后，政府对少数民族群体赋予充分的自由，各群体可以就其语言保护自主开展各种活动，但同时政府也不再提供保姆式的保护服务。在资源总量有限的情况下，各小族群体语言权利的实现情况依赖于各自的组织能力和博弈能力，这种博弈包括与主体民族语言捷克语竞争生存空间，也包括与其他小族语言争夺有限的资源。

一、法律地位次第有别

在社会主义时期，在法律上地位最高的语言显然是捷克语和斯洛伐克语，其次是法律认定的4个少数民族所使用的语言。在捷克斯洛伐克的首部宪法（1920年）中，国家的语言（national language）被称为"捷克斯洛伐克语"，并具有两种形式：捷克语和斯洛伐克语。这其实是宣布了两种国语，并且承认它们在法律上是平等的。但是由于斯洛伐克语使用人数较少，且被认为发展水平低于捷克语，在实际使用中是捷克语而非斯洛伐克语在全国范围内得到广泛应用。二战结束后，"捷克斯洛伐克语"的概念被放弃了，1968年《宪法》明确规定捷克语与斯洛伐克语享有平等的权利，两种语言的地位都优于少数民族语言，都用于法律颁布和国家管理。但是在实际使用中，两种语言依然处于一种不对称的权力关系中。捷克语继续对斯洛伐克语产生全方位的、深刻的影响，而斯洛伐克语对捷克语的影响则相对较小。其他4种小族语言享受的权利因受各种因素影响，地位也并不平等，其中波兰语因使用者聚居程度较高且受到苏联关注，享受的保护最多，而德语则长期被视为令人憎恶的语言，使用者较少。此外，俄语作为一种外语，享受着独一无二的垄断地位，被作为一种国际通用语言。

天鹅绒革命之后，所有的少数民族语言在理论上都享受平等的地位，但是有三种语言的情况比较特殊，值得我们特别注意。第一是斯洛伐克语，它实际上享受着一种副官方语言的地位。所有捷克公民，无论属于哪个民族群体，均可以使用斯洛伐克语与政府交流。第二是波兰语，它是捷克唯一有固定使用区域的历史传统少数民族语言，在捷波边境的捷欣地区享受着一种地区性副官方语言的地位。在政治变革之后，有学者（Neustupný and Nekvapil 2003）指出波兰语甚至取代了之前俄语所拥有的垄断地位，逐渐成为捷克高校中斯拉夫研究领域中研究最多的语言。第三是罗姆语，它在20世纪90年代初期之前，基本未得到任何保护。直至1999年4月7日捷克政府通过《政府罗姆人政策的有关原则》，声明罗姆文化的丢失是一种重大的文化损失，表示在融合罗姆人的同时应尊重罗姆文化。但在实际生活中，罗姆人的社会地位依然很低，罗姆语在公共生活、公立教育和媒体中存在度较低，且遭受较多偏见与敌视。此外，尽管德语被接受程度有所提高，但仍然未被视为一种文化财产。德意志族仍不愿在公共场所使用德语。而其他小族语言则在不同程度上受到忽视，仅在名义上享受平等的地位。

二、本体发展不受重视

无论是社会主义时期还是转型之后，小族语言的本体发展从来都不是捷克政府关心的重点。绝大部分小族语言在本体方面没有什么发展，基本以母国的标准语为学习和使用的标准，而这些语言在捷克的语言分支上所独有的语言特征也没有受到重视。斯洛伐克语因与捷克语高度相似却又有所区别，两国政府采取了一定的措施以提高双方的相互理解程度，防止交流中出现误解。

三、司法行政限于局部

根据前文所述，捷克政府承诺为少数民族提供司法和行政管理方面的语言服务。但根据欧洲委员会专家委员会的现场调查[①]，上述权利并未得到相应法规的支持，仅有斯洛伐克语因与捷克语互通可以用于多种行政场合，波兰语在捷欣地区可以用于行政管理，但这两种语言在实际生活中应用较少，捷克只能算在形式上完成了上述承诺。

波兰语使用者聚居程度较高，在公共行政方面行使相关权利的资格最为充分，但即使是波兰语，其实现情况也不容乐观。比如捷克政府声称法律未指定任何官方语言，因此理论上地方议会辩论时可以使用任何语言，但据专家委员会调查[②]，实际上从未有任何市镇使用波兰语进行过辩论。在弗里代克-米斯泰克区（Frýdek-Místek）和卡尔维纳区（Karviná），共有31个村镇符合设置双语标牌的标准（人口比例达到10%），但在实际执行中遭遇了各种阻力，如在很多地方捷克人不同意使用地方经费，后捷克中央政府拨专款用于落实此项；在崔尼卡市（Třinec），波兰族居民比例达到17.7%，但波兰族代表三次提议均遭该市少数民族委员会否决，因此从未有机会向市政当局提出此项建议，之后捷克政府不得不修改相关法律，规定少数民族团体可以直接向当局提出建议；有的地方政府则直接拒绝此类建议，称根据《市镇法》，决定权完全在市镇当局；有的地方在安装了之后，或遭人偷偷移除，或被喷涂覆盖。

在其他领域，如在审判前和审判中使用少数民族语言的权利，在捷克也并非绝对权利，其前提是当事人宣称不懂捷克语，而在实际操作中，往往都是使用捷克语。总而言之，小族语言很少有机会在公共行政当局的管理行为中得到使用，仅在少数地区和少数领域有限存在。

四、教育研究有限实现

尽管捷克在法律上对小族语言在教育中的应用予以支持，但在教育实践中小族语言的使用其实非常有限。捷克政府曾承认"尽管教育部的政策包含了在

---

① 捷克第一轮《宪章》专家委员会报告（2009），第11—22页。
② 捷克第一轮《宪章》专家委员会报告（2009），第28页。

教育中纳入少数民族的文化、历史和语言,但多元文化教育仍未实现"[1]。捷克小族语言的教育可以分为三类[2]:一是以小族语言教学;二是主要以捷克语教学,但提供小族语言教学的选修课程;三是设立部分特殊班级,其课程用小族语言教学。但第一类和第三类学校的数量都很少,主要是第二类。

波兰族虽然人数不多,但因为聚居程度较高,在教育权利方面得到的保障程度最高。波兰族从社会主义时期起就维持着一整套波兰语教学的教育体系,目前波兰语在学前教育、小学教育、中学和职业技术教育以及高等教育层次均有母语教育或双语教育。2013 年有 25 所小学的 112 个班级提供波兰语教育,共计 1688 名学生在读;中学层次则降低到 15 个班级,385 名学生。马萨里克大学(Masaryk University)等高校则提供波兰语言文学专业的学士和硕士课程,以及波兰哲学、波兰研究等课程。

斯洛伐克语在 1989 年之前是捷克斯洛伐克国家教学大纲里的必修内容,但 1993 年解体之后,就不再有这一要求。自那之后,大部分学校都停止教授斯洛伐克语,电视和广播里的斯洛伐克语节目也大都停播了。到 90 年代末,捷克最后一所斯洛伐克语小学也消失了。如今作为捷克第一大少数民族语言,斯洛伐克语只在大学里作为一种外语进行教学或研究。

德意志族直到 1968 年才在法律上得到认可,获得使用母语接受教育的权利。但是政府并未开设德语学校,其理由是德意志族过于分散以及年轻的德意志人已经接受同化。直到转型之后,德语才有机会更多地进入教育体系。目前有 6 所小学和 2 所中学提供部分用德语教授的课程;此外还有一些双语学校,其中大部分课程使用德语[3]。需要注意的是,这些学校的大部分学生都使用捷克语作为母语。不过在捷克的大部分中小学里,德语都是核心课程之外的必修可选科目,只不过是作为一种外语,而非小族语言。

罗姆人虽然人口数量较多而且在有些地区聚居程度较高,但捷克并没有为罗姆人提供罗姆语教学的教育服务。在一些罗姆人学生达到足够比例的学校也没有开设用罗姆语教授的或学习罗姆语的课程。尽管有罗姆人代表向教育部发出请求,但未获回应。此外,还存在罗姆语教师严重不足的问题。有的教师则对罗姆语持负面态度,甚至禁止学生使用罗姆语。目前在布拉格市郊有一所罗姆

---

[1] 捷克第二轮《欧洲保护少数民族框架公约》国家报告(2004),第 12 条,第 101 节。
[2] 捷克第二轮《欧洲保护少数民族框架公约》国家报告(2004),第 14 条,第 1 节。
[3] 捷克第三轮《宪章》国家报告(2014),第 14—15 页。

社会中学，培养社会服务专业的罗姆人。全国比较正规的高等教育项目要数布拉格查理大学人文学院的罗姆语专业，该项目是一个5年制专业，一次招收20名学生，均为罗姆人和捷克人混血后代。这些学生毕业后大都从事教师、公务员或其他与罗姆人有关的岗位。总的来说，对于一个拥有数十万人口的民族来说，目前的这些教育资源是远远不够的。

罗姆儿童长期在教育体系受到歧视，这一状况直到最近才得到改善。很多罗姆儿童只能使用捷克语和罗姆语的混合语或一种皮钦化了的捷克语，他们入学后会遭遇比较严重的沟通困难。长期以来对这一问题的标准处理方法是将他们转到为智力发展迟缓儿童设立的特殊学校，而这些学校的毕业生是没有资格进入高中的。罗姆儿童很愿意到特殊学校去，因为那里的要求很松，而且有很多罗姆儿童；罗姆父母对此也不介意，如果子女说在正常学校不开心，他们甚至主动要求把子女转过去；正常学校的教师很愿意这些差生转走；特殊学校也不拒绝这些学生。在很长时间内，捷克政府、学校教师和学生家长都对此习以为常，没有人提出异议。2007年11月13日，欧洲委员会人权法院裁定捷克教育体系歧视罗姆学生，要求捷克政府予以纠正。2011年，捷克政府对原有相关规定做了修改（No.116/2011法令取代了No.72/2005法令），要求学校的咨询机构在认定某学生学习能力低下后（这一认定有效期为一年）继续对学生进行定期评估，并要求学生的一名家长或监护人了解这一评估所带来的后果。此后这种针对罗姆儿童的系统性歧视行为得到了纠正。

除了上述语言，其他小族语言在捷克的教育系统中也很难出现，只在部分地区存在少量提供语言课程的学校。如保加利亚使馆资助运行着一家提供保加利亚语教育的学校；希腊语只在极少数城市的少量学校作为一个科目进行教学；匈牙利语和俄语也在一些私立学校中有所体现，但学生数量很少。在布拉格也有一所华人学校，为在捷的华人子女提供汉语课程。

五、传媒文化象征存在

捷克政府对少数民族语言在媒体和文化方面的活动提供一定的支持，但总的来说力度有限，只是保证各小族语言在媒体领域有一种象征性的存在。

捷克全国性的公立电视台和广播台各有1个，各自运营着几个频道；另有私人电视和广播运营商各2个，此外还有一些地方性的运营商。就电视节目而言，并没有定期播出的面向全国的少数民族语言节目，只有一些不定期播放的纪录片；广播节目稍好，有定期播放的小族语言节目，但并非只针对少数民族（也曾有汉语节目），而且播出频率不高。目前，捷克电视台提供如下有关少数民族的节目：2011 至 2013 年间，有 9 个涉及外国人语言或少数民族语言的电视节目在不同时间段播放；2012 至 2013 年间，有 8 个罗姆语节目在不同时间段播放。捷克广播电台目前播送如下少数民族语言的节目：斯洛伐克语节目"Stretnutie"，每周一、三播 15 分钟，周日播 55 分钟，在全国范围内播送；波兰语节目"Kwadarans"，每周一至周五播 25 分钟，在俄斯特拉发（Ostrava）地区播送；德语节目"Neighbors"，每周五播 15 分钟，在全国范围内播送；罗姆语节目"ORomaVakeren"，每周二、四播 15 分钟，周六播 55 分钟，在全国范围内播送[1]。

就纸媒体而言，目前有如下媒体得到了政府不同力度的资助[2]：3 份月度、1 份季度斯洛伐克语杂志；1 份周报、1 份月度、1 份半月刊波兰语杂志；1 份单月、1 份双月、1 份季度德语报纸；3 份月度罗姆语报纸和 1 份半年刊罗姆语杂志。

同时，在政府的资助下，各小族群体也举办了一些旨在宣传其传统文化的文化活动。但总的来说，这种资助是有限的，各小族群体在传媒和文化方面的存在是象征性的。

六、社会应用范围有限

捷克社会是一个以捷克语为主要交流语言的社区，其他语言在这里的应用机会较少。波兰语在捷波边境的捷欣地区有一定程度的应用，该地区已经有三分之二符合条件的村镇安装了双语标牌，包括官方建筑、路标等[3]。不过其他语言的使用领域则非常有限，只是零星存在，基本谈不上权利得到了实现。此外《宪章》专家委员会曾接到报告，称捷克有的学校限制使用罗姆语，在有的工场则限制使用波兰语[4]。

第四节　小族语言活力渐弱

总的来说，捷克的所有小族语言正经历着不同程度的显性或隐性同化，尽管

---

[1] 捷克第三轮《宪章》国家报告（2014），第 51—55 页。
[2] 捷克第三轮《宪章》国家报告（2014），第 56 页。
[3] 捷克第三轮《宪章》国家报告（2014），第 13—14 页。
[4] 捷克第二轮《宪章》专家报告（2011），第 41 页。

第四章 捷克的语言权利事务管理和小族语言生存

捷克的法律规范为其提供了充足的生存空间,但大部分语言缺乏发展动力,呈现萎缩的趋势。从使用人数来看,绝大部分小族语言社区,包括有固定使用区域的波兰语,无一不在经历着人数的下降。

1. 语言代际转用较快

捷克的小族语言在代际传承上呈现逐代减弱趋势,在几乎所有的小族语言社区都存在较大范围的语言转用现象。

斯洛伐克语使用者转向捷克语的趋势非常明显。根据1994年的一项调查,仅有5%的斯洛伐克儿童在家里主要使用斯洛伐克语,而68.5%的儿童在家主要使用捷克语;同时斯洛伐克族同族通婚率仅为16.2%(Sokolová *et al.* 1997:84)。波兰族转用捷克语的程度比斯洛伐克族要低一些,上述调查显示,约有24.1%的波兰儿童主要使用波兰语,40%的儿童两种语言使用频率相当,31.9%的儿童主要使用捷克语;而且波兰人的双语倾向比较明显,显著高于当地捷克人(16%)(Sokolová *et al.* 1997:84)。

德意志族由于长期在捷克受到歧视且没有德语学校可上,因此较快地改变了他们的语言行为,转向使用捷克语。研究表明,仅用了一代人的时间,德语作为民族符号的功能就显著下降。1970年时还仅有7.2%的德意志人认为捷克语是其母语,到1987年时这一比例就上升到33%。同样在1987年,在那些认为德语是其母语的人中,8%的人在家里主要使用捷克语,79.8%同时使用捷克语和德语,只有5%仅使用德语(Sokolová 1991)。其他研究(Bezdíková 1988)也表明,在所有年龄段的德意志人中,都发生了显著的被同化现象。在有些家庭里,父母依然选择使用标准德语与子女交流,希望借此将德语传给下一代。但总的来说,德意志族对于同化的抵制并不普遍,相反很多德国人主动接受同化,因为社会鼓励他们这么做,社会成本也更低。

罗姆语虽然使用人数较多,目前使用率也较高,但转用速度同样很快。70年代末的一项研究显示,在布拉格的罗姆人社区中,只有6%的罗姆儿童在家使用罗姆语,而且他们的捷克语也很糟糕(Hübschmannová 1979)。有学者(Neustupný and Nekvapil 2003)估计,如果这一趋势不变,很可能10至20年之内就没有什么人使用罗姆语了。罗姆族没有形成很强的民族意识,一些罗姆人知识分子也不支持保留罗姆语,他们认为罗姆人的特征不依赖语言。尽管有部分人在家庭中有意识地使用罗姆语与儿童交流,但这种知识很难以课堂教学的形式加以强化。

2. 绝对人数和所占比例显著下降

首先，从各民族人数及其所占比例来看，绝大多数民族均出现了下降趋势。捷克1992、2001、2011年普查各民族人数如表4.2所示。

表 4.2　捷克1992、2001、2011年普查各民族人数及其占比①

总人口		1992年		2001年		2011年	
		人数	比例	人数	比例	人数	比例
		10 302 215	100.0%	10 230 060	100.0%	10 436 560	100.0%
民族	捷克族	9 770 527	94.83%	9 641 129	94.25%	7 245 639	69.43%
	斯洛伐克族	314 877	3.06%	193 190	1.89%	147 152	1.41%
	波兰族	59 383	0.57%	51 968	0.51%	39 096	0.37%
	德意志族	48 556	0.47%	39 106	0.38%	18 658	0.18%
	乌克兰族	8220	0.07%	22 112	0.22%	53 253	0.51%
	匈牙利族	19 932	0.19%	14 672	0.14%	8920	0.08%
	俄罗斯族	5062	0.05%	12 369	0.12%	17 872	0.17%
	罗姆族	32 903	0.32%	11 746	0.11%	5135	0.05%
	保加利亚族	3487	0.03%	4363	0.04%	4999	0.05%
	希腊族	3379	0.03%	3219	0.03%	2043	0.02%
	塞尔维亚族	未登记	—	1801	0.02%	1717	0.02%
	克罗地亚族	未登记	—	1585	0.02%	1125	0.01%
	鲁塞尼亚族	1926	0.02%	1106	0.01%	739	0.01%
	其他	9860	0.10%	39 477	0.39%	52 225	0.5%
	白俄罗斯族					2013	0.02%
	越南族	421	0.004%	17 462	0.2%	29 660	0.28%
单一民族		10 280 198	99.8%	10 044 255	98.2%	7 630 246	73.1%
双民族		—		12 978	0.1%	163 648	1.6%
未声明民族		22 017	0.2%	172 827	1.7%	2 642 666	25.3%

2011年的普查中有约四分之一（25.3%）的人未声明民族，这使数据无法准确显示捷克如今的民族构成结构。从登记的数据来看，捷克族占总人口的69.43%，各小族人口共占2.88%，未登记民族的占25.3%。鉴于小族人口不愿登记民族项的可能性更大，特别是有大量的罗姆族人口不参与普查或隐瞒民族，因此可以确定的是，捷克小族人口所占比例肯定大于2.88%。

从2011年普查结果来看，几乎所有民族的人口数量都呈下降趋势。除了乌克兰族、俄罗斯族和保加利亚族数量有所增长，其他民族的数字都显著下降。即

---

① 捷克第三轮《宪章》国家报告（2014），第18页。

第四章 捷克的语言权利事务管理和小族语言生存

使是数量有所增长的三个民族,其中拥有捷克国籍的人数其实非常之少,如乌克兰仅有 2954 人,保加利亚仅有 869 人。即使是人数最多的斯洛伐克族,其中也仅有 92 103 人拥有捷克国籍。越南族是新近获得认可成为少数民族的,其数量有显著增长,但根据统计局的数据,其中仅有 824 人拥有捷克国籍。可见数量有所增长的四个民族中有绝大多数仅持长期签证,可能都是近期的移民,实际上可以说世居少数民族的人数都显著下降。

其次,从语言使用者这一指标来看,人数与占比同样下降了。捷克 1992、2001、2011 年普查各民族语言使用人数如表 4.3 所示。

表 4.3 捷克 1991、2001、2011 年普查母语使用人数及其占比①

	1991		2001		2011		2011
	人数	比例	人数	比例	人数	比例	民族占比
总数	10 302 215	100.00%	10 230 060	100.0%	10 436 560	100.0%	
捷克语	9 871 518	95.8%	9 707 397	94.9%	9 263 300	88.8%	69.43%
斯洛伐克语	239 355	2.3%	208 723	2.0%	154 465	1.5%	1.41%
波兰语	52 362	0.5%	50 738	0.5%	33 597	0.3%	0.37%
德语	40 907	0.4%	41 328	0.4%	14 148	0.1%	0.18%
罗姆语	24 294	0.2%	23 211	0.2%	4919	0.05%	0.05%
匈牙利语	20 260	0.2%	未登记	—	9286	0.1%	0.08%
俄语	未登记	—	18 746	0.2%	31 622	0.3%	0.17%
乌克兰语	4882	0.05%	未登记	—	48 250	0.5%	0.51%
越南语	未登记	—	未登记	—	30 830	0.3%	0.28%

人口普查中"母语"项是判断语言使用者数量的重要指标,很多不愿意如实申报"民族"项的人在"母语"项的申报上则比较真实。鉴于捷克社会对小族语言具有较强的同化倾向,以小族语言为母语的人数应少于该民族总人数,实际调查显示大部分民族语言的使用者也确实少于民族群体成员。但数据显示使用斯洛伐克语、匈牙利语、俄语和越南语的人分别略多于登记为斯洛伐克族、匈牙利族、俄罗斯族和越南族的人,这可能是由于这些民族中有很多人未登记民族项或登记为其他民族(如捷克族)的缘故。从总量上来说,近 20 年来,捷克使用小族语言的总人数呈减少趋势。

3. 使用领域限于局部

在捷克境内,小族语言的实际使用领域很少。在商场里的商品包装上,往往

---

① 捷克第三轮《宪章》国家报告(2014),第 24 页。

会印有多种语言的说明,如捷克语、斯洛伐克语、波兰语、匈牙利语等;但这种做法并非出于维护小族语言权利的考虑,而是因为这些商品大都同时销往这一地区的多个邻近国家。

在波兰族居住程度最为集中的捷欣地区,波兰语的使用领域较为广泛。据我们的实地调查,一位波兰族受访者称,在当地她可以不使用捷克语而满足几乎所有的生活需要,即可以找到使用波兰语的饭店、商店、理发店等。

在捷克全境,斯洛伐克语在公共领域很难见到,即使是在斯洛伐克族聚居程度最高的俄斯特拉发(Ostrava)也是如此。这主要是因为两种语言高度相似性,即使是斯洛伐克族人也认为在捷克语标志旁边加上斯洛伐克语是多此一举;另外一个原因是捷克斯洛伐克时期留下来的一个传统,即在捷克地区使用捷克语,而在斯洛伐克地区使用斯洛伐克语(Hnízdo 2011)。

而其他语言,包括德语、俄语、乌克兰语、罗姆语等使用人数较多的语言也极少在公共场所使用(Hnízdo 2011)。

4. 新语域和新媒体参与较少

鉴于捷克的小族语言基本都有发源国,在其母国该语言能够对新的语域和媒体及时做出反应并有所应用。但在捷克境内的使用则较少。罗姆语是个例外,由于其书面语发展程度很低,很难说其对新语域和新媒体有什么反应。

5. 教育和学习材料数量不多

小族语言在捷克教育系统中的存在度较低,除了波兰语和德语拥有较为充分的教学资料,其他语言的资料都较少。波兰语拥有从学前教育到高等教育的完整教育体系,因而有固定的教材开发和进口渠道,而其他语言多是作为一种语言被选修,本地开发的教材较少。德语则主要是作为一种外语得到广泛的学习,很多教材都依赖进口。

6. 政府态度较为正面

从相关法律的规定和官方文件的表述来看,捷克政府视小族语言为一种具有价值的文化资产,官方态度较正面。政府在法律上认可了小族语言的地位,并承诺采取措施予以促进。

7. 本族态度趋于淡化

相关调查显示,捷克小族群体对本族语言的保存并不非常热心,呈一种逐渐淡化的趋势。

斯洛伐克族在使用中对捷克语更为倾心,甚至在斯洛伐克语的使用中夹杂着大量的捷克语。有学者（Ivañová 2002）对一份捷克语网络杂志 *Inzine* 的斯洛伐克语投稿者展开调查，请他们解释为什么使用捷克语。总结的解释如下：捷克语更有表现力；捷克语可以解决所有的问题；斯洛伐克知识分子不创作自己的表达方式，而是直接借用捷克语。这也在一定程度上解释了斯洛伐克族作为捷克第一大少数民族竟然没有一所教授本族语言的学校的原因。

波兰族在捷欣地区努力保持其传统，但令人惊讶的是，一项调查（Bogoczová 1997）显示，在捷欣的波兰族中，标准捷克语的地位最高，因为它与国家权力和社会主体相联系。波兰族人在与陌生人交流时首选捷克语，甚至比当地捷克人讲得还要标准，因此很难通过语言判断这些人的民族身份。当地的年轻人在词汇和语法方面受捷克语影响超过受波兰语影响，在语音方面则受波兰语影响较大。德意志族显然还没有完全丢失其语言，但在捷德意志族所使用的德语是一种方言化了的德语。据说很多捷克德意志族都不好意思使用德语与德国来的德国人交流。罗姆人尽管在各种政治活动中都高度评价罗姆语，称其为罗姆文化的象征，但罗姆人对保持他们的语言并没有太大的热情。罗姆族父母都希望其子女在学校学习捷克语，以改善他们的生活。如今对罗姆语的保护和促进行为反而大部分都是非罗姆人团体在做。

对大多数小族语言而言，所面临的一个共同问题就是年轻人对本族语言的使用不再热衷，于本族社团组织的活动没有参与的热情。在我们的调查中，波兰族在布拉格的社团负责人表示，年轻人很少参加他们的活动，他们也不关心波兰语在捷克的使用状况。

8.语言文献较为匮乏

捷克并没有专门陈列小族语言文献的图书馆或博物馆，因此总体而言相关资料很少。但除了罗姆语和鲁塞尼亚语，几乎所有的小族语言都有其发源国，因此如果要获取该语言的文献，还是有很多途径的。不过在布尔诺（Brno）有一个罗姆文化博物馆，展示罗姆人的历史和文化。该博物馆有一名罗姆族大学生常驻，给感兴趣的公众提供一些罗姆语课程。

第五章 斯洛伐克的语言权利事务管理和小族语言生存

第一节 语言社区概述

一、总体语言状况

斯洛伐克共和国是一个中欧小国,北依波兰,南毗匈牙利,东接乌克兰,西靠奥地利,同时在西北方向与捷克接壤,国家领土 49 036 平方千米,人口 541 万(截至2012 年底)①。公元 7 世纪时曾是斯拉夫人建立的"萨莫帝国"(Samo's kingdom)的中心,11 世纪后成为匈牙利王国的一部分,并于 19 世纪成为奥匈帝国的一部分。一战结束后,斯洛伐克脱离奥匈帝国,与捷克一起组成捷克斯洛伐克;二战期间曾在德国支持下建立傀儡政府,获得短暂独立;二战后又重新与捷克合并。1993 年斯洛伐克经全民公投后正式脱离捷克斯洛伐克,成为一个独立的国家。

斯洛伐克语是该国官方语言,书面语历史较短,作为一个小国的语言,斯洛伐克语的发展高度依赖政府和语言学家的管理,在发展历程中也容易受到外部语言的影响。目前斯洛伐克语言管理中最重要的主题是维护斯洛伐克语的国家语言地位,主要内容是避免斯洛伐克语的捷克化倾向以及与匈牙利语共存的平衡态势。

斯洛伐克语与捷克语非常接近,长期以来受到捷克语广泛而深刻的影响,但一直保持相对独立。捷克语是一个拥有悠久文学传统的语言,14 世纪末就已经高度发达,而斯洛伐克语直至 19 世纪中叶才由学者什图尔(L'udovít Štúr)在当

---

① 捷克国家统计局《2013 斯洛伐克共和国统计年鉴》(2014)"领土与气候"部分,http://slovak.statistics.sk/PortalTraffic/fileServlet?Dokument=14cf05fb-bfa9-48fe-a276-f9851033dfae,2015-7-4 下载。

第五章　斯洛伐克的语言权利事务管理和小族语言生存

时斯洛伐克中部方言的基础上加以规范化而成。自 15 世纪起，斯洛伐克就使用捷克语作为书面语言，因此在斯洛伐克无论是知识分子还是普通大众均认为捷克语是一种发展程度更高的语言。然而，捷克人和斯洛伐克人领土之间的边界存在长达 800 年之久却一直保持稳定，是中欧地区的一个奇特存在：尽管两族的语言、文化和习俗非常接近，但这一边界既是国界也是民族界线，800 年来两族的传统社区从未跨到对方地域（Votruba 1998）。1918 年捷克斯洛伐克自建国后至二战前，国家官方语言是捷克斯洛伐克语，政府为了促进统一曾鼓励斯洛伐克语向捷克语靠近，但在实际使用中依然是在捷克部分使用捷克语，在斯洛伐克部分使用斯洛伐克语。二战后捷克斯洛伐克社会主义共和国时期，捷克语与斯洛伐克语都是官方语言，但依然保持了在各自民族领土上使用自己语言的做法。因此 1993 年两国独立后，斯洛伐克语在斯洛伐克的地位和使用并没有显著变化（Votruba 1998），目前斯洛伐克语已经逐步发展完善，可以应用于斯洛伐克社会各领域（Gramma 2006），成为如今斯洛伐克人的身份象征。但由于捷克语在广大斯洛伐克民众中依然有非常强大的影响，以至于斯洛伐克政府对此非常警惕，认为对于斯洛伐克语来说，捷克化倾向的问题要大于其他国外语言的影响（Buzássyová 1997）。

匈牙利语是斯洛伐克最大的小族语言，其使用者人数众多、聚居程度高且与母国匈牙利有较长的边界接壤，是斯洛伐克境内生存活力最高的语言。斯洛伐克民族主义者将匈牙利语视为对斯洛伐克语国语地位的威胁，自 1993 年独立以来一直试图限制匈牙利语以及其他小族语言的生存空间。斯洛伐克的这种做法引起了国内匈牙利族的强烈不满，也造成与邻国匈牙利关系紧张，并引发了国际社会的强力干预。斯洛伐克民族主义者与以匈牙利族为代表的小族语言权利支持者之间在语言管理方面长期进行着拉锯式的斗争，这已成为斯洛伐克语言生活中的一个重要组成部分。

二、小族语言社区介绍

斯洛伐克的主体民族是斯洛伐克族，人口约 436 万，占国家人口总数的 80.58%。根据不同的估计，斯洛伐克少数民族人口约占总数的 15% 至 20%，在欧洲国家中属于常见比例[①]。斯洛伐克境内的少数民族包括匈牙利族、罗姆族、乌

---

① 本段数据来自捷克国家统计局《2013 斯洛伐克共和国统计年鉴》(2014)"人口"部分，http://slovak.statistics.sk/PortalTraffic/fileServlet?Dokument=14cf05fb-bfa9-48fe-a276-f9851033dfae，2015-7-4 下载。

克兰族等,其中匈牙利族人口约46万,占人口总数的8.47%,是最大的少数民族。各传统语言社区介绍如下。

(1)捷克语——曾经的书面语言:斯洛伐克曾长期使用捷克语作为书面语,但是两族的领土边界在历史上一直较为稳定,捷克族在斯洛伐克没有传统聚居地,现在斯洛伐克境内登记为捷克族的人几乎都是外来移民(Machonin 1969)。他们主要是在两次捷克斯洛伐克合并期间从捷克派来的政府官员、公务员和军事人员,如今他们分散在斯洛伐克境内的一些较大城镇中(Votruba 1998)。

(2)匈牙利语——曾经的宗主国语言:如今斯洛伐克境内的匈牙利语社区是一战结束时奥匈帝国解体留下的遗产。1918年奥匈帝国被瓜分时,捷克斯洛伐克获得了一部分匈牙利人居住的领土,如今该地区的匈牙利族是斯洛伐克境内第一大少数民族。在奥匈帝国期间,匈牙利族在斯洛伐克曾经强力压制斯洛伐克语而极力推广匈牙利语(Votruba 1998),一战后斯洛伐克族对匈牙利族采取了报复性同化措施,双方积怨很深。

(3)罗姆语——流浪民族的语言:据记载罗姆人在14世纪就来到斯洛伐克东部(Jurová 1993),如今的罗姆人很多都是和斯洛伐克人的混血后代。根据人口普查结果斯洛伐克的罗姆人约有9万,但实际人数一般估计是30万—50万(Gramma 2006),比较可靠的估计是40万左右。

(4)鲁塞尼亚语和乌克兰语——曾遭合并的两种语言:鲁塞尼亚族传统上居住于斯洛伐克东北部,其语言与乌克兰语比较接近;在社会主义时期苏联根据乌克兰共产党的建议,要求捷克斯洛伐克将鲁塞尼亚族强行并入乌克兰族,以乌克兰语为标准语言(Dubiel-Dmytryszyn 2012)。鲁塞尼亚族对此心怀不满,有一半的人登记为斯洛伐克族而非乌克兰族(Votruba 1998)。1989年政治气候变化之后,该地区的人群又分化为乌克兰族和鲁塞尼亚族。

(5)德语——曾经的侵略者语言:德意志人自13世纪时进入匈牙利,聚居在如今的斯洛伐克地区,后来逐步被斯洛伐克化了(Votruba 1998)。20世纪上半叶人数曾为15万—20万,二战后遭到捷克斯洛伐克政府驱逐,如今基本保持在5000人左右(Gramma 2006)。

(6)犹太人语言——特殊移民的语言:犹太人在斯洛伐克的历史可以追溯到11世纪,他们使用意地绪语和德语,但他们的教育语言是希伯来语(Votruba 1998)。社会主义时期,犹太族和犹太教都非官方许可的民族和宗教,于是意地绪语和希伯来语逐渐不再被人使用。如今犹太人大都使用斯洛伐克语,且自认为是一个宗教团体而非民族群体。

（7）波兰语、保加利亚语和克罗地亚语——历史较长的外来语言：波兰与斯洛伐克直接接壤，但在斯洛伐克的波兰族并没有固定聚居区域。最先来到斯洛伐克的保加利亚族主要是园艺工人，如今主要居住在首都布拉迪斯拉发地区。克罗地亚族是在16世纪进入斯洛伐克的，当时主要是为了驻守匈牙利王国的边境，后来又有大量农民进入该地区（Votruba 1998）。

此外，斯洛伐克2011年的普查结果还显示，斯洛伐克境内还存在少量使用塞尔维亚语、俄语和意地绪语的人群①。笔者在斯洛伐克调查期间也与当地的华人群体有所接触，其中有从缅甸等东南亚国家于20世纪90年代迁去的华侨，也有从中国大陆迁去的商人。

第二节 现行语言权利事务管理机制及其沿革

一、整体机制上侧重语言管理

斯洛伐克的语言权利事务管理机制有部分继承自捷克斯洛伐克，但比较重要的部分是在1989年之后国家转型期间逐步建立的，得到了国际机构的帮助与督促。斯洛伐克立国初期由民族主义政党执政，采取了强化斯洛伐克语的国家语言地位、压制少数民族语言等诸多措施，引起了国际社会的广泛关注和批评。1998年之后，新的政府在国际组织的帮助下，加快了少数民族保护方面的立法以满足加入欧盟的条件。至2004年加入欧盟之前，斯洛伐克已建立起了相对完整的语言权利事务管理机制，在法律框架方面达到了欧洲标准。斯洛伐克的整体机制也以少数民族事务管理机制为核心，但与捷克不同的是该国建立了强有力的语言管理机制，以确保斯洛伐克语的优势地位。

（1）人权管理机制

斯洛伐克的现有人权管理机制有一部分继承自捷克斯洛伐克时期的架构，但主要是在独立之后的十年内完成的。在欧安组织、欧洲委员会和欧盟等

---

① 数据来自斯洛伐克国家统计局网站，2011年普查结果"民族"和"母语"统计项，http://slovak.statistics.sk/wps/wcm/connect/ad3c258e-4c31-433a-b194-526a9c156f93/Table_11_Population_by_mother_tongue_2011_2001.pdf?MOD=AJPERES，2015-7-4下载。

第五章　斯洛伐克的语言权利事务管理和小族语言生存

国际机构的督促和协助下,斯洛伐克在短期内就建立起了一个符合欧洲基本标准的法律框架,最终获得了欧盟的认可。这一机制可从如下三个方面来介绍:

第一,加入重要的国际人权条约。目前斯洛伐克已批准了联合国九个核心人权文件条约中的六个,包括《消除一切形式种族歧视国际公约》(1963年)、《公民权利和政治权利国际公约》(1966年)、《经济、社会、文化权利国际公约》(1966年)、《儿童权利公约》(1989年)等;同时加入了欧洲区域层次的《保护人权与基本自由公约》(1950年)、《保护少数民族框架公约》(1994年)、《欧洲区域语言或少数族群语言宪章》(1992年)、《欧洲社会宪章》(1961年)等。上述国际条约,特别是欧洲区域条约,大部分都是1993年斯洛伐克独立之后加入的。

斯洛伐克于2001年对《宪法》做了修正,对于在国家法律框架内援用国际条约做了新的解释[①]。宪法第7条第5款规定,得到批准并按法定形式颁布的国际人权条约是国家法律体制的一部分,成为对本国实体具有约束力的法律渊源;第154c条第1款规定国际人权和基本自由条约具有法律上的优先地位。这就意味着,斯洛伐克共和国的公民可直接适用这些条约规定的权利,而且国家当局有义务直接运用这些条约。

第二,建立国内人权法律框架。《宪法》和《基本人权和自由宪章》是斯洛伐克最根本性的基本人权保障法律。《宪法》规定普遍保护基本人权和自由,包括政治、公民、经济、社会和文化权利,保护环境和文化遗产的权利,获得司法和其他法律保护的权利以及少数民族的权利。同时斯洛伐克的《反歧视法》(2004年)、《教育法》(1990年,2008年修订)、《劳工法》(2011年)等法律也提供人权方面的保护。

第三,建立专门的人权管理机构。斯洛伐克按照"巴黎原则"设立了国家人权中心,该中心是欧洲权利平等机构网络的一部分,负责处理非歧视领域的事务。在司法领域,由宪法法院和普通法院构成保护人权和基本自由的国家机构框架。同时,斯洛伐克设有独立的检察机关,其最高优先事项是保护人权;还根据《欧洲人权公约》设立了监察专员,对政府机关及其他公共机构的侵犯活动或不作为进行干预。斯洛伐克还设立了主管人权、少数民族和区域发展

---

① 斯洛伐克作为国际人权文书签约国报告组成部分的共同核心文件(2014年1月27日),第12页。联合国网站文件查询编号:HRI/CORE/SVK/2014。

第五章　斯洛伐克的语言权利事务管理和小族语言生存

事务的副总理,议会下也设立了人权和民族事务委员会,负责协调政府开展人权保障工作。

(2)少数人权利管理机制

与其他欧洲国家情况类似,斯洛伐克对少数人权利的保护也是涵盖在人权保护范畴内的。在法律框架上,除了上述的国际法律文件,斯洛伐克的宪法性文件《宪法》和《基本权利和自由宪章》均包含保护少数民族权利的专门条款。而《少数民族语言使用法》(1999年)则是专门为保护少数民族语言使用权利而出台的,《反歧视法》(2004年)也对小族群体成员的基本权利提供有力的保护。在管理机构上,斯洛伐克于1998年设立负责人权和少数民族事务的副总理职务,并建立"少数民族和民族群体委员会",这是少数民族权利保护方面的最高政府设置。2012年成立了一个负责协调并管理人权、少数民族和性别平等事务的政府理事会,由外交和欧洲事务部长负责,并接受一位副总理的直接领导;在该理事会下,成立了一个少数民族全权事务机构,即少数民族事务咨询机构。同时政府罗姆人社区事务全权机构则负责改善罗姆人的境况。

(3)语言管理机制

斯洛伐克国家新立,人口较少,其国家语言斯洛伐克语易于受到其他语言影响,政府对此较为担忧,有较强的管理动机,在强化斯洛伐克语地位方面不遗余力,对于小族语言的保障则显得不足。

在宪法层次,斯洛伐克《宪法》第六条规定:(1)斯洛伐克语是斯洛伐克共和国的国家语言;(2)在官方交流中对其他语言的使用应符合有关法律规定。在普通法层次,最为重要的规范性法律是《国家语言法》和《少数民族语言使用法》。第一部《国家语言法》系1995年通过,旨在加强斯洛伐克语的地位,该法对斯洛伐克语在官方场合的使用做了详细的规定。2009年斯洛伐克修改该法,再次强调了斯洛伐克语在公共场所的使用,并引入严格的罚款措施。2011年斯洛伐克再次修改该法,对斯洛伐克语的使用范围做了更为明确的规定,不过对相关处罚措施有所弱化。《少数民族语言使用法》于1999年通过,该法为少数民族语言在公共领域的使用提供了一定程度的保障,已成为斯洛伐克少数民族语言权利最重要的保障。

此外,斯洛伐克于2001年2月20日签署《欧洲区域语言或少数族群语言宪章》,当年7月即予批准,并于2002年1月1日生效。斯洛伐克在该框架下也开展了大量的工作,可视为语言管理机制的一部分。

二、族际对抗趋于平衡

斯洛伐克境内的小族群体无疑以匈牙利族为最大,是与国家主体民族进行利益博弈的最重要力量。匈牙利族之外的其他小族群体或是人数太少,或是居住较为分散,在保护自身权益方面发声不多。斯洛伐克的族际利益博弈得到了国际社会的有力介入,但其中的形势变化在很大程度上取决于其国内的政局演变,与小族群体的力量消长相一致。近年来,斯洛伐克族与匈牙利族通过相关法律的制定和修改,进行了数次重要的较量,2011年最新的一次法律修改后双方再次互相妥协,力量趋于平衡。

斯洛伐克在批准《宪章》时倾向于配合欧盟的政党联盟执政,其列出的符合"区域语言或少数族群语言"定义的语言有捷克语、匈牙利语、罗姆语等9种语言,基本覆盖了其境内所有经国家认定的少数民族所使用的语言(除了俄语),并选择了《宪章》第三部分的49—53条款予以落实(最低要求是35条),在当时表现出了较高的积极性。斯洛伐克将这9种语言分为3组,并承诺予以不同级别的保护[①]。3组语言为:(1)匈牙利语;(2)鲁塞尼亚语和乌克兰语;(3)其他6种语言。现根据这一分类介绍上述9种语言。

匈牙利语——力量最强的小族语言。匈牙利族一直与斯洛伐克族有一定程度的对抗,其力量变化基本是一个由强转衰的过程。在1918年之前,匈牙利政府在斯洛伐克推行同化性政策,强制斯洛伐克人在学校里学习匈牙利语,并将社会上升渠道与匈牙利语紧密联系,导致斯洛伐克人在感情上对匈牙利语深恶痛绝。而1918年之后直至二战之前,匈牙利政府与斯洛伐克境内的匈牙利族人均不愿承认斯洛伐克人统治的合法性,因此在二战期间夺回了斯洛伐克南部地区。尽管二战结束后斯洛伐克人又恢复了对南部地区的主权,但匈牙利人短暂的统治还是加剧了两族之间的仇恨,斯洛伐克族采取了报复性的同化措施。在上述时期内,斯洛伐克境内的匈牙利族人口有过两次大规模下降,第一次是在20世纪20年代,有约10万匈牙利族公务员和政府官员逃回了匈牙利,第二次是战后捷克斯洛伐克政府清算德意志族和匈牙利族的"战争罪行"期间,有4万多匈牙利族被迁至捷克境内强制从事劳动,有9万多人被驱逐回匈牙利,同时通过有选择地给予捷克斯洛伐克国籍的方法对匈牙利人进行强制斯洛伐克化(re-Slova-

---

① 斯洛伐克第一轮《宪章》国家报告(2003),第3—5页。

第五章 斯洛伐克的语言权利事务管理和小族语言生存

kization),使匈牙利族人口减少了 24 万(Gramma 2006)。而自那之后,匈牙利族的人口就基本不再增长。社会主义时期,民族问题让位于社会主义建设,捷克斯洛伐克《宪法》赋予匈牙利族一定的民族权利,两族之间的冲突被压制下来,保持了一段时间的平静。但政府并未为匈牙利族提供真正的权利保障,仅在 1970—1989 年期间,接受匈牙利语教育的儿童就下降了一半[①]。

  天鹅绒革命之后,斯洛伐克政府不再受到苏联的羁绊,立即采取了民族主义的政策,甚至在 1991 年就试图废除境内的匈牙利语标识,这导致了两族关系的恶化。1994 年大选之后,民族主义政党"斯洛伐克民族党"(SNS)参与组阁,推动了 1995 年《斯洛伐克国家语言法》的出台。该法对斯洛伐克语的使用领域做了规定,要求在各种公共场合使用斯洛伐克语,同时宣布少数民族语言的使用将由另法规定(其实并不存在这一法律),该法立即激化了两族间的矛盾,并导致了斯洛伐克与匈牙利两国关系的恶化。

  为了维护本族利益,匈牙利族在天鹅绒革命之后成立了自己的政党,积极参与政治活动。1993 年,在斯洛伐克民族党的竞争压力下,三个匈牙利族政党合并组建了匈牙利联盟党(Hungarian Coalition),并在 1998 年大选后顺利进入政府。该党充分利用斯洛伐克政府急于获得西方认可、加入欧盟的愿望,成功推动了 1999 年《少数民族语言使用法》的出台。不过 2004 年斯洛伐克加入欧盟之后,2006 年大选中斯洛伐克民族党再次入阁,于 2009 年通过了新的《国家语言法》,声称要消除少数民族聚居区斯洛伐克语受到的歧视。2010 年新的执政联盟上台,对上届政府的做法进行了修正,修改了《国家语言法》和《少数民族语言使用法》。目前匈牙利族最为重要的桥党(MOST-Híd)系 2009 年 7 月由原匈牙利联盟党分化出来的主要党员所创立的,有党员 4472 人,在 2012 年的大选中在议会获得 13 席,系在野党。

  除了在国内进行抗争,匈牙利族也充分利用国际上的力量,包括邻国匈牙利政府以及旅居海外的匈牙利人组织在国际上制造舆论,给斯洛伐克政府施加压力。比如 1995 年《斯洛伐克语言法》冲突之后,匈牙利与斯洛伐克签署了《斯匈双边睦邻友好合作条约》(1997 年生效),在该条约中明确规定将在各自国家内保护对方族裔少数民族的利益。

---

  ① 参见"国际少数人权利组织"(Minority Rights Group International)网站,"斯洛伐克介绍",http://www.minorityrights.org/3533/slovakia/slovakia-overview.html,2015-7-4 访问。

第五章 斯洛伐克的语言权利事务管理和小族语言生存

鲁塞尼亚语和乌克兰语——显现度较高的小族语言。乌克兰与斯洛伐克有约 200 公里的共同边界,乌克兰族属东斯拉夫支系,斯洛伐克族属西斯拉夫支系,两族在语言与文化上均比较接近。1919 年捷克斯洛伐克建国时,现乌克兰西部的外喀尔巴阡省(Transcarpathia)有部分地区在其境内。由于这一地区发展程度较低,捷克斯洛伐克在这一地区曾投入大量的资源和人力进行建设,同时试图同化该地区的乌克兰人。二战期间独立的斯洛伐克政府则对该地区的乌克兰人进行严酷的压制,造成该地区开始倒向苏联[1],并最终在战后归入苏联控制的乌克兰。在社会主义时期,捷克斯洛伐克与乌克兰的关系有所改善,但依然对普雷绍夫(Prešov)地区的乌克兰人怀有敌意,甚至曾宣称要将该地区所有乌克兰人驱逐回乌克兰[2]。不过在苏联的协调下,两国之间的冲突被压制下来,捷克斯洛伐克承认乌克兰族的少数民族地位,赋予其一定的权利。

鲁塞尼亚人的传统居区域在喀尔巴阡东部地区,如今这里是波兰、斯洛伐克和乌克兰三国交界处。该地区原属奥匈帝国,鲁塞尼亚人在 19 世纪曾遭到匈牙利人的强力同化,一战后选择脱离匈牙利人的统治而加入了捷克斯洛伐克。二战时该地区被匈牙利占领,但战后在苏联干预下被划给了乌克兰而非捷克斯洛伐克。该地区的鲁塞尼亚人中有一股寻求独立自治的力量,自称喀尔巴阡-鲁塞尼亚人,宣称是东斯拉夫人中除俄罗斯族、乌克兰族、白俄罗斯族之外的第四大分支(Dubiel-Dmytryszyn 2012),在全球有约 156 万人,其中乌克兰、斯洛伐克和波兰边境地区有 84 万[3]。二战后该地区各国政府均禁止传播喀尔巴阡-鲁塞尼亚的思想,乌克兰、捷克斯洛伐克和波兰境内的鲁塞尼亚人也被分化成三个分支。自 1952 年起,根据乌克兰共产党的一个决议,苏联控制下的各国政府一律将所有鲁塞尼亚人视为乌克兰人。于是各国鲁塞尼亚语的学校、文化机构、自治组织均被取缔,鲁塞尼亚人被强制同化归入主体民族或乌克兰族。

1989 年之后,喀尔巴阡地区的鲁塞尼亚人掀起了复兴运动,其中斯洛伐克声势最大。1990 年"鲁塞尼亚复兴组织"在斯洛伐克成立,并成功使政府同意在 1991 年的人口普查中将鲁塞尼亚族作为候选登记民族。在 1991 年的普查中,有

---

[1] 参见 Encyclopedia of Ukraine,"Slovakia"词条,http://www.encyclopediaofukraine.com/display.asp?linkpath=pages%5CS%5CL%5CSlovakia.htm,2015-7-8 访问。

[2] 同上。

[3] 此处采用 Dubiel-Dmytryszyn(2012)的数据,也有数据称仅在欧洲就有 150 万鲁塞尼亚人,http://www.slovakia.org/society-rusyn.htm,2015-7-8 访问。

第五章　斯洛伐克的语言权利事务管理和小族语言生存

5万人将鲁塞尼亚语登记为母语,其中有1.7万登记为鲁塞尼亚族,仅有1.4万登记为乌克兰族,其余大部分登记为斯洛伐克族,至此鲁塞尼亚族正式与乌克兰族分离。1995年,斯洛伐克政府承认鲁塞尼亚语是鲁塞尼亚族的语言,并于1998年将其引入小学教育。

如今波兰、捷克、斯洛伐克、匈牙利等国均承认鲁塞尼亚族是一个合法的少数民族,但乌克兰坚持认为鲁塞尼亚人只是乌克兰族的一个分支,其语言是乌克兰语的一个变体,将"鲁塞尼亚族"的说法视为一种分裂主义威胁。乌克兰政府一直对斯洛伐克政府施加压力,反对将鲁塞尼亚族视为乌克兰族之外的一个独立民族,据说还在斯洛伐克各地支持亲乌克兰族的组织,打压鲁塞尼亚族组织[①]。

捷克语、罗姆语、德语、波兰语、保加利亚语和克罗地亚语——表现较为平和的语言。在斯洛伐克,捷克族虽然数量不多,但由于捷克语与斯洛伐克语高度相似且具有更高的发展程度,捷克语一直享有较高的地位。天鹅绒革命之后,捷克族在斯洛伐克成为一个少数民族,但捷克语可以在所有场合使用,基本不能算作一种小族语言(Gramma 2006)。实际上像斯洛伐克语在捷克得到高度的认可一样,捷克语在斯洛伐克也享受着一种副官方语言的地位,法律允许在所有的情况下使用捷克语与当局交流。在大众心目中,捷克语在斯洛伐克的地位很高,甚至在年轻人中也是如此。

罗姆人在斯洛伐克一直处于较低的地位,社会主义时期,尽管罗姆人数量很多,但捷克斯洛伐克政府仅将其作为居民群体对待,并未赋予其少数民族身份,对其采取的是一种具有同化倾向的态度。20世纪90年代,捷克和斯洛伐克境内均出现了民族主义分子残忍攻击甚至杀害罗姆人,大量罗姆人逃往西方国家,甚至导致英国一度收紧所有的斯洛伐克签证[②]。罗姆人状况的好转是在1998年的联合政府上台之后,当时斯洛伐克已经因为在人权状况上的糟糕表现从第一轮入盟候选国中被剔除,罗姆人权利问题成为斯洛伐克入盟谈判中的首要问题[③]。自那之后,斯洛伐克政府采取了一系列措施试图改善罗姆人的状况。但罗姆人本身分化相当严重,他们有十多个政治党派,但是没有一个能进入议会。

---

① 参见兰克人协会(The Lemko Association)网站,1997年4月21日,"Ruthenians in Slovakia Fighting for Their Rights",http://www.lemko.org/rusyn/ctk.html,2015-7-8访问。

② 参见 The Economist 1998年11月5日,"Slovaks vs. Czechs on Gypsies",http://www.economist.com/node/175024,2015-7-8访问。

③ 同上。

第五章 斯洛伐克的语言权利事务管理和小族语言生存

德语在斯洛伐克的遭遇与在捷克语类似,在二战后很长时间内遭到敌视和厌恶而无人使用。斯洛伐克地区的 15 万德意志人在二战后逃离或遭驱逐,即使在 1968 年获得捷克斯洛伐克《宪法》认可成为少数民族之后,德语依然遭到斯洛伐克主体人群的抵制(Neustupný and Nekvapil 2003)。这一状况在 1989 年之后有所好转,但总体而言德意志族人数较少,存在感不高。

保加利亚语、克罗地亚语、波兰语和俄语社区在斯洛伐克人数不多(2011 年普查显示有保加利亚族 1051 人、克罗地亚族 1022 人、波兰族 3084 人和俄罗斯族 1997 人),各自都有自己的组织,举行一些本族语言和文化推广活动,总体来说与斯洛伐克主体社会关系比较融洽,或者说没有很强的声音表达。

除了上述语言群体,斯洛伐克也存在一些未受到国家认可的民族,如塞尔维亚族(698 人)、犹太族(631 人)以及其他民族。欧洲委员会的《宪章》专家委员会在 2012 年曾提出,俄语和塞尔维亚语在斯洛伐克也具有较长的存在历史,似乎也应纳入《宪章》保护范围,该委员会还鼓励斯洛伐克政府对此采取积极措施①。犹太族在二战期间遭到了纳粹及当时的斯洛伐克政府的驱逐和屠戮,仅余当时人口的 23%②。二战后大部分犹太人都移民海外,而社会主义时期捷克斯洛伐克政府对犹太人实施了同化政策,到 1993 年斯洛伐克独立之后,仅有数量很少的犹太人了。其余更小的语言社区则显现度很低,在权益要求方面也很少有所表示。

三、管理规范抑多于扬

斯洛伐克的语言权利事务管理规范大都是在 1993 年国家独立之后制定的,这一规范体系的一个重要作用就是全面维护斯洛伐克语的国家语言地位,而对于小族群体语言权利的保障则只达到了欧洲的最低标准,总体而言是抑多于扬。

(1)现行法律体系介绍

斯洛伐克目前的语言权利事务管理规范可以分为国际法和国内法两部分。国际法可以分为国际条约和双边条约两种。核心的国际条约可参见本章第二节第一部分"整体机制上侧重语言管理",根据斯洛伐克《宪法》,经国内法律程序批

---

① 斯洛伐克第三轮《宪章》专家委员会报告,第 8 页。
② 参见斯洛伐克"犹太人遗址组织"(Slovak Jewish Heritage Route)网站,http://www.slovak-jewish-heritage.org/73.html,2015-7-14 访问。

第五章　斯洛伐克的语言权利事务管理和小族语言生存

准的国际条约地位高于国内法。与此同时,斯洛伐克还与波兰、德国、匈牙利、乌克兰和捷克签署了双边条约,涉及对少数民族语言的保护。

国内法可以分为宪法和普通法两个层次。宪法层次包括《宪法》以及与捷克共同继承的《基本权利和自由宪章》。《宪法》于1992年通过,第6条规定,在斯洛伐克境内,官方语言为斯洛伐克语;其他语言的使用参照相关法律规定。《宪法》第34条规定:"斯洛伐克境内属于少数民族或民族群体的公民应得到保护,获得全面发展,特别是与该群体其他成员共同促进该群体文化的权利、用其母语发送和接收信息的权利、参加民族团体的权利、建立和维护教育和文化机构的权利。应通过专门法律对此予以规定。""除了学习官方语言的权利,少数民族或民族群体的公民应依法享有如下权利:第一,用其母语接受教育的权利;第二,用其母语与官方交流的权利;第三,参与影响少数民族和民族团体事务的决策的权利。"

在普通法层次,斯洛伐克《宪章》首轮执行报告[1]称该国有45项法律与少数民族语言权利有关,但有学者(Gramma 2006)指出,实际上只有17项法律与少数民族语言相关。其中最为重要的当属《少数民族语言使用法》(1999年)和《少数民族语言社区法》(1994年),其余法律只是有1至2条与此相关。此外,在司法、行政管理、教育等各个具体领域也有不少法律对语言的使用做出了相关规定,如《刑事诉讼条例》(1961年)、《民事诉讼条例》(1963年)、《国家教育管理和学校自治法》(1990年)、《广播电视法》(2010年)、《姓名法》(1993年)、《信息自由法》(2000年)等。

斯洛伐克视少数人权利为一种个人权利,因此公民个体而非其语言社区享有语言权利;这与捷克和匈牙利将少数民族权利作为一种集体权利的做法相比是较为保守的。斯洛伐克的法律专家和大部分政客认为,属于集体权利的那些权利都是通过群体实现的个人权利(Šutaj and Olejník 1998:285)。斯洛伐克政府支持非歧视原则,但斯洛伐克法律体系不承认对少数人群体成员的积极歧视原则(Gramma 2006)。无怪乎欧洲委员会的专家指出[2],在斯洛伐克的立法体系中有一种倾向,即将少数民族语言使用的权利限制在一定的法律条件下,即使在满足这些条件的情况下,法律往往还规定由当局决定这一权利的行使程度。

---

[1] 斯洛伐克第一轮《宪章》国家报告(2003),第8—10页。
[2] 斯洛伐克第三轮《宪章》专家委员会报告(2012),第10页。

(2)法律体系历史沿革

斯洛伐克关于语言权利的法律规范体系是在长期的历史发展中逐步形成的,是国内外多种力量交互作用的结果,经历过数次反复,大致可以分为二战之前、社会主义时期和后社会主义时期。其中尤以后社会主义时期(即国家转型期间),各方力量斗争最为激烈,并最终达到了一定程度的平衡。现将这一演化历程简要介绍如下。

1918 年捷克斯洛伐克共和国建国之前,斯洛伐克地区的官方语言是匈牙利语。捷克斯洛伐克成立之后,宣称国家主体民族是捷克斯洛伐克族,官方语言是捷克斯洛伐克语;不过无论是这一民族还是这一语言,在这之前并不存在。在实际使用中,在捷克部分依然使用捷克语,在斯洛伐克部分则使用斯洛伐克语。在这一阶段,对少数民族语言权利的保护,主要是依据 1919 年签署的国际条约《少数民族条约》(*Minority Treaty of Saint-Germain-en-Laye*),该条约中有部分条款被写入了捷克斯洛伐克 1920 年的《语言法》。《少数民族条约》规定所有公民有权在私人和商务活动、宗教生活以及出版活动中选择自己使用的语言。1939 年至 1945 年斯洛伐克共和国短暂独立期间,《斯洛伐克宪法》规定,少数民族有权利在日常生活和教育中使用自己的语言,条件是对方国家境内的斯洛伐克族享受类似权利。这一规定主要是针对匈牙利的,因为匈牙利有不少斯洛伐克族。

二战后捷克斯洛伐克重新合并,不过在 1948 年的宪法中甚至没有提及少数民族的存在。后来在 1960 年的《宪法》(被称为"社会主义宪法")中赋予了匈牙利族、乌克兰族和波兰族使用母语进行教育和文化活动的权利。1968 年的《宪法》则有较大改动,赋予匈牙利族、乌克兰族、波兰族和德意志族以下几方面的权利:接受母语教育的权利,发展文化的权利,在该民族居住地用母语与当局沟通的权利,组建少数民族文化团体的权利,以及通过母语获得出版及媒体信息的权利。总的来说,自 20 世纪 50 年代之后,与捷克类似,斯洛伐克主要是依靠党的政策指导而非法律的规范处理少数民族事务,包括语言权利的管理。在这一阶段,斯洛伐克语依然在斯洛伐克地区作为官方语言使用;不过少数民族语言权利实现程度较低,政府并未提供乌克兰语、德语或罗姆语的公立教育[①],《宪法》所赋予的使用少数民族语言与当局交流的权利只能在部分地区并在政府人员会讲

---

① 参见"国际少数人权利组织"(Minority Rights Group International)网站,"斯洛伐克介绍",http://www.minorityrights.org/3533/slovakia/slovakia-overview.html,2015-7-15 访问。

第五章　斯洛伐克的语言权利事务管理和小族语言生存

民族语言的情况下才能以口头交流的形式实现。

斯洛伐克于20世纪90年代初独立之后，历届政府都将维护斯洛伐克语的地位作为重要原则，将斯洛伐克语视为维护国家内部社会、文化和政治稳定的重要方式[①]。与此同时，斯洛伐克民族主义精英对少数民族力量，特别是匈牙利族政党的活跃非常担忧，对其关于小族语言权利的诉求持警惕态度，担心他们在语言权利实现后会要求领土自治，并最终会回到匈牙利。因此，在语言权利的管理方面，斯洛伐克的语言管理工作主要分为两个部分，在不同的时期侧重点有所不同：一是将斯洛伐克语的法定地位和公共使用作为民族和国家主权的象征进行强化；二是对少数民族语言使用的条件进行限定。

斯洛伐克于1990年制定了《官方语言法》，指定斯洛伐克语为国家唯一的官方语言，要求所有的官方文件都使用斯洛伐克语；同时赋予小族群体成员在居住人口超过20%的市镇使用本族语与官方交流的权利。1992年，斯洛伐克议会通过了一个独立宣言，宣称斯洛伐克是斯洛伐克人的民族国家。同年通过的《宪法》的第6条，即"斯洛伐克语是斯洛伐克共和国的官方语言。"

1995年，斯洛伐克在《宪法》第6条的基础上，通过了《国家语言法》（1995年），用于取代1990年的《官方语言法》。该法规定，在斯洛伐克境内，斯洛伐克语是所有公民共同交流的语言，确保所有人在尊严和权利方面的自由和平等；并将斯洛伐克语的使用推至教育、传媒、警务、军队、消防、司法、经济和医疗服务领域。尽管该法宣称不影响少数民族语言的使用，但却从两个方面产生了实际影响：一是未对小族语言使用的条件进行明确说明，这就意味着宪法所赋予小族成员的语言权利，在应用场合方面失去了法律保障，甚至失去了1990年《官方语言法》所承诺的市镇居民达到20%即可在官方场合使用小族语言的底线；二是规定在所有公共领域使用斯洛伐克语，这实际上限制了少数民族语言的使用空间，比如该法规定在广播和电视中播送少数民族语言的节目时，需要在该节目之前或之后播送使用斯洛伐克语的同样内容的节目，在少数民族语言的出版、文化活动以及司法程序中，都必须同时使用斯洛伐克语。有评论（Gramma 2006）认为该法与波兰以及波罗的海国家通过的类似法律一样，是20世纪90年代东欧国家民族主义运动的一部分。

---

① 参见"国际少数人权利组织"（Minority Rights Group International）网站，"斯洛伐克介绍"，http://www.minorityrights.org/3533/slovakia/slovakia-overview.html，2015-7-15访问。

第五章　斯洛伐克的语言权利事务管理和小族语言生存

《国家语言法》(1995年)的通过受到了国际社会的密切关注,欧洲委员会、欧安组织和欧盟都敦促斯洛伐克通过一部关于小族语言使用的法律。在国际社会的强大压力下,斯洛伐克于1999年通过《少数民族语言使用法》,该法旨在明确小族群体成员在官方场合使用其本族语言的规定。该法明确提出在少数民族居民超过20%的市镇,其居民可使用小族语言与官方交流,可使用小族语言向当局和公共管理机构提交问询,且官方有义务使用同样的语言作答。公共行政机关可根据要求使用小族语言公布其决议,并创造必要条件确保小族语言能够得到使用。该法从最低限度保障了小族群体的语言权利,恢复了1995年之前的做法。该法因在小族语言使用方面的诸多限制,而受到了匈牙利族的很多批评。该法更多地是出于回应国际压力,而非满足小族需求。

2006年政府换届之后,民族主义政党再次进入政府。文化部提出,由于《少数民族语言使用法》(1999年)的通过,原先的《国家语言法》(1995年)的应用范围大大缩减,应修改《国家语言法》以改变在民族混居地区对国家语言不够尊重和歧视斯洛伐克族的现象。2009年6月,新的《国家语言法》以微弱优势通过。新的法律对国家语言的使用进行了更为严格的规定,并指出少数民族语言的使用由其他相关法律规定,且加强了落实机制。该法规定了100至5000欧元的罚款额度,处罚对象包括政府部门、法人和自雇人员。这种严格的保障落实措施是小族语言使用所没有的,随即改变了国家语言和小族语言之间的平衡。该法在国际上引起了广泛关注,欧安组织、欧盟和欧洲委员会均对该法给予了评估和评论。

2010年大选,一个中间偏右的执政联盟上台,宣称要对上述立法和政治畸误予以纠正。政府对《国家语言法》进行了修正,减少了对于其他语言使用的过度限制,对罚款的条款做了补充规定,比如只有当违法涉及对公众发布的信息以及事关公民生命、健康、安全和财产诸事项时才会给予罚款处罚。新政府同时修正了《少数民族语言使用法》以更好地执行《宪章》并重塑国家语言和小族语言之间的平衡。最大的修正在于将20%的底线降到了15%,条件是该市镇在连续两次普查中小族人口人数达到总人口的15%,同时规定该市镇只有在连续三次人口普查中小族人口人数低于总人口的15%才能降低对小族语言使用的要求。

如今斯洛伐克关于语言权利事务管理的法律规范基本趋于稳定,在国家维护国家语言地位与满足小族语言群体需求之间达到了一定程度的平衡。但这一平衡很可能只是暂时的,在斯洛伐克民族主义势力依然强大的情况下,随着双方

第五章　斯洛伐克的语言权利事务管理和小族语言生存

所能调用的权力资源的对比变化,未来很可能还会发生变化。

四、管理主体高层牵头

社会主义时期,斯洛伐克与捷克同属一国,对于小族语言权利的管理主要由"政府少数民族理事会"负责协调,此处不再赘述。在转型期间斯洛伐克对少数民族事务相当重视,建立了以副总理牵头的专门管理机构,并对该机构进行了多次改革。

如今斯洛伐克在少数民族权利事务方面的最高政府领导是负责欧洲融合、人权和少数民族事务的副总理(1998年设立该职位时叫人权、少数民族和地区发展副总理),负责协调各部门行动。《政府行为和中央公共管理组织法》(2001年)明确规定由其负责少数民族文化保护以及广电节目播送等事务的协调工作。

斯洛伐克负责少数民族权利事务的具体机构是"少数民族和族裔事务委员会",该机构则经过多次改革和扩充,主要负责维护、发展和促进少数民族成员的权利。关于历次机构改革的情况现简要介绍如下:1999年,斯洛伐克根据《宪章》第7条第4段成立了"少数民族和族裔事务委员会",这是政府少数民族政策方面事务的一个咨询性倡议和协调机构;斯洛伐克共和国境内的所有少数民族均派代表参加了该委员会。该委员会主席由主管人权、少数人和区域发展事务的副总理担任,文化部长则担任副主席。委员会由24名成员组成,包括少数民族和政府部门的代表,同时还邀请非政府组织的代表参加会议(但没有表决权)。2011年,政府对这一机构进行了改革,扩充其职能,将其定位为一个斯洛伐克政府的永久性专家、建议、协调和咨询机构,将一系列关于人权和少数人权利保护的机构都并入该委员会,仍由负责人权和少数民族事务的副总理任委员会主席[①]。对委员会中的少数民族成员也做了重新规定:总人数小于1万人的少数民族(塞尔维亚族、犹太族、克罗地亚族、保加利亚族、俄罗斯族、摩拉维亚族、波兰族、德意志族)可有1名代表;人数在1万—5万的(乌克兰族、鲁塞尼亚族和捷克族)拥有2名代表;人数在5万—10万的(罗姆族)拥有4名代表;人数超过10万的(匈牙利族)拥有5名代表,其他各中央部委也有代表参加该委员会,但只有民族代表和委员会主席有投票权。2012年6月,政府又建立了一个少数民族事务全权委员会,以期从体制上加强对人权的保护,包括隶属少数民族人员的权利。该

[①] 斯洛伐克第三轮《宪章》国家报告(2012),第25页。

第五章 斯洛伐克的语言权利事务管理和小族语言生存

委员会每年向政府提交"关于隶属少数民族人员状况和权利的报告",并以主席身份主持"少数民族和族裔事务委员会",负责履行两项涉及少数民族事务的国际公约,即《保护少数民族框架公约》和《欧洲区域语言或少数族群语言宪章》。在罗姆人权益方面,斯洛伐克于1999年设立了罗姆人事务全权代表,并由该代表担任主席,组建了"部际间罗姆人事务委员会",负责提议、协调和监督,旨在解决罗姆人社区事务的各项活动。

与此同时,政府明确要求文化部、教育部、司法部、内政部、经济部、劳工和社会事务及家庭部、卫生部、环境部和建筑与地区发展部在各自业务范围内确保少数民族语言权益的实现,比如文化部设立了少数民族文化事务处,教育部也设立了全国少数民族教育司。根据同匈牙利、乌克兰和德国达成的国际双边协议,斯洛伐克还建立了一些联合委员会,其主管范围也包括人权和属于少数民族的人的权利事务,包括斯洛伐克-匈牙利少数民族问题联合委员会,斯洛伐克-乌克兰少数民族、教育和科学关系问题联合委员会,德意志促进文化、教育和科学领域合作问题委员会等。

五、管理行为消极被动

斯洛伐克政府中有较强的民族主义力量,对于小族群体特别是匈牙利族在语言权利方面的诉求怀有戒心,在语言权利保障方面积极性不高,很多时候是迫于国内外压力不得已而为之,对国际条约的解读也偏于保守。

(1)法定地位

社会主义时期,与捷克一样,斯洛伐克境内被1968年《宪法》认可的有4个少数民族(匈牙利族、波兰族、乌克兰/鲁塞尼亚族、德意志族),其他民族则被作为居民群体对待。

1989年之后,斯洛伐克并没有在正式的法律文件中对少数民族的定义和名单予以认定,但在提交给一些国际组织的官方文件中承认境内有12个得到认可的少数民族。斯洛伐克的《宪法》和一些官方文件中均使用"少数民族"(national minority)和"民族群体"(ethnic group)等词,但并未对其具体内涵进行界定。在斯洛伐克1999年递交给欧洲委员会的《少数民族保护框架公约》执行报告中列举了11个少数民族[①]:匈牙利族、罗姆族、波希米亚族、鲁塞尼亚族、乌克兰族、

---

① 斯洛伐克第一轮《少数民族保护框架公约》执行报告(1999),第8页。

第五章 斯洛伐克的语言权利事务管理和小族语言生存

德意志族、摩拉维亚/西里西亚族、克罗地亚族、犹太族、波兰族、保加利亚族,同时指出俄罗斯族也接受一定形式的补助;在2003年递交给欧洲委员会的《欧洲区域语言或少数族群语言宪章》首轮执行报告中也列举了上述11个少数民族①,并承诺保护9种语言:保加利亚语、克罗地亚语、捷克语、德语、匈牙利语、波兰语、罗姆语、鲁塞尼亚语、乌克兰语,基本囊括了所有少数民族使用的语言(波希米亚族、摩拉维亚族和西里西亚族均使用捷克语,而犹太族的意地绪语和希伯来语使用人数非常少)。而2009年递交给联合国人权理事会第一轮国家报告指出,该国有12个官方认可的少数民族和族裔群体,在上述11个少数民族的基础上增加了俄罗斯族。

斯洛伐克的法律禁止歧视小族群体及其语言,少数民族的文化和语言得到基本的尊重。不过捷克语在斯洛伐克的地位比较特殊,《少数民族语言使用法》第六部分规定"捷克语可用于与官方的交流",因此可以说在法律上享有高于其他民族语言的地位。

不过有评论认为斯洛伐克主流媒体对少数民族的报道较少,而涉及时多为负面报道。比如欧洲委员会《宪章》专家委员会接到报告,称在斯洛伐克的历史教学中对德意志族和匈牙利族的民族形象进行负面宣传,因此斯洛伐克主体民众依然对德语和匈牙利语保持过去的负面恶感②。

(2)本体发展

斯洛伐克政府在语言本体规划方面的精力主要放在斯洛伐克语上,较少关心小族群体的语言本体发展,但在罗姆语和鲁塞尼亚语的标准化方面有一定程度参与,取得了一些成绩。

在斯洛伐克语的本体发展方面,政府采取了一系列措施抵制捷克语以及其他语言对斯洛伐克语的影响,确保其规范性和纯洁性。斯洛伐克政府委托布拉迪斯拉发的卢多维特·什图尔语言学院(L'udovít Štúr Institute)负责斯洛伐克语的标准化工作,并要求国内所有教授斯洛伐克语的老师必须是斯洛伐克族。

斯洛伐克在鲁塞尼亚语标准语发展工作中的参与,则不仅仅是一种资金上的支持,也是对鲁塞尼亚族合法身份的认可。鲁塞尼亚语与乌克兰语可以相互

---

① 与《少数民族保护框架公约》执行报告不同的是,波希米亚族改称捷克族,摩拉维亚/西里西亚族改称摩拉维亚族。波希米亚是古代的一个中欧王国,其国土包括了今捷克中西部地区,摩拉维亚族和西里西亚族均为捷克族分支,都使用捷克语。本书将上述三个民族统称捷克族,统计时也一并计入。

② 斯洛伐克第一轮《宪章》专家委员会报告(2005),第17—18页。

理解,只是在词汇上有所区别;乌克兰一直给斯洛伐克施加压力,宣称鲁塞尼亚语只是乌克兰语的一种方言,不承认鲁塞尼亚族的存在。鲁塞尼亚语学者自天鹅绒革命之后就试图创制一种区别于乌克兰语的语言。1995年,在斯洛伐克政府的参与和认同下,鲁塞尼亚族宣布成功创制了鲁塞尼亚语。

在罗姆语的发展方面,政府的主要功劳在于1971年曾对罗姆语的记录方式进行了统一,为后来的罗姆语书面作品提供了一种统一的拼写方式(Bácová 2010)。这也为后来斯洛伐克罗姆语书面语的发展打下了一定的基础。

(3)司法、行政及公共服务

斯洛伐克的小族语言在司法、行政及公共服务方面的应用受到斯洛伐克语的压制,主要限于匈牙利族聚居的南部地区,而且由于政府在这方面的消极态度,提供的实际服务是比较有限的。

在司法方面,根据国际法以及斯洛伐克《宪法》《民法》和《刑法》等法律规定,在斯洛伐克的司法程序中,可以使用少数民族语言,不过前提是当事人不会使用斯洛伐克语。在行政管理方面,《少数民族语言使用法》(1999年,2011年修改)规定,在少数民族聚居比例达到当地人口的15%的地区,少数民族可以享受该族语言的行政管理服务。在2011年之前,这一比例是20%,欧洲委员会《宪章》专家委员会认为20%的下限对于小族语言的保护来说无论如何都是一个太高的门槛,大部分小族语言未能在任何城市达到这一比例;因此敦促斯洛伐克政府认真对待此问题,采取灵活的措施处理[1]。鉴于《宪章》专家委员会多次指出这一下限比例过高,斯洛伐克政府修改了《少数民族语言使用法》(2011年7月1日生效),规定当连续两次的人口普查显示少数民族永久居民的数量达到人口总数的15%则可以享受相关服务。这一修改的姿态意义大于实际意义,因为根据现有普查结果,将下限从20%改到15%,仅会使德语和克罗地亚语的使用城市各增加1座,而如果根据现有人口的下降趋势,可能到2021年普查时还无法满足15%的下限,对其余语言更是毫无影响,而且根据法律这一服务的实施至少要在20年之后了。不过该法同时规定,在斯洛伐克全境内,均可以以口头形式使用少数民族语言与官方交流。欧洲委员会专家建议应根据少数民族人口的绝对数字来判断是否提供行政服务,并在有特殊需要的地方采取灵活措施[2]。

---

[1] 斯洛伐克第一轮《宪章》专家委员会报告(2005),第8—9页。
[2] 斯洛伐克第三轮《宪章》专家委员会报告(2012),第5—6页。

第五章　斯洛伐克的语言权利事务管理和小族语言生存

在少数民族语言地名的使用方面，主要是匈牙利族与政府之间的博弈。斯洛伐克在脱离奥匈帝国之后，就立即将原先匈牙利语的村镇名字改为斯洛伐克语名字，不过在有的地方可以同时使用匈牙利语和斯洛伐克语名字。1948年之后，所有未曾改名的村镇都被改成了斯洛伐克语名字，在路标、印章和官方文件中只能使用斯洛伐克语名字。1994年之后，情况有所改变，根据《使用少数民族语言标识市镇名称法》（1994年），在少数民族居民超过20%的地方，其地界可以在斯洛伐克语之后同时使用少数民族语言，但在官方印章和地图等处依然只能使用斯洛伐克语。而且使用斯洛伐克人名命名的地方不得使用少数民族语言，即使少数民族居民超过总人口的20%。根据《少数民族语言使用法》（1999年），在少数民族居民超过总人口的20%的地方，地方当局可以在斯洛伐克语路标下使用少数民族语言标注，但公共行政部门的办公场所必须同时使用少数民族语言。

（4）教育与研究

斯洛伐克在小族群体的母语教育方面有一定作为，但总体来说趋于保守，支持的范围和力度均显不足。

斯洛伐克《宪法》规定，"少数民族或族裔公民有权建立和运营教育和文化机构，……有权使用母语接受教育。"此外《公共教育法》（1994年）沿袭了1984年《教育法》的规定："教育和培训须以官方语言进行。波希米亚族（捷克族）、匈牙利族、德意志族、波兰族和乌克兰族公民有权利用其母语接受教育，以满足其民族发展所需。"[①]而根据《宪章》，斯洛伐克同时还承诺在中小学教育中使用匈牙利语、保加利亚语、克罗地亚语、捷克语、德语、波兰语和罗姆语，但实际只有匈牙利语、保加利亚语、德语以及罗姆语（一定程度上）在中小学教育中有所使用。

在具体举措上，斯洛伐克自1999年起恢复了在学校一度禁止的双语成绩单，少数民族语言小学毕业的学生参加斯洛伐克语中学的入学考试时，可以使用其小学教学语言考基础科目（Gy 2011）。2007年政府通过了《少数民族教育和教学理念》，第一次对少数民族的教育和教学做出全面规定，其中包括对语言的使用。在政府"2010规划宣言"中，捷克政府承诺继续支持乌克兰民族小学，并在鲁塞尼亚人聚居地确保在中小学中开设鲁塞尼亚语言文化课。

当局在罗姆儿童的教育方面也采取了一系列措施积极地予以改进。与捷克一样，斯洛伐克也存在将罗姆人儿童转至特殊儿童学校的不公平现象，斯洛伐克

---

① 斯洛伐克第一轮《宪章》国家报告（2003），第15—16页。

政府修改了《国家教育管理和学校自治法》(2003年)和《抚养和教育法》(2008年)对此予以纠正。根据《抚养和教育法》(2008年),现在儿童只有在健康有问题的情况下才会被送到为智障儿童开设的特殊小学,而且需由教育预防和咨询机构对儿童进行检查,以确定该儿童确实需要给予特殊教育。与此同时,政府在基础教育阶段设立专门项目以提高多元文化课程的比例,在学校中创造积极正面的环境,消除对罗姆儿童的歧视和隔离。斯洛伐克政府在部分示范小学中开展了实验性研究,使用罗姆语教学,并开发了相应的大纲和课本,可惜没有得到后续推广。

(5)传媒和文化

斯洛伐克在传媒和文化方面对小族语言的支持也是有限的和零散的,甚至对小族语言的使用设置了一些门槛,显示了斯洛伐克政府的消极态度。

斯洛伐克《宪法》规定,任何公民出版媒体作品无需批准。《出版物法》(1997年)也规定不得限制少数民族期刊、不定期出版物或视听作品。2010年,斯洛伐克通过了《斯洛伐克广播电视法》(2010年),并修改了其他一些相应法律,合并公立的斯洛伐克电视台和斯洛伐克广播电台,并对其节目内容进行改革。该法第5条第1段规定:"使用与斯洛伐克境内少数民族和民族群体在内容和地区分布上都平衡的语言广播;……上述节目的播送在时间长度安排上应与捷克境内少数民族和民族群体人口结构相一致;为确保民族节目的制作和播送,斯洛伐克广播电视台应设立独立部门对此负责。"该法的一个重要意义就是要求播送时间的安排要与民族人口结构相一致。但斯洛伐克政府同时表示,斯洛伐克广播电视台是一个独立机构,政府官员不得干预其内部事务,这使上述规定的落实变得难以保障。《国家语言法》(1995年)则规定,地方电台或电视台不得完全使用少数民族语言播送,任何播送的少数民族语言节目都必须另择时间用斯洛伐克语播送相同内容的节目。这意味着地方电视台无法播送可能会出现少数民族语言的实时节目。

在文化和出版活动方面,斯洛伐克政府办公室的"少数民族文化"补贴项目下设如下子项目:活文化、期刊类出版、非期刊类出版和文化政策。"期刊类出版"子项目对各种日报、周刊、半月刊、月刊、双月刊、季刊以及不定期出版的刊物给予一定资金支持。2009年,斯洛伐克政府设立了"视听基金",每年支持视听作品的制作和发行,其中有一部分优先支持少数民族相关题材。此外,斯洛伐克政府每年还资助一些非政府组织从事少数民族文化记录和研究。

第五章　斯洛伐克的语言权利事务管理和小族语言生存

(6) 社会应用

斯洛伐克对公共场所和很多社会领域的语言使用都进行了严格的规定，确保斯洛伐克语的优势地位得以彰显，同时对小族语言的使用进行了全面的限制。

根据《国家语言法》(1995年)，在斯洛伐克所有的经济和社会生活中(包括医疗服务)，都必须使用斯洛伐克语；因此各种账单(电话费、煤气费、电费等)和各种服务的通知都必须使用斯洛伐克语。2011年，斯洛伐克政府修改了《国家语言法》《少数民族语言法》以及《城市使用少数民族语言名字法》，去除了原先禁止使用少数民族语言地名的一些规定。2011年的《国家语言法》规定，公共场所的信息，包括商店、体育场馆、饭店、街道、机场、公交车站和火车站及公共交通工具上的信息，都必须用斯洛伐克语，如果涉及其他语言，应放在相同内容的斯洛伐克语之后，且字体不得大于斯洛伐克语；在少数民族聚居城市，可以将少数民族语言信息置于斯洛伐克语之前。2011年的《少数民族法》则规定，在少数民族聚居城市，涉及生命、健康或财产安全的信息必须在斯洛伐克语之外也用少数民族语言标示。

2011年修改的《国家语言法》规定，在社会服务或护理机构，如医院、老人院和酒店，工作人员一般情况下应使用斯洛伐克语提供服务，但如服务对象母语不是斯洛伐克语，也可使用其可以交流的语言。在少数民族聚居城市，少数民族成员可以使用其母语，但工作人员没有使用少数民族语言的义务。《少数民族语言法》则规定在少数民族聚居城市，少数民族成员可以在健康护理和社会护理机构、儿童社会和法律保护机构、社会惩教或感化机构使用少数民族语言。但上述机构并无义务确保提供少数民族语言的服务。

六、上下互动时有对抗

斯洛伐克最强大的小族群体无疑是匈牙利族，该族人数较多，具有较高的组织能力，与斯洛伐克族在语言使用领域的全方面压制进行了长期的抗争。在一定程度上，斯洛伐克族与匈牙利族的竞争主导了斯洛伐克政府决策层与底层群体之间的沟通，其他小族群体则以匈牙利族为核心，共同参与这种竞争，使这种互动呈明显的对抗式。就自下而上的信息反馈而言，目前斯洛伐克的小族群体可以通过如下渠道反映自身的诉求、保护自身权益。

首先是建立社会团体和政党，代表自身的利益。目前斯洛伐克每个少数民族均建立了社会团体，致力于维护本族权益，发展和推广本族文化。人数较多的民族则组建政党,在国家和地方层次的各种选举中争取席位。比如在2005年的州郡议会选举中,匈牙利联盟党共计获得53个席位;在2006年的国会选举中,匈牙利联盟党获得20个席位,占11.68%;在市镇级别的议会选举中匈牙利联盟党获得1952个席位,当选215个市长或镇长①。此外罗姆人也组建了多达14个政党,在市镇议会中获得36个席位,并取得6个市、镇长。在议会选举中,小族群体候选人最大的竞争对手无疑是斯洛伐克族候选人,这种公开的竞争反映了小族群体与斯洛伐克族在社会资源上的争夺。小族团体和政党成员能较忠实地代表本族的利益,能主动将最底层的语言问题向上反映,寻求有效力量的介入。

其次,当小族权利受到侵犯时,可以通过法律救济途径予以纠正。斯洛伐克《宪法》第127条(修正条款2002年生效)引入了宪法上诉机制,设立了宪法法院,当自然人或法人受宪法保护的基本人权受到侵犯时可以向宪法法院提起诉讼。对于斯洛伐克小学中广泛存在的将罗姆儿童单独分班教学的情况,有人将此诉至普雷绍夫(Prešov)地区法院,法院判决分班行为违反了《反歧视法》②。

再次,媒体的报道和公开的抗议也是向国家高层管理者表达诉求的有效方式。在斯洛伐克政府1995年对《国家语言法》进行投票、1998年对《少数民族语言使用法》进行投票、2009年对《国家语言法》进行修正期间,支持和反对双方均在全国范围内组织了规模浩大的游行,公开表达意见。与此同时,各小族团体和政党也通过在公开场合发表言论的方式向政府表达诉求或不满。各民族群体也利用国外媒体对斯洛伐克在民族管理方面的不当行为予以批评,以此向斯洛伐克政府施加压力。

同时,斯洛伐克政府下设的各种咨询和协调机构也担任了信息收集者的角色。比如少数民族和族裔委员会是政府下设的最为重要的咨询和协调机构,该机构由各少数民族的代表组成,这些代表在与少数民族相关的事务上有投票权。各小族群体可以通过本族代表向上述机构表达自身的诉求,以影响政府的决策。

第三节 小族群体语言权利的实现情况

斯洛伐克民族结构较为特殊,即在小族群体中有一个力量远超其他民族并

---

① 斯洛伐克第三轮《少数民族保护框架公约》国家报告(2009),第56页。
② 斯洛伐克第三轮《宪章》专家委员会报告(2012),第11页,第44段。

第五章 斯洛伐克的语言权利事务管理和小族语言生存

对主体民族形成一定威胁的单个民族——匈牙利族。这种结构一方面使得少数民族的力量较为强大,得以通过各种方式维护自身的语言权利,并屡有斩获;另一方面,造成主体民族对少数民族极为警惕,想方设法限制少数民族语言的生存空间,使得斯洛伐克的小族语言生存环境相对恶劣。在这种情况下,只有力量最为强大的匈牙利语能够有效保障自身利益,而其他语言则在一定程度上沦为双方争斗的牺牲品。斯洛伐克小族群体语言权利的实现因此只能限于少数组织能力较强的群体,而其他群体的权利则无法得到充分保障。

一、法律地位未有明文

如前文所述,斯洛伐克并未在正式法律文件中对境内小族群体的地位予以正式认可,因此理论上讲所有小族群体的法律地位都是一样的,其语言使用的权利也都受到相同法律框架的保护。但实际上斯洛伐克在各种官方文件中的表述显示,不同小族群体的语言权利是不一样的。

斯洛伐克在政府的官方文件中承认境内存在12个少数民族,即匈牙利族、罗姆族、波希米亚族、鲁塞尼亚族、乌克兰族、德意志族、摩拉维亚/西里西亚族、克罗地亚族、犹太族、波兰族、保加利亚族和俄罗斯族。这就使这12个民族成为操作层面或事实上的合法少数民族,享有比其他小族群体更多的权利。而且,斯洛伐克在《宪章》框架下承诺保护9种小族语言,包括保加利亚语、克罗地亚语、捷克语、德语、匈牙利语、波兰语、罗姆语、鲁塞尼亚语、乌克兰语,并将其分为三类,给予不同程度的保护,这意味着并非所有的少数民族在语言使用方面都享受着同等的法律保障。而且《少数民族语言使用法》(1999年)赋予了捷克语事实上的副官方语言地位,使其成为地位最高的小族语言。

二、本体发展自力更生

斯洛伐克政府在小族群体语言本体的发展方面虽有一定程度参与,但支持力度较小,主要依赖各族群体的自发组织。在斯洛伐克境内各民族主要使用的语言中,大部分都在母国有标准语,在本体发展方面需求不大。但鲁塞尼亚族和罗姆族从未建立过独立的国家,其语言的发展程度较低,很难用于教育、行政等领域;不过这两种语言的发展,在1989年之后取得了一定进展。

鲁塞尼亚地区在一战结束后被划为四个部分,分别属于捷克斯洛伐克、波兰、罗马尼亚和南斯拉夫。因此鲁塞尼亚族学者一般认为鲁塞尼亚语拥有四个分支,并长期致力于发展一种统一的鲁塞尼亚书面语(Kushko 2009)。在社会主义时期,除了南斯拉夫分支,其余分支均在苏联指导下被强制归为乌克兰语。1989年之后,政府不再禁止鲁塞尼亚语,鲁塞尼亚人才开始尝试创制一种通用的鲁塞尼亚语。1992年,"第一届国际鲁塞尼亚语言研讨会"在斯洛伐克召开(Kushko 2009),来自世界各国的学者确定了一个原则,即先根据四个语言分支创制各自的书面语言,然后在此基础上创制一种通用的鲁塞尼亚语。1993年在普雷绍夫(Prešov)成立了鲁塞尼亚语言文学学院,负责创制鲁塞尼亚语。1995年,鲁塞尼亚族领袖与斯洛伐克政府代表共同宣布鲁塞尼亚语创制成功,自此斯洛伐克承认鲁塞尼亚语是一种少数民族语言,随后出现了从小学到中学的鲁塞尼亚语课本,并于1999年在普雷绍夫大学设立了鲁塞尼亚语言和文化系。不过也有学者(Votruba 1998)认为,还没有出现一种被广泛接受的标准鲁塞尼亚语;鲁塞尼亚学校使用西里尔字母,很多情况下使用的与其说是鲁塞尼亚语,不如说是俄语。

罗姆语的发展在斯洛伐克也取得了一定的进展。20世纪90年代之后,斯洛伐克出现了罗姆语的童话、小说、戏剧、报纸等书面作品,为罗姆语的发展提供了一定的基础。2008年6月29日,斯洛伐克罗姆人代表在首都布拉迪斯拉发签署了"斯洛伐克共和国罗姆人关于斯洛伐克罗姆语标准化的宣言",宣布以东斯洛伐克罗姆语为斯洛伐克罗姆语书面语的基础,进一步规范罗姆语的书写规则。

对于匈牙利语而言,学校使用的匈牙利语教材使用的主要是在匈牙利使用的标准语。但匈牙利语教材主要是由斯洛伐克境内的匈牙利族学者针对当地市场需求自行开发的,而非来自匈牙利(Medgyes and Miklósy 2000)。

三、司法行政限于局部

斯洛伐克小族语言在司法、行政与公共服务方面有一定的应用,但主要限于那些达到了人数下限的市镇,实际上在这些市镇提供的服务也是有限的。

在司法领域,少数民族语言的使用主要体现在匈牙利语一定程度的使用上,其他语言则很少。斯洛伐克政府将部分法律条款翻译成了匈牙利语,尽管远未覆盖所有的重要法律。根据法律,小族群体有权在刑事诉讼和民事诉讼中使用自己的母语,但只有在当事人不会斯洛伐克语的前提下才能享有这一权利。《宪章》专家委员会称未见在实际执行中落实,并强烈敦促取消为这一权利设置的条

第五章 斯洛伐克的语言权利事务管理和小族语言生存

件,而且斯洛伐克未能保障匈牙利族在司法程序中使用母语的权利[①]。

在行政管理方面,少数民族语言的服务主要是在少数民族人口达到当地总人口20%的市镇中。《少数民族语言法》规定,在少数民族人口达总人口20%的市镇中,举行市政当局的会议时,如所有代表同意,可以使用少数民族语言;少数民族代表有权使用少数民族语言发言,市政当局应提供翻译;其他代表如经其他与会代表及市长的同意,也可以使用少数民族语言。但在实际会议中,由于翻译费用高昂,通常使用斯洛伐克语。在这些城市中,少数民族成员可以使用其语言与公共当局进行书面或口头交流。如少数民族成员用其母语提交材料,当局需以相同语言答复;如少数民族要求出具出生、结婚或死亡证明或各类许可、授权、确认、声明或宣言,当局需以斯洛伐克语和少数民族语言双语出具。斯洛伐克政府规定如地方当局未能提供这一服务,将予以50—2500欧元的罚款。

同时,根据2011年修改的《少数民族语言法》,达到上述20%下限的市镇,应用斯洛伐克语和少数民族语言双语撰写政府计划、会议纪要、决议、数据、财务报告等需向社会公开的材料。但在州郡层次,无此要求。鉴于上述规定,地方当局一般会聘请掌握相关少数民族语言的雇员以提供此类服务。因此在市镇层级的政府,少数民族成员可以享受到相关服务,但在更高一级的州郡政府,就无法得到保障了。而且有少数民族成员反映并非所有的雇员都有较好的少数民族语言水平,在沟通中依然存在困难。

根据《少数民族语言法》,达到20%下限的城市,该市出入境处的交通标示、公共行政机构的建筑等处应在使用斯洛伐克语同时使用少数民族语言;在火车站、公交站、机场和口岸等处也可使用少数民族语言。实际上这一权利只是部分完成,比如少数民族语言的标示只用很小的字标在不显眼的地方;而斯洛伐克铁路公司以无法律义务为由拒绝使用少数民族双语标识。

四、教育研究限于少数

斯洛伐克不同少数民族语言在教育和研究方面的发展程度差异非常大,目前主要是匈牙利语、罗姆语、德语和乌克兰语等语言能在教育中有一定程度的应用,其他语言如保加利亚语、克罗地亚语和波兰语等语言尚未被引入教育体系。不过捷克语是一种较特殊的语言,其使用者未提出任何教学上的需求。总体来

---

① 斯洛伐克第三轮《宪章》专家委员会报告(2012),第16—17页。

说,斯洛伐克的民族语言学校的数量近年来呈不断减少的趋势。

长期以来匈牙利语在斯洛伐克拥有较为发达的教育体系,目前在所有教育层次上得到应用,学前教育层次的匈牙利语学校最多,越往上则数量越少。据统计,2010/2011 学年在小学层次共有 242 所匈牙利语学校(共计 30 905 名学生)和 29 所双语学校。然而由于学生总体数量的减少以及经济上的紧张,近年来一些规模较小的学校不断被迫关闭。

罗姆语的地位在斯洛伐克也不高,大部分教师对罗姆语持一种负面的态度,认为其是社会落后的标志,是社会融合的障碍。目前没有罗姆语幼儿园,当局称这是因为罗姆人父母希望他们的子女学习斯洛伐克语,的确大部分父母在老师的影响下对罗姆语持负面态度。尽管政府修改了相关法律并采取了一些措施,将罗姆儿童送至智障儿童特殊学校的问题依然严重且广泛存在,而且即使在正常学校里,罗姆儿童也是单独成班的[1]。

德语的应用也很少,目前在学前层次没有德语幼儿园、只在小学层次有 1 所德语小学和 1 所双语小学,没有更高层次的德语学校。不过有些学校将德语作为一门外语来教授和研究。

鲁塞尼亚语的教学在 2011 年有所突破,开始有 2 所幼儿园、1 所小学使用鲁塞尼亚语。此外有 2 所小学的部分课程使用鲁塞尼亚语教学,还有 6 所提供鲁塞尼亚语言和文化课程;其他更高层次的教育则没有。不过据说学生家长只希望将鲁塞尼亚语作为第二语言,而不是教学语言。

尽管专家委员会多次敦促斯洛伐克成立一个全国性的少数民族语言教学督导中心,定期评估全国的少数民族语言教学情况,并对外公布评估结果,但斯洛伐克政府至今没有这样一个中心,只是将该工作纳入国家教育视察工作范围,并做一个内部年度报告[2]。

五、传媒文化资助有限

斯洛伐克公立的广播电台和电视台提供的小族语言节目数量较少,小族群体在广电节目制作和文化活动的举办上主要依赖自筹自办。

斯洛伐克公立广播电台提供一定数量的广播和电视节目,但播出时间并不固

---

[1] 斯洛伐克第三轮《宪章》专家委员会报告(2012),第 9 页。
[2] 本小节数据均来自斯洛伐克第三轮《宪章》国家报告(2012)的"教育"部分。

第五章　斯洛伐克的语言权利事务管理和小族语言生存

定,只是一种象征性存在。2012年《宪章》专家委员会的现场评估①发现,斯洛伐克在公立电视和广播节目的提供方面,相较之前没有任何改进,罗姆语、匈牙利语、鲁塞尼亚语和乌克兰语在电视上的播放时间有所减少,而其他语言的节目并没有增加。德语、保加利亚语、克罗地亚语和波兰语的节目播放也很不规律。在广播方面,只有罗姆语和波兰语的广播节目有所增加,其余的语言则没有变化甚至减少了。

斯洛伐克的私立广播电视台也自行制作一些节目,但经常受到政府的限制,无法获得播送许可证。在专家委员会的要求下,2011年的《国家语言法》取消了相关限制,但同时要求所有少数民族语言的电视节目添加斯洛伐克语字幕。在现实中,有一些私立电台和电视台提供匈牙利语的节目(22个私立电视频道播放匈牙利语节目),但尚没有其他少数民族语言的节目②。

在纸媒体方面,尽管斯洛伐克政府对纸媒出版提供一定补助,但据专家委员会调查,其拨款体系很有问题,所拨款项下拨严重滞后③。匈牙利语有报纸出版,但也面临纸媒体所共有的资金问题;而且实际上只有匈牙利语的媒体能做到出版频率不低于每周一次。

六、社会应用受到挤压

由于斯洛伐克政府对斯洛伐克语地位的大力维护,小族语言在社会生活中的应用受到全面挤压。《宪章》专家委员会④认为,斯洛伐克的法律严重限制了少数民族语言在经济和社会生活中的使用。

关于斯洛伐克匈牙利语的使用,20世纪90年代初有一项调查(Votruba 1998),调查显示38%的匈牙利族称在政府办公室主要使用匈牙利语,在商店这一比例是81%,在工作单位是60%。而双语斯洛伐克族在上述三个领域使用斯洛伐克语的比例分别为96%、78%和85%。该调查还显示,在匈牙利人数占总人口10%以上的地区,35%的斯洛伐克人和24%的匈牙利人认为如果一个匈牙利人不会讲斯洛伐克语对他的生活不会有什么负面影响;28%的斯洛伐克人和55%的匈牙利人认为一个斯洛伐克人不会讲匈牙利语对他的生活没有什么不利影响;81%的斯洛伐克人和63%的匈牙利人认为斯洛伐克语不可或缺。这一调查显示匈牙利语在匈

---

① 斯洛伐克第三轮《宪章》专家委员会报告(2012),第8—9页。
② 同上。
③ 同上。
④ 斯洛伐克第三轮《宪章》专家委员会报告(2012),第27页,195段。

牙利族聚居区有一定程度的使用，但这项调查是在20世纪90年代初做的，实际上斯洛伐克族对匈牙利语的限制是在1995年《国家语言法》出台之后才进入高潮的。

2009年的《国家语言法》再次强调了斯洛伐克语在公共场合的优先性，规定在各种场合必须优先使用斯洛伐克语。比如在医院，病人不会使用斯洛伐克语才能使用其他语言，而且即使是在少数民族聚居人口超过总人口数20%的地方，医务人员也没有义务使用少数民族语言。2011年修改后的《国家语言法》在这一点上没有原则性改变。

第四节 小族语言顽强生存

1. 代际传承逐渐丧失

关于斯洛伐克小族语言的代际传承，未见学界正式研究，不过我们可以通过各民族成员在家庭中的语言使用推断其代际传承情况。斯洛伐克2011年普查增加了"家庭中使用最多的语言"选项，由于是首次调查，无法与之前的情况进行对比。我们将各小族人数、各民族语言使用者以及该语言的家庭使用情况放在一起比较，发现小族语言在家庭中的使用上保持了一定的比例，但总体呈下降趋势。斯洛伐克2011年普查的各小族语言的家庭使用情况如表5.1所示。

表5.1　2011年斯洛伐克各民族在家中最常用的语言[①]

民族/语言	民族占比	母语占比	家庭使用占比	人数
			100%	5 397 036
斯洛伐克语	80.651%	78.570%	73.265%	3 954 149
匈牙利语	8.495%	9.426% ↑	8.749%	472 212
罗姆语	1.959%	2.270% ↑	2.376% ↑	128 242
鲁塞尼亚语	0.620%	1.028% ↑	0.924%	49 860
乌克兰语	0.138%	0.105%	0.051%	2775
捷克语	0.624%	0.653% ↑	0.318%	17 148
德语	0.087%	0.096% ↑	0.114% ↑	6173
波兰语	0.057%	0.058% ↑	0.024%	1316
克罗地亚语	0.019%	0.023% ↑	0.017%	932

[①] 参见斯洛伐克统计局，http://slovak.statistics.sk/wps/wcm/connect/bfa09bed-c256-48ec-97f7-3a2d3e04013e/Table_13_Population_by_the_most_frequently_used_language_at_home_2011.pdf?MOD=AJPERES，2015-7-22访问。

第五章 斯洛伐克的语言权利事务管理和小族语言生存

（续表）

民族/语言	民族 占比	母语 占比	家庭使用 占比	家庭使用 人数
			100%	5 397 036
意地绪语	0.012%	0.009%	0.004%	203
保加利亚语	0.019%	0.002% ↑	0.002%	124
其他	0.182%	0.252%	0.648%	34 992
未登记	7.087%	7.509%	13.506%	728 910

注："↑"表示母语或家庭语言选项的占比高于该民族在总人口中的比例。

该表显示了一个奇怪的现象，即以斯洛伐克语为母语的人数低于斯洛伐克族总人数，而大部分小族语言的使用者高于该族人数。这似乎表明小族语言的使用情况非常普遍，生存状况良好。但我们认为这恰恰显示有很多小族群体成员未如实登记自己的民族身份，而选择登记为斯洛伐克族，反映了小族群体生存状况恶劣。如果将各族语言的家庭使用人数与以该语言为母语的人数相比，就会发现，除了罗姆语和德语，所有的语言在家庭中的使用人数都低于以该语言为母语的人数；乌克兰语、捷克语和波兰语等语言在家庭中的使用人数已不足总人数的一半。我们认为这才是真实的小族语言使用情况，即绝大多数的小族语言在家庭中的使用正在弱化，由此可见各小族语言使用者正发生普遍的语言转用，代际传承情况不容乐观。

罗姆语在家庭中使用的人数超过了以罗姆语为母语的人数，但这显然不能表明其他民族的人也在家中使用罗姆语，而是因为罗姆族人群在普查中未如实登记自己的母语项和民族项。德语的情况与此类似，很可能有部分德意志族人隐瞒了自己的民族和母语，但鉴于德语远高于罗姆语的地位，也有可能是部分其他民族的人在家中使用德语。

即使是人数最多的匈牙利族，也不能阻止被同化的趋势，在家中使用匈牙利语的人群少于以其为母语的人。但是我们看到，以匈牙利语为母语的人数竟然多于匈牙利族人口，这很可能是部分使用匈牙利语的罗姆人将匈牙利语登记为母语；也有可能是斯洛伐克社会的同化力量造成部分匈牙利族转向斯洛伐克族；也可能是另一个现象造成的，据统计，匈牙利族的婚姻有三分之一是与斯洛伐克族通婚，而且其中大部分是匈牙利族女性与斯洛伐克族男性结婚，可能是这些女性将匈牙利语带入了斯洛伐克族家庭（Medgyes and Miklósy 2000）。

2. 绝对人数和所占比例缓慢下降

中欧地区小族人群有瞒报民族身份的传统，而各民族团体所提供的统计数字往往两倍甚至数倍于普查数据,因此很难根据普查数据得出语言使用的准确数字。我们只能根据斯洛伐克历年普查中的民族人口统计和母语人口统计,大致描述各小族人口的数据。斯洛伐克2001、2011年普查情况如表5.2所示。

表5.2 斯洛伐克各民族以及语言使用者人数与比例①

总人口	2001年		2011年		2011年	
	民族占比 100%	母语占比 100%	民族占比 100%	母语占比 100%	民族人数 5 397 036	母语人数 5 397 036
民族						
斯洛伐克族	85.8%	83.879%	80.651%	78.570%	4 352 775	4 240 453
匈牙利族	9.7%	10.650%	8.495%	9.426%	458 467	508 714
罗姆族	1.7%	1.849%	1.959%	2.270%↑	105 738	122 518
捷克族	0.9%	0.896%	0.624%	0.653%	33 653	35 216
鲁塞尼亚族	0.4%	1.021%	0.620%	1.028%↑	33 482	55 469
乌克兰族	0.2%	0.146%	0.138%	0.105%	7430	5689
德意志族	0.1%	0.118%	0.087%	0.096%	4690	5186
克罗地亚族	0.02%	0.018%	0.019%	0.023%↑	1022	1234
波兰族	0.06%	0.051%	0.057%	0.058%↑	3084	3119
保加利亚族	0.02%	0.019%	0.019%	0.002%	1051	132
犹太族	0.004%	0.000%	0.012%	0.009%↑	631	460
俄罗斯族	0.03%		0.037%		1997	
塞尔维亚族	0.01%		0.013%		698	
其他	0.1%	0.125%	0.182%	0.252%	9825	13 585
未登记	1.1%	1.228%	7.087%	7.509%	382 493	405 261

以表5.2为依据,2011年斯洛伐克语使用者约占斯洛伐克总人数的79%,最大的小族语言是匈牙利语,占9.4%。罗姆语使用者数据可信度较低,但也是斯洛伐克第二大小族语言。其余使用人数较多的语言分别是鲁塞尼亚语、乌克兰语和捷克语。

该表同时显示,除了鲁塞尼亚语、克罗地亚语和波兰语等近年来移民数量较多的族群,大多数民族的人数都呈下降趋势,捷克语和保加利亚语等语言下降幅度较大。

---

① 参见斯洛伐克统计局,http://slovak.statistics.sk/wps/wcm/connect/bfa09bed-c256-48ec-97f7-3a2d3e04013e/Table_13_Population_by_the_most_frequently_used_language_at_home_2011.pdf?MOD=AJPERES,2015-7-22访问。

3. 使用领域有所覆盖

在斯洛伐克语的全面压制下，小族语言在斯洛伐克公共领域的使用机会并不多，不过2011年的普查显示还是有相当数量的人在公共领域使用小族语言交流。

表5.3 斯洛伐克2011年公共领域语言使用情况[①]

总人口	公共领域 人数	公共领域 占比	家庭 占比	母语 占比	民族 占比
	5 397 036	100%	100%	100%	100%
斯洛伐克语	4 337 695	80.372%	73.265%	78.570%	80.651%
匈牙利语	391 577	7.255%	8.749%	9.426%	8.495%
罗姆语	36 660	0.679%	2.376%	2.270%	1.959%
鲁塞尼亚语	24 524	0.454%	0.924%	1.028%	0.620%
乌克兰语	1100	0.020%	0.051%	0.105%	0.138%
捷克语	18 747	0.347%↑	0.318%	0.653%	0.624%
德语	11 474	0.213%↑	0.114%	0.096%	0.087%
波兰语	723	0.013%	0.024%	0.058%	0.057%
克罗地亚语	383	0.007%	0.017%	0.023%	0.019%
意地绪语	159	0.003%	0.004%	0.009%	0.012%
保加利亚语	68	0.001%	0.002%	0.002%	0.019%
其他	58 614	1.086%	0.648%	0.252%	0.182%
未登记	515 312	9.548%	13.506%	7.509%	7.087%

表5.3列出了2011年在公共场合使用语言的情况，我们在后面同时列出了该语言作为家庭使用语言、作为母语以及该语言同名民族所占的比例。纵向看，斯洛伐克在公共场合使用的各种小族语言与各民族的人口比例大体一致；匈牙利语是使用最为频繁的小族语言，占7.255%。横向看则可以发现，各族成员在公共场合使用本族语言的比例都低于其在家庭使用该语言的比例，也低于该语言作为母语的比例，其中以罗姆语最为突出。有意思的是德语和捷克语在公共场合的使用频率高于其作为家庭语言和母语的比例，这显示了这两种语言具有较高的社会地位，当然也有可能是作为一种外语在使用。

4. 新语域和新媒体参与较少

与捷克的情况类似，斯洛伐克的绝大部分小族语言都是有母国的，这些语言

[①] 参见斯洛伐克统计局，http://slovak.statistics.sk/wps/wcm/connect/bfa09bed-c256-48ec-97f7-3a2d3e04013e/Table_13_Population_by_the_most_frequently_used_language_at_home_2011.pdf?MOD=AJPERES，2015-7-22访问。

第五章　斯洛伐克的语言权利事务管理和小族语言生存

在母国的发展情况较为理想,能够对新语域和媒体做出及时的反应。但作为一种小族语言,在该领域的活力情况显然是相当低的。不过匈牙利语因人数较多,能形成一个较为完整的生活社区,且具有一定文化生产能力,因而在新的语域和媒体中能够有所参与。而没有母国的鲁塞尼亚语则情况比较糟糕,只有数量非常有限的几个网站提供鲁塞尼亚语的词典。

5. 教学材料较易获取

在教学材料的提供方面,各小族语言基本能够获得学习所需的教材。除了罗姆语和鲁塞尼亚语目前只有用于较低级水平学习的教材,其他语言的教学材料并不匮乏,匈牙利族甚至开发了大量本地化教材。一般认为,斯洛伐克的少数民族都有较好的读写能力,不过是指斯洛伐克语的水平,即使是识字率最低的罗姆人也能较好地掌握斯洛伐克语或匈牙利语,仅有 2.6% 的男性和 3.3% 的女性小学不能毕业,因此文盲率是很低的(Jurová 1993)。

6. 政府态度相对严苛

大量证据表明,斯洛伐克政府采取了一种对小族语言较为严苛的态度,在各领域限制小族语言,特别是匈牙利语的发展。在政府中有不少官员公开发表反对少数民族的言论,在社会上也存在相应的情绪。在我们的调查中,有学者指出,20 世纪 90 年代每一个匈牙利族人都曾在公共场合因使用匈牙利语而遭到周围斯洛伐克族人的当众批评。

7. 本族态度总体消极

总的来说,各小族群体成员对于母语的使用和保持积极性并不高,这也与家庭使用情况的调查结果相一致。罗姆人对其自身的语言持一种消极态度,一项调查(Bácová 2010)显示,80% 的罗姆人认为不应该在小学里使用罗姆语,仅有 8% 的人认为应该。至于罗姆语电视、罗姆语期刊和罗姆语文学,分别有 36%、30% 和 26% 的罗姆人认为应该有,而 51%、55% 和 59% 的人认为不需要。鲁塞尼亚族自己也将其视为一种地位较低的语言(Dubiel-Dmytryszyn 2012)。

8. 文献资料有所保存

斯洛伐克的小族语言文献资料的制作和保存主要依赖一些民间组织,政府作为不多。有不少民间组织对小族语言出版的资料进行收集和存档,并向国家少数民族文化博物馆提供藏品;而国家档案馆也保存小族语言出版物[①]。

[①] 斯洛伐克第三轮《宪章》专家委员会报告(2012),第 58 页。

第六章 匈牙利的语言权利事务管理和小族语言生存

第一节 语言社区概述

一、整体语言状况

匈牙利系中欧内陆国家,东邻罗马尼亚、乌克兰,南接斯洛文尼亚、克罗地亚、塞尔维亚,西靠奥地利,北连斯洛伐克,国家领土 93 023.7 平方千米,人口 993 万(截至 2012 年)[①]。匈牙利的主体民族匈牙利族(自称马扎尔族)自 9 世纪末迁居到如今匈牙利所在的喀尔巴阡盆地,1699 年起由哈布斯堡王朝统治,1867 年成为奥匈帝国核心部分之一。如今的边界大致是在一战结束后其与协约国签订的《特里阿农条约》(1920 年)所确定的。1989 年后国名改为匈牙利共和国,2012 年后更名为匈牙利。

匈牙利语是该国唯一的官方语言,也称马扎尔语(Magyar nyelv),是欧洲极少数不属于印欧语系的语言,属于乌拉尔语系芬兰-乌戈尔语族的乌戈尔语支(Medgyes and Miklósy 2000)。该国自 18 世纪时识字率就已经远超其他东欧以及东南欧国家,到 1910 年识字率为 68.7%;进入 20 世纪后半叶,文盲已基本消除(Medgyes and Miklósy 2000)。自 19 世纪起,布达佩斯匈牙利语逐步成为标准匈牙利语,尽管匈牙利语也包含 7 至 8 种相互理解程度较高的主要方言(ethnologue),但在正式场合基本不会被使用。匈牙利语在匈牙利使用程度较高,99.

[①] 数据来自欧盟成员国信息页面,http://europa.eu/about-eu/countries/member-countries/hungary/index_en.htm,2015-7-25 访问。

第六章　匈牙利的语言权利事务管理和小族语言生存

6%的人会讲匈牙利语,93.6%将其作为母语①。

匈牙利曾在16—17世纪被奥斯曼帝国的土耳其人占据了150年,在击退土耳其人之后于1867年与奥地利组成奥匈帝国,并获得完全自治。1918年奥匈帝国在一战中战败,根据美国总统伍德鲁·威尔逊宣布的十四点和平原则,被肢解为多个民族国家。但这一划分并未严格依据民族界线,导致如今在罗马尼亚、斯洛伐克、塞尔维亚和乌克兰等国都有大量匈牙利裔人群使用匈牙利语。匈牙利长期以来致力于保护散落于周边各国的匈牙利裔的利益,常对相关国家的民族政策提出意见和要求,并将此作为其外交工作的一个重要部分。这使匈牙利的少数民族政策向来在国际上有较高的关注度,特别是其紧邻国家密切关注着匈牙利国内少数民族状况的发展,西欧的国家以及国际机构都常年持续对匈牙利与少数民族相关的措施及其效果给予密切关注。总的来说,匈牙利有关少数民族权利保护的立法工作做得比较完善,在语言问题上明确使用了"语言权利"(language rights)的措辞,在实践中也基本能根据法律的规定执行。

二、小族语言社区介绍

匈牙利在历史上是一个典型的多民族国家,而目前境内的主要民族大都是在16世纪奥斯曼帝国占领期间以及随后17、18世纪奥斯曼帝国撤离之后迁入的。至19世纪末时,匈牙利境内非匈牙利民族人口超过总人口的50%②。但一战后的国境重划以及二战后与邻国的人口交换,使匈牙利的民族结构发生了剧变,失去了绝大部分小族人口和三分之一匈牙利人口,如今小族人口约占总人口的10%③。匈牙利《少数民族法》(1993年)承认13个少数民族或族群,并给予这些民族统一平等的保护,也不会区别对待。现简要介绍各语言社区的历史渊源,如下:

(1)保加利亚语——园艺先驱的语言:在中世纪早期,如今的匈牙利地区有很大一部分属于保加利亚第一帝国的疆域,自中世纪时就有不少保加利亚人在匈牙利周边地区定居。15世纪时有保加利亚难民为逃离奥斯曼帝国的统治而

---

① 根据2001年普查数据,2011年普查中有部分人未登记相关信息,导致数据准确性下降。
② 参见匈牙利外交部网站,《匈牙利数据》(2000),https://www.mfa.gov.hu/,2015-7-25访问。
③ 2001年普查显示,有92.33%的人登记为匈牙利族;2011年人口普查中有7.9%的人拒绝登记民族,仅有83.66%登记为匈牙利族。鉴于匈牙利有很多人不愿在普查中如实登记自己的民族,一般认为匈牙利小族人口的比例要远高于登记的比例。

来到匈牙利，而在18—20世纪，很多保加利亚人作为园艺工人迁徙到匈牙利，对匈牙利的农业和蔬菜种植产生深远影响①。如今保加利亚人散居于全国，只在首都布达佩斯及其周边地区相对集中。

（2）罗姆人语言——流浪民族的语言：根据历史记载，在14—15世纪，匈牙利就有罗姆人。18世纪末，神圣罗马帝国皇帝（同时也是匈牙利国王约瑟夫二世）禁止使用罗姆语，强迫罗姆人定居，自此之后直至20世纪罗姆人在很大程度上被同化了。如今罗姆族分散在匈牙利全国，大部分人以匈牙利语为母语，还有部分人仍使用两种本族语言，即罗姆语和比亚斯语，但这两种语言的地理分布区域也不确定。

（3）希腊语——逃难移民的语言：自15世纪起就有少数希腊人来到匈牙利，但大规模移民是在17世纪之后，在18世纪后半叶曾达到高潮②。如今的希腊族大部分是二战后因逃避内战而来到匈牙利的③，当时匈牙利政府将大部分难民安置在费耶尔州（Fejér）的一个镇上，那里至今依然有一部分人定居于此。

（4）克罗地亚语——古时辖区人民语言：克罗地亚族在15—18世纪期间陆续迁徙到匈牙利，有一部分是为了逃避进逼的土耳其人。一战后，克罗地亚被从奥匈帝国中划分出去，成为南斯拉夫的一部分，于是留在匈牙利境内的克罗地亚人被迫切断了与母族文化的联系。匈牙利境内的克罗地亚族成分复杂，至少可以分成7至12个分支④，如今主要聚居在南部和西部与克罗地亚接壤地区。

（5）波兰语——友邦难民语言：波兰人与匈牙利人的接触历史在千年以上，两族在历史上关系友好，16—18世纪的波兰立陶宛联邦曾将部分匈牙利领土纳入其统治下，19—20世纪时奥匈帝国则包括了部分波兰领土。18世纪初期，开始有波兰人定居在匈牙利。二战期间德国和苏联于1939年入侵波兰，约有10万波兰难民进入匈牙利。如今波兰族主要聚居在东北部地区以及一些较大的工业化城镇。

（6）德语——曾经的盟国语言：德意志族在公元10世纪时就开始向匈牙利

---

① 参见匈牙利司法部网站，"少数民族介绍"，http://emberijogok.kormany.hu/nationalities-in-hungary，2015-7-25访问。
② 参见"在匈希腊移民"网站，http://www.ime.gr/projects/migration/15-19/gr/，2015-7-25访问。
③ 参见希腊驻匈牙利使馆网站，"希匈双边关系介绍"（Bilateral relations between Greece and Hungary），http://www.greekembassy.hu/english/BILATERAL%20RELATIONS.htm，2015-7-25访问。
④ 同①。

第六章 匈牙利的语言权利事务管理和小族语言生存

移民,最近的一波较大移民发生在 18 世纪,当时奥斯曼帝国被击退,留下了大片土地,哈布斯堡政府从德国、奥地利等地将大量人口迁到匈牙利,到 18 世纪末时匈牙利境内已有德语使用者 100 万。二战期间匈牙利曾支持德国,后来因摇摆不定而被德国以武力控制,战后被纳入社会主义阵营的匈牙利对德意志人进行了驱逐和惩罚。

(7)斯洛伐克语——古时辖区迁入人民语言:如今的斯洛伐克自 9 世纪起就曾属于当时的匈牙利公国及后来的匈牙利王国,自 17 世纪奥斯曼帝国被击退后就属于哈布斯堡控制下的匈牙利王国。18—19 世纪期间,不少斯洛伐克人迁入如今的匈牙利境内,其后人在 1920 年匈牙利边境变动时留在了匈牙利境内。如今主要居住在边境地区的贝凯什(Békés)郡等 11 个郡的 100 多个定居点。

(8)罗马尼亚语——古时辖区人民语言:在历史上,现代罗马尼亚有很大一部分领土都曾属于匈牙利;匈牙利人对罗马尼亚人的记载始于 13 世纪。一战之后有少量罗马尼亚人被划入匈牙利境内,因此他们至今主要生活在匈牙利与罗马尼亚边境附近。

(9)鲁塞尼亚语——古时迁入人民语言:鲁塞尼亚族很早就与匈牙利人在喀尔巴阡盆地发生接触。18 世纪初,奥斯曼帝国被击败之后留下了大片空地,不少德意志族和鲁塞尼亚族迁入了匈牙利。如今主要聚居在东北部的科姆洛什考(Komlóska)和穆乔尼(Múcsony)两个村镇。

(10)亚美尼亚语——新老相接的移民语言:首批亚美尼亚人是 10—11 世纪从巴尔干半岛来到当时的匈牙利王国的,13 世纪时有文献记载了亚美尼亚人的存在,他们曾建立过自己贸易城镇[①];如今的亚美尼亚族则有很多是在苏联解体后才来的。

(11)塞尔维亚语——邻国人民语言:自 14 世纪起,就有不少塞尔维亚人为逃避奥斯曼帝国的威胁而进入匈牙利,而 16 世纪奥斯曼帝国侵入欧洲后也带入了大量塞尔维亚人。1920 年匈牙利与塞尔维亚边界重划时,仅有少部分塞尔维亚人被划入匈牙利。

(12)斯洛文尼亚语——邻国遗民语言:斯洛文尼亚族在匈牙利人来到喀尔巴阡盆地之前就居住在这里,11—12 世纪间斯洛文尼亚与匈牙利的语言和民族界

---

① 参见匈牙利司法部网站,"少数民族介绍",http://emberijogok.kormany.hu/nationalities-in-hungary,2015-7-25 访问。

限逐步形成。1919年之后绝大部分斯洛文尼亚人都加入了南斯拉夫,仅有少部分人留在匈牙利境内。如今主要居住在与斯洛文尼亚和奥地利接壤的三角地区。

（13）乌克兰语——较新移民语言：乌克兰族主要是在20世纪后半叶迁到匈牙利的，目前人数不多，主要居住在布达佩斯及一些村镇。

需要注意的是，鉴于匈牙利在二战期间有对少数民族残酷迫害的历史，很多少数民族成员在普查中瞒报自己的民族身份和母语，因此一般认为实际人数远远超过普查数据，匈牙利政府也承认没有任何一个少数民族的人口数字是准确的①。有一个数字提供了线索，那就是承认掌握某种语言的人，比如能够使用德语的人有20多万，其数量是官方统计的以德语为母语人数的5倍。而仅罗姆人一族的数量便估计在50万人左右（罗姆语使用者大概在15万人左右）②。

此外，根据匈牙利2011年的人口普查，匈牙利至少还存在如下小族语言社区：阿拉伯语（2929人）、汉语（5819人）、俄语（7382人）、越南语（2674人）③。值得一提的是，匈牙利的华人群体在周边国家中算较多的，有很多是在80年代末至90年代初匈牙利对华免签时期过去的，目前据称有2万多人。

第二节　现行语言权利事务管理机制及其沿革

一、整体机制上倚重民族管理

匈牙利的现行语言权利事务管理机制主要是在1989年民主改革之后逐步建立起来的，目前在对小族语言权利的赋予和保障方面做得较好，在欧洲范围内处于领先水平。这一机制主要依赖少数人权利管理机制，对个人语言权利的赋予基于其民族身份，而非其使用语言；匈牙利承认小族群体的个人和集体语言权利。这一机制因匈牙利特有的少数民族自治体系而获得了足够的活力，长期以来在世界范围内吸引了大量关注。

（1）人权管理机制

匈牙利的人权管理机制在2011年新《宪法》通过之后得以完善，除了加入相

---

① 匈牙利第一轮《宪章》国家报告（1999），第26页。
② 匈牙利第一轮《宪章》专家委员会报告（2001），第9页，第11段。
③ 匈牙利统计局网站，人口普查页面，https://www.ksh.hu/nepszamlalas/?lang=en，2015-7-28访问。

关国际条约，也在国家一级建立起更为完整的人权保护法律框架，设立了相关保护人权的机构，进入了人权保护的新时期。

首先，加入重要的国际人权条约。匈牙利批准了联合国九个核心人权条约中的七个，其中与小族语言保护密切相关的有：《消除一切形式种族歧视国际公约》(1963年)、《公民权利和政治权利国际公约》(1966年)、《经济、社会、文化权利国际公约》(1966年)、《儿童权利公约》(1989年)等。同时，匈牙利还加入了欧洲区域层次的《保护人权与基本自由公约》(1950年)、《保护少数民族框架公约》(1994年)、《欧洲区域语言或少数族群语言宪章》(1992年)、《欧洲社会宪章》(1961年)等。

其次，建立保护人权的国内法框架。匈牙利长期以来使用的是一部过渡性的宪法，该宪法于1949年通过，1989年法治革命时修正后继续使用，但一直缺乏一部体现现代民主精神的宪法。匈牙利旧宪法规定，新宪法需要国会三分之二议员的投票才能通过，然而匈牙利的政治格局在很长时期内都无法满足这一条件。2010年匈牙利国会终于产生了占三分之二多数的执政党，具备了制定新《宪法》的条件。2011年4月，匈牙利通过了新的宪法，联合国人权理事会对匈牙利的"普遍定期审议工作组报告"给出如下评价："新宪法是走向法治的里程碑……新宪法加强了《欧洲联盟基本权利宪章》倡导的人权保护，并载有比以往更具容纳性的权利清单。"2011《宪法》"自由和责任"部分承认保护人权是国家的一项首要义务，基本自由可以以个人和集体形式行使。这一宪法被认为标志着匈牙利从独裁统治向民主政治过渡的时期正式结束，意味着匈牙利的人权保护进入新的时代①。

再次，设立保护和支持人权的机构。匈牙利于2005年设立的平等待遇事务署，负责监督2003年通过的《关于平等待遇和促进机会平等的第CXXV号法》（也称《平等待遇法》）的遵守情况，保护、实施并促进平等和平等待遇权。该署属于公共行政和司法部，但其在执行有关《平等待遇法》的相关职责时，不接受政府或任何部委的指令。该署的决定具有法律约束力，并可强制执行，政府或公共当局不得更改或搁置。该署接收个人、非政府组织、利益攸关者或其他有权利者关于种族和语言歧视的申诉并自动采取措施开展调查。此外，国会公民权利事务

---

① 匈牙利"根据人权理事会第5/1号决议附件第15(a)段提交的国家报告"，联合国网站文件查询编号：A/HRC/WG.6/11/HUN/1。

专员负责调查或发起调查他们注意到的关于《宪法》权利受侵犯的案件,并采取补救措施。2011《宪法》设立了"基本权利专员",其中规定:"基本权利专员"及其副手不属于任何政治派别,不参与政治活动,由国会三分之二议员同意方可担任,任期6年,负责保护基本权利,包括各民族的权利,可应任何个人的要求行动,为权利遭到侵犯者提供保护与救济。

（2）少数人权利管理机制

匈牙利独创的少数民族自治机关体系是欧洲范围内比较大胆的制度设计,得到国际机构专家的高度评价;这一机制也是匈牙利语言权利事务管理机制的核心。1989年启动民主改革之后,匈牙利就开始尝试在少数民族保护的立法方面引入一些新的创举,以改善其立法、行政和组织环境,帮助少数民族改善生活并发展其文化身份,最终推动了少数民族自治机关体系的诞生。根据2005年修订的《少数民族和族裔少数群体权利法》,少数民族获得非常大的自治权利。各少数民族团体可以推举代表进入议会代表本族利益。少数民族可以接管国家和地方政府有关民族文化和教育的机构,直接获得政府财政预算并自由支配。如今这一体系的运行已对少数民族的生存状况产生了深刻的影响,使匈牙利的少数民族管理呈现出不同于其他中东欧国家的面貌。

这一体系也提供了一个保护和促进小族语言的良好基础,它使少数民族在语言政策的制定和管理细节的设计上有决定性的发言权。《宪章》专家委员会对此的评价是:"这一创新性机制使少数民族得以通过自治团体的机构网络实施功能性自治,有潜力成为未来欧洲国家少数民族立法发展的一个模范和参考框架。匈牙利为此应获得高度赞扬。"[①]

（3）语言管理机制

2011年《宪法》规定,匈牙利官方语言为匈牙利语,国家致力于保护匈牙利语,并将匈牙利手语作为匈牙利文化的一部分予以保护。匈牙利没有专门的语言法,其对于匈牙利语以及小族语言的管理是通过几部法律实现的。比较重要的是《少数民族和族裔权利法》（1993年）,对小族语言的使用和发展做规定。《公共教育法》（1993年）规定,匈牙利的教学语言应该是匈牙利语,学校也可以使用小族语言,但也可以部分或全部使用任何外语。实际上该法以及随后的《核心课程大纲》均对匈牙利语、小族语言以及外语的教学做了全面的规定。早在

---

① 匈牙利第一轮《宪章》专家委员会报告（2001）,第35页。

1994年，匈牙利就根据《科学院法》成立了"匈牙利科学院"，旨在推动匈牙利语言的发展，促进科学的进步；其下属语言学院负责匈牙利语的规划，该学院下设的语言结构部、匈牙利语言委员会、语言培养部则负责匈牙利语的本体规划。该学院甚至提供电话服务，为公众的语言使用提供建议。

此外，匈牙利是中欧三国中最早加入《宪章》的国家；欧洲委员会部长理事会于1992年6月通过了《宪章》，当年11月有11个国家首批签署该《宪章》，匈牙利名列其中；随后于1995年在国内批准；1998年生效；1999年提交首轮自评报告。

二、族际互动日益紧密

匈牙利自一战结束后就致力于在公共领域使用匈牙利语取代其他语言，这主要是当时其境内使用匈牙利语的人口尚不足一半，而各少数民族都是在故国建立标准现代文学语言之前就来到匈牙利，因此都使用着一种带古代方言特色的母语，无法满足现代交流需要（Paulik and Solymosi 2004）。二战后50年代匈牙利基本延续了这一政策，在苏联影响下解散了很多少数民族团体，削弱了少数民族语言教育，基本禁止使用少数民族语言与政府交流。进入60年代，出于对苏联强行扼杀"匈牙利革命"的报复，在文化上的控制稍有松动。70年代后，出于要求邻国对匈牙利裔群体给予相应权利的需要，对少数民族的政策更为宽容，并延续到80年代。但总的来说，匈牙利"对少数民族的文化同化和语言削弱没有停止"（Paulik and Solymosi 2004）。

1990年之后，为了保护在罗马尼亚等国的匈牙利裔，同时为了达到欧盟设定的哥本哈根入盟标准，匈牙利积极完善国内对少数民族的保护措施。通过了《少数民族和族裔权利法》（1993年），认定了13个少数民族，赋予小族群体自治的权利并提供相关资源保障。自此小族群体开始日益活跃，依托各自建立的自治团体开展了大量文化活动，与主体民族匈牙利族的关系也日益紧密。实际上目前匈牙利境内的大部分少数民族成员拥有双重民族归属，即对匈牙利文化的认同等同于甚至强于对其本民族的认同[①]。

目前匈牙利的13个少数民族主要分散于全国各地，没有显著的少数民族聚居区，也不存在只使用一种语言的独立区域。根据各小族语言受到保护程度的高低，可以将匈牙利的小族语言大致可以分成以下四类。

[①] 参见匈牙利外交部网站，《匈牙利数据》（2000），https://www.mfa.gov.hu/，2015-7-28访问。

第六章　匈牙利的语言权利事务管理和小族语言生存

第一类是首批受《宪章》保护的语言。匈牙利政府在初期确认对以下6种语言提供《宪章》第三部分的保护：人口居住相对集中的罗马尼亚语和斯洛文尼亚语；人口分散但数量相对较多的克罗地亚语、德语、塞尔维亚语和斯洛伐克语。匈牙利对所有的语言都一视同仁，采取相同的保护措施，并且所有措施都面向全国。

德语——地位日隆的语言。德意志族由于在二战中大量加入纳粹德军，二战后很多人遭到了匈牙利政府的驱逐，留在匈牙利的也被取消了国籍。1950年后德意志人重新获得了国籍，但依然遭到敌视，被安置到偏远的农村地区。1956年发生匈牙利革命时，很多人逃离了匈牙利，迁往德国或奥地利。在那之后，匈牙利学校很少教授德语，直至80年代，德语获得认可成为少数民族语言之后，才开始进入匈牙利教育系统。1990年之后，得益于匈牙利政府与德国和奥地利逐渐增强的经济关系，匈牙利社会对德语的敌意迅速降低，甚至开始追捧。这一点可从历年普查中登记为德意志族的人口数量看出，1980年11 310人，1990年30 824人，2001年62 105人，2011年13 1951人，每十年就翻一番。

斯洛伐克语——活力稍复的语言。斯洛伐克族系罗姆族和德意志族之后的第三大少数民族。二战后，匈牙利曾与斯洛伐克进行过一次人口互换，迁出7300名斯洛伐克人①，这严重破坏了斯洛伐克族原先的整体性。1961年，用斯洛伐克语教学的学校被取缔，被5所提供斯洛伐克语课程的双语学校取代②，这导致了斯洛伐克族母语水平的退化。1993年新的《民族权利法》实施之后，斯洛伐克族建立了全国范围的自治组织，接管了大部分文化机构和部分学校，开始恢复其文化活力。2001年普查时，登记为斯洛伐克族的人口数量比1990年翻了一番。

罗马尼亚语——系于境外的语言。罗马尼亚是匈牙利近邻，境内有约140万匈牙利族人，占其总人口的6.6%（Stockton 2009）。在很长一段时期内，匈牙利对罗马尼亚族的政策受到罗马尼亚对其境内匈牙利族采取的民族主义政策的影响，而这又造成罗马尼亚的报复性政策，导致双边关系紧张，陷入恶性循环。进入转型期后匈牙利的思路发生了转变，主动改善了对境内少数民族的待遇；而罗马尼亚也采取了欧洲最为自由化的少数民族政策之一（Stockton 2009），双方的关系得以缓和。

克罗地亚语、塞尔维亚语、斯洛文尼亚语——曾遭压迫的语言。在社会主义

---

① 参见匈牙利外交部网站，《匈牙利数据》（2000），https://www.mfa.gov.hu/，2015-7-28访问。
② 同上。

时期,这三种语言均受到不同程度压制,生存境况不佳。自 1948 年起,塞尔维亚族运营的学校被收归国有,随即被关闭或合并;1960 年教育部取消了用克罗地亚语授课的班级,克罗地亚语只能作为一门课程来学习;而斯洛文尼亚属于西方阵营,匈牙利因此关闭了与斯洛文尼亚的边界,斯洛文尼亚族与母国的关系被切断[①]。90 年代之后,这三个民族逐步建立了自己的社团,恢复了文化和语言教育活动。

第二类只有一种语言,即罗姆人的语言。根据 2011 年普查,罗姆人占匈牙利总人口的 3.16%,但实际人数据估计在 60 万—80 万,应占总人口的 5%—10%[②]。罗姆族是匈牙利最大的受官方承认的少数民族,但同时是一个没有母国的少数民族,在匈牙利社会的地位不高,与主体民族常有冲突[③]。如今 71% 罗姆人已经不再使用其原有语言,转而完全使用匈牙利语;另外的 29% 是双语人,其中 21% 使用罗姆语,另有 8% 使用比亚斯语[④]。

罗姆人在匈牙利的历史中一直扮演着无足轻重的角色,从 18 世纪起就开始转向使用匈牙利语。一战之后匈牙利法律严格限制那些需要不断迁徙的工作,导致大部分罗姆人失业,与主体社会关系紧张。二战期间,罗姆人在匈牙利遭到迫害,约有 3 万—7 万人遭到杀害。二战后的工业化和城市化使没有土地的罗姆人沦为没有技术的工人,只能做一些短期的工作谋生。60 年代之后,政府开始清除罗姆人定居点,将其迁到各地隔离居住;据最新统计,目前在匈牙利的 823 个市中有 1633 个罗姆人居住点,首都地区有 10 个。

自 1990 年起,罗姆人开始在国会中拥有代表,但人数很少。罗姆人有一些自己的组织,如罗姆人社会联盟等,但总体而言在维护本族权益方面力量较弱。2008 年,在欧洲委员会的敦促下,匈牙利将罗姆语和比亚斯语也纳入《宪章》第三部分的保护范围。

第三类是受到国家法律承认的其他语言。共有 6 种系匈牙利法律承认的少数民族语言,分别是亚美尼亚语、保加利亚语、希腊语、波兰语、鲁塞尼亚语和乌克兰语。这些语言尽管获得了法律的承认,但使用人数太少且比较分散,因此对

---

① 参见"在匈克罗地亚人"网站,http://www.croatica.hu/index.php?id=31&lang=1,2015-7-28 访问。
② 参见"欧洲罗姆人中心"网站,http://www.errc.org/cikk.php?cikk=2870,2015-7-28 访问。
③ 参见匈牙利司法部网站,"少数民族介绍",http://emberijogok.kormany.hu/nationalities-in-hungary,2015-7-28 访问。
④ 同③。

第六章　匈牙利的语言权利事务管理和小族语言生存

政府提供相关服务的要求比较低。这些语言也通过相应的渠道获得政府的一定资助用于文化和教育活动。1990年之后，这些社区开始有较多的人从其母国迁来，而这些人不会匈牙利语，因此上述小族语言的使用开始活跃起来。

上述6种语言，除了首都布达佩斯的使用者的聚居程度稍高（200—1300人）[1]，在每一个郡的总人数基本都不超过100，而乌克兰族虽在部分郡的人数超过100，但也非常分散，没有固定聚居区域。此外较为活跃的是波兰族，波兰族在1867年就形成了自己的自治组织，但这些组织在社会主义时期被解散，财产遭到没收；尽管1958年又恢复了一定程度的活动，但直到1990年之后才开始真正发展起来[2]。

第四类是不受法律承认的语言。匈牙利法律中少数民族或族裔的认定条件之一是在匈牙利境内的居住历史有百年以上，因此排除了近年来进入匈牙利的移民语言。这一点在国际上很多场合都遭到了批评。

三、管理规范全面赋权

匈牙利的现有法律规范为少数民族赋予了较多的权利，承认其个人权利和集体权利，特别是给予较大程度的自治权利，使匈牙利的民族生态迥异于周边国家。在语言使用的权利方面也非常慷慨，承诺给予所有的民族语言一视同仁的待遇，并在全国范围内予以保障。

匈牙利《宪法》对境内少数民族的定位是其民族政策的基础，近期新《宪法》的出台意味着匈牙利的民族管理进入了新时期。匈牙利1949年的《宪法》承认少数民族和族裔是匈牙利的一部分，但在社会主义时期在少数民族权利保护方面保障不足。1989年民主改革之后，匈牙利对《宪法》（1989年和1990年均有修正）做了修正，规定所有的少数民族和民族群体都是匈牙利的一部分，保护少数民族以集体的身份参与公共生活、建立地方自治机关、保护自身文化、使用其语言、接受母语教育和使用其语言命名的权利。2011年，匈牙利通过新的《宪法》[3]取消"少数民族和族裔"的说法，一律使用"民族"（nationalities）。《宪法》"前言"

---

[1] 匈牙利第六轮《宪章》国家报告（2003），第16页。
[2] 参见匈牙利司法部网站，"少数民族介绍"，http://emberijogok.kormany.hu/nationalities-in-hungary，2015-7-28访问。
[3] 英文版《宪法》来自匈牙利政府门户网站，http://www.kormany.hu/en/news/the-new-fundamental-law-of-hungary，2015-7-28下载。

第六章　匈牙利的语言权利事务管理和小族语言生存

中规定:"与我们共同生活的民族,是匈牙利政治社会的一部分,是国家的一部分",承诺促进并保护"匈牙利境内民族的语言和文化"。《宪法》"自由和责任"部分第XV条规定,匈牙利将确保个人不受基于语言的歧视,同时"基本权利专员"部分也承诺了对匈牙利各民族权利的保护。《宪法》第XXIX条规定:"生活在匈牙利境内的每一个民族都应被视为国家组成的一部分。属于民族成员的匈牙利每一个公民有权自由表达并保存其身份;每个民族都有权使用其自己的语言,使用该语言的姓名,以个人或群体身份发展他们的文化并用自己的语言接受教育;所有民族均有权建立地方性和全国性的自治机关。"

2011年之前匈牙利《少数民族和族裔法权利法》(1993年)[①]是关于小族语言权利最为重要的法律之一,该法奠定了匈牙利少数民族政策的基本原则。该法给"少数民族"下了一个定义:"少数民族和族裔是指所有具备以下条件的群体:居住在匈牙利境内超过100年,人口上居于少数,拥有匈牙利国籍,与主体人群的语言、文化和传统相异,有志于保存并致力于呼吁和保护其在历史中形成的社团的利益。"根据此法,一个人享有语言权利并非因为他使用某一区域性或少数民族语言,而是因为他属于某一少数民族或民族团体。该法规定:"匈牙利境内拥有匈牙利国籍的少数民族的语言、物质和精神文化、历史传统以及其他特征是其个人和集体身份标志的一部分。对上述特殊价值的保存、促进和发展是少数民族的基本权利,符合匈牙利民族的利益,也符合国家和所有民族的利益。"《少数民族法》同时规定,"所有人都可以在任何时间、任何地点,自由地使用其母语。除非法律另有规定,国家有义务提供使用少数民族语言的条件"。2011年通过的《民族权利法》(2011年)[②],取代了《少数民族和族裔法》(1993年),正式将"少数民族和族裔"的概念改为"民族",同时引入了一个新的概念"属于一个集体成员的个人"(individual forming part of a community),赋予民族成员个人和集体语言权利,包括使用母语、使用传统的地名、使用母语接受教育、通过大众传媒使用母语接受和传播信息、使用母语与行政当局交流、在民事和刑事诉讼中使用母语、在国会和地方集会中使用母语。

2011年还通过或修改了一大批与小族语言权利相关的法律:《市镇政府法》

---

① 参见"国际劳工组织"网站,http://www.ilo.org/dyn/natlex/natlex4.detail?p_lang=en&p_isn=65074,2015-7-28下载。

② 参见"国际劳工组织"网站,http://www.ilo.org/dyn/natlex/natlex4.detail?p_lang=en&p_isn=96678&p_country=HUN&p_count=909,2015-7-28下载。

（2011年）对少数民族市镇自治机关的运行做了规定，对少数民族的权利保护有着非常重要的作用；《国家公共教育法》（2011年）确认在教育部下设立包括所有少数民族代表的"国家少数民族委员会"；《基本权利专员法》（2011年）规定专员应给予少数民族的权利特别关注。

此外，还有一些具体法律对不同领域的语言使用做了规定，为民族语言的使用提供了明确的保障。《保护文物和博物馆及提供公共图书馆和公共教育法》（1997年）提出要保护少数民族的文化传统，保障其有尊严地生存，改善其人身、精神和经济状况，改善其集体和个人教育条件。《登记程序法》（2010年）规定少数民族成员可以用母语为子女取名。《媒体服务和大众传媒法》（2010年）规定少数民族有权发展其文化和母语，有权从公共媒体的独立节目中持续获得用其母语播送的信息。《少数民族奖学金法令》（2011年）确立由公共管理和司法部支持在双语中学就读的少数民族学生。《信息自决和信息自由法》（2011年）规定公民使用民族语言发布和接受信息的权利。

欧洲委员会的专家认为①，匈牙利在立法层次对少数民族及其语言的保护相当详尽，这一规范体系将发挥深远的影响，有潜力在未来作为欧洲少数民族保护的典范。不过我们也要清醒地看到，匈牙利所试图构建的这一模范体系具有一定的实验性特征，在实践中也遇到了很多困难，关于其引领其他国家的预期仍然有待观察。

四、管理主体倚重自治

匈牙利在立法和行政层面都有全国性的民族事务处理机构，但其最重要的管理主体乃是在全国范围内建立的民族自治机关体系，这一体系依法对本族文化事务进行自治，取得了较好的效果。

国会人权、少数民族和宗教事务委员会是立法层次的最高机构，负责监督国会的立法是否符合对少数民族保护的相关原则；其下属的国会少数民族权利委员会负责受理关于少数民族权利侵犯的投诉。此外，国会还设立了一个专门负责保护少数民族宪法所赋权利的"国会委员"或"少数民族事务申诉专员"（minorities ombudsman），由国会选举产生，少数民族群体成员可以向该专员反映其权利受损的情况以寻求保护。

---

① 匈牙利第一轮《宪章》专家委员会报告（2003），第10页，第14—15段。

第六章　匈牙利的语言权利事务管理和小族语言生存

在行政层面,首相办公室设有一个"民族政策国务秘书",负责处理民族事务。匈牙利在司法部下设立了一个"少数民族与族裔办公室",负责起草、协调并执行政府有关少数民族的政策,评估少数民族状况,收集少数民族的权利主张[①]。教育部也设有一个"少数民族委员会",负责为教育方面的政策提供意见。人力资源部设有宗教、民族和公民社会关系国务部长,负责国内的民族事务,并与相关国际机构保持联络。此外文化部也曾设有"少数民族文化委员会"。

当然,最为重要的是匈牙利的各少数民族群体依法成立的各级自治机关,包括国家、区域和地方等不同级别,与政府机关开展比较密切的交流与合作。国家级的机关负责协调地方级机关的活动,并充当整个民族群体对国家政府的发言人的角色,同时各级机关也有保护各自民族的语言权利及充当各级调解员的作用。这一机制是根据匈牙利《宪法》和《少数民族和族裔权利法》(1993年)建立的,赋予少数民族团体很大的权力,是匈牙利的一大创举,受到欧洲相关国际组织和其他国家的高度关注。经过20多年的发展和改革,该自治体系已成为匈牙利民族生活中非常重要的组织,在民族自治、民族文化和教育事务发展方面发挥着重要的作用。

五、管理行为积极有效

匈牙利在民族权利事务方面的管理上有较强的动机,自1989年开始的转型以来开展了大量的工作,使小族群体的生存环境得到了极大的改善,小族语言的使用程度也有所提高。

(1)法定地位

在立法层次,匈牙利的法律中没有体现对任何一种语言的排除、限制、优先对待或其他区别性对待。1978年,匈牙利在其《刑法》中规定对所有形式的种族歧视施以刑罚,其中包括对语言的歧视。国家在教育和文化领域都支持对少数民族文化的正面宣传,以引导大众对少数民族语言的宽容。《国家基本教育大纲》(*National Basic Curriculum*)在教育目标中列入了促进对其他民族价值的理解、宽容和尊重,更细的规定则包括"对国家和民族的了解"。

(2)本体发展

进入20世纪90年代初期时,匈牙利大部分小族群体的中年人已经不再使

[①] 参见匈牙利外交部网站,《匈牙利数据》(2000年),https://www.mfa.gov.hu/,2015-8-2访问。

第六章　匈牙利的语言权利事务管理和小族语言生存

用其原先带有古风的母语,家庭已经基本失去了传承语言的能力。匈牙利少数民族传统的延续开始主要依赖于学校,而语言标准则被其母国现在的标准文学语言所取代。匈牙利为小族语言的教材开发给予了一定的支持,特别是受到《宪章》保护的语言,但在语言本体发展方面基本没有什么作为,主要依赖于母国。

(3)司法、行政及公共服务

匈牙利赋予所有的少数民族群体和个人在匈牙利全境行使语言权利的资格,因此小族群体的人数和聚居程度不影响其语言权利的实现。匈牙利的司法体系全面支持小族语言权利的实现,包括国家、州郡和地方层次。

匈牙利《刑事诉讼法》(1998年)第9部分第2条规定:"在刑事诉讼中每个人都可以使用其母语,使用口语或书面语形式的地区或少数族群语言……如其不能使用匈牙利语,可以自行决定所使用的语言"。《民事诉讼程序法》(1952年)也规定了涉案人拥有使用母语的权利。如今,匈牙利拘留机构的警察如学习小族语言可以得到补贴。警官学校也将少数民族的文化作为必修课程,以提高其服务小族群体的能力。匈牙利还规定,在有少数民族居民的地区,优先考虑任用那些掌握该族语言的人担任该地区的公证员,匈牙利是欧盟所有成员国中唯一做出这一规定的国家[①]。

匈牙利《公共行政法》(2004年)规定小族成员有权在行政程序中使用其母语。《民族权利法》(2011年)规定在小族群体成员达到总人口10%的地区,小族自治机关有权要求地方政府使用民族语言公布有关信息,提供该民族语言的各种表单,使用民族语言标志公共机关的办公处所、街道名称等。在小族群体达到总人口20%的地区,地方公务员、公证员、法警等职位应雇用掌握该族语言的人员。

不过在我们看来,匈牙利承诺在全国范围内保障小族群体使用本族语言与当局交流的权利,更多的是一种姿态,因为匈牙利几乎所有的小族群体成员都有很高的匈牙利语水平,在与当局交流时很少要求使用民族语言,而匈牙利也并未真的在全国配备相应的服务资源。

(4)教育与研究

在小族语言的教育和研究方面匈牙利基本能够将法律规定的义务付诸实际

---

① 匈牙利第五轮《宪章》国家报告(2012),第73页。

行动,小族群体可以较为容易地获得一定程度的本族语言教育。

在二战之前匈牙利对国内小族群体的语言教育采取较为严苛的限制措施(Paikert 1953),而1950年之后,政府在所有类型的学校中推进俄语而将所有其他现代语言的教学降至最低(Medgyes and Miklósy 2000),继续限制小族语言教学。直到80年代后政策才有较大转变,1985年开始匈牙利境内使用的语言都可以成为教学语言,无论是否同时使用匈牙利语(Medgyes and Miklósy 2000)。

进入20世纪90年代后,匈牙利给小族语言教育提供了更多的支持。《公共教育法》(1996年)将对少数民族教育的额外财政支持视为国家公共教育财政政策的重要部分。2011年通过的《国家公共教育法》(2011年)规定学校教育语言应为匈牙利语,少数民族学校可全部或部分使用民族语言;对8人以上的学前或小学层次的民族语言教育做出了详细规定。《国家高等教育法》(2011年)则允许少数民族学生使用其民族语言接受高等教育。

匈牙利规定如有8名学生以上的家长提出要求,地方政府就必须提供小族语言的教育,学校可以开设单独的班级或学习小组。目前在小学层次,当家长有此要求时,地方当局一般都设法满足,虽然有的只是以周日学校的形式存在。但在中学和更高层次的教育中,则因为要协调的方面较多,实施程度比较弱。根据法律,自幼儿园层次起,如果少数民族学生超过25%,该校就被赋予"少数民族学校"的资格。一般有3种少数民族学校:第一种将民族语言作为一种外语来教学,一般每周四节课,这种学校数量最多;第二种学校,文科课程使用民族语言教学,理科课程使用匈牙利语教学,这种学校的数量正在增加;第三种是所有课程均使用民族语言教学,但第三种数量较少,一是教师不够,二是家长认为主流语言也很重要。而其他那些人数较少的小族,则采用周日学校的形式开展少数民族语言教育。

匈牙利1995年教育改革后推出的"国家核心课程大纲"(National Core Curriculum),将境内小族的价值和传统纳入教学内容。中学毕业考试包括必考科目和可选科目,匈牙利语言和文学、历史以及一门外语是必考科目,对于小族学生而言,则可以用其母语替代匈牙利语,用匈牙利语替代外语。目前国家教育部门为《宪章》中承诺的所有6种语言都开发了标准课程,并从国家财政预算中为提供少数民族语言教育的学前教育机构提供补助。除了塞尔维亚语,其余5种语言都建立了研究机构(2004年),致力于少数民族历史、方言、生存现状的研究和出版;有的与母国研究机构合作密切,研究那些已在母国消失数百年的语言现象。

第六章　匈牙利的语言权利事务管理和小族语言生存

《宪章》专家委员会①曾表扬匈牙利关于少数民族语言教育的法律体系，认为其较为完善，在解决少数民族语言的教育问题方面成绩斐然。匈牙利的上述举措一方面出于其自身利益的考虑，即希望借此要求邻国政府对其境内的匈牙利裔群体提供类似服务；另一方面，匈牙利境内小族人数较少，而且法律上也未明确规定民族语言教育的形式，因此匈牙利无须花费很多政治和财政资源就完成这一义务。

（5）传媒和文化

匈牙利在少数民族语言媒体节目和文化活动的开展方面提供了较为充分的机制和资源保障。《民族权利法》（2011年）规定"公立电视台和广播台应依法设立专门部门，提供专门资金，定期为少数民族和族群制作、播送并传播节目。"《广播电视播送法》（1996年）规定公共媒体有义务报道少数民族的文化和生活，并有义务使用少数民族语言播送节目。《文化物品、博物馆机构、公共图书馆服务以及文化教育保护法》（1997年）规定全社会有义务保护少数民族文化传统，改善其个人和集体的经济和教育条件，并支持相关团体开展相关活动。

（6）社会应用

匈牙利的《宪法》和相关法律确保小族群体自由使用其母语的权利，但鉴于这一领域多属私人领域，国家干涉的空间很小。不过在现实中小族语言在匈牙利社会的应用十分不足，这一方面是由于小族群体的人数很少，只占非常小的比例，另一方面也由于几乎所有的小族群体成员都会使用匈牙利语。

六、上下互动密切友好

得益于政府的支持与鼓励，匈牙利小族群体的组织程度非常高，这既改善了小族群体与主体民族之间的关系，也增强了小族群体向政府提出诉求的能力，近年来小族群体与政府机构的互动非常频繁，在民族文化和语言的促进方面开展了大量的工作。

一方面，匈牙利的小族群体可以通过官方平台表达自己的声音，影响政府的决策。1995年，匈牙利根据《宪法》设立了一个专门负责保护少数民族宪法所赋权利的"少数民族事务申诉专员"，向国会直接负责；各郡市议会也可选举地方少数民族事务申诉专员，少数民族群体成员可以向该专员反映其权利受损的情况

---

① 匈牙利第一轮《宪章》专家委员会报告（2001），第14页，第26段。

以寻求保护。2009年,在国会主席的建议下,匈牙利建立了"匈牙利少数民族和族裔论坛",为各党派、国会委员会和各民族自治机构的对话提供平台,该机构成员可以应邀参加国会委员会的会议。

小族群体成员还可以通过推选代表进入议会的方式影响国家的决策过程。自1990年匈牙利建立多党国会起,基本每届都有少数民族出身的议员进入国会,但大都是以某党成员的身份进入的,并不能保障其代表少数民族的利益。2011年底,匈牙利通过了新的《国会议员选举法》(2011年),规定自2014年大选起,各少数民族全国自治机关可以推荐代表为议员。该法引入了"优先名额"(preferential quota)的概念,以提高少数民族代表参与国会工作的程度,如少数民族代表获得国会四分之一议员的投票即可获得授权进入国会,如未能获得上述授权,一个民族可以推选一名发言人为其利益发声。2014年选举后,所有少数民族均推选了发言人进入国会"少数民族委员会",参与相关立法进程。

另一方面,匈牙利依法建立了一整套少数民族自治机关(self-governments)体系,有效保障了少数民族参与相关的政策制定过程。1993年之前,匈牙利少数民族的公共角色由各类公民团体承担,而《少数民族和族群权利法》(1993年)允许少数民族建立地方和全国机构的自治机关,随后匈牙利建立起了较为完整的少数民族自治体系。2011《宪法》规定,该自治机关的成员由选举产生,地方级别的机关成员选举与各地方选举同时举行,每5年选举一次,代表该民族保护其利益。

这一体系的权力很大,主要通过两种方式发挥作用。一种是合法参与地方政府管理中有关少数民族利益的公共事务的处理,从而确保该地区少数民族的权益得到保障。在市镇一级以及国家级的管理机构中,法律体系均可确保少数民族代表深度参与与其相关的政策的制定,包括少数民族教育的监管和少数民族教育教材的编制。至1999年,所有少数民族均建立了自己的全国性自治机构,这些自治机构参与国会少数民族委员会的工作,拥有咨询权,可以对与少数民族有关的立法草案发表意见。第二种是可以在教育和文化领域从地方或中央政府手中接管相关权力。各民族可以将全国或地方级别的文化和教育机构接管过来,自主负责管理,包括对本民族儿童的语言教育。与此同时,各自治机关直接从政府手中接收相关预算,负责相关事务的运转。

此外,匈牙利的小族成员也可以利用法院、媒体、公开抗议等方式表达自己的诉求,引起国家管理者的注意。

第三节 小族群体语言权利的实现情况

匈牙利法律给小族群体赋予了充分的语言权利,承诺所有民族,无论其人口聚居程度如何,均在全国范围内对其使用民族语言的权利予以平等的保护,但这种承诺目前实际上并未具备实现的条件,匈牙利各小族群体的语言权利在目前只能说得到了一种象征性的实现,离充分的使用还有较大距离。

一、法律地位一视同仁

匈牙利官方承认13个少数民族以及这些民族使用的14种语言,包括亚美尼亚语、保加利亚语、克罗地亚语、德语、吉卜赛语(罗姆语和比亚斯语)、希腊语、波兰语、罗马尼亚语、鲁塞尼亚语、塞尔维亚语、斯洛伐克语、斯洛文尼亚语、乌克兰语。但是由于各族人口的数量、聚居程度、母国经济实力、语言发展程度等因素,实际上不同语言所享受的保护是不同的。尽管国家在法律层次严格禁止任何形式的歧视,但并不意味着歧视行为就在社会生活中销声匿迹。比如罗姆人就广泛地经历着社会和经济上的歧视,其使用的罗姆语和比亚斯语在社会上的地位极低,政府所采取的促进行动没有明显效果。近年来匈牙利社会对罗姆族的歧视有所加剧,引起了国际社会的广泛关注[①]。

二、本体发展依赖母国

匈牙利各民族的本族语教学基本是以该语言的母国标准语为基准,因此匈牙利境内小族对语言本体发展贡献较小。而没有母国支持的罗姆人语言,则依赖欧洲范围内的罗姆人团体所主导的语言本体发展计划。总体来说可述之处不多。

三、司法行政流于纸面

匈牙利法律承诺在全国范围内为少数民族语言使用者提供服务,因此在法律层面所有语言都可以在公共场所使用。但由于公共资源有限,实际上无法全

---

① 参见"欧洲罗姆人权利中心"网站,http://www.errc.org/article/discrimination-against-roma-in-hungary/689,2015-8-4访问。

第六章 匈牙利的语言权利事务管理和小族语言生存

面调整所有行政管理机构的工作程序,也无法雇用足够数量的会少数民族语言的雇员,匈牙利也没有实施大规模的组织调整以满足这种需求,因此这种承诺并不具备可操作性。匈牙利政府表示,据调查这种需求极低①。

在实际生活中,鉴于绝大部分少数民族成员都会匈牙利语,在实际事务处理中都是使用匈牙利语;如果少数民族成员坚持依法使用少数民族语言,则可能会被视为故意捣乱。在 2012—2015 几年中只有布达佩斯市政府和佩斯郡政府报告曾按需求进行翻译,其余地方政府均称无此需求②。《宪章》专家委员会的调查③发现确实有少数民族群体成员使用其母语以口头或书面形式与当局交流,但是数量很低,体现了这种权利的象征性实现。

匈牙利《刑事诉讼法》(1973 年)和《民事诉讼法》(1952 年)赋予所有个人在诉讼过程中使用书面和口头形式的母语的权利,提出不得使任何人因为不掌握匈牙利语而处于任何不利地位。这一规定的实施有两个问题:一是匈牙利几乎所有的少数民族群体都是双语者,因此犯罪嫌疑人常常不敢要求使用少数民族母语而使自己成为一个无理取闹的人;二是匈牙利的少数民族居住分散,很难在全国所有法院都提供所有少数民族语言的服务。同时,相关法律也规定,在诉讼中可以使用少数民族语言出具相关文书,使用少数民族语言的证词或证物。上述权利尽管实现机会较少,但基本得到保障。

《少数民族权利法》规定,只要地方少数民族自治团体提出要求,地方政府就必须在街道、公共行政机关的大楼和办公室使用双语标牌。事实上在少数民族居民较多的地区,双语或多语地名标牌是比较普遍的现象。在登记姓名方面,尽管匈牙利《登记、结婚程序和取名法》(1982 年)允许少数民族成员使用具有其民族特色的名字,但匈牙利只允许在《匈牙利姓名大全》中选取名字,因此有些少数民族成员有时候会无法行使其法定权利④。

不同语言所能享受到的服务也有区别。德意志族享受德语公共服务的可能性较大,德语在匈牙利人中相当普及,基本所有的政府部门都能找到一个会讲德

---

① 匈牙利第六轮《宪章》国家报告(2015),第 77 页。
② 匈牙利第六轮《宪章》国家报告(2015),第 78 页。
③ 匈牙利第一轮《宪章》专家委员会报告(2001),第 27 页,第 56 段。
④ 网络文献"Trends in the Choice of First Namesin Hungary since the Second Half of the 20th Century",http://nevtan.arts.unideb.hu/nevtan/informaciok/pisa/rj-a.pdf,2015-8-2 访问。

第六章 匈牙利的语言权利事务管理和小族语言生存

语的人①。而克罗地亚族的民族自治机关仅在 11 个市参与市政活动。罗姆人虽为匈牙利第一大民族,但罗姆语很少能在公共场合使用;自 2013 年起,有少数政府机关聘用了罗姆族的联络员,作为政府与罗姆族之间的沟通桥梁②。

自 2012 年之后,匈牙利地方政府不再对民族自治机关实行法律上的控制,而改为司法上的监督,这赋予了自治机关更多权力,也使其可以更好地使用民族语言为本民族成员服务。2014 年之后,民族自治机关的选举与人口普查数据挂钩,也为小族语言权利的实现提供了更好的平台。根据 2014 年生效的《民族权利法》规定,在普查中小族人口达到总人口 10% 的市镇,根据小族自治机关的要求,政府公共机关应使用小族语言制作表格、规章、公共机关指示牌、公共服务部门指示牌、地名和街名,并提供更多的广播媒体播放时间和更多的平面媒体报道;在小族人口达到总人口 20% 的地方,则要求政府在雇用公务人员时,必须保证有会使用小族语言的人员,如小族自治机关要求,政府机关在做会议记录或草拟文件时应在使用匈牙利语之外同时使用小族语言。这一措施的实施情况及结果要过一段时间才能显现出来。

四、教育研究差强人意

在匈牙利,绝大部分少数民族成员均已完成了语言转用,在家庭中使用本族语的频率很低,因此语言的传承依赖于学校教育③。匈牙利为少数民族语言的教育提供了较为充分的保障,但这方面权利的实现程度较低,教育和研究的水平都不高。

匈牙利政府依据《宪章》承诺保护的 6 种语言均在学前教育层次得到了保障。地方政府、少数民族自治团体或私立性质的联合会组织了少数民族语言的学前班。一般有两种学前教育模式:一种是全母语教学,一种是母语与匈牙利语的双语教学。双语模式占大多数,比如 2000 年时有接近 1000 所德语双语学前机构,有 13 000 多名学生在校学习,比较少的是斯洛文尼亚语,有 5 个学习组共 88 名儿童④。《宪章》专家委员会认为基本满足了小族语言使用者在这方面的需求。

---

① 匈牙利第六轮《宪章》国家报告(2003),第 75 页。
② 同①。
③ 参见匈牙利外交部网站,《匈牙利数据》(2000),https://www.mfa.gov.hu/,2015-8-2 访问。
④ 匈牙利第一轮《宪章》专家委员会报告(2001),第 18 页,第 35 段。

小学层次的教育权利也基本实现。只要有 8 名学生的家长要求学习少数民族语言,市政府就必须组织学习班,一般也分单语和双语模式。如 2000 年时就有 18 个班级(144 名学生)用塞尔维亚语实施单语教学,只有 8 个班级使用以匈牙利语为主的双语教学。组织此类学习班所产生的额外费用由国家承担,或至少承担一部分,因此市政府能较为积极地满足相关需求。在中学层次,存在所有这 6 种语言的教育,但不如小学层次那么令人满意。8 人组班的法律在中学层次同样适用,但由于缺乏教师和经费以及学生间相互距离较远等原因,此类要求常常无法得到满足。匈牙利政府于 2012 年对 1 至 12 年级所有少数民族语言的教学大纲做了修改,邀请每种语言的使用者参与讨论以确定该语言的培养目标。总的来说,匈牙利的小族语言学校,大部分只到小学层次,进入中学层次的数量极少。至于高等教育层次,在匈牙利的国立大学体系中,这 6 种语言的教学或研究均得以实施。而成人教育层次的需求,目前主要由民族自治团体提供相关服务,但可接受国家补助。

匈牙利近三年各层次少数民族语言教育的情况,参见表 6.1[①]。

表 6.1 匈牙利少数民族语言学校及学生数量

层次	学年	民族	全母语		双语		语言教学		课外学习	
			学校	学生	学校	学生	学校	学生	学校	学生
幼儿园	2011/2012	6	49	2019	294	16 467			25	1503
	2012/2013	7	58	2437	285	16 542			35	1458
	2013/2014	7	44	1566	323	15 822			35	1284
小学	2011/2012	9	31	2945	55	7354	373	45 412	7	265
	2012/2013	8	20	1736	56	7810	378	47 488	5	173
	2013/2014	9	18	1644	57	7834	438	48 538	8	228
普通中学	2011/2012	7	8	832	11	2048	8	288	2	39
	2012/2013	6	3	312	14	2401	8	237	2	33
	2013/2014	7	3	314	14	2506	10	306	2	33
职业初中	2011/2012	2			2	29	4	135		
	2012/2013				1	7	6	222		
	2013/2014	2			1	64	5	123		
职业高中	2011/2012	1			0	0	1	6		
	2012/2013	1			0	0	1	6		
	2013/2014	2			0	0	2	110		

---

① 匈牙利第六轮《宪章》国家报告(2015),第 55—61 页。

第六章 匈牙利的语言权利事务管理和小族语言生存

由表 6.1 可见,匈牙利小族语言教育主要发生在学前和小学阶段,进入中学阶段后学校数量和学生数量均大幅下降。在所有层次,母语教育的学校都是很小的一部分,而且数量呈逐年下降趋势。因此我们认为,匈牙利的小族语言教育只是在较浅的层次上满足了小族群体的需求。

五、传媒文化趋于活跃

匈牙利政府通过各种形式的资助计划支持并鼓励少数民族语言和文化的表达,近年来随着小族自治机关体系的完善以及资金保障的落实,各民族自治机关接管了很多国家和地方层次的文化机构,开展了比较丰富的活动。

在广播电视方面,匈牙利"广播电视委员会"有义务确保广播电视节目自由及多样化。匈牙利《广播电视播送法》(1996 年)明确规定公立广播电视台应为少数民族语言使用者提供相应语言的服务。国家通过"少数民族公共基金"(Public Foundation for Minorities)和"公共电视基金"(Public TV Fund)等为少数民族语言的广播和电视节目提供补助。一般情况下,少数民族自治机关可以很容易地拿到广播和电视节目的播放许可,但其他的民间团体则似乎很难拿到相关的节目许可。不过《广播电视播送法》(1996 年)规定,在没有相应语言节目的地区,少数民族自治机关所拥有的电视台有权获得每周至少 4 小时但不超过 8 小时的播放时长。目前这一权利基本能够实现,公共媒体提供的小族语言广播电视节目已覆盖所有小族(13 个)的语言。相关节目内容主要由相应语言使用者决定,他们通过其自治机关与广播电台或电视台协商并签订合同。但据称这些节目中大部分收视率不高,只有少数节目收视率尚可[①]。

小族语言的出版物销量一般很小,因此其能否出版主要依赖于是否得到资金支持。数十年来,匈牙利政府为少数民族语言的报纸提供补助,因此少数民族语言的周报或半月刊均长期发行,尽管不能通过市场盈利,但仍能生存。目前,所有的少数民族都有纸媒。2011 年,匈牙利政府将对少数民族报纸的支持直接列入少数民族自治团体的预算中,这意味着这些报纸可以获得长期稳定的资金支持。同时,政府提供资助支持匈牙利语和少数民族语言文化作品之间的互译,覆盖了大部分小族语言。据我们的调查,在匈牙利的华人就出版了 10 多份华文报纸,以周报为主,也有日报和网络版报纸,甚至在微信平台上也有转载。

---

① 匈牙利第六轮《宪章》国家报告(2015),第 84 页。

六、社会应用所见不多

小族语言在匈牙利的社会功能正在消失①,尽管根据法律在社会和经济活动中小族语言的使用不受任何限制,不过其实际使用频率并不高。欧盟委员会资助的"MINERVA Plus"项目②曾在匈牙利做过一项调查,发现匈牙利的图书馆、档案馆、文化场所、博物馆和其他相关的文化机构所提供的多语服务尚不足,比如在调查的 40 个注册网站中,有 16 个是单语的,17 个是双语的,6 个是三语的,1 个是四语的。不过其中双语的都是匈牙利语和英语,其他语言则是德语或法语等大语言,小族语言很少。在文化场所的调查结果也是类似的,有相当一部分是单语标识,提供的双语标识大都是英语的,其余则是德语或法语的。60 个图书馆的网站中,33 个是单语的,24 个提供了英语版本,其中 3 个同时提供了德语版。60 个博物馆的网站中则有半数是单语,提供其他语言服务的也多是英语或德语。这一调查基本如实反映了匈牙利小族语言的社会应用程度,即很少用于实际交流。

第四节　小族语言表面繁华

从官方文件以及各种统计数据来看,匈牙利各小族群体的语言权利得到了较好的实现,各小族语言生存状况也在不断改善,各种文化活动也较为活跃,但这些都无法掩盖一个事实,那就是匈牙利小族语言使用者在总数和比例上都是非常低的,小族语言的社会功能已经基本丧失,小族语言的活力实际上是很低的。

1. 代际传承正在断裂

匈牙利小族语言的代际传承情况不容乐观,小族语言虽然在家庭中有一定程度的使用,但绝大多数小族成员已经完成了向匈牙利语的语言转用。根据匈牙利国会少数民族和族裔权利专员的报告③,在匈牙利少数民族语言只在少数老年人中使用,中年的一代基本都使用匈牙利语,而年轻的一代都将民族语言视为第二语言。由于连续几代的跨族通婚,以及不同代的人不再生活在一起,上一代无法通过家庭使用将民族语言传递给下一代。在所有层次的交流中,匈牙利语都是主要语言,现在延缓或停止语言转用的唯一可能是依赖学校教育。

---

① 参见匈牙利外交部网站,《匈牙利数据》(2000),https://www.mfa.gov.hu/,2015-8-5 访问。
② 参见"MINERVA Plus"网站,http://www.minervaeurope.org/whatis/minervaplus.htm,2015-8-5 访问。
③ 匈牙利第六轮《宪章》国家报告(2015),第 17 页。

2. 人数和比例略有增长

匈牙利的小族群体有瞒报民族身份的传统，因此人口普查并不能反映其真实的数字，不过可以肯定的是其绝对数字是比较小的。2011年的普查显示绝大部分小族群体的人数都在增长，2001和2011年的普查结果见表6.2。

表6.2 匈牙利民族和语言结构

民族和语言		民族		母语		家庭及朋友用语	
民族	年份	人数	比例	人数	比例	人数	比例
匈牙利	2001	9 416 045	92.329%	9 546 374	93.607%	9 584 836	93.985%
	2011	8 314 029	83.662%	8 409 049	84.618%	8 409 011	84.618%
保加利亚	2001	1358	0.013%	1299	0.013%	1118	0.011%
	2011	3556	0.036%	2899	0.029%	2756	0.028%
罗姆	2001	189 984	1.863%	48 438	0.475%	53 075	0.520%
	2011	308 957	3.109%	54 339	0.547%	61 143	0.615%
希腊	2001	2509	0.025%	1921	0.019%	1974	0.019%
	2011	3916	0.039%	1872	0.019%	2346	0.024%
克罗地亚	2001	15 597	0.153%	14 326	0.140%	14 779	0.145%
	2011	23 561	0.237%	13 716	0.138%	16 053	0.162%
波兰	2001	2962	0.029%	2580	0.025%	2659	0.026%
	2011	5730	0.058%	3049	0.031%	3815	0.038%
德意志	2001	62 105	0.609%	33 774	0.331%	52 912	0.519%
	2011	131 951	1.328%	38 248	0.385%	95 661	0.963%
亚美尼亚	2001	620	0.006%	294	0.003%	300	0.003%
	2011	3293	0.033%	444	0.004%	496	0.005%
罗马尼亚	2001	7995	0.078%	8482	0.083%	8215	0.081%
	2011	26 345	0.265%	13 886	0.140%	17 983	0.181%
鲁塞尼亚	2001	1098	0.011%	1113	0.011%	1068	0.010%
	2011	3323	0.033%	999	0.010%	1131	0.011%
塞尔维亚	2001	3816	0.037%	3388	0.033%	4186	0.041%
	2011	7210	0.073%	3708	0.037%	5713	0.057%
斯洛伐克	2001	17 693	0.173%	11 817	0.116%	18 057	0.177%
	2011	29 647	0.298%	9888	0.100%	16 266	0.164%
斯洛尼亚	2001	3025	0.030%	3180	0.031%	3108	0.030%
	2011	2385	0.024%	1723	0.017%	1745	0.018%
乌克兰	2001	5070	0.050%	4885	0.048%	4519	0.044%
	2011	5633	0.057%	3384	0.034%	3245	0.033%
合计	2001	313 832	3.077%	135 497	1.329%	165 970	1.627%
	2011	555 507	5.590%	148 155	1.491%	228 353	2.298%
总人口	2001	10 198 315		10 198 315		10 198 315	
	2011	9 937 628		9 937 628		9 937 628	

鉴于 2011 年有较多人选择隐瞒自己的民族身份,我们可以同时参考 2001 年的统计数据观察匈牙利的民族结构。从数据来看,匈牙利是一个同质化程度较高的国家,匈牙利族约占总人口的 92.3%;经法律认可的 13 个少数民族总数在 2011 年普查中达到 55.6 万,占总人口的 5.59%,出现了显著上升的趋势。

就统计数据来看,匈牙利的小族语言状况出现显著好转,2001 年普查中无论是登记为小族的人数、使用小族语言作为母语的人数,还是在家庭中使用小族语言的人数,与 2001 年相比均出现了大幅度的上升,几乎翻了一番。不过我们要注意的是,这种上升并不一定是小族语言的使用状况发生了根本性改变,因为匈牙利在 2011 年普查前规定,给各民族自治机关的拨款将与小族人数挂钩,且只有登记为小族群体成员的人才有权投票选举本族代表进入各级自治机关。这一政策上的转变导致了 2011 年的普查中有更多的小族人群选择登记自己的民族身份,而不像以前那样选择隐瞒。

1990 年匈牙利少数民族人口共有 23.3 万,上述 13 种语言的使用者共计 13.8 万。2001 年登记的少数民族总人口达到 31.4 万,但少数民族语言使用总人数却降到 13.5 万。2011 年少数民族人口总计 55.6 万,语言使用者却仅有 14.8 万。这一趋势反映了少数民族群体中母语使用者的比例近 20 年来急剧下降。《宪章》专家委员会认为匈牙利的少数民族人口均匀地分散于全国各处,嵌入于主体人群中,使他们处于一种大规模的同化过程中[①]。

3. 使用领域限于家庭

匈牙利的小族语言目前仅在家庭中有所应用,但这种应用的程度也很低。小族语言在经济社会领域的使用比较少见,主要体现在一些小族群体居住地区的公共标识上。

4. 新语域和媒体少有进入

小族语言在匈牙利的使用频率非常低,因此很难说这些语言能有机会进入新的领域。不过鉴于这些语言绝大部分都有母国,这些语言在母国的发展显然没有问题且能在新的语域和媒体中得到应用。

5. 教学材料较为充足

匈牙利小族语言的教学材料能够得到基本保障,这一方面得益于政府的支

---

① 匈牙利第一轮《宪章》专家委员会报告(2001),第 35 页。

第六章 匈牙利的语言权利事务管理和小族语言生存

持,另一方面也得益于母国的协助。根据匈牙利政府提供的数据①,匈牙利小族人口中有11.88%未接受小学教育,其中罗姆族占绝大多数(80.90%);接受过部分或完成小学教育的小族人口占41.01%,其中罗姆族占大多数(72.63%);接受过部分或完成中学教育的小族人口占33.29%,其中德意志族最多(40.96%);接受过部分或完成大学教育的小族人口占13.81%,其中人数最多的是德意志族(59.32%)。横向比较各族,罗姆人的教育情况最糟,绝大部分都止步于小学(79.72%),仅有极少数人能够取得大学文凭(0.83%)。其他各族的教育水平都不错,完成高等教育的人数比例较高,能达到30%—40%。

6. 政府态度正面积极

匈牙利对于小族语言的保护应该说是非常积极的,无论是在官方文件的表述,法律规范的制定,还是在具体措施的落实上,都对小族语言采取了一种正面的褒扬的态度,并承诺给予全面和平等的保护。

7. 本族态度有所好转

从匈牙利各小族对其母语的使用情况来看,我们很难说他们对本族语言持积极的态度。不过2011年的普查结果显示,小族群体对于自己的民族身份和民族语言有了更高程度的认可。

在转型之前,整个社会环境对民族语言怀有偏见,有调查显示学生们对少数民族语言,特别是他们自己本地的、非标准化变体持一种负面态度,他们极大地贬低这些语言的象征意义和经济价值(Medgyes and Miklósy 2000)。1989年之后,各小族对本民族语言的价值有新的重估;但相对于老年人,年轻人对其本民族文化的忠诚度较低。从最新的普查结果看,各民族主动登记民族身份和使用母语的数量大幅上涨,无论是出于何种原因,这都显示了各民族群体对本族语言认同的改善。

8. 文献保存有所保障

匈牙利在民族文献的保存方面建立了固定的机制,因此民族语言文献的保存能得到一定程度的保障。根据《文化法》(1997年)和《民族权利法》(2011年)等相关法律,国家外国文学图书馆(National Library of Foreign Literature)负责为全国的民族图书馆组织提供图书。目前该图书馆已收藏并提供了所有13个民族的图书资料,总计约40万册,最主要的包括德语(3.6万)、波兰语

---

① 匈牙利第六轮《宪章》国家报告(2015),第12页。

(8357)、罗马尼亚语(4697)、斯洛伐克语(4396)、塞尔维亚语(3019),其余语言数量较少①。2000年时,全国约有400个图书馆藏有小族语言书籍;这些图书馆定期从国家外语图书馆获得小族语言出版物的信息,自行决定购买书目。国家罗姆族图书馆、档案馆和资料中心自2005年开始运营,主要聚焦于与罗姆人生活、文化相关资料收藏和制作。

---

① 匈牙利第六轮《宪章》国家报告(2015),第91页。

第七章 国家管理对于语言权利实现的影响

第一节 三国管理机制的演进背景和动力来源

"语管论"认为对语言行为的管理乃是在交际关系管理以及社会文化环境管理的推动之下发生的,我们认为中欧三国语言权利事务管理机制的构建和演进也是在三国所处历史和社会背景的驱动下完成的。三国在回归欧洲、融入西方的转型过程中面临着不同的国际压力,需要协调不同的利益关系,满足不同的权利诉求,这些背景因素推动三国的管理机制不断调整和改革,为机制的发展和演进提供了动力。

一、弃东亲西的国家转型取向

三国语言权利事务管理机制是其国家整体政策的一部分,因此毫无疑问国家的价值取向是决定该机制发展方向的最有力影响因素。在东欧剧变后的中东欧国家,对国家发展最为根本性的取向选择无疑是脱离苏联的影响而回归欧洲。这一抉择是中东欧国家现行语言权利事务管理机制得以建立、实施和不断发展的最根本性动力。

中东欧国家以"民主化""市场化"和"欧洲化"为目标的转型(郭洁 2010)从根本上决定了三国语言权利事务管理机制的构建,从指导理念到政策设计,再到实施方式都全面体现出一种摆脱苏联的影响而走向西欧的转变趋势。这种趋势体现在管理理念转向包容、管理主体转向多元、管理方式转向法治上;三国转型之后均经历了数次政府更迭,斯洛伐克则出现了政策摇摆,但总的趋势都保持一致,那就是给予小族群体越来越多的语言权利。在一些俄裔力量比较强大的国家,如波罗的海国家、乌克兰以及临近的中亚国家,国家的民族语言政策则更为明显地体现了政府与欧洲和俄罗斯的亲疏关系,特别在对俄语的处理上(戴曼纯、刘润清 2010;戴曼纯 2012)。

本书所涉及的三国均无较多俄裔群体,因此在民族语言政策上未能突出体现这种趋向的转变。不过各国的外语教育政策则清晰地展现了这一取向,三国一致放弃了俄语而选择了英语、法语和德语等西欧强国的语言。在 1989 年之前,所有的中东欧国家都需要将俄语作为第一外语在学校课程中予以保障,但在东欧剧变之后,三国都立即取消了这一规定。这种放弃是明确而彻底的,到 2013 年时,本书涉及的中欧三国学生在外语学习上已经完全倒向了西方语言(捷克、斯洛伐克、匈牙利三国中学生学习英语的比例分别为 95.1%、98.8%、81.8%;学习德语的比例分别为 55.7%、58.8%、45.4%;学习法语的比例分别为 17.5%、14.8%、5.8%;学习俄语的比例分别为 11.1%、14.9%、1.0%)[①]。需要指出的是,三国在转型较为深入之后也体现出一种从"离东亲西"向"倚西向东"的实用主义转变(王一诺 2012),开始弥合与俄罗斯的分歧并发展与俄罗斯的贸易关系,并在一定程度上恢复了俄语作为一种外语的教育。

本书所涉及的中欧三国,均是国家主体民族主导了脱俄入欧的转向进程,而这一转变是三国语言权利事务管理机制构建和发展的最核心动力。在这一转变的基础上,其他内外因素共同发挥作用,推动了这一机制的形成和发展。

二、欲取姑予的国际关系构建

三国在转型过程中几乎重新构建了自身的人权和少数人权利管理机制,这一过程与三国脱离社会主义阵营之后建立新的国际关系的进程是一致的,或者说受到了这一进程的强烈影响。这种影响表现在两个方面:一是为了加入欧盟而接受了欧洲区域组织在人权保护方面的极高标准,二是为了改善境内族际关系或保护境外同族侨胞而与邻国达成了协议。

(1)欧洲区域组织的督促

三国在国内管理机制的构建过程中,受到了欧洲区域层次的国际组织从人权和少数民族保护角度共同施加的巨大压力。鉴于 20 世纪 90 年代初期在中东欧地区有多起因民族冲突引发的武装冲突甚至战争,欧洲委员会、欧安组织和欧

[①] 参见欧盟统计署网站,http://ec.europa.eu/eurostat/web/education-and-training/data/database,2015-8-15 访问。

第七章 国家管理对于语言权利实现的影响

盟出于保护少数民族权利、维护地区稳定的考虑,于20世纪90年代出台了多个重要文件,用于确保地区的动荡不至于影响到整个欧洲,如欧洲委员会的《欧洲保护少数民族框架公约》(1994年)、欧安组织提出的《关于少数民族教育权利的海牙建议》(1996年)和《关于少数民族语言权利的奥斯陆建议》(1998年)等。欧盟则以哥本哈根入盟标准要求中欧各国在保护国内少数民族方面做出积极举措,并施加了最大的推动力。这三个组织互相配合,在推动中东欧国家重塑人权和少数民族管理机制方面形成合力,有学者认为三者的分工是:欧洲委员会和欧安组织为维护小族权力提出具体要求并提供专家,欧盟负责推动落实(Rechel 2009)。

斯洛伐克《少数民族语言使用法》的通过是欧洲超国家机构强力推动中东欧国家法制建设的一个典型案例。斯洛伐克1990年的《官方语言法》曾赋予小族群体成员在居住人口超过总人口20%的市镇使用本族语与官方交流的权利。但1992年"斯洛伐克民族党"上台之后不顾国内外强烈反对,于1995年通过了《国家语言法》,该法宣布小族语言的使用应另法规定,并同时终止了1990年的《官方语言法》,等于取消了小族语言使用的任何法律保障。在该法草拟期间,欧洲议会的一名议员冈瑟(Mrs. Gunther)就启动了对斯洛伐克的审查,认为该法将导致对匈牙利语的系统性歧视(Gy 2011)。欧安组织高专员范德斯图尔(Max van der Stoel)也对此表达了关切,强调应在保护国家语言和保障小族语言权利之间取得平衡,并对该法的有关条款提出了具体建议。在斯洛伐克我行我素通过《国家语言法》的第二天,欧洲议会通过了一项决议,指出如斯洛伐克继续对民主、人权和少数人权利不予尊重,将暂停对斯洛伐克的援助与合作。与此同时欧洲委员会、欧安组织和欧盟都敦促斯洛伐克通过一部关于小族语言使用的法律。斯洛伐克政府起初承诺小族语言使用法已在准备之中,但到1996年又宣称没有必要另行立法。1997年斯洛伐克开始禁止双语学校颁发双语毕业证书,引起了匈牙利族的公开抗议;有2名抵制单语证书的校长被免职;但双语证书依然遭到禁止。1997年,欧安组织高专员和欧洲委员会秘书长访问斯洛伐克,就该问题收集各方意见。随后欧盟委员会发布了一个意见,认为斯洛伐克在小族语言权利的保护方面表现不力,未具备启动入盟谈判的资格,这等于宣布将斯洛伐克从首轮入盟候选名单中排除出去。这终于使斯洛伐克开始认真面对欧洲超国家机构对这一问题的态度,并使得1998年支持更大民主化力度的政党联盟上台。新政府立即开始准备少数民族语言使用法,并邀请了欧洲委员会、欧盟和欧安组织的专家参与草案准备。很快斯洛伐克排除国内一切阻力,于1999年7月10日通过《少数民族语言使用法》。欧盟对该法表示了欢迎,三天后就宣布斯洛伐克进入首批入盟候选名单。欧安组织和欧洲委员会随后对该法表示了一定程度的肯定。有学者(Gy 2011)指出欧盟在中东欧国家加入欧盟之前确实曾对其有较强的约束能力,但在这些国家入盟之后有关小族权利保护方面的约束力就大大下降了。我们认为,随着欧盟一体化进程的推进,包括法制一体化程度的提高,欧洲超国家机构的影响力将继续增强而非削弱。

(2)与其他国家的外交博弈

中东欧地区历史上频繁的边界变动造成了很多跨国界民族的存在,这导致中东欧国家的民族政策往往与外交政策相联系。在转型期间,中欧三国均试图建立一种新型的和睦的双边或多边关系,以改善本国族际关系或他国境内侨胞的处境,因此往往就此与邻国在外交上展开博弈。

这种博弈的一个常规做法就是根据对方的民族政策制定对等性的政策,并主要针对对方国家在本国境内的同族群体。这种政策可能是报复性的,也可能是示范性的,以此向相关国家施加积极或消极的压力。在转型之前,中东欧国家所制定的境内少数民族政策,大都依照周边国家对其同族群体的政策而实施对等的保护力度。这导致如果一方境内的小族生存环境不佳,就容易造成恶性循环。如捷克与波兰、匈牙利与斯洛伐克之间均曾因语言问题引发双边冲突;而匈牙利与罗马尼亚、斯洛伐克因其境外匈牙利裔人群的权益问题也曾有激烈的外交冲突。在转型之后,各国基本都按照欧洲标准制定国内民族政策,而匈牙利则决定制定高于欧洲标准的政策,以求占据道德优势,对其他匈牙利裔居民较多的国家施以压力。这种博弈随各方力量的消长和主张的进退不断变化,当各方的权力分布达到一个相对平衡的状态时就会达成协议,通过签订双边或多边条约规定各自在小族保护上的义务,固化这种成果。比如捷克、斯洛伐克、匈牙利三国均在多轮协商后在不同的历史契机下与多个邻国签署了条约,承诺对各自境内的对方民族群体予以保护。

欧洲语境下还有一个问题,那就是移民的流动,这使一国的民族政策不仅影响其邻国,还可能影响到更多的国家。随着欧洲一体化进程的不断推进,边境的隔离功能正在减弱,人员的自由流动变得越来越容易。一旦一国少数民族生存环境发生恶化,就会导致其居民移民至其他国家,这种外来人口压力会导致移民接受国的不满,并会对相关国家施加外交压力。比如罗姆人就是一个流动性非常高的民族,如果一国的生存环境过于恶劣,就可能出现大规模的迁移;西欧列

第七章 国家管理对于语言权利实现的影响

强对中东欧国家的罗姆人问题给予高度关注主要也是出于这方面的考虑,这使罗姆人较多的中欧三国不得不重视境内的罗姆人问题。

三、博施济急的内部利益协调

中欧三国语言权利事务管理机制的构建显然也受到国内因素的推动,这种推动主要表现在社会转型的需要对管理机制的改革形成倒逼以及小族群体与主体民族之间的利益博弈。在这两个主要因素的推动下,三国的管理机制一方面对所有的小族群体都赋予了更多的语言权利,另一方面对一些力量较大的语言群体给予了更好的待遇。

（1）国内社会转型的需求

中东欧国家的转型主要体现在政治上向西方民主转型,经济上向市场经济转型,这种转变使整个地区的社会生态环境发生了根本性改变,并随之要求各国的语言权利事务管理作出相应的调整。

首先是价值观念的转变使各国政客和民众对小族语言的态度发生了转变。随着多元文化思潮的出现以及欧洲一体化进程的加快,对多样化的尊重已成为欧洲的主流价值观。欧盟在欧洲层面呼吁尊重各小国语言,并要求各成员国在国家层面包容不同的区域性或少数族群语言。这种观念的转变使三国必须面对国内的民意,给予小族群体更多的保护。比如斯洛伐克的鲁塞尼亚语,虽然使用人数很少,标准化程度很低,但在其使用者的不懈坚持下,鲁塞尼亚人被认可为一个正式民族,鲁塞尼亚语也得到了承认(Dubiel-Dmytryszyn 2012)。

其次,国家政治体制的转变使管理方式转向法治和民主。在社会主义时期,对小族语言的管理主要是行政命令式的管理,国家对不同的小族语言根据政治或经济需要给予不同的资源支持(Neustupný and Nekvapil 2003)。各小族群体很少有机会介入这一决策过程,无法影响决策的走向,只能被动接受政府决策的结果。但政治变革之后,国家不再采取家长式管理,而是将更多的自主权交给各小族群体。一方面,小族可以更为自由地发声,为自身的利益呼吁;另一方面,各小族要为自身语言的存亡负责,各小族成员可以自由地选择保留或放弃其民族身份。因此我们看到更多的民族团体、非政府组织更多地自发保护,媒体也以更为有效的方式参与这一进程。以匈牙利为例,该国在1956年"匈牙利革命"之后,就开始在经济和文化领域逐步采取更为自由化的政策,成为"铁幕"之后最为宽容的国家(Medgyes and Miklósy 2000);而20世纪90年代政体变换之后,大胆采取了"小族自治机关"的形式,赋予小族群体极大的自主权。

最后,经济环境的转变也传导到语言管理领域,使语言地位和功能的分配发生了变化。比如市场经济的建立使过去依据政治需要管理语言的做法不再可行,社会资源流向更有经济价值的语言。比如捷克在社会主义时期曾一度因与东德政府的良好关系而在国内投入大量资源促进德语的使用,但政治民主化变革之后这一做法被取消,导致德语使用频率在短期内迅速下降。而地位变化最大的当属俄语,俄语曾是中东欧地区首屈一指的国际化语言,无论是政治地位还是经济价值都是最高的,但苏东剧变之后,俄语迅速成为一个学习和使用人数很少的语言。

（2）主体民族与小族之间的博弈

中东欧国家在脱离社会主义阵营之后纷纷开启了民主化转向的进程,这为小族群体维护自身权益、展开与主体民族的博弈提供了更多的空间。小族群体的力量不能再被随意压制,小族群体可以为争取更多的资源向当局施加压力,与主体民族语言争夺生存空间,这种权力消长也推动着语言管理机制的变化。

比如捷克的越南族被认定为一个少数民族,就是经济力量和政治力量运作使然。越南人到达捷克是较近的事情,因此根据欧洲一般的少数民族认定标准,越南族限于居住时间应该是没有资格成为少数民族的。政府少数民族理事会章程[①]规定只有那些"世居及久居"的民族才有资格在理事会中拥有代表;捷克很多学者和政府官员坚持认为越南人是一个移民群体,没有资格在政府少数民族理事会中拥有代表。然而在捷越南族尽管数量不多,但大都经商并获得了可观的经济实力,这使该族在捷克的社会经济生活中的显现度较高。越南族很早就申请在理事会中派驻代表,但每次都在理事会会议中被否决。但长此以往,捷克社会也逐渐产生了一种印象,即越南人的问题早晚要解决。2012年在理事会会议上,内政部的代表依然坚持认为越南族不能算捷克的历史传统民族,否决了接纳越南族进入理事会的提议。直至2013年,在换了三届理事会主席之后,新任理事会主席启动了对越南族"世居及久居"这一指标的审查,为这一问题的解决提供了空间;后恰逢捷越两国首脑会晤这一难得契机,在两国高层的推动下终于促成此事。这一案例较好地说明了小族群体的权力和主观意愿如果达到一定的

---

① 参见捷克政府网站,"少数民族理事会章程",http://www.vlada.cz/assets/ppov/rnm/130703_statut_usneseni_530.pdf,2015-8-15访问。

程度就可以转化为法定的权利。斯洛伐克的匈牙利族是另一个例子，在转型后通过组建政党进入国会，并参与组阁，推动了有利于少数民族的法律的通过；而之后斯洛伐克民族主义政党重新掌权，又通过新的法律予以回击。这都说明了各小族群体与主体民族间的博弈会持续影响国家语言权利事务管理机制的变迁，那些力量最大的民族可以更好地维护自身的语言权益。罗姆人则提供了一个反面案例，中欧三国都存在人数众多的罗姆族，却因缺乏经济和政治精英、掌握的社会权力太少，无法对其语言和文化形成有效保护，甚至无法转变本族人民对其母语的负面判断，更无从改变主体社会对本民族的态度。

第二节　三国管理机制横向对比

中欧国家，包括本书涉及的三国，大都具有较强的语言规划的传统，这一点绝非巧合，乃是民族国家在面对复杂的民族结构和语言生态时做出的自然反应。在这一地区，数量较多的语言分布于有限的地理空间内，语言边界与国家边界交错纵横，处理好主体民族语言与小族语言之间的关系是每一届政府所要面临的问题。不过各国民族结构的现状和形成历史各不相同，在处理这一问题的时候采取了不同的策略，因此各国在1989年转型之后建立的语言权利事务管理机制，虽有共通之处，但也各有侧重，在管理理念与管理实践上均有较大不同。

一、整体分工各有侧重

中欧三国的语言权利事务管理机制在整体分工上有共通之处，即均将语言权利的保护依附于少数人权利保护的机制之上，具体而言就是少数民族保护机制。中欧三国都建立了独立的人权管理机制，但人权管理机制对于语言权利而言显然只能提供最基本权利的保护，如禁止歧视，但对于更为积极的权利，如母语教育和公共领域的应用等，均依赖少数民族保护机制。

以三国对《宪章》的执行实践为例讨论。尽管《宪章》是一个以保护语言为目的的框架，明确宣称不赋予任何个人或群体以任何权利，但三国在提交给欧洲委员会的报告中均表示国内对小族语言的保护主要是依赖相关的少数民族政策，而非语言管理机制。捷克在《宪章》首轮国家执行报告[①]中指出："如今捷克负责

---

① 捷克第一轮《宪章》国家报告（2008），第8页。

第七章 国家管理对于语言权利实现的影响

落实《宪章》要求的法律体系是基于与少数民族政策相同的原则制定的,这也是其将民族人口数作为确定语言保护级别主要标准的因素。……在确定'区域性或少数族群语言使用者'概念时,同时参考了主观标准和客观标准,前者指登记为某语言使用者的人数,后者指根据相关信息估算的该语言使用者的人数,包括非母语使用者以及那些未登记的人。但为执行《宪章》,某语言'使用者'即指与该语言同名的民族群体的成员。"斯洛伐克采取了类似的原则:"斯洛伐克并未为《宪章》的执行建立专门的公共权力机构以负责区域性或少数族群语言的保护。斯洛伐克对民族语言的保护是作为少数民族保护的一个部分,并在各个层次上与基本人权和自由的保护紧密结合。"[①]匈牙利对这一概念采取了相同的操作:"匈牙利所建立的保护语言权利的法律体系,并非基于'使用一种区域性或少数族群语言的人'的概念,而是'属于一个民族或族裔群体的人'这一概念。"[②]由此可见,这三个国家对语言权利的保护均依赖少数民族保护机制。所要注意的是,这里的少数民族保护机制并非更广泛意义上的少数人权利保护机制,因为三国对"少数民族"均提出了严格的定义,并以一定形式予以认定,并非所有在人数上居于少数的群体都享受这一法律体系的保护。

尽管三国都高度依赖少数民族保护机制,但三国的语言管理机制也同时发挥作用且占据不同的比重,其中捷克的语言管理机制最弱,斯洛伐克的语言管理机制最强。捷克语言边界简单,仅有德语、波兰语和斯洛伐克语,捷克语本身具有较强的文学传统,发展程度较高,虽吸收了不少其他语言的元素丰富自身,但从未因此发生结构性变化,外来威胁较小。因此捷克如今没有很强的语言管理的需求,甚至没有法定的官方语言,国内语言纯洁主义的力量很小。匈牙利语是欧洲少有的印欧语系之外的语言,与所有邻国的语言都有极大的区别,而且本身发展程度较高,因此受到外来影响的压力也很小。但斯洛伐克语的压力最大,首先,斯洛伐克语的书面语历史很短,发展程度不高,不能全面满足国家现代化建设的需要;其次,斯洛伐克语与捷克语非常接近,而且斯洛伐克在发展出自己的书面语之前,有数百年的时间都用捷克语做书面语言,境内人民对捷克语的评价高于斯洛伐克语,都具有较高的捷克语水平,这使民族主义者非常担忧斯洛伐克语会受捷克语影响而失去自己的独立地位,极力巩固斯洛伐克语的地位;再次,

---

① 斯洛伐克第一轮《宪章》国家报告(2003),第 8 页。
② 匈牙利第一轮《宪章》国家报告(1999),第 2 页。

第七章 国家管理对于语言权利实现的影响

斯洛伐克境内存在较大数量的匈牙利族人口,这部分人使用匈牙利语时不时表现出一种分离主义倾向,这使总人口只有500万、立国时间只有数十年的斯洛伐克非常警惕,因此倾向于限制使用小族语言,以防止其挤压斯洛伐克语的生存空间。在这一背景下,斯洛伐克通过了《国家语言法》和《少数民族语言使用法》,指定文化部等部门负责落实相关法律的各项规定,并多次修改上述两法。

二、理念规范趋于包容

对于语言管理而言,语言意识形态乃是语言政策的中心(Ricento 2006),有关语言的国家理念决定了政府会制定怎样的语言政策。中欧三国的语言权利事务管理重度依赖少数民族管理机制,但其机制和政策设计除了被民族理论左右,在很大程度上也受到语言理念的影响。本书发现,在语言理念方面,中欧三国尽管在转型之后接受了语言多样化的新的价值观,但传统的"一个国家,一种语言"的单语主义思想并未消除,只是以一种更为隐蔽的方式存在并继续发挥着作用。

表面上,中欧三国在语言理念上都接受了语言多样化的思想,对小族语言采取了较为宽容的态度。多语主义是在二战之后新出现的理念,得到国际社会的接受后,极大地改变了欧洲语言规划领域的面貌。首先,在教育领域出现了一种思想,将母语教育视为教育成功的关键要素,并得到了联合国文件的认可:"对于儿童来说,最好的教育语言就是其母语,这是不证自明的"[①]。与此同时,对濒危语言和语言生态的研究导致了对语言多样性的重视,这一呼吁也得到了国际社会的认可,并得到了联合国层次的认同。在欧洲语境下,随着欧洲一体化进程拉开帷幕,平等原则被视为构筑欧洲共同体的核心原则,语言平等作为这一原则在语言方面的应用成为欧洲政治话语中的一个重要概念(Dovalil 2013)。平等原则与对多样化价值的认同交织在一起,使多语主义成为一个新的意识形态。"语言话题非常敏感,一提到它大家首先异口同声地称赞欧盟的多语制是一个根本的、无价的资产,而不承认多语制也可能带来沟通上的困难。各方反复强调多语制永远都应坚持并应予以推广"(Els 2005)。在国家范围内,对小族语言的保护和促进,是多语主义原则的应用之一。

---

① 参见联合国网站,The Use of Vernacular Languages in Education (UNESCO 1953: 11),http://unesdoc.unesco.org/images/0000/000028/002897eb.pdf,2015-8-25下载。

第七章 国家管理对于语言权利实现的影响

但与此同时，自 16 世纪起就在欧洲国家出现的"一个国家，一种语言"思想，经法国大革命的推广和赫尔德等思想家的发展后被现代民族国家奉为圭臬，其影响力至今未衰，在中东欧地区的根基尤其深厚。这种主张主要是出于两种考虑（Geeraerts 2003）：一是实用性的，即促进有效交流，降低与国家机构和政治功能的沟通障碍；二是象征性的，创造并加强一个单一的、统一的身份。这种意识形态将语言多样性视为对国家统一的威胁。有学者（Gardner-Chloros 1997）认为，在欧洲，尽管语言差异是一个显而易见的事实，但单语主义的意识形态依然占据上风。有学者（Blommaert and Verschueren 1998b）在分析欧洲的新闻媒体之后发现，纸媒体上所反映的思想意识都可以概括为"多样化社区难比登天，同质化社区天经地义"。比如分析比利时的报纸后发现，尽管社会主体自认为是开放和宽容的象征，但对多样化的拒绝依然占据上风（Blommaert and Verschueren 1998a）。在西欧，"一种语言代表着一个民族"的意识形态倾向出现在各种纸媒体中（Blackledge 2000）。即使是表面民主化的管理方式，也会导致实际运作中对多样化的阶层化管理：如果法律赋予部分群体更多的权力与权利，而牺牲了其他群体的权利，就会导致部分语言获得比其他语言更高的地位（Spitulnik 1998）。单语主义与多语主义在学校教育系统里同时存在，往往推动语言多样性的努力都会受单语主义的掣肘（Liddicoat and Curnow 2014）。

除了在对待多样性这一价值判断方面存在两面性，中欧三国的语言理念还受到各国民族结构的现状和形成历史的影响，在制定法律规范和实施管理实践时又有不同的考虑。总的来说，捷克社会正发生着对小族语言群体静悄悄的同化，斯洛伐克社会正发生着主体民族和小族群体最激烈的争吵，匈牙利则是一个已经完成同化却高声提倡保护小族群体的国家。

捷克是三国中最为中立的国家。捷克语本身发展程度较高，对于外来语有较强的抵制能力，同时其语言边界简单，境内小族语言使用者数量较少，除波兰族聚居程度较高外，都比较分散，对主体民族没有威胁。但与此同时，该国对于境内小族语言也没有保护的动力。有学者（Neustupný and Nekvapil 2003）指出，捷克境内的非捷克族人的一个最显著的特征就是其高度的同化倾向，在近期历史中，没有证据表明有强迫的显性同化压力要求任何人放弃其民族身份，即使是在共产主义时期，也没有公开对小族群体施加同化的压力，但捷克社会中的大部分民族还是发生着同化。对此一个可能的解释是，直到 1989 年政治变革甚至在这之后，捷克社会一直是一个现代国家，而非后现代国家。现代国家在根本上是

第七章　国家管理对于语言权利实现的影响

有较强的同化性力量的,虽然没有很大的显性压力;因此无论是主体社会,还是少数人群体都认为同化是一件正常的事情,安静地或自愿地推动着同化,而不将同化视为一件悲剧性的事情。欧盟所提倡的后现代主义的多元文化的意识形态是在 90 年代才传到捷克的,且至今还没有完全立足(Neustupný and Nekvapil 2003)。

斯洛伐克与捷克相比则处于更为典型的民族国家形成期。自 1989 年政治变革之后,斯洛伐克久受压抑的民族主义情绪得到了表达,并在很大程度上导致了 1993 年与捷克的分立。90 年代,斯洛伐克紧锣密鼓地开展了大量国家和民族身份构建工作,并对其他民族群体予以压制。1992 年的斯洛伐克《宪法》宣称斯洛伐克是斯洛伐克民族(而非斯洛伐克公民)的国家,在《宪法》的前言中使用了"我们,斯洛伐克人民,以及斯洛伐克境内少数民族和族裔群体成员"的表述,在赋予少数民族一些基本权利之后,随即规定"宪法所保障的少数民族公民权利的行使不得危害斯洛伐克共和国的主权和领土完整,不得构成对其他公民的歧视"(Daftary and Gál 2000)。这种表述流露出极强的民族主义情绪,使匈牙利族成员感到其是针对匈牙利族而有意如此。1995 年,斯洛伐克民族主义政党执政的政府拟通过《国家语言法》将斯洛伐克语从官方语言(official language)提升至国家语言(state language)的地位,在投票前,有政客宣称"任何对此法案投反对票的人都是对斯洛伐克人民意愿的反对,应受到公开谴责",因此除了匈牙利族政党,几乎所有反对党都投了赞成票(Daftary and Gál 2000)。由此可以看出,民族主义是斯洛伐克语言权利事务管理规范中一个非常重要的成分,这一成分在很大程度上解释了斯洛伐克对小族语言权利的承认仅限于欧洲最低标准,而且经常出现反复。

匈牙利则是三国中小族语言保护积极性最高的国家。该国由于历史原因,有大量匈牙利族人口居住在国境之外。匈牙利将保护境外的匈牙利裔人群视为本国的义务,通过各种渠道对相关国家提出要求,对匈牙利裔人群的利益予以保护。在此背景下,匈牙利赋予了境内的小族群体较多的语言权利,希望借此利用对等原则给外国政府施加压力,使其对匈牙利裔群体提供类似保护(Deets 2002)。匈牙利是全欧洲范围内制定标准最高的少数民族保护机制的国家之一,其保护对象甚至包括匈牙利手语,希望可以作为其他有匈牙利裔群体国家的楷模(Stockton 2009)。只有了解这一点,才能理解匈牙利的小族语言权利保护机制何以是三国之中,乃至中东欧地区,甚至整个欧洲赋予小族语言权利最充分的国家之一。当然另一个重要事实也不能忽视,那就是匈牙利境内的13个小族群体基本都是双语使用者,这些民族向匈牙利语的转用已经完成或发生程度很高(Bartha and Borbély 2006),而且人数较少、居住分散。

三、管理主体主辅相济

三国在语言权利事务的管理上主要由负责少数民族事务的有关机构予以落实,均在国家层次建立了全国性协调机构,负责统筹国家范围内的事务管理,同时在小族群体成员较多的地区设立了基层少数民族委员会。

一方面,三国均设立了全国性协调机构,专门用于处理少数民族事务,语言权利相关的事务是其中的重要组成部分。各国都在国会设立了负责保护人权和少数民族权利的委员会或专员,并成立了全国性的咨询和协调机构,就少数民族相关事务为政府制定政策和法律草案,并负责落实相关计划,协调小族群体的利益。这类平台是国家层面制定、执行小族语言权利相关政策的主体,一般吸纳小族群体代表参与,但参与资格限于被国家认可的民族。

捷克最重要的管理和协调机构是政府少数民族理事会[①],该机构1968年依据《宪法》成立,但真正开始发挥较大作用是在1989年通过新的《理事会条例》之后。该机构在捷克政府有关少数民族政策的制定和执行方面起着重要作用,负责提供建议、发起项目以及协调各相关部门的行动。目前生效的是2013年新修订的《政府少数民族理事会条例》。该理事会如今有31名成员,已吸纳了14个少数民族群体的代表。该理事会主席由首相提名,目前的主席由人权、平等机会和立法部部长兼任,同时设有两个副主席,一名代表政府,一名代表少数民族。

斯洛伐克目前负责少数民族事务的机构是1999年成立的"少数民族和族裔群体事务委员会",该委员会原系一个咨询性倡议和协调机构,负责为少数民族和族裔的政策制定和执行提供建议并协调行动。2011年,该委员会职能得到扩充,被定位为一个斯洛伐克政府的永久性专家、建议、协调和咨询机构,将一系列关于人权和少数人权利保护的机构都并入该理事会,并由负责人权和少数民族事务的副总理任理事会主席。此外,斯洛伐克于2012年又建立了一个少数民族全权事务机构,该全权事务机构以主席身份主持少数民族和族裔事务委员会。

匈牙利设有"少数民族与族裔办公室"(Office for National and Ethnic

[①] 参见捷克少数民族理事会官方网站,http://www.vlada.cz/cz/ppov/rnm/clenove/,2015-7-15访问。

第七章 国家管理对于语言权利实现的影响

Minorities），成立于1990年，隶属于司法部，负责协调落实政府制定的目标。其工作职责包括评估国内少数民族状况，起草少数民族政策，制定少数民族法律实施计划，监督并协调法律执行，充当政府与少数民族团体间的沟通桥梁。

总的来说，三国设立的国家机构职能类似，包括为国家制定少数民族法律提供咨询意见，为落实相关法律制定具体计划，并监督和协调计划的实施，同时在政府和少数民族群体间传递信息。就级别来说，斯洛伐克最高，由副总理担任机构主席；捷克次之，由部长兼任；而匈牙利级别不明，很可能属于副部级。民族机构的级别可以在一定程度上反映少数民族事务在该国政务中的级别，特别是在斯洛伐克，由副总理统筹相关工作，一方面反映了民族事务在斯洛伐克语境下的重要程度，另一方面也说明工作中存在较大挑战。

另一方面，中欧三国均十分重视在地方层次开展基层少数民族事务管理和信息收集，因而成立了地方民族委员会等机构。这些委员会与地方政府既是隶属关系，也是合作和制衡关系；其成员多由小族群体选举产生，既向下执行政府的相关计划，进行少数民族自我管理，也负责向上反映基层的少数民族诉求与存在的问题，推动政府做出管理方面的调整。

捷克的行政区划可分为州、郡和市镇[①]，根据《市镇法》（2000年）第17条第3段，在市镇级别，如果上一次人口普查某一少数民族居民人数达到当地居民总人口的10%或以上，则建立少数民族委员会。根据《州郡法》（2000年），如在上一次普查中，该州或郡的某一少数民族居民达到5%或以上，则建立少数民族委员会。当地的少数民族代表参与委员会，并通过该委员会与地方政府就少数民族相关事务沟通，比如可提出要求设立双语路牌等。斯洛伐克似未有与捷克类似的委员会，但各民族在民族聚居地区的市长或镇长的选举竞争十分激烈。

匈牙利在民族自治方面走得最远，根据《少数民族权利法》（1993年）建立了少数民族自治机关体系，各少数民族均可利用这一体系行使少数民族事务管理的参与权。该体系在国家、地区和地方一级建立少数民族自治机关，自治机关成员由各民族选举产生。这些机构具有公法地位，在地方一级是地方自治政府的合作伙伴，在国家一级则参与政府的立法和行政工作。在影响少数民族的问题上，政府必须在向该机关咨询、与其讨论并经其同意后才能做出决定。在有关地

---

① 参见中国社会科学院俄罗斯东欧中亚研究所网站，《捷克行政区划》，http://euroasia.cass.cn/news/85481.htm，2015-7-5访问。

方的教育、媒体、文化、传统和集体使用语言等问题上,少数民族自治机关拥有同意权。他们可对影响少数民族的法律草案提出意见;在少数民族相关的事务上,可要求公共机构提供材料进行说明,并可提出建议、发起行动。国家一级的民族自治政府可就一切影响该民族的决策主动提供意见。匈牙利提供国家财政预算以运行该体系。

相比较而言,匈牙利的少数民族自治机关最为突出,基本所有的民族均成立了国家一级的自治机关,并在人数达到一定数量的乡镇成立了地方自治机关,该体系从政府接管了大量权力和资源,可以自主处理本民族的事务。通过这一举措,匈牙利政府既获得了国内外的赞誉,又因充分授权而避免因促进不力而受到批评,是极有特色的一项创举,受到国际社会广泛且持续的关注。

四、互动渠道丰富灵活

根据"语管论",在语言规划中微观管理与宏观管理之间存在互动循环,一个典型的互动过程是微观管理中的问题激发宏观管理,并通过宏观管理解决微观管理中的问题。这里涉及自下而上和自上而下两种互动渠道,传统的语言规划理论主要关注自上而下的渠道,即如何通过法律手段影响人们的语言行为;"语管论"认为自下而上的渠道同样重要,即底层的问题如何反映到上层,并激发上层的管理调整行为。我们认为,在语言规划中国家机关或其授权机构一般都掌握着巨量的资源,足以保障其自上而下的措施得以实施;但对于一个健康的管理机制而言,自下而上的信息反馈渠道是否通畅决定着自上而下的管理行为能否及时准确地解决有关问题。这里重点探讨中欧三国在转型之后建立的自下而上的诉求传达的主要渠道。

(1)通过选举代表进入议会,直接推动立法

中欧三国转型成为民主政体之后,各小族可以通过组建政党,选举议员进入国会,为本族利益代言。这方面最为成功的例子是斯洛伐克的匈牙利族。天鹅绒革命之后,斯洛伐克的匈牙利族开始组建政党,积极参与政治事务。1999年,匈牙利联盟党(Party of the Hungarian Coalition,SMK)参与组阁,并利用当时的国内外有利因素顺利推动国家通过了《少数民族语言法》(1999年),赋予少数民族在聚居比例超过20%的市镇在官方场合使用少数民族语言的权利,同时废止了《国家语言法》(1995年)的有关惩罚规定。但同样在斯洛伐克,罗姆族在这方面的成就则相当有限,该族注册了十多个政党,但极少能够进入议会。匈牙利

第七章　国家管理对于语言权利实现的影响

的《国会议员选举法》(2011年)则为少数民族代表在国会预留名额;2014年选举后,所有13个少数民族均推选发言人进入国会"少数民族委员会",有权参与相关立法进程。

(2)建立小族自治团体,向政府有关部门反映诉求

民主改革之后,各小族可以自行组建社会团体,为促进本族的语言和文化发展而向当局争取更多资源。如捷克少数民族理事会,每年提交一次少数民族状况报告,而在准备报告的过程中,会向州、县和乡镇各层级的少数民族委员会以及各民族自治团体征询意见,对少数民族委员会本年度的工作进行总结和批评。各少数民族都可以利用这一渠道向捷克政府反映问题。匈牙利的民族自治机关在影响宏观管理方面更为有效,不仅可以通过国家级自治机关参与立法,在地方各级参与地方政府的决策,还可以从当局手中接管文化教育机构的运营管理权。此外,少数民族自发建立的非政府组织也可以直接向有关部门建言,或向超国家组织反映问题。比如捷克规定,如少数民族自治团体在某地运行超过5年,且当地该民族居民超过总人口的10%,就有资格直接向当地政府申请安装双语街道标牌,且无须经过当地民族委员会同意[①]。

(3)通过媒体报道,引发高层关注

中欧国家在民主改革之后赋予公民言论自由,媒体可以直接并广泛地报道社会底层出现的语言问题。由于语言问题的敏感性,这类报道常常会引发广泛的社会讨论。比如捷克和斯洛伐克均出现了有人将少数民族聚居区双语标牌上的少数民族语言抹去的现象,通过媒体报道后政府高层官员随即赴当地进行实地调查并采取补救措施[②]。此外,小族群体还可以通过召开新闻发布会、出版书籍等方式宣传自己的主张和权利诉求[③]。

(4)通过直接抗议提出诉求

在民主体制中,合法的游行示威是表达观点的一个直接有效的方法。比如斯洛伐克通过《国家语言法》(1999年)时,民族主义政党在全国各地组织支持者坐大巴到首都集会表示支持,而匈牙利族也组织了类似集会进行抗议(Daftary and Gál 2000),而这种对抗几乎在每次重要的法律修改时都会出现。

[①] 捷克第三轮《宪章》国家报告(2014),第12页。
[②] 捷克第三轮《宪章》国家报告(2014),第13页。
[③] 2015年4月笔者赴斯洛伐克采访时,斯洛伐克科学院语言所所长Slavomír Ondrejovič教授言。

第三节 三国管理行为与管理效果横向对比

语言规划能否影响语言使用或语言规划如何影响语言使用,一直是语言规划研究领域的一个重要议题。1969年在美国火奴鲁鲁召开的"语言规划大会"上,就有学者提出了对语言规划进行评估的重要性(Jernudd 1983),这是语言规划研究领域对这一问题的较早思考。然而时至今日,学界仍然没有形成一种比较有效的语言政策评估的理论或方法;既难断定目标达成的程度,也难判定相关因素对结果的影响(Cooper 1989:185)。就本书而言,如何将各国的语言管理机制设计、语言管理实践和各小族语言权利的实现状况之间的关系予以准确的描述,是理解中东欧各国语言权利事务管理现状的关键。

格林(Grin 2003b)曾就《欧洲区域语言或少数族群语言宪章》执行情况的评估进行过研究,并在此基础上对语言政策评估提出了一些较有影响的看法。他将对语言政策的评估分为前、中、后三个阶段,其中"后评估"就是对政策执行效果的检验(Grin 2003b:30)。这项工作中的一个非常重要的任务就是分析政策措施与实施效果之间的因果关系(Grin 2003b:101—104),分为两个步骤:第一步是确认在不同领域采取的具体措施确实能够实现预期目的,如新的教学大纲是否确实提高了学生的小族语言水平(文学和口语技能的比例是否合理?),新的民族语言电视节目是否提高了小族年轻人的收视热情(播放的时段是否合适?),如果能够确认所有措施都能达到预期目的,那语言规划者的工作就完成了一大半;第二步就是观察新政策的实施是否改变了人们的语言使用模式,包括人们使用小族语言的机会、意愿和能力是否增加了,这涉及长期的跟踪调查,包括家庭语言使用习惯、小族语言学校入学率变化等。显然,从政策制定到具体措施的实施再到语言使用模式的改变,这一过程会涉及很多因素,而有一些变量可能是在政策干预范围之外的,或是无须干预就已经存在的。不过格林认为如果能够确认政策的实施确实引起了小族群体语言使用模式的改变,就可以说两者之间存在一定的因果关系。

我们认为,从语言政策的制定到语言使用者行为习惯的改变,两者之间确实需要跨越很多步骤、牵涉许多因素、经历漫长的过程,其相关性很难予以百分之百的确认。但是就语言权利的保障和实现而言,管理行为与管理效果之间的关系要更为直观,管理措施的实施和社会资源的配给会很快对语言权利的实现条

第七章　国家管理对于语言权利实现的影响

件产生影响,使其发生变化,在其他相关因素齐备的情况下语言权利的实现程度会发生变化。我们拟借鉴格林的分析原则,基于前面章节对各国语言权利事务管理行为以及小族语言权利不同维度实现情况的描述,比较中欧三国的语言权利事务管理效果。

一、法定地位区别对待

三国均在法律上为基本人权提供保障,其中包括语言维度的语言平等,明确规定不得基于语言歧视任何人。在此基础上,中欧三国出于不同的考虑,对本国境内的小族语言在法律上给予了不同的定位,并设定了不同的保护力度。一般而言这些小族语言可以分为如下几个类别:

(1)少数民族语言

中欧三国境内均存在大量小族语言社区,但仅有部分符合条件的族裔群体被认定为少数民族。鉴于中欧三国对小族语言的保护均基于少数民族保护机制,因此一种语言的同名民族是否获得少数民族地位的认定极为重要。

捷克没有法定的官方语言。《少数民族权利法》(2001年)对"少数民族"和"少数民族成员"两个概念有明确规定。该法并未明确列出"少数民族"的名单,因此无法在法律层面确认哪些少数民族获得法律承认的地位,或是哪些语言应获得相应的保护。但在行政管理层面,一般认为,在"政府少数民族理事会"中拥有代表席位的,即是获得了国家承认。斯洛伐克虽然没有在正式法律文件中列出认定的少数民族名单,但在其提交给欧洲委员会的《少数民族保护框架条约》执行报告中指出斯洛伐克正式认可12个少数民族。匈牙利官方承认了13个少数民族;同时匈牙利的《少数民族与族裔权利法》(1993年),在历史上也在该地区所有国家中,首次在少数民族族裔的个人权利之外保障了其集体权利(Medgyes and Miklósy 2000)。

在此基础上,三国选择了将部分语言纳入《宪章》的保护范围,三国选择的标准和保护的力度均有不同。比如捷克只从14个少数民族使用的语言中选择了德语和波兰语等4种语言,而且为不同语言选择了不同的保护条款。斯洛伐克则选择了捷克语、匈牙利语等9种语言,基本囊括了所有少数民族使用的语言,但将其分为三组,实施不同类别的保护。匈牙利则宣布对13个少数民族使用的14种语言均实施平等的保护,但同时表示对其中8种给予《宪章》第三部分条款的保护。有意思的是,匈牙利最新的《民族权利法》(2011年)将其境内罗姆族和亚美尼亚族使用的匈牙利语也列入了"民族语言"的范围[①],与此相一致,匈牙利也将匈牙利语纳入了《宪章》保护范围[②];这种做法显然与《宪章》所要求的保护对象不得包括官方语言的要求相矛盾,不过欧洲委员会对此做何反馈要等下一轮专家评估才能得知。我们认为,是否纳入《宪章》的保护范围,并不表示这些语言的法律地位发生了变化,但反映了这些语言的实际社会地位,并会进一步强化这种地位上的差异。

(2)地区性官方用语

在少数民族聚居程度较高的地区,少数民族语言会获得官方的认可,得以在官方场合使用。比如在捷克,如果少数民族语言人口在上一次普查中达到总人口的 10%,就可以要求在当地设立双语标牌,要求地方行政当局提供该语言的服务;在斯洛伐克,这一比例是 20%,后降到 15%。匈牙利《民族权利法》(2011年)则要求地方政府在少数民族人数达到总人口 10% 的地区使用少数民族语言发布信息,在达到 20% 的地区雇用会使用少数民族语言的公务员。这种对于少数民族语言的官方应用力度超过了其他两国。

(3)特殊地位小族语言

斯洛伐克语在捷克或捷克语在斯洛伐克,均享受一种事实上的副官方语言的地位。两国法律均规定,在向当局有关部门提交的正式材料中均需使用指定语言,在捷克为捷克语,在斯洛伐克为斯洛伐克语,但在捷克使用斯洛伐克语或在斯洛伐克使用捷克语递交材料无须提供翻译,直接有效。

(4)其他语言

三国均存在很多使用人数较少的语言社区,这些语言群体未能获得认定而成为少数民族,因此其语言除了消极的容忍型权利,基本得不到政府的积极保护。

二、本体发展依赖母国

三国总体而言对于小族语言的本体发展施力较少;这主要是由于绝大部分少数民族语言都拥有母国,因此在语言标准的发展方面,基本是以母国语言为准的。虽然也有一些小族语言保留了母国语言已经丢失的一些传统语言特征,仅有学界关心这些特征,政府对其本体发展关注较少。

---

① 匈牙利第六轮《宪章》国家报告(2015),第 9—10 页。
② 匈牙利第六轮《宪章》国家报告(2015),第 37 页。

第七章 国家管理对于语言权利实现的影响

比较特殊的是罗姆人的语言。罗姆人的语言是一种没有书面语的语言,具有多种口语变体。各国政府均提出对罗姆语进行标准化,以利于其语言的教学和保存。罗姆人精英也通过其自身组织试图推动此事,但迄今这一工作仍停留在初级的阶段。目前所使用的罗姆语与其说是一种语言,不如说更接近于一种语音记录体系。此外还有斯洛伐克的鲁塞尼亚语,政府宣布支持鲁塞尼亚族发展自身的语言并提供了一定的便利,但这项工作主要依赖于鲁塞尼亚族学者的努力,实际进展目前仍十分有限。

三、教育研究点到即止

小族语言使用者能够使用母语接受教育,被认为是小族语言得以生存和发展的关键因素之一,也是很多语言权利学者大力提倡的重要权利。在学前和小学层次使用母语接受教育对儿童养成母语使用习惯,提高母语使用能力,甚至促进智力发展有重要的作用。中欧三国均承诺为境内少数民族语言或部分语言提供母语教育,但力度不同。

捷克《宪法》以及《少数民族权利法》(2001年)第11段规定少数民族可以接受母语教育[①]。《教育法》(2004年)也规定少数民族成员可以接受母语教育,包括学前教育、小学、中学、高等职业教育和其他教育。根据《教育法》(2004年),要建立区域性语言或少数民族语言的班级需满足最低人数限制(幼儿园8人,小学10人,中学12人),但地方当局可以将此数字降低20%,校长也可在人数不足的情况下酌情设置双语班级。但《教育法》(2004年)第14部分规定,在市镇级别,如要建立小族语言教育,前提是该市必须设有少数民族委员会。教育部承认,确有尝试建立学前班和小学的人因此条规定而失败。尽管捷克政府有此规定,但实际上只有波兰语达到相关条件并拥有自身的教育网络。斯洛伐克语儿童都使用捷克语,没有这方面的需求。德语人数很少,聚居程度不够,仅在少数学校作为一门课程教授(作为外语来教学的情况不在此列)。因缺乏罗姆语教材和师资以及社会主体与罗姆人均对罗姆语持负面态度,学校并未能提供很多罗姆语教学,相反,罗姆儿童被送至智障儿童就读的特殊学校。

斯洛伐克《宪法》规定少数民族有权学习官方语言并用母语接受教育。《少数民族语言法》(1999年)并未提及少数民族语言在教育领域的应用,不过《公共

---

① 捷克第一轮《宪章》专家委员会报告(2009),第12页。

教育法》(1994年)规定"波希米亚族(捷克族)、匈牙利族、德意志族、波兰族和乌克兰族公民有权利用其母语进行教育,以满足其民族发展所需"。仅赋予部分少数民族以母语教育的权利。而根据《宪章》,斯洛伐克同时还承诺在中小学教育中使用保加利亚语、克罗地亚语、捷克语、德语、波兰语和罗姆语,但实际只有保加利亚语、德语以及罗姆语(很低程度上)在中小学教育中有所使用。

匈牙利则宣布为所有语言提供母语教育支持,承诺给予《宪章》第三部分保护的首批6种语言,均在学前、小学以及中学层次实现了母语教育。只要有8名学生的家长要求提供母语教育,地方政府就必须确保组班,并获得中央政府的财政支持。不过匈牙利的这种母语教育大多是母语的语言教育,而非使用母语进行的教育。由于匈牙利的少数民族人数较少,且对于母语教育的实现形式无严格规定,因此匈牙利至少在形式上较好地完成了这方面的承诺。

就少数民族语言教育的开展规模和深入层次而言,在捷克只有边境地区的波兰族拥有从学前教育到高等教育的民族语言教育体系,但是规模较小,2013年人数最多的小学层次约有1600名学生接受民族语教育,在高等教育层次则基本只有波兰语言文学或波兰研究相关的专业才使用波兰语[1]。斯洛伐克的匈牙利语教育体系较为发达,包含了从学前教育到高等教育的所有层次,2010/2011学年在小学层次有3万多名学生在匈牙利语学校接受教育[2]。匈牙利的民族语言教育则覆盖面较广但层次较浅,包括了从学前教育到高中教育这一阶段,2013/2014学年在小学层次共有9个民族的1600多名学生接受全母语教育,同时有7800多名学生接受双语教育,另有4.8万余名学生学习民族语言课程[3]。对比这三国,可以发现,在管理动机最弱的捷克,民族语言教育的规模最小;管理环境最为严格的斯洛伐克,民族语言教育的规模最大,层次最高;而保护小族语言呼声最高的匈牙利,则教育覆盖面最广但教育程度最浅。我们认为这一现象说明管理机制的强弱可能跟民族语言状况互为因果,并非语言权利事务管理单方面影响民族语言状况。

四、司法行政多许少与

三国对小族语言在司法、行政和公共管理等领域的使用均有较为全面的规

---

[1] 捷克第三轮《宪章》国家报告(2014),第36页。
[2] 斯洛伐克第三轮《宪章》国家报告(2012),第27页。
[3] 匈牙利第五轮《宪章》国家报告(2012),第53页。

第七章 国家管理对于语言权利实现的影响

定,并赋予较为充分的权利,但在实际应用中小族语言的使用率很低,并未如各国承诺的那样得以实现。

在司法诉讼过程中,无论是刑事诉讼还是民事诉讼,被告人使用其理解的语言参与审讯的权利在三国一般都能得到满足。这一方面是因为得到公正审判的权利是人权中非常核心的重要部分,各国均需予以满足,但另一方面绝大部分小族群体成员在诉讼中并无权选择其母语,只有在其不会官方语言的情况下才能使用民族语言。《宪章》专家委员会多次敦促各国在诉讼过程中取消"不会使用官方语言"这一限制,赋予被告人自由选择语言的权利,但未得到积极回应。

行政机关是国家负责日常管理的机构,负责与少数民族成员直接沟通,因此相关机构能否提供少数民族语言的服务不仅对少数民族公民的生活质量有直接影响,而且也体现了政府对少数民族语言支持的力度。捷克《行政程序条例》(2004年)第16.4款规定,任何属于传统上居于捷克境内的少数民族的捷克公民,可以使用其民族语言与行政当局交流。斯洛伐克则规定在少数民族聚居比例达到当地人口20%(近期改为15%)的地区提供该族语言的公共服务。匈牙利承诺为所有少数民族语言提供行政方面的服务,而且确实在政府中雇用了部分能够使用少数民族语言的工作人员。但实际上各国的少数民族成员都有很高的双语水平,在政府无法提供相关语言服务的情况下都能使用官方语言与当局交流,因此政府在提供这一服务方面没有很强的动机。

对比三国情况,捷克只有波兰族和斯洛伐克族在少数情况下使用本族语与当局交流;斯洛伐克主要是匈牙利族在聚居程度较高的南部地区与当局使用民族语交流;匈牙利在这方面使用的案例极少。总的来说,各国行政部门都根据法律规定为小族群体提供一定的语言服务,但在服务意愿最低的斯洛伐克使用率最高,而宣传调门最高的匈牙利反而使用频率最低。这再一次说明了语言权利事务管理机制的强大或语言权利赋予的慷慨并不意味着民族语言使用的普及,政策和现实之间确实存在距离。

五、传媒文化有限支持

在传媒和文化方面,三国均给予小族群体以一定程度的支持,但根据我们的观察,这种支持的力度是很有限的,只能维护一种象征性的存在,离活跃的传媒和文化活动还很远。

第七章　国家管理对于语言权利实现的影响

捷克《广播电视法》(2001年)规定捷克公立电视台和广播电台均需根据各民族人口比例为全国所有人口制作并播放节目,反映人口的多元化。在文化方面,捷克政府每年拨专门经费给文化部用于支持少数民族的文化活动,包括艺术、文化教育、少数民族文化的记述、出版等。但根据我们的观察,近6年来捷克文化部用于支持少数民族文化活动的经费数量显著下降,几乎下降了一半。

斯洛伐克《斯洛伐克广播电视法》(2010年)也规定少数民族语言节目播送的时间长度在安排上应与捷克境内民族群体人口结构相一致;为确保民族节目的制作和播送,斯洛伐克广播电视台应设立独立部门对此负责。"但同时根据《国家语言法》(2011年),地方电台或电视台不得完全使用少数民族语言播送节目,任何播送的少数民族语言节目都必须另择时间用斯洛伐克语播送相同内容。《宪章》专家委员会的调查显示,斯洛伐克近年来播送的少数民族语言节目时长呈现下降趋势[①]。而我们在调查中也发现,如果电视节目中的嘉宾在访谈中使用了少数民族语言而电视台未配斯洛伐克语字幕,则会受到高额罚款。

匈牙利《广播电视播送法》(1996年)明确规定,应为少数民族语言使用者提供相应语言的服务,而且确实提供了资金支持。目前匈牙利大部分民族语言均有正常提供的广播和电视节目;所有的少数民族语言都有纸媒。2011年后匈牙利政府将对少数民族报纸的支持直接列入少数民族自治团体的预算,这意味着这些报纸可以获得长期稳定的资金支持。同时各小族自治机关可以从政府手中接管剧院、博物馆等文化设施以及相应的政府预算,自行开展文化活动。

总的来说,三国少数民族语言的传媒和文化活动均能得到政府的支持,但是实际上电视和广播节目的收视收听率很低,纸媒的发行量也很小,文化活动的频率也不高,我们认为这种支持是一种象征性的。

六、社会应用顺其自然

小族语言在经济活动、宗教活动、家庭等领域的使用属于消极权利领域,三国政府一般不予干预,可以自由使用。而一些公共服务,如医疗服务的提供也多属私人领域,在双方都同意的情况下,可以使用小族语言。这一领域的例外是斯洛伐克,斯洛伐克《国家语言法》(2009年)曾规定在所有的公共领域都必须使用

---

① 斯洛伐克第三轮《宪章》专家委员会报告(2012),第8—9页。

斯洛伐克语，否则要罚款，这意味着在运输、医疗甚至消防服务的提供过程中都必须使用斯洛伐克语。这一规定遭到了国际和国内反对者的激烈批评，并在2011年修正版中弱化处罚措施。而匈牙利的小族语言的社会功能基本已经丧失，只限于在家庭中一定程度的使用。总体而言，政府对这个领域的干预不过是抱着一种顺其自然的态度。

七、小结

总的来说，三国的语言权利事务管理机制在权利保障方面均达到了欧洲标准，但在权利赋予力度和权利实现程度上存在较大差异。斯洛伐克的管理行为对小族语言权利有所压制，受到了较多的国际批评；而匈牙利的管理机制得到了最高的国际评价，被认为有潜力成为欧洲少数民族管理的典范框架。

在权利赋予方面，属于基本人权的个体语言权利均得到承认，但在集体权利的赋予方面各国规定不一：斯洛伐克对少数民族的权利保障是基于个人的，对小族语言群体的权利赋予力度最低；而匈牙利法律赋予了小族群体的个人权利和集体权利，并明确使用"语言权利"的字样，在权利赋予力度上居各国之首。在权利实现方面，各国小族语言使用者的消极权利基本可以得到保障，即个人在私人场合使用本族语言的权利基本不受干扰，无论其属于哪个民族，是否被认定为少数民族。但在积极权利的实现上，各国对不同语言的支持力度均有不同，总体而言与纸面上的承诺还有差距。

第四节 国家管理对语言权利实现作用的分析

20世纪70年代初，语言规划研究的先驱拉宾和颜诺（Rubin and Jernudd 1971）曾提出"语言可以规划吗？"的经典之问。这一问题引出语言规划研究界的长期争论，即语言的发展是否可以被人为规划。本书认为，在语言管理者和使用者具有足够的意愿、投入足够的资源之后，是可以对语言的发展产生影响的，希伯来语在以色列的复活就是一个很好的例子。但显然语言的发展有其规律，有限的资源也无法满足所有语言的需求，人为的规划与管理无法完全控制语言的发展走向，只能在某些维度产生较好的管理效果。政府对小族语言权利的管理同样如此，管理者只能在部分领域实现较好的管理效果，而在有的领域则无能为力。

第七章　国家管理对于语言权利实现的影响

一、管理效果易于彰显的维度

国家层面的语言权利事务管理对小族语言权利的实现至关重要,在部分维度国家管理主体拥有较大的操作空间,其管理也易于见效。

首先是与象征功能赋予有关的维度,主要是法定地位的赋予,也包括在司法行政领域的应用。国家法律对小族语言的存在给予的认定,是其获得合法性并得以生存和发展的基础。国家层面的管理主体可以通过立法赋予部分小族语言超出其他语言的地位。比如中欧三国的少数民族语言,各国通过给少数民族这一概念下定义限定了只有那些在其境内存在时间较长的民族才有资格被认定为少数民族,其语言才有可能得到承认。绝大部分新移居到欧洲国家的民族语言,作为移民语言被排除在这一范围之外,无法得到保护。而越南语在捷克的待遇则说明这一法律认定的过程是存在操作空间的,如果该小族在经济和政治上具备了较强的实力,就可以影响这一过程使之向有利的方向发展。在立法之后,国家还可以通过意识形态层面的宣传对这一地位予以确认,进一步巩固这种法定地位。中欧三国均在《宪法》中承认小族文化的价值,在官方场合对小族文化予以褒扬,并确保在大众传媒和学校教材中体现小族语言的存在,同时通过宣传告知小族语言使用者所拥有的合法权利,以上这些都赋予了小族语言积极的象征功能。

而在行政领域使用小族语言,是对其法定地位的一种确认,既为其赋予象征功能,也为其分配了实质性使用功能。政府在这一维度权利的赋予上具有决定权,但在实际操作中往往非常谨慎。因为这一权利的获得意味着这一语言获得了一定程度的官方语言的地位,其象征意义远超法律上字面的承认,而对相关的资源配备的考虑倒在其次。捷克在这方面设定的下限是:小族人口达总人口的10%以上,有实际需求的考虑,更重要的是唯一能享受到这一权利的波兰族在绝大部分乡镇都在人口上居于少数,对捷克族不会形成威胁。匈牙利境内几乎所有地区小族人口都占绝对少数,而且几乎所有小族群体均已完成语言转用,这也不难理解为何其慷慨地赋予小族群体在全国范围内享受母语语言服务的权利。由于匈牙利族在斯洛伐克部分地区占据着绝对多数,因此在坚持提供行政语言服务的地区小族人口比例必须达到20%,后来虽在欧洲委员会的督促之下将这一比例降到15%,却将生效日期设在至少10年之后。不过小族语言在司法领域的应用一般都能得到国家的支持,这更多地体现了国家对基础人权的承认和保

第七章 国家管理对于语言权利实现的影响

护,因为小族语言的使用也是对公正审判权的保障。

其次是与资源分配有关的维度,包括教育研究和传媒文化活动。这两个领域语言权利的实现都在很大程度上依赖于社会和经济资源的投入,国家层次的管理决定将更多的资源分配到更重要的语言,而这一分配的效果会迅速在实际应用中体现出来。教育研究权利的实现高度依赖国家资源的投入,这也是各族群体争取的核心权利之一。对小族语言母语教育的保障涉及教材开发、师资培训、教师薪酬、学校场地的提供以及考试制度的改革等,牵涉面较广,但最主要的还是资源的配给。如果涉及在中学以上层次设立小族语言教学的职业学校或高等教育,则需要投入更多的资源。以匈牙利为例,匈牙利规定如果有8名学生申请提供小族语言教学,地方当局就必须满足这一要求,而经费由中央政府提供。这一规定使地方政府在提供小族语言教育方面无须考虑经费问题,因而执行情况很好。

大众传媒维度权利的实现也高度依赖于资源的获得,包括资金投入和播放时间的配给。目前中欧三国均要求各公立电视台和广播电台提供小族语言的节目,但显然节目制作的数量和质量均取决于投入经费的多少。目前三国的小族语言节目制作也确实主要依赖于国家的投入,不过鉴于支持力度有限,出产数量不多。有的国家甚至对此进行限制,比如斯洛伐克的私人电视台就反映放映牌照很难获取[1]。

总的来说,各国对于语言资源的分配并不是平均主义的,更不是按需分配的,不同语言的权利实现必然存在程度的差异。不过在理论上,只要国家层面足够重视,愿意在这些领域投入资源,则可以确保权利的实现。

二、管理效果难以抵达的维度

但是我们也要看到,国家的管理也有一些领域是无法触及的,或者说影响效果是非常有限的,只能从外围间接影响,比如社会应用和本体发展。

语言的社会应用,包括在宗教、民俗、家庭和经济活动中的使用,主要属于私人活动领域。在民主国家,私人活动空间是受到法律保护的,国家层次的管理活动很难发挥作用。上述领域的语言选择往往是个人考量的结果,有经济因素、文化因素或个人情感因素,受国家影响很小。

---

[1] 斯洛伐克第三轮《宪章》国家报告(2012),第8页。

在语言本体的发展方面，中欧三国目前作为不多，这主要是因为中东欧绝大部分小族语言都有母国，因此语言本体的发展主要依赖母国标准语言的发展。而没有母国的语言，如三国均存在的罗姆语和鲁塞尼亚语，如今的本体发展主要依赖本族学者的投入。在这个领域，在小族群体存在主观发展意愿的情况下，国家如果能够投入经费，对语言本体的初期发展显然是可以立即见效的。但实际上仅仅为了语言本体发展这一目标本身而投入资源又是没有意义的，因为如果没有足够的使用人群，无论投入多少经费也无法构建一个具有自我文化繁殖能力的社区，比如在不存在生产需要的情况下编撰各行业的术语词典是毫无意义的。语言本体的发展取决于语言之外的社会文化和经济生活的发展。

三、社会文化管理和交际管理的背景作用

语言权利事务的管理和语言权利的实现不仅取决于管理机制本身，这一机制所在的社会环境和参与交流的主体之间的关系对语言权利事务管理效果的影响可以说同样重要。根据"语管论"对社会文化管理和交际管理作用的论述，只有社会文化管理和交际管理为语言权利事务管理提供了基本的条件，语言权利事务管理机制才能发挥其功效。

交际管理在语言管理理论中本指在交流活动中对语言之外因素的管理。在简单管理层次，包括交流关系的建立（对话者之间的关系，如师生、同事、服务员与顾客、主持人与听众等）、交流环境的构造（交流场所的选择、交流场所的灯光和温度等）、交流中语言外因素的控制（语速、音高、肢体语言的参与等）。在有序管理层次，则主要是指交流平台的搭建（建立学校、创办报刊、创立社团、成立公司等）。本书涉及的与语言权利相关的交际管理主要是指有序管理层次，比如要创造小族语言的使用机会，提高小族群体使用母语的意愿，必然要在主体民族和小族群体间构建一种有利于交流的和谐关系；小族儿童教育权利的实现必然要求能在学校中将不同民族的儿童置于同一个班级；小族语言在工场的应用必然要求社会避免对小族成员的歧视；小族文化活动的开展，也需要主体民族承认小族语言和文化的价值；而要提高小族成员学习小族语言的积极性也应鼓励其群体与该语言所属母国建立经贸和文化交流关系。

语言管理理论中的社会文化管理包括政治、经济和文化等与社会环境相关的管理。社会文化管理指的是对政治、经济和文化等社会环境的管理，它可以为交际活动创造积极或消极的条件。很多社会管理活动虽不属于直接的语言权利

事务管理作为,但可以对语言权利事务产生深刻而持久的影响。比如一国之内主体民族与小族群体达成政治谅解、政府决定发展小族聚居区的经济水平、政府为改善国际形象而促进人权保护工作等。和谐的语言关系只有在有利的社会文化环境中才有可能实现,在具有独立倾向的民族地区推广主体民族语言,或在完全不具备社会需求的环境中推广小族语言往往事倍功半。本研究所涉三国均处于由社会主义国家向西方民主政治和市场经济的转型之中,这一转型要求各国在新的社会背景中重新构建国际关系、协调国内族际关系、转变政治和经济体制,而这种深刻的系统的转变为各国语言权利事务管理机制的构建与发展提供了最为核心的动力。

四、语言权利事务管理对族际关系的影响

政府对于语言权利事务的管理会对不同语言使用者所获得的社会资源产生影响,由此改变语言之间的关系以及不同民族之间的关系。这种影响有积极的方面也有消极的方面,无论是哪个国家的政府都无法避免要面对这一问题。

首先,语言权利的管理和实现,有助于改善紧张的民族关系。以语言为界的民族之间的冲突往往会外化为语言之间的冲突,因此语言权利的实现意味着对该民族身份的承认和尊重,有利于缓解民族间的紧张关系。有学者(Rubio-Marín 2003)指出,"如果要将语言权利作为一种手段,将小族群体留在国家内并满足其需求,就必须理解小族群体会对其语言和文化环境极度重视"。比如捷克对波兰族的权利的赋予,尽管让部分捷克族人不快,但在客观上改善了波兰族与捷克族之间的关系,并改善了波兰与捷克的关系。而在转型之初,中欧三国都出现了主体民族对罗姆族的迫害,罗姆人生存状况的恶化也导致犯罪率不断上升、族际关系趋于紧张。后在欧洲机构的干预下,三国加强了对罗姆族的保护,推出各种项目以促进罗姆族融入主体社会,情况才有所缓解。

另一方面,保护语言权利可以强化小族的民族身份认同,如果这一民族具有分裂倾向,则有可能对国家统一造成威胁。语言权利问题并非一个单纯的语言问题,特别是中东欧国家的语言问题往往与民族主义运动紧密结合,语言冲突往往也是民族冲突。无论是在东欧还是在西方,语言群体几乎同时也是一个民族群体,他们往往自认为不仅拥有一种独立的语言而且是国家内的一个独立民族。他们利用民族主义政党来运作,希望达到自治的民族主义目标。语言权利问题属于一个国家内的民族主义问题(Patten and Kymlicka 2003:5)。对于少数语言

群体来说,对其语言的承认象征着对其民族性的承认;而这正是主体群体所极力避免的。西方国家直到最近都不情愿给予区域性语言以官方语言地位,因为这无异于承认了或几乎承认了区域性群体具有民族性,进而为其领土自治的要求开了口子(Patten and Kymlicka 2003:5)。斯洛伐克对匈牙利族的高度警惕也来源于部分匈牙利族成员提出的脱离斯洛伐克而回归匈牙利的主张;需要承认的是,语言保护确实隐含着分裂主义的威胁(戴曼纯、朱宁燕 2011)。

但总体来说,我们的认识是,积极的语言保护所带来的分裂危险要低于强行进行语言同化所带来的冲突危险。在西方,几个比较经典的语言冲突的例子,都是主体语言群体之外同时存在着一种相对较小但仍然强大的地区性语言,这一语言通常在一个固定区域使用并具有悠久的历史,比如比利时的佛兰德斯(Flanders),西班牙的加泰罗尼亚(Catalonia),意大利的德语区,瑞士的法语区和意大利语区,加拿大的魁北克,以及美国的波多黎各等,这些地区的情况都与中东欧国家的情况相似,即主体民族群体试图将其语言作为国语强推到这些小族的历史领地,这种做法往往引起强烈的抵制,有的是和平的抗议,有的是分离主义运动(Patten and Kymlicka 2003:4)。在历史上,斯洛伐克对外喀尔巴阡省乌克兰族人的压制使其在二战后倒向了乌克兰。捷克斯洛伐克对斯洛伐克人的同化也助长了斯洛伐克精英分子的民族主义情绪,在促使其独立方面起了一定程度的作用。至今斯洛伐克人对匈牙利人在历史上对其的压迫依然耿耿于怀。而匈牙利则公开或秘密地支持国外的匈牙利裔团体维护自身的语言权益,因此受到了相关国家的指责。

我们认为,各国政府都要承认一个事实,那就是小族群体对其独特身份和文化的重视是一股强大的力量。在斯洛伐克,即使是鲁塞尼亚族这种没有建立过国家的民族,虽然只有区区数万人,也强烈要求发展自己的语言,保持其民族身份。在无法压制这一力量的时候,大部分国家都选择了满足其语言诉求。这也是欧洲出现了一个显著的趋势,即各国赋予小族语言更多的权利的原因,比如在比利时、西班牙或瑞士的例子中地区性语言都在其本地区获得了官方语言或副官方语言的地位,即使是对语言权利一直有所保留的法国也对这一趋势做出了妥协(Patten and Kymlicka 2003:4)。实际上,在全球经济变得越来越紧密,而人员流动变得越来越容易的情况下,欧洲民族地区独立主义倾向正变得越来越弱。

在 2011 年的普查中,三国均出现了大量人群未登记"民族"和"母语"项的情况,这显示了一个非常清晰的趋势,就是人们似乎不再关心自己的民族身份。而三国数据的对比则揭示了一个有趣的现象:捷克未登记民族的人数最高,占 25.3%;匈牙利占 10.75%;而斯洛伐克占 7.09%。我们发现,在语言管理机制最为弱化的捷克,人们对民族身份的态度最为淡漠,而在语言管理最为严格的斯洛伐克,小族群体也最关心自己的民族身份。

因此总体说来,语言权利的赋予有助于在一国之内改善族际关系,在配合其他社会经济管理措施的前提下,小族语言权利实现所带来的分裂主义风险远远低于强行同化激发族际冲突的风险。

第八章　语言权利视角下的小族语言保护

语言权利的话语范式近年来在国际上的影响力与日俱增,但不同视角的论证往往具有不同的现实诉求,包括促进语言多样化、消除潜在的族际冲突、改善小族群体生存处境等。我们认为,无论出于何种目的来推进语言权利的实现,最终都将落实到小族语言的使用上,并对语言的生存和发展产生影响,都有利于小族语言的保护。中欧三国自转型以来极大改善了小族群体的语言权利状况,但语言权利的实现对于小族语言生存的意义仍然值得进一步探析。

第一节　三国小族语言生存状况总结

本书拟借鉴联合国教科文组织发布的语言活力判定指标评估中欧三国小族语言的生存状况,该指标体系包括了语言使用、语言态度和文献保存等9个方面,能够较为全面地反映小族语言的生存状况。

一、代际传承逐渐衰微

总的来说,中欧三国小族语言的代际传承情况都不容乐观,在所有年龄段的小族人口中都发生着同化现象,而年轻的一代对语言的忠诚度远远低于他们的长辈。

捷克除了乌克兰族、俄罗斯族、保加利亚族、越南族等少数几个民族近年来因移民或务工人口进入获得补充而人数略有增加外,其余所有民族在近3次普查中均呈显人数显著下降趋势,反映了一种明确的同化倾向。其中人数较多的斯洛伐克族、德意志族和匈牙利族在20年内人数均减少了一半以上。族群人数保持较好的是波兰族,该族人数从1992年的约6万,下降到了如今的近4万,已算是同化速度较慢的族群了。该族能保持较高的双语水平,在掌握捷克语的同

第八章 语言权利视角下的小族语言保护

时没有丢掉波兰语(Sokolová 1999),主要是因为该族聚居程度较高,有固定的居住区域,且与波兰相邻,与母族往来较为密切。

斯洛伐克与捷克情况类似,除了俄罗斯、波兰等族因外来务工人口的加入而人数略有增加外,近20年来各族人口的数量都呈下降趋势;母语使用的调查情况与此类似,总体呈下降趋势。而人数最多的匈牙利族虽然面临着较大的同化压力,母语使用人数也不断减少,但仍保持了不错的双语水平,有90%以上的人在家庭中使用母语。捷克和斯洛伐克两国的情况说明了在小族群体遭到同化的大趋势下,那些使用人数较多、聚居程度较为集中、保护措施较为完善的小族语言依然能保持较高程度的代际传承,语言转用的速度低于其他语言。

匈牙利的情况则比较特殊,与上述两国有所不同。在匈牙利,语言的代际传承情况其实最为严峻,几乎所有的小族群体都完成了语言转用,将匈牙利语作为母语,家庭已基本失去了传承本族语言的功能,主要依靠学校教学来延续。但2011年的普查数据与2001年的相比呈现了非常积极的态势,几乎所有的民族人数都呈增长态势,母语使用情况也呈现类似趋势。我们认为这一方面是一个值得注意的积极现象,说明匈牙利的小族语言生存环境有所改善,但另一方面也要了解这种数据上的增长主要是因为匈牙利在2011年普查前出台法律要求将各族资源分配数量与人数挂钩,使更多原先倾向于隐瞒民族身份的人选择了登记民族,并不一定是小族语言使用人数的全面增加。事实上,有5个民族在族群人数增长的同时,母语使用数量呈现下降趋势。而且实际上匈牙利的小族人群总量已经很低,语言转用的趋势是很难逆转的。

此外,三国都大量存在的罗姆族,虽然数量庞大,但语言转用速度反而是最快的。罗姆族没有统一的口语和书面语,发展程度较低,无论是社会主体还是罗姆族本身对其认可程度都较低,罗姆族父母都希望其子女掌握主体民族语言。有捷克学者估计再过 10—20 年,可能捷克就没有什么人使用罗姆语了(Neustupný and Nekvapil 2003),而匈牙利已经有四分之三的罗姆族以匈牙利语为母语,成为匈牙利语单语者。

二、人数占比两者皆低

中欧三国的民族结构总体来说单质化程度较高,小族语言使用者无论在绝对数量还是在总人口的占比上都是极低的。随着小族群体语言转用的持续发生,小族语言使用者所占比例正变得越来越小。

根据三国2011年的普查结果，捷克的小族群体人数仅占2.88%（小族语言使用者占3.15%），斯洛伐克占12.03%（小族语言使用者占13.67%），匈牙利占5.59%（小族语言使用者占1.49%）。根据我们观察到的小族群体同化倾向，小族语言使用者数字应低于小族群体总数，但捷克和斯洛伐克均显示了相反的数据，这证实了三国小族群体瞒报民族身份的传统；不过匈牙利的数据倒是比较清晰地说明小族语言使用者实际上应大大低于小族群体成员。

小族语言的使用人数在总人口中所占的比例，应有两个对照标准，一是国家总人口，二是该语言社区总人口。克劳斯（Kloss 1968）关于语言地位的评价标准认为，使用人数在国家总人口中如低于3%就属地位极低。中欧三国如不考虑罗姆族，斯洛伐克的匈牙利族占总人口的8.50%，捷克的斯洛伐克族占1.41%，匈牙利的德意志族占1.87%外，其余各小族人口比例无一超过1%。由此可见，中欧三国所有的小族语言，除了斯洛伐克的匈牙利族，其余语言的地位都是极低的，完全无法与主体民族的语言相比。

但实际上这些小族在该地区的生存历史绝大部分都在百年以上，有部分小族人口近年来甚至略有上升。这是因为这些小族语言大都在国境外有独立建国的母国，甚至就是接壤的邻国。这些语言在母国依然保持着官方语言地位，有较多的使用人口，具有较好的生存状况。而随着欧盟人口流动速度的加快，原先几乎已完成被同化的小族群体不断获得新成员的补充，因此并未消失。

罗姆族是一个特例，在中欧各国均有较大数量的人群，据前文所述，学界估计在捷克的罗姆人约占总人口的2%—3%，斯洛伐克的占8%—10%，匈牙利的占5%—10%，是三国事实上的最大的小族群体。但罗姆族的社会生存状况较差，本民族成员保存自身语言积极性亦不高，反而可能是最易遭到同化的群体。

三、使用领域限于局部

总的来说，中欧三国的小族语言在公共行政、传媒、经济等社会领域的使用程度非常低，基本收缩到家庭和文化活动领域，而即使是在家庭中的使用，其总的趋势也是不断减少，难以保障。

在传媒和出版领域，各国小族语言的使用仅是一种象征性的存在，无法产生大范围的影响。在教育领域的应用则大都限于小学之前的层次，在进入中学之后使用母语学习的人数急剧下降。在文化和宗教等领域依然有一定程度的使用，但应用几率也不高。在司法领域的应用也在极少数情况下，即在当事人不懂官方语言的时候才有使用的机会。在公共行政领域,中欧三国均提出措施确保小族语言在公共领域的使用,不过条件有所不同,实现情况也有不同。匈牙利表示在全国范围内支持少数民族成员使用母语与当局交流,但由于匈牙利小族人数很少且其匈牙利语水平很高,因此反而实际使用程度最低。捷克规定小族在市镇级别聚居比例超过10%则可使用母语与当局交流,但目前主要是波兰族在其聚居的捷欣地区会偶尔使用,其余少数民族很少在公共场所使用本族语。斯洛伐克规定小族聚居比例达到20%才能在与当局的交流中使用母语,是三国中条件最为严苛的,但由于匈牙利族人数较多,聚居程度较高,反而坚守住了在公共领域使用的阵地。不过总体而言,各国小族语言的使用都受到官方语言的挤压,生存空间越来越小。

四、最新领域难以拓展

中东欧的大部分小族语言本身都是发展较为成熟的语言,在其母国的所有领域都得到广泛应用,但作为一国境内的小族语言,在新的媒体领域的应用则非常少。中欧各国政府均在一定程度上保障了各小族语言在广播、电视中的存在,但这种存在的象征意义大于实际意义,节目数量和质量均不高。在互联网和社交媒体等较新领域,三国大部分小族语言都在一定程度上得到应用,不过主要的信息生产者是各语言的母国使用者,而非作为小族群体的使用者。我们认为,中欧三国的小族群体由于人数太少,绝大部分没有固定的使用区域,没有稳定的经济活动共同体,无法形成自足的文化生产生态体系,是很难在新领域的使用上有所突破的。

五、教学材料依赖母国

这方面,中欧三国的绝大部分小族语言均有母国存在,各族群体均以母国标准语为学习对象,因此除了罗姆语和鲁塞尼亚语,各语言的学习材料都可以从母国获取,并不缺乏。当然各国也拨付资金开发了一些本土化教材,让本国儿童在学校教育中使用。不过三国绝大部分小族语言在学校教育中的应用水平都限于小学层次,因此用于较高水平语言学习的本土材料很难找到,最为便捷的渠道依然是从母国购买。

六、政府态度明扬实弃

三国官方对小族语言的态度,前文已有详细论述,即在维护多样化价值的同时,"一个国家,一种语言"的语言理念并未消失,各国政府对小族语言受到的默默同化视而不见。

中欧三国在1989年民主化改革之后,开始受到人权理念和多元文化思潮的影响,官方在小族语言问题上基本采取一种宽容的态度。三国签署和批准《宪章》的过程则进一步推动各国在立法上做出调整,以达到《宪章》的要求,目前三国在小族语言权利保障的法制建设上已经比较完备,为小族语言的发展提供了充分的空间。但与此同时,各国政府或主体民族对小族语言的关心程度是有限的,在法律的实施和资源的提供方面并未达到其承诺的程度。甚至有部分政客和民众对小族语言持敌视态度,而绝大多数人持一种放任自流的态度,即任其自生自灭。

罗姆人在三国所遭受到的对待则最为清晰地反映了各国政府对这一问题明扬实弃的态度。三国均曾出现少数民众或者极端组织对小族群体(主要是罗姆人)采取敌视态度甚至残害的行为,在国际组织的干涉下各国均对这种行为进行了打击。不过这种打击并不能落到实处,大都停留在口头谴责上,承诺对罗姆人给予更好的保护;但往往伤害罗姆人的案件都无法侦破,或者对伤人者仅给予轻微的处罚,甚至有时候就是警察参与了有关虐待行为。三国在转型初期都制定了雄心勃勃的罗姆人融入计划,也确实在这方面投入了大量的资源,但这些项目大都不了了之,并未使罗姆人的生存情况有太大改善。即使是那些所谓的融入计划,在客观上也是希望加快同化的速度,使其融入主体人群,而非尊重和保护罗姆人的固有文化和生活方式。

七、本族态度代际分化

我们认为各国小族群体对待母语的态度可从象征性价值和工具性价值两个方面来考察,即认同其象征性价值但放弃其工具性价值。

从象征性价值来看,文化多样化理念的传播使小族群体确实开始重新认识其语言和文化的价值。不少年轻人形成了较强的族群身份意识,对本族文化价值的认可度不断提升。即使是社会地位较低的罗姆人也宣称要保护自身语言文字,罗姆人近年来在政府及各种政治活动中都高度评价罗姆语,称其是罗姆文化的象征。当然,也有很多年轻人在接受了多元化价值之后,对语言的身份象征作用重视程度有所降低,认为语言不是身份的唯一标识,倾向于认为即使其语言不再有人使用,也不是一个很严重的问题。

从工具性功能来看,各小族成员都认识到其语言是一种与官方语言不同的语言,经济价值较低,不利于其本身及子女在社会中获得更好的地位。因此各小族群体中虽然有一部分成员坚持在较低年级让子女接受母语教育,但到中学之后,绝大部分都转用官方语言接受教育。

各国的调查①也显示,年轻人虽然在口头上宣称对其本族文化非常自豪,但不太热衷本族语言的使用,更关心学习英语、德语等经济价值较高的语言。

八、文献生产量低质次

关于文献的生产和保存,中欧三国的特殊性在于,就各小族语言本身的文献而言,在其母国都有丰富的产出也大量存在,但各国的小族群体在语言文献的制作及其获得程度方面,并不能令人满意。

各国政府均在一定程度上保障了小族语言文献的生产,为各小族语言文化作品的创作,包括纸质媒体和广播电视节目的制作提供资金支持。但这种支持力度是很有限的,每年的经费预算是固定的,由各族群体去申请和竞争。在这种情况下,各国小族群体所创作的本族语言文献在数量和质量上都不高。

在文献的保存和提供上,各国也做出了相应的努力。比如捷克在布尔诺建立了专门的罗姆文化博物馆,用于展示罗姆语言和文化。匈牙利也建立了国家罗姆图书馆、档案馆和资料中心,专注于制作和收藏与罗姆语言和文化相关的资料。同时匈牙利的国家外国文学图书馆为全国的民族图书馆组织提供图书。但这种文献的总量并不多,也不易于获取,是一种博物馆式的陈列,一种象征性的保存。

第二节 语言权利如何影响小族语言生存

我们的基本判断是,语言权利的实现对小族语言的生存至关重要,本书所考察的6个语言权利维度对于小族语言的活力提升均有重要作用,中欧三国各小族语言的生存情况也证明了这一判断。

一、法定地位为语言生存提供基本保障

对于小族语言来说,在法律框架下取得合法存在的地位是其得以生存的基本前

---

① 匈牙利第六轮《宪章》国家报告(2015),第17页。

提,而获得较高的法定地位则有利于其获得更多的权利,并进一步改善其生存条件。

第一,法定地位代表着政府对该语言的态度,意味着政府允许该语言在该国境内存在,或对该语言负有保护或者促进的义务,意味着该语言可以获得更多的资源用于自身发展。比如捷克只从14种小族语言中选择了4种应用于《宪章》的保护,而政府拨出专用款项用于支持这4种语言的应用;政府少数民族理事会修改了"少数民族理事会章程"以增加这4种语言使用者的代表席位,使其在民族事务上的发言权得到提升。

第二,法定地位决定了语言的合法使用领域,比如用于官方场合,出现于公共领域,并进入教育、媒体等关键领域。社会主义时期,捷克斯洛伐克只有4个民族得到宪法承认,而其他小族语言不仅无法用于与公共机关的交流,其民族学校也大量被关闭或合并。而中欧三国在转型之后都对小族语言的使用提出了明确的限定条件,比如在小族群体聚居人数达到一定标准的市镇,地方行政当局就有义务为该语言提供相应的服务。斯洛伐克1995年的《国家语言法》在国内遭到强烈的反对就是因为将小族语言的使用置于无法可依的境地。

第三,法定地位也影响小族群体自身对该语言的态度。社会主义时期,德语在三国均遭到严重的歧视与抑制,德意志族在捷克斯洛伐克有很长时间失去了公民籍,德意志族主动转用国家官方语言,德语使用人数迅速下降,德意志民族在很短的时间内就被同化了。而转型之后,中欧三国均将语言的合法地位赋予传统少数民族,相关的配套宣传也使各族民众对自身语言的态度从消极转为积极。大量民族文化团体恢复了活动,开展各种活动致力于其民族文化的保存与发展。

三国如今均以不同的形式明确本国小族群体的法定地位,赋予其自由生存和发展的空间。但移民群体的语言至今尚未得到任何国际法或国家法的承认,随着移民群体的增加及其对母语使用权利的重视,这一问题将逐渐变得尖锐。捷克的越南族争取法定地位的例子则说明了法定地位的重要性,也说明了在这一问题上存在操作的空间。

二、本体发展为语言应用提供有效载体

语言的本体发展是语言活力得以提升的基础,是一种语言进入各应用领域的前提,也是该语言得以传承的保障。

第一,本体发展是进行识字教育和开展母语教学的必备基础。只有具有严

第八章 语言权利视角下的小族语言保护

格规范的标准化语言才能用于对大众的识字教育,扩大该语言的使用人群。丰富的表达形式和深厚的文学传统则可以提高该族群成员使用该语言的兴趣,增加其传播和传承的机会。斯洛伐克的普通大众一般都认为与斯洛伐克语相比捷克语是一种发展程度更高的语言,具有更强的表现力,斯洛伐克知识分子也倾向于借用捷克语的表达形式,这使很多斯洛伐克人更愿意使用捷克语,斯洛伐克语长期存在一种捷克化的倾向。罗姆语和鲁塞尼亚语则因书面语标准化工作的迟滞使教材的开发成为问题,严重阻碍了将其应用于更高层次的教育。

第二,本体发展是一种语言进入各使用领域的基本前提。小族语言在公共行政领域、教育研究、大众媒体、社会应用或其他任何一个领域的应用,都要求该语言达到相应的发展程度。如果一种语言的词汇和表达形式无法满足在实际使用中的表达需求,则不可能获得广泛的应用,也不可能进入网络或其他新的生活领域。

第三,本体发展是本族文化繁衍的条件。标准的语言规范以及丰富的语言储备是记录文化内容、创作文化产品的基本工具。一种文化的自我繁衍能力除了需要大量的人口、稳定存在的社会经济环境,还需要一种充分发展的语言,只有准备好语言工具才有可能期待伟大的文学作品。

总体来说,中欧三国的小族语言均在母国得到较好的发展,而罗姆语和鲁塞尼亚语的本体发展滞后,阻碍了其享有教育、传媒等其他维度的权利。

三、行政应用为提高地位发挥引领作用

司法、行政和公共服务中的使用是体现语言法定地位的核心,在上述领域的使用代表着政府对该语言地位的官方认可,并足以影响社会主体人群以及小族群体自身对该语言的态度。

鉴于小族语言在司法、行政和公共服务领域应用的符号性价值,各国政府在赋予这一权利时都相当谨慎。捷克和斯洛伐克互相接受对方语言在本国公共领域的运用,既是因为两种语言的相似程度较高,更是因为两国人民的传统友好关系。斯洛伐克虽然承认匈牙利语在部分地区公共领域的使用,但同时利用《国家语言法》(1995年)要求在所有领域优先使用斯洛伐克语,确保斯洛伐克语的国家语言地位。中欧三国对小族语言在公共领域的使用都有明确的条件限定,捷克是小族人口比例达到总人口的10%,斯洛伐克的这一比例是15%,匈牙利则承诺为小族人口达到总人口10%的市镇提供更多的语言服务。尽管如此,在捷克和

斯洛伐克达到上述标准的地区,还是出现了不少社会主体人群破坏双语标牌的事件,这也从反面证明了公共领域的使用对提高小族语言地位具有象征性功能。

此外,这一权利的实现也会在很大程度上影响小族语言群体对自身语言的认可程度以及学习这一语言的积极性。对于小族群体而言,能够在其居住区域不借助于官方语言而较好地生存,特别是可以处理所有与行政当局相关的事务,可以在很大程度上提高其对本族母语的评价,并激励年轻人学习该语言。

四、教育研究为语言延续提供不绝动力

小族群体使用母语教学和研究的权利被视为保存和延续其文化身份的核心方式(McIntosh et al.1995)。这一权利的实现对语言的代际传承、使用人数的增长、使用领域的扩展、本族语言的感情和文献的生产都具有积极意义。

小族语言的延续和发展是多种因素共同作用的结果,我们很难用定量的方式衡量教育和研究在这些方面所产生的具体作用。但是这一维度的核心作用已经得到了很多学者的充分论述(Phillipson 2000; Skutnabb-Kangas 2000, 2001; Wiley 2002)。20世纪90年代后,中欧三国均开始了教育改革,赋予小族群体在私立教育中使用本族语言的权利,并在公立教育中加入更多的小族语言教学因素。这一做法在很大程度上降低了小族群体转用官方语言的速度,特别是那些使用人数较多的语言,使其获得了代际传承的机会。如今在匈牙利,教育已取代家庭,成为语言传承的主要方式。

另一方面,当小族群体的这一权利受到主体民族的威胁时,就会产生仇恨和冲突,甚至可能最终积聚成暴力对抗。教育权利易导致族群关系紧张,是因为其具有集体性,不是仅对个人有效(Deets 2002)。在有的国家,母语教育的权利是主体民族支持最少的权利,可能是因为在公立学校中使用小族语言教学会被视为对主体民族资金和资源的抢夺(McIntosh et al. 1995)。欧安组织民族专员的工作中有很大一部分就是为小族群体的母语教育权利而奔走和协商[①]。可以说毫无疑问母语教育的权利是语言权利中最为核心的内容之一。

五、传媒文化为语言存在扩大影响范围

小族语言在传媒和文化方面的应用既是其抵制同化、扩大影响的重要阵地,

---

① 参见联合国网站,《联合国少数群体指南第9号小册子》,第2—4页,http://www.ohchr.org/Documents/Publications/GuideMinorities4ch.pdf,2015-8-5下载。

第八章　语言权利视角下的小族语言保护

也是生产该语言文献资料、推动语言本体发展的重要基地。

小族语言在媒体和文化领域的应用既有重要的象征意义，也可以扩大该语言的受众，改善主体民族和小族群体对该语言的态度。中欧三国的小族群体在地方或国家层次建立了大量自治组织或联合会，其最重要的工作之一就是推广本族语言和文化。小族群体往往会要求国家将小族传统文化作为一种有价值的精神财富在重要的仪式性场合上使用，并保障其在公立媒体中的存在，这对于改善小族语言的地位、激发小族语言使用者的自豪感具有积极的作用。不过就我们的观察而言，目前中欧三国小族语言在传媒和文化方面的应用主要是一种象征性价值的保存，具体广播电视节目的收视收听率并不高，纸质媒体的阅读群体也很小。作为一种文献生产的方式，其产量也不高，相对于官方语言的强势存在，小族语言的份额是非常小的。但这并非是由于各小族群体不重视本族语言在传媒和文化领域的应用，而是囿于有限的资源，无法开展更多的活动。

六、社会应用为语言传播增加工具价值

小族语言在社会经济活动中的使用情况是其语言活力的最直接指标，而私人领域的使用基本上是小族语言生存的最后底线；扩大小族语言的社会应用范围，对于提升语言的经济价值、改善语言态度、增加学习和使用者人数等均有帮助。

社会应用是证明一种语言的工具性价值的最好的、也是唯一的方式，如果语言失去了应用的价值，那就意味着其语言活力的彻底丧失。国内学者李宇明[①]曾根据语言的应用范围对语言的活力状态进行划分，他将语言在社区生活和特殊活动中的应用称为语言保护层，即该语言已从公共领域和教育领域的使用退缩到社区日常生活领域；而将语言在宗教、家庭和民俗活动中的应用称为语言的最后堡垒，即语言活力较低的语言只能应用于宗教和家庭等场合。上述领域的活动基本没有政府角色的参与，主要是语言使用者出于自身需求所做的选择，小族语言在这些领域的应用反映了语言使用者的真正需求，如能坚守这一空间，则不仅能保证语言得以延续，其应用价值也为进一步扩展提供了基础。在我们的调查中有学者反映，在20世纪90年代的斯洛伐克，几乎所有的匈牙利人都曾因

---

① 李宇明教授题为"语言竞争试说"的讲座（2014年11月5日，北京外国语大学）。

在公共场合(如公交车、商场等场合)使用匈牙利语而被告诫"在斯洛伐克请使用斯洛伐克语"的经历,导致了匈牙利语使用程度的大幅下降。这一反例很好地说明语言的社会应用是小族语言生存的最后底线。

第三节 语言权利对小族语言保护的意义

如上节所述,语言权利的实现在语言的生存状况方面能够产生全面的影响,语言权利的丧失将使语言失去生存的空间。但我们在对中欧三国的语言权利状况进行考察时发现,虽然三国在转型之后均给本国的小族语言赋予了越来越多的权利,但似乎三国小族语言的生存状况并未得到相应的改善,各小族群体均处于一种被同化的过程中。这就引发一个很关键的问题,即语言权利这一话语范式对小族语言保护到底能够发挥怎样的作用,语言权利是否可以决定小族语言的生存状况。下面我们就这一问题进行探讨。

一、语言权利为小族语言的生存和发展提供空间

我们认为,语言权利的一个最重要功能就是为小族语言提供生存和发展的空间,换言之,提供一种发展的可能性。语言权利的话语范式反对语言的强制同化,反对国家权力对于小族语言的不公正压迫,但对自然发生的语言转用持中立态度,更无法从语言权利的角度要求语言的复兴。

首先,语言权利内容中的容忍型权利,即传统人权中的语言维度,可以为小族语言生存提供最低限度的保障。容忍型权利要求政府不干涉小族语言的存在,为其留下自由发展的空间。目前世界上绝大多数国家的小族语言可以享受这一权利,即不受打扰地存在和发展的权利。容忍型权利的实现可能意味着两种情况。一是政府对于趋于消亡的语言完全放任不管,视而不见,任其自生自灭。目前中东欧国家对罗姆人语言虽然没有视而不见,但很多在政府层面提出的宏大计划和项目并未改善罗姆人的处境,对于罗姆人受到的歧视并无太大的改善的动力。捷克和斯洛伐克对于《宪章》专家委员会关于设立更多的民族学校的要求均答复无此需求。对于在所有领域占据全面劣势的小族语言而言,只能享受容忍型权利等于纵容主体语言对小族语言的缓慢同化。第二种情况是,这种容忍型权利也是有一定的限度的,当小族语言的力量不断壮大、对主体民族语言形成威胁时,民族国家政府就会采取措施,将其限制在一定的活动空间内。比

第八章　语言权利视角下的小族语言保护

如斯洛伐克尽管宣称保障少数民族的母语使用权利,也确实为小族语言的使用提供可能性,但其《国家语言法》(1995年)却规定在所有公共领域均应优先使用斯洛伐克语,而且对公共场所的定义非常宽泛,包括交通、医疗、水电、消防等领域,到了无所不包的程度,导致在匈牙利族人口占绝对多数的地区,居民的水电账单都必须使用斯洛伐克语。斯洛伐克的这种做法虽然没有违反相关的欧洲区域法律框架,但无疑对小族语言的生存空间造成挤压,将语言权利的实现限定在一个较低的水平。

其次,促进型语言权利的实现将为小族语言的发展提供可能,不过这种可能性取决于其获得资源的多少。国际学界一直呼吁给予小族语言更多积极权利,《宪章》也确实给国家规定了更多的积极义务,确保其为小族语言提供促进性的权利。但很显然,就目前而言,中欧国家为小族语言权利提供的资源保障远远不足以维持小族语言的长久延续。比如关于母语教育的权利,尽管国际法要求相关国家在需求较强的地区为小族语言提供母语教育,但这种表述为有关国家的执行提供了很大的操作空间。首先是对于需求的定义,即多大的需求才是强烈的需求;其次是母语教育的形式,即什么样的教育可以称为母语教育。比如匈牙利宣称完成了母语教育的义务,但在绝大多数情况下并非使用母语教学,而是提供小族语言学习的课程,最为普遍的做法是以周日学校的形式安排2小时的语言课程。显然这种程度的权利实现远远不足以保持小族语言的存在。而中欧三国在公共行政、大众传媒等领域所保障的积极语言权利,如雇用人员、提供资金等措施,均维持在一种较低的程度,是一种象征性存在。

最后,语言权利的证明逻辑很难要求保留或复兴一种即将衰亡的语言。语言权利的话语范式主要关心小族语言能否得到公正的对待,使其不受国家权力的压迫,得以自由地存在。但这种论证很难要求国家复兴正在衰亡的语言,换句话说,语言权利可能只能延缓语言衰亡的速度。我们知道,当一种语言趋向衰亡时,如果不能得到强力的介入,是很难扭转这种趋向的。语言权利的介入可以在一定程度上阻滞这种进程,但要使其从衰亡改为复兴,则有些力不从心。这也意味着语言权利话语范式尽管主张很多积极的权利,但从客观上看总体而言是一种趋向消极维护的论调。

因此我们认为语言权利的最重要功能在于为小族语言的生存提供空间,但很难要求国家为所有的语言都提供同等的资源保障。

二、语言权利无法为小族语言的长存永续提供保障

当今世界上约有6000种语言,却只有约200个国家,这一事实决定了多语共处是一个无法避免的事实。现代化的演进和全球化的推进改变了原有的语言生态格局,语言无法在封闭的环境中独善其身,而必须面对语言接触和多语共处。语言权利的大部分维度、语言活力判定的大部分指标都具有排他性的特征,资源的稀缺性决定了只可能有一种或少数几种语言能够充分地享受这些语言权利。在多语共处的情况下,必然有部分语言的生存空间会受到挤压;语言权利话语所主张的权利内容并不能保证所有的语言都获得同样的资源。

首先,语言的工具性功能和象征性价值均具有排他性。国家的运转需要一种便捷的交流工具,在现代化的背景下,使用统一的语言可以大大降低交流的成本,而且几乎是唯一的选择。一个国家可以在宗教上做到中立,但完全的语言中立是不可能的;一个国家只能使用有限数量的语言来运转,这必然会对一部分不使用这些语言的人群造成障碍(Rubio-Marín 2003)。在以民族国家为主体的当今世界,一个国家的官方语言或国家语言只可能是极少数语言。所有关于语言权利的国际宣言或建议都未提及作为官方语言的权利,也推荐不将此作为一项政策,往往采取实用主义的保护措施(Patten and Kymlicka 2003)。即使是南非或印度那样宣布多种语言为官方语言的国家,也不可能将境内所有语言都囊括在内。

其次,关系到语言活力的社会资源只能优先供应已掌握相应权力的语言,其分配无法做到平等。在影响语言活力的9个指标中,代际传承、使用人数及其所占比例都不是政府管理能够起到决定性作用的,语言权利的实现对这三个指标也只能间接产生影响,无法直接推动。其余6个指标,如使用领域的指定、教学材料的开发、政府态度的抉择、语言文献的生产等都需要大量的资源投入,在各族所掌握的权力不同的情况下,资源的分配必然是有倾向性的,平均分配资源是不可能的。语言权利的声张可以要求政府为弱势语言群体提供一个相对公正的资源分配方案,但也无法保证所有语言都获得所需的理想数量的资源。即使是在语言权利得到充分保障的情况下,有些因素如使用人数的多少也会影响资源的总量。比如欧盟大力提倡所有成员国语言一律平等的多语制,但在实际运行中,

第八章　语言权利视角下的小族语言保护

获得最大量资源的依然是英语、法语和德语等优势语言。

所有这些都说明，语言权利的实现取决于很多因素，无法保证所有的语言都获得同等的权利实现程度或其发展所需的资源。这就意味着语言权利的话语范式并不能为所有小族语言的生存和发展提供百分之百的保障。

三、同一管理机制下不同语言获益不同

中欧三国的语言权利事务管理实践表明，在相同的语言权利事务管理机制下，不同小族群体获益的程度并不相同，对于人数较多或聚居程度较高的小族语言而言，语言权利的积极意义要更大。

在民主环境下，政府提供充分的空间与平台，制定公正的资源分配方案并予以公开，但并无义务为所有语言提供保姆式服务；小族语言的权利实现在很大程度上取决于其本族民众的意愿和付出的努力。在中东欧现今的民主体制下，国家为小族语言群体的自由行动提供了很大的空间，小族群体本身可以开展各种活动以确保自身语言的延续。在这一环境下，不同民族群体所表现出的维护本族语言的热情是不同的。有的小族群体积极为获得更多的语言资源而不断奋斗，努力维系并发展本族语言，比如捷克的越南族和斯洛伐克的鲁塞尼亚族，均通过长期的不懈争取获得了合法少数民族的地位。而其他大部分小族群体在这方面的行动是相当有限的，并未表现出较高的热情：很多家长更多地鼓励子女学习官方语言，而非民族语言；对于年轻人而言，民族语言的衰微似乎是一件自然发生的事情。在同等的权利保障机制下，只有那些具有维护本族语言意愿和决心并愿意为之付出努力的族群才能获得更多的资源。

客观上看，小族群体的人数和聚居程度在很大程度上决定了该族所能获得的资源。当某一语言的使用人数较多时，可以向政府声索更多的资源，其本族成员也可以贡献更多的资源用于语言维护。同样的资金需求，如民族学校的建立，如果分担到更多的人身上，负担较轻，就易于实现。而较高的聚居程度则可以确保对资源的分配更加高效，取得更好的效果；比如当成员聚居在一个社区内时，一所学校就可以为所有儿童提供教育。此外，当聚居的规模达到一定的程度时就会形成完整的社会运转机制，使小族语言在所有领域得以应用，小族群体成员不用学习另一种语言也能生存。同时这一语言社区会具备文化上的繁衍功能，促进语言本体的发展，增加语言的美学价值。因此，大量

的使用者和固定的聚居区域可以延缓语言的衰亡。但一个令人遗憾的现实是,无论是人口的数量还是族群聚居的程度,都不是语言权利的话语范式能够改变的。

四、语言权利无法单独解决语言保护问题

根据"语管论",语言权利的管理基于社会文化管理和交际管理,因此如果仅仅着眼于狭义的语言问题,依赖于狭义的语言方面的权利的实现,则难以解决语言保护问题,需要将语言权利问题置于更大的社会背景中予以考量。

首先,语言权利的实现需要基于相应的族际关系管理和社会文化背景管理。如前文所述,语言权利的实现依赖于有利的族际环境的构建和有利的社会经济文化环境的打造。如果社会主体人群对小族群体成员持一种负面态度,对之歧视、厌恶或敌视,小族群体则很自然地会报之以同样的态度,在这种族际关系中是很难保证小族语言在媒体、学校等公共领域稳固存在的。在很多情况下,要构建良好的族际关系或不同族群成员之间的和睦关系,需要在社会经济政治制度上给予保障,比如确保社会资源的公正分配,保证小族群体的尊严得以维护。欧洲罗姆人的处境就说明了这一点,在社会主体人群依然歧视罗姆人、罗姆人失业率居高不下、罗姆人自身对罗姆语评价很低的情况下奢谈罗姆人语言权利的实现和罗姆语生存状况的改善是没有意义的。

其次,语言权利话语无法提供社会问题解决方案。语言权利研究主要着眼于语言的生存,其关注范围虽然也涉及社会经济环境,但在语言权利诉求中也涉及小族群体的其他权利。但很显然,语言权利的研究视野是相对狭窄的,对于语言问题如何在复杂的社会环境中产生以及如何通过调动与此相关的社会资源解决语言问题,是缺乏解释力和说服力的。围绕语言产生的各种纷争很多时候只是更深层次经济社会矛盾的外化,而关于如何解决这些经济社会问题,语言权利研究者显然并非专家。

因此我们认为,要将语言权利的研究置于社会环境之下,语言权利也只能作为一个更大的工具的一部分发挥作用。鉴于有很多的相关因素(如语言使用者的聚居程度和经济收入水平)不是语言领域的,语言权利的话语范式很难从根本上改变一种语言的活力状况。因此关于语言权利的话语范式在很大程度上必须配合其他更大的理论框架,作为一个综合性框架的一部分,在语言生存状况的改善以及社会问题的管理上发挥作用。

第四节 三国小族语言未来透视

中东欧地区民族成分复杂,国家界线和民族界线少有重合,语言界线与民族界线之间也若即若离,并随着历史演进而不断变迁。进入21世纪后,随着欧盟一体化进程的快速推进,国家界线正在弱化甚至消失,由此导致的人口流动也正模糊着民族界线和语言界线。这些变化导致英语、法语、德语等国际强势语言逐渐侵蚀小族语言的生存空间;而一国境内的少数民族,同时也是小族语言群体,则面临社会主体人群语言和国际语言的双重压力。在这一背景下,语言权利的话语范式越来越受到重视,并对各族群语言力量的对比产生影响,不过上述变化,包括语言权利话语范式的兴起,也只是近20年的事,我们无法据此完全预测小族语言的命运,只能基于我们的观察和分析,大致做出如下判断。

一、较大的语言会缓慢收缩

当前的欧洲依然是一个以民族国家为主导的区域,尽管欧盟一体化的进程不断推进,但在可以预见的未来,民族国家将依然是欧洲政治的主要参与者。在这些国家境内的小族语言群体会面临社会主体民族语言和国际语言的双重压力而逐步收缩。

中东欧国家小族语言的一个重要特点就是大都在境外有母国传承,这保证了绝大部分小族语言暂时不会有消亡之虞。那些人数较多、聚居程度较高,同时与母国相邻的语言,具备长期存在的条件。比如捷克的波兰语和斯洛伐克的匈牙利语,其小族群体对保存母语有较高的意愿,语言权利各维度的实现程度较高,语言保持了较高的活力。这些语言虽然在一国境内属于小族语言,但在母国是使用人数庞大的主体民族语言,发展程度较高,具有互哺的优势,短期内不会消亡。

然而,这些语言在本国境内却无法改变其小族语言的地位,在权力结构中永远处于弱势地位,语言权利的实现程度受制于各种条件,无法实现更大的发展。与主体民族语言相比,这些语言在教育研究、司法行政、大众传媒和社会应用等领域处于全面的劣势,面临官方语言的挤压和主体人群的同化。与国际强势语言相比,除了德意志族使用的德语未受负面影响,其余几乎所有的小族语言群体均受到影响。在中欧三国的各个文化场所中,双语或三语标牌很常见,但非常遗憾的是除了本国官方语言，往往就是英语或者德语，很少有使用少数民族语言的。就近数十年的发展趋势来看，即使语言权利的实现条件继续得到改善，小族语言也依然难逃衰落的命运。

二、较小的语言会长期在边缘存在

中欧三国的大部分小族语言群体，往往在一国境内有悠久的居住历史，得到国家的官方承认，享受一定程度的语言权利，同时可以得到母国人员的补充，有可能会长期存在。

这些语言使用人数很少，在本国境内的活力不高，根据现有学界评价标准，可以说濒临灭绝。但这些群体实际上已经在其传统的居住地生存了数百年，依然保持了传承。最重要的原因就在于他们不是封闭的或孤岛式的存在，而是开放的、可以获得母国人口补充的社区。在捷克和斯洛伐克 2011 年的人口普查中，大部分民族的人口与 2001 年相比有一定程度的减少。但在此情况下，捷克的乌克兰族、俄罗斯族、保加利亚族和越南族，斯洛伐克的波兰族、俄罗斯族和克罗地亚族，人口均出现了较大幅度的逆势上升。这一现象与来自乌克兰和俄罗斯以及越南的务工人员数量增加直接相关。我们认为，这些较小的语言社区虽然人数较少，但形成了自治组织，保留自己的文化活动，尽管只是在很少的领域使用者自己的语言，但将长期存在。

三、失去人口补充的语言会逐渐消亡

中欧三国有部分小族语言使用人数极少，不足千人，而且使用者分散居住；从语言活力判断标准来看已属极度濒危语言。这些语言使用功能单一，没有外来人口补充，很可能会在不久的未来消失。

以捷克的鲁塞尼亚族为例，1992、2001 和 2011 年的人口普查显示该族人数分别为 1926、1106 和 739，下降幅度较大。与此相反，斯洛伐克的三次人口普查显示鲁塞尼亚族的人数逐年上升，分别为 17 197、24 201 和 33 482，这一数字其实并不一定反映该族人口的增长，而是因为很多原先登记为斯洛伐克族的人改为登记成鲁塞尼亚族。匈牙利的鲁塞尼亚族人数也较少，2011 年登记显示仅有 3323 人。鲁塞尼亚语的问题在于没有在境外建立母国，其数量最大的人口分支在乌克兰境内，而乌克兰公开反对各国承认鲁塞尼亚族以及鲁塞尼亚语的存在。同时这一语言的本体发展程度较低，与其说是一种书面语，不如说是一种语音记

第八章 语言权利视角下的小族语言保护

录体系,除了在教育中有简单的传承,无法应用于其他领域。这些因素决定了鲁塞尼亚语的境地非常不妙,很可能在不久的将来就会逐步消亡。

另一个例子是罗姆人语言。罗姆人虽然人数庞大,在欧洲多国都有存在,但该族存在数个差异较大的方言,没有形成统一的书面语,发展潜力很小。该族在各国的社会经济地位都极低,本族人对母语持消极态度,鼓励儿童学习当地官方语言,因此近年来转用速度极快。匈牙利75%的罗姆人已经成为使用匈牙利语的单语者。如果罗姆语无法得到各国政府的强力介入或者在近期有大的转机,则很可能难以逃脱消亡的命运。此外犹太人使用的希伯来语和意地绪语,也基本失去了人口补充的来源,很可能不能继续长期存在。

第九章 三国案例对理论研究的启示

在欧洲范围内,中欧三国在语言权利事务管理方面的表现具有典型性,一方面这三国代表了中东欧国家在该领域机制建设和管理实践的较高水平,另一方面也暴露了中东欧国家甚至全球范围内各国在语言权利事务管理和小族语言保护方面的困境,同时展现了一些具有实验性的地方化举措。

第一节 对语言权利研究的启示

近年来学界关于语言权利的研究不断取得进展,但总体来说这一领域仍处于快速发展期,目前在理论上仍有很多争议未能达成一致,理论主张与实践进展之间也存在较大差距。我们认为理论研究应从实践出发,保有对实际语言生活的关怀,对语言使用者在实践中遭遇的困境和难题,要在理论层面敢于直接面对,并提出明确的主张。下面我们基于中欧三国的案例对语言权利研究中一些尚未有定论的问题提出一些我们的思考。

一、语言权利的定义

本书第一章第三节曾对语言权利的概念进行界定,其中最关键的三个要素为权利主体、权利内容和义务主体。现对照中欧三国的做法,再次审视这三个要素。

(1)权利主体

根据前文论述,我们认为语言权利的权利主体是语言的使用者,而非语言;既可以是作为个体的个人,也可以是作为一个群体的集体;既包括社会主体人群,也包括少数人群体。然而在中东欧国家,甚至在世界范围内,一直都面临着一个问题,那就是移民的语言权利是否应予以保护。目前这一问题在现实上正日益变得紧迫,但在实践中一直被有意忽视,在理论上仍然争论不休。

第九章 三国案例对理论研究的启示

根据联合国的统计数据①,在全球范围内,2013年时移民总量已达2.3亿,难民群体有1500多万;在发达国家移民已占总人口的10.8%,难民人数约200万。欧洲具有悠久的人口迁徙历史,现代欧洲国家仍然持续接受外来移民,其中包括欧洲国家之间的人口流动,也包括来自欧洲以外的人群。2013年欧洲移民总数达7200余万,约占欧洲总人口的9.8%;同时有难民150多万②。这一数据近年来不断增长,在欧洲很多国家已经接近或超过法定少数民族的人口总量。本书涉及的中欧三国并非欧洲主要的移民目的国,2013年时移民人数已分别达到43万(捷克)、15万(斯洛伐克)和47万(匈牙利);而这三国获法律认定的少数民族人口总数不过为33万(捷克)、65万(斯洛伐克)和64万(匈牙利)③。由于欧洲的经济和社会状况与临近的西亚北非地区相比具有非常大的优势,大量移民不断冒着生命危险非法偷渡进入欧洲;而伊拉克、利比亚、叙利亚等国的局势持续动荡,更加剧了非法移民的涌入。2015年爆发的欧洲难民潮是这一问题经过长期积累后的一次爆发,仅德国一国就可能在年内面对80万难民④,而这一趋势在未来较长时间内仍将持续。

然而对于移民和难民群体的语言权利,目前世界各国均采取了一种有意忽视的做法。本书涉及的中欧三国对小族群体语言权利的保护均是基于"少数民族"(national minority)的保护机制,这意味着只有那些得到国家法律认可的、可以被称为"少数民族"的群体,其语言权利才得到较好的保障。这代表了目前世界上大部分国家的做法,即对"少数民族"之外群体的语言权利,基本不予承认。而对少数民族身份的认定一般有两个重要的门槛,即世代相传的固定居住地域和悠久的居住历史,比如匈牙利对少数民族的居住历史要求是在100年以上。《宪章》明确指出主要保护那些在固定区域具有较长使用传统的语言⑤,这两条标准基本排除了移民群体的语言,《宪章》解释性报告也指出"那些近年来出于经济动机迁入欧洲的移民群体"所使用的语言不在被

---

① 参见联合国网站,联合国经济和社会事务部人口司报告,http://www.un.org/en/development/desa/population/migration/data/estimates2/estimatestotal.shtml,2015-8-26下载。
② 同上。
③ 中欧三国少数民族人口数量根据各国2011年普查结果统计得出。
④ 参见《新华每日电讯》2015年9月9日,《难民潮:欧洲盲目追随美国的"恶果"》,http://news.xinhuanet.com/mrdx/2015-09/09/c_134604275.htm,2015-9-15访问。
⑤ 参见《宪章》解释性报告第15、32、33段,http://conventions.coe.int/treaty/en/Reports/Html/148.htm,2015-9-5访问。

保护之列①。联合国教科文组织下设的世界文化与发展委员会曾依据"少数人"群体与地域的关系,将其划分为四类不同的人群②:土著民族、地域型少数民族、非地域型少数人群体、移民。这个类别划分体现了目前世界各国对不同小族群体的保护力度,大体上来说,尽管同样属于"少数人",但土著民族的语言权利受到的认可程度最高,而移民最低(Arzoz 2010;Grin 2003a)。

关于移民群体的语言权利是否应予保护,在理论界依然存在争论。一般认为移民会放弃自己的语言,并转用目的国的官方语言,几乎所有的西方国家在给予移民国籍的时候也要求其学习官方语言。金里卡(Kymlicka 1995)曾指出,移民群体并非通过征服、殖民或联邦的形式被强行纳入一国境内的群体,他们选择离开祖国,就是自愿放弃了与其原国籍相关的权利,这其中也包括一定的文化权利。但近年来随着多元文化主义的兴起,一些移民开始呼吁在融入主体社会的同时保留其民族身份,并主张自豪地公开自己的民族身份(Patten and Kymlicka 2003:9)。大量研究也表明,在移民中确实存在一种期望,即其母国语言在其新的居住国得到正式的承认(Grin 2003a)。有学者(Skutnabb-Kangas 2000)从人权路径为语言权利辩护,主张语言权利是一种基本人权,在为语言权利的辩护中排除移民语言,有侵害移民人权的嫌疑。德·瓦勒纳(De Varennes 2001b)则指出,如果语言权利是人权的衍生物,则没有任何理由将其限制在移民群体之外,移民群体应受到相关人权法律的保护。从文化和语言多样性角度进行的讨论也认为,移民群体的文化也应得到尊重,将语言与国籍挂钩是一种排外主义和文化同化主义的做法(Prasad 2012),对移民群体语言权利的漠视不利于构建健康的语言生态(Hyu-Yong 2007)。

我们认为,在欧洲语境下,排除移民的语言权利在理论上和实践上均存在不可克服的困难。首先,移民毫无疑问属于"少数人",受到当前人权法律框架的保护,不仅应享有个体人权中的不受歧视的权利,也应享有金里卡和帕顿(Kymlicka and Patten 2003)所谓的"承认性权利"(recognition rights),这两者都要求给予移民群体的语言和文化一定程度的认可。其次,从平等原则的角度来看,移民并不是过客,而是潜在的长期公民,他们也与其他公民一样有权提出文化方面的

---

① 参见《宪章》解释性报告第 15 段,http://conventions.coe.int/treaty/en/Reports/Html/148.htm,2015-9-5 访问。

② 参见世界文化与发展委员会《文化多样性与人类的全面发展——世界文化与发展委员会报告》,张玉国译,广东人民出版社,2006 年版,第 18 页。

第九章 三国案例对理论研究的启示

权利主张（Parekh 2006:103）。此外，在实际操作中，很多移民群体与世居少数民族同属一个民族，政府基本没有办法区分他们抵达的先后时间（Pogge 2003）。而欧盟的现有政策和法律也为保护移民的语言权利提供了空间。欧盟多语主义专员（Commissioner for Multilingualism）曾表示，欧盟的多语主义政策尊重所有的语言，包括官方语言、区域性语言以及移民语言①。欧盟目前的"少数人"权利保护机制已达到较高的水平，但并没有在法律上正式定义"少数人"，这也使"少数人"这一概念具有一定程度的开放性，把在社会资源上处于弱势的移民群体纳入其中是比较合理的，而且欧盟并未禁止任何国家在实践中纳入更多的小族语言并对其进行保护（Ahmed 2009）。

捷克对越南族的处理显示这一问题确实存在较大的操作空间。越南族群体20世纪50年代才从亚洲迁到捷克，是一个典型的外来移民群体。尽管越南族自2004年起就开始申请派驻代表进入捷克"少数民族理事会"，但一直因不满足"世居或久居捷克"这一标准而遭拒（Sloboda et al. 2010）。然而越南族人数一直在迅速增加，力量不断壮大，1992年的普查显示仅有421名越南族人，至2001年时已达到1.7万，越南族还成立了"越南人联合会"；2011年的普查则显示有3万越南族公民，同时有5.8万越南籍外国人在捷克，成为捷克境内人数较多的重要民族之一②。经过长期的呼吁和协调，越南族终于在2013年得到捷克少数民族理事会的认可，成功派驻1名代表（Sloboda et al. 2010），从此合法享有捷克对少数民族在语言权利方面的保障。我们可以发现，捷克并未直接赋予移民语言权利，而是通过将移民群体纳入合法少数民族的做法间接予以保护，但这一案例确实为其他欧洲国家以及世界范围内的其他国家在处理移民语言权利方面的操作上提供了启示，即移民群体的语言权利是一个迟早要面对的问题，而且可以在现有法律原则的基础上予以解决。

（2）权利内容

关于语言权利的内容，目前在学界和具体实践中都还没有统一的定论，总的

---

① 参见欧盟网站，欧盟多语主义专员2008年6月11日的讲话，http://ec.europa.eu/commission_barroso/orban/news/docs/speeches/080611_Brussels/EN_Speech_launch_NPLD.pdf，2015-6-5访问。

② 参见捷克统计局网站，"关于外国人的人数统计"项目，https://vdb.czso.cz/vdbvo2/faces/en/index.jsf?page=vystup-objekt&evo=&str=&pvo=CIZ08&udIdent=&zo=N&vyhltext=&pvoch=&nahled=N&sp=N&pvokc=&katalog=31032&filtr=G~_F_M~_F_Z~_F_R~_F_P~_S~_null_null_&nuid=&zs=&skupId=&verze=-1&z=T，2015-8-20访问。

来说是：从强调个人权利转向个人权利和集体权利并重，从消极权利为主转向积极权利为主。鉴于全球范围内语言生态情况极为复杂，不同的语言群体对语言的权利诉求往往存在较大差异，短期内很难在国际上就语言权利的内容达成一个一致的清单。不过根据我们的观察和思考，我们认为在对语言权利进行讨论时，应当将三种权利包括进来，即法律地位、本体发展和学习外语的权利，同时要突出母语教育权利的重要性。

法律地位主要是指政府在宪法或法律中对小族群体的定位，这决定了某一语言群体的权利能够得到的保障的程度。目前中欧三国尽管在宪法性文件中均宣称保护人权，禁止任何基于民族或语言的歧视，但实际上对国内小族群体及其使用语言的认可程度却表现出较大的差异。比如在捷克的斯洛伐克语和在斯洛伐克的捷克语，享受着一种事实上的副官方语言的地位，捷克的波兰语和斯洛伐克的匈牙利语在部分市镇享受着地区官方语言的地位，而其他得到国家认可的少数民族语言则因人数多少和聚居程度的差异享受着不同程度的保护。但是那些没有得到法律认可的语言族群则只能通过传统人权中的禁止歧视原则得到很少的保护，在公共领域没有使用的机会。上述事实说明，小族群体及其语言在法律上的地位直接决定其各方面权利实现的可能性和实现程度。我们认为，在对语言权利内容的讨论中，应将小族群体在民族国家法律框架内的地位作为考察语言权利的一个重要维度。需要指出的是，我们并非主张对所有的群体给予相同程度的认定，也并非主张要给予所有语言以同样的法律地位。但是我们认为民族国家应在法律中直面这个问题，对境内的小族群体及其语言的地位做出明确的规定，使小族群体的语言权利得到一定程度的法律保障，至少要避免无法可依的情况。

发展语言本体的权利，指的是小族群体在发展本族语言的口语或书面语规范的过程中，有权利得到当局的支持。语言的本体规划包括书面化（graphization）、标准化（standardization）、现代化（modernization）、创新（renovation）等内容（Cooper 1989：185），小族群体在对本族语言进行上述四个方面的发展时应得到当局的支持。在中欧三国，罗姆族因罗姆语缺乏统一规范的书面语而无法充分享有很多其他方面的语言权利，如教育的权利、在公共场合应用的权利等。斯洛伐克的鲁塞尼亚族虽然有较强的发展本族语言的动机，但至今仍停留在较低水平，这与其无法得到充分的政府支持有关。我们认为，语言的本体发展受制于各种客观条件，如使用人数的多少、社会和经济应用的需求等，并非只要政府投

第九章 三国案例对理论研究的启示

入资源就能获得理想的效果。但是在语言文字的创制或标准化等较为初级的发展阶段，如小族群体不具备自行发展的能力但具有强烈的意愿，国家应投入资源予以支持。文字的创制和规范化以及在新技术条件下的现代化，是语言得以长存的重要条件。国家在这方面除了要赋予小族群体自行发展的消极权利，也应履行采取措施予以支持的积极义务。

学习外语的权利指的是小族群体成员除了学习国家官方语言、本族母语，还应有学习外语的机会。斯库特纳布·坎加斯（Skutnabb-Kangas 2006）曾指出，是否学习外语对于小族群体而言并非生死攸关的问题，因此学习外语的权利不应作为核心的语言权利（linguistic human rights）。我们认为，对于一种语言的发展而言，使用该语言的族群的社会经济状况是非常重要的，在全球化浪潮席卷世界的情况下，特别是在人员和资本流动非常自由的欧洲，对于那些较小国家的公民而言，掌握外语，特别是英语、法语或德语等大国语言，已经成为影响其民族生存的重要能力。那些一国境内的小族群体，在本身的社会和经济状况处于全面劣势的情况下，学习国家的官方语言以及外语的权利更是其改善自身处境、保障族群生存的重要条件。在欧盟大力推行多元化的外语教育模式并要求所有在校学生均学习至少两门外语的情况下，将小族群体学习外语的权利纳入考虑，是语言权利保障问题中的应有之义。此外，在中东欧国家，绝大部分小族语言在一国境内不仅是具有悠久使用传统的弱势语言，同时也是其他国家的官方语言。确保小族群体学习外语的权利，也是对小族语言的一种保护。比如在匈牙利，德语作为一种小族群体的语言已经式微，但作为一种外语，却在教育系统中占据重要的地位，这无疑有助于德意志族更好地保存其语言。

母语教育的权利是语言权利内容中非常重要的维度，可以说是语言得以避免消亡的最坚固防线，也是其获得发展和复兴的最重要基础，这一点也已得到国际社会的认可。国际公约明确支持儿童接受教育的权利，《经济、社会及文化权利国际公约》（1966年）第13条规定"人人有受教育的权利"[①]，《儿童权利公约》（1989年）第28条规定"儿童有接受教育的权利"[②]。联合国教科文组织长期以来积极倡导对小族群体儿童实施母语教学，认为它有助于学习且可以增强读、

---

① 参见联合国网站，《经济、社会及文化权利国际公约》（1966年），http://www.un.org/chinese/hr/issue/esc.htm，2015-7-3访问。

② 参见联合国网站，《儿童权利公约》（1989年），http://www.un.org/chinese/children/issue/crc.shtml，2015-7-3访问。

写、算技能,是推动高质量学习的力量①,同时也是加强多语言使用和尊重语言和文化多样性的关键②。联合国 2013 年发布的文件《母语为基础的多语言教育》则明确指出"不以母语对小族群体儿童实施教育正越来越被视为一种歧视,限制了儿童享有的教育权利"③。实际上,母语教育对促进语言活力、增强语言适应力、保持语言发展稳定具有重要作用(Hornberger 1998),在语言权利中有必要将母语教育置于核心地位。如今中欧三国均在一定程度上对小族群体的母语教育权利予以保障,而匈牙利的情况则更为紧迫,因为该国几乎所有的小族群体都已转用匈牙利语,母语教育已成为匈牙利小族群体进行母语代际传承的最重要途径。

(3)义务主体

本书在前文论述中提出,语言权利的义务主体主要是国家,因为国家是当前国际政治舞台上的主要参与者,对小族语言的边缘化发挥了主要作用,掌握着改变语言关系的资源,是小族语言权利保障的主要责任方。通过观察中欧三国小族群体语言权利保障机制,我们认为语言权利的义务主体也应包括超国家机构以及语言使用者本身。

就全球范围而言,随着全球化进程的发展,世界各国在经济、社会、政治和文化等各个层面的联系不断加强,国家通过缔结国际条约、参加国际组织而让渡部分主权以发展与其他国家之间的关系,已成为一种普遍现象(高凛 2006)。在中东欧地区,大部分国家无论在国土面积、人口总量还是经济水平上都属于欧洲中下水平,长期以来在政治上受到大国的左右。自 20 世纪后半叶之后,中东欧国家在民族和语言政策方面长期受到苏联以及以欧盟等超国家组织的巨大影响,在宏观的政策取向方面各国自主权较小。在此背景下,我们认为在中东欧国家小族语言权利的保障中,应充分考虑国际组织的作用。有学者(Ahmed 2009)指出,在欧洲语境下,欧盟往往既是人权义务的承载者(duty bearer),也是该义务的执行者(duty enforcer),在推动成员国及欧盟机构履行人权方面的义务上负有责任。实际上欧洲委员会的《欧洲人权公约》(1950 年)机制、《欧洲保护少数

---

① 参见联合国教科文组织总干事博科娃在 2013 年"国际母语日(International Mother Language Day)"活动上的致辞,http://www.un.org/chinese/News/story.asp?NewsID=19316,2015-9-5 访问。

② 参见联合国教科文组织总干事博科娃在 2015 年"国际母语日(International Mother Language Day)"活动上的致辞,http://www.unesco.org/new/zh/unesco/events/prizes-and-celebrations/celebrations/international-days/international-mother-language-day-2015/,2015-9-5 访问。

③ 参见联合国教科文组织网站,http://www.unescobkk.org/fileadmin/user_upload/library/edocuments/MTB-MLE_23_Oct.pdf,2015-9-5 访问。

第九章　三国案例对理论研究的启示

民族框架公约》（1994年）机制、《欧洲区域语言或少数族群语言宪章》（1992年）机制，以及欧盟和欧安组织，确实对中东欧国家小族语言权利事务的管理起着重要的作用。欧盟等国际组织在斯洛伐克制定《少数民族语言使用法》（1999）过程中所起到的决定性推动作用也充分证明了国际组织在欧盟语境下对语言权利保护可以起到有效的干预。

不过，对国际组织在语言权利保障方面的消极面也要有清醒的认识，实际上这些代表着国际正义、理应为语言弱势群体提供救济的国际机构对小族语言权利的保障在行动上是很保守的。有学者（Paz 2013）对联合国人权事务委员会（U. N. Human Rights Committee）、欧洲人权法院（European Court of Human Rights）和美洲人权法院（Inter-American Court of Human Rights）三家较为重要的国际或区域人权维护机构自成立起到2012年期间受理的有关语言的案件进行过统计和梳理，发现在这三家国际司法机构或半司法机构在有关语言的133个人权案例中，做出的判定一贯地倾向于语言同化，而非表面上支持的语言多样性；这些判例并未将小族语言作为有价值的文化资产予以持续的法律保障，而是视其为个人参与社会必须克服的临时性障碍。从国际人权司法救济机制所涉及的语言权利案件数量如此之少以及三个几乎完全不同的独立司法机制判决的一致性来看，目前国际组织对语言的保护完全是一种有限的实用主义的方式，其目的主要是维持现状。上述研究（Paz 2013）也指出，联合国人权事务委员会自开始运行到现在，还从来没有判定任何一个有关语言的案子违反了《公民权利和政治权利国际公约》第27条中对少数人的保护，也就是说，世界上的小族群体并没有因为这一条款而享受到任何额外的保护。鉴于此，我们一方面要看到国际组织在禁止语言歧视方面所做的大量工作，将其作为小族语言权利的重要维护者，另一方面也要认识到，国际组织在行动中也并非总是如其表面所宣称的那样积极，而是具有一定的两面性。

此外，根据本书对中欧三国小族群体语言权利实现情况的分析，我们倾向于认为应将小族群体自身也作为语言权利的义务主体之一。从促进语言多样性的角度看，小族群体确实在享有保持其语言的权利的同时，也有维护该语言的义务。如果采取较为极端的语言本质论（essentialism）观点，即认为语言具有本质价值且具有本质价值的东西都应予以尊重和保护，那么小族群体就必须被鼓励、甚至被逼迫保持该语言，即使有人不愿意这么做（Bielefeldt 2000）。而从自由主义的角度看，这是不能接受的，因为这种在赋予权利的同时限定义务的做法使其中"自由"的成分消失了(Weinstock 2003)。我们认为,小族群体及其成员在自愿的情况下,可以放弃其使用母语的权利;但我们对中欧三国小族语言权利实现情况的分析也揭示了一个事实,那就是不同小族群体维护其语言权利的积极性在很大程度上决定了该群体语言权利实现的程度。以鲁塞尼亚族与罗姆族为例,两族在欧洲都是没有母国的小族群体,但两族在对待本族语言文化的表现上却有较大差异。鲁塞尼亚族在三国普查中的人数总和不足4万,而罗姆族在统计数据中就有40多万,如算上未登记的人口至少应增加一倍[①]。然而鲁塞尼亚族长期致力于发展本族的文字,1992年召开"第一届国际鲁塞尼亚语言研讨会",启动文字创制工作;1995年就宣布文字创制成功,随即进入中小学课堂;1999年在大学建立鲁塞尼亚语言和文化系。相比之下,在欧洲罗姆族总人数约有1000万,是欧洲第一大少数族群(朱晓明、孙友晋 2013),但至今尚未形成统一的书面文字,极大地限制了罗姆族儿童母语教育权利的实现。同时我们发现,无论是在对小族语言有所限制的斯洛伐克,还是在对小族群体相对宽松的匈牙利,小族群体自身的组织能力、行动能力和行动意愿均影响着该族群获得社会资源的多少以及维护本族语言的实际效果。因此,我们认为,在考虑小族群体的语言权利实现情况时,将小族群体自身的积极性考虑进去是比较合理的;我们不认为应为小族群体设立维护其语言的绝对义务,但不可否认的是小族群体在这方面至少应承担一部分责任。

基于上述讨论,我们拟在中欧三国语言权利事务管理实践的基础上,对本书在前文中提出的"语言权利"的定义做一定的修正,新的定义为:语言使用者,作为个人或群体,在超国家组织以及所在国当局的支持下,根据自身意愿,在私人领域或公共领域,学习、使用、传播、发展自身语言文字、国家通用语言文字和其他语言文字,并使用其作为身份标识的权利。该定义的不同之处在于:增加了超国家组织作为义务主体,用"所在国"的提法将移民群体以及其他小族语言群体纳入语言权利的权利主体范围,强调了小族群体自身意愿在语言权利实现方面的重要性,将学习和使用外语纳入权利内容。

二、语言权利的法律渊源

关于语言权利的法律渊源,学界仍有很多争论,我们认为,从维护语言生态

---

① 根据中欧三国2011年的人口普查数据整理而得。

第九章 三国案例对理论研究的启示

或者保护人权的角度均可推出语言权利;而且由于语言问题牵涉到社会生活几乎所有层面,因此很难将其作为一种独立权利予以规定。

根据前文所述,对语言权利的论证主要是从语言生态和人权两个路线进行的。中欧三国的法律实践也与这一划分一致,现有法律框架主要从保护文化和语言多样性以及人权的角度对语言权利予以保护;不过在人权框架下又分为传统个体人权和少数人权利两个相对独立的机制。也正是基于这一现实,我们在国家语言权利事务管理机制中将语言权利事务分为人权、少数人权利和语言三个相对独立的领域。

不过在理论界,由于现有国际人权法并未正式承认语言权利具有独立的基本权利的地位,关于语言权利到底应作为一种天赋权利还是一种具体权利来处理,依然有很多争论(Hamel 1997)。有的学者(Skutnabb-Kangas and Phillipson 1998)坚定地认为"语言权利是一种不证自明的集体人权";有的(De Varennes 2001b)则指出,现有国际法中并没有"语言权利"这样的概念,语言权利只是人权原则在具体情况中的应用,是一种具体权利。甚至有学者(Arzoz 2007)认为,语言权利不同于人权,将两者混同为一体不仅是不准确的甚至是错误的,会扭曲法律和政治间的联系。不过学界总体来说还是认为将语言权利纳入人权框架下来处理是较好的方法(Paz 2013),只是对于在多大程度上实现这一原则仍无定论。此外,从语言生态角度进行的论证多是从文化多元化视角来阐述,虽然在客观上为小族群体带来了语言权利,但大部分情况下是针对语言和文化的保护,引起的争议较少。我们认为,目前的语言权利尚未被接受成为一种天赋权利,在这种情况下,将其作为传统人权的一种衍生权利予以保护比较易于操作;理论界可以为推动语言权利成为一种基本人权而继续努力,但在实践中应接受这个现实,那就是只能通过现有人权中的语言维度对其予以保障。而且据我们观察,中欧三国的法律实践支持将语言权利纳入人权框架的观点,即通过现有人权法律框架可以为小族群体提供语言权利方面的保护,而语言多样性方面的保障机制在客观上赋予了小族群体更多的语言方面的权利。

不过我们认为,如果按照目前理论界的主张,语言权利是很难独立成为一种基本权利的,这主要是因为语言所牵涉的维度太多,很难将其抽象成一种单纯的权利。一方面,语言权利的内容涵盖了很多领域,如教育、司法、行政、文化、传媒等,很难像言论自由、集会自由等其他权利一样用简单的核心概念进行抽象概括;另一方面,语言权利的实现也依赖上述诸领域其他权利的实现,无法单独予以实现。《世界语言权利宣言》在联合国教科文组织的表决中遭到否决,在很大程度上也是因为该宣言主张所有语言社区的平等,权利内容几乎无所不包,引起了各国代表的怀疑和警惕。因此我们倾向于认为,可以从语言权利的丰富内容中提炼出数量较少的核心成分,如母语教育的权利,将其发展成一种基本人权。在这一点上,斯库特纳布·坎加斯(Skutnabb-Kangas 2006)坚持使用"语言人权"(linguistic human rights)这一概念,专注于母语教育的权利,并拒绝将其内涵扩大化,其做法是有现实考虑的。如果能从"语言权利"这一概念中提炼出"语言人权"的核心概念,并推动其成为国际法承认的基本人权,则有希望在将来逐步扩充这一概念的内涵。

三、语言权利的实现层次

在对中欧三国语言权利实现情况的分析中,我们发现一个问题,那就是很难对语言权利的实现程度做一个清晰的评估,即语言权利在什么样的情况下算得到了实现,是理念上的认同、法律上的认可、实践中的保障还是事实上的享有。我们认为应对语言权利的"实现"这一概念的内涵进行深入的分析和清晰的界定。

首先应区分"软法"(soft law)层面的实现和"硬法"(hard law)层面的实现。在国际学界有一种呼声,认为对语言权利的保护应从软法走向硬法(Craig 2010)。软法是一个相对较新的概念,指"原则上没有法律约束力但有实际效力的行为规则"(Snyder 1994),在国际法层面包括国际公约的序言式陈述、宣言、国际组织发布的行动计划以及国际组织的建议和决议等(Ellis 2001)。在 20 世纪 80 年代之前,语言权利都属于非立法领域,属于习惯和传统(Hamel 1997)。目前国际上通过的有关语言权利的文件,如《少数人权利宣言》和《世界语言权利宣言》都属于软法。然而,语言权利研究的根本目标在于通过立法手段对相关语言的地位和使用予以确认,由此解决语言冲突和语言不平等导致的所有语言问题(Paulston 1997)。因此,语言权利的支持者一直致力于推动语言权利在有约束力的法律条文中得以体现。近年来,在国际上出现了不少与语言权利相关的有约束力的法律文件,在很多国家的法律中,语言权利已经开始作为一种独立的法学概念出现,本书涉及的中欧三国,均已将小族群体的语言权利在相关立法中予以确认,而其他中东欧国家也在宪法和法律中对语言权利有不同程度的承认。

第九章 三国案例对理论研究的启示

我们认为,语言权利从软法进入硬法固然是一种进步,但还不足以保障语言权利的实现,还应在司法层次对语言权利予以保障。正如联合国教科文组织专家布莱克(J. Blake 2008)所指出的,目前尽管已经出现了大量以保障语言权利为目标的国际和区域法律文件,但小族语言群体依然感觉到未得到充分的保护;这反映了一个深层次的问题,即法律是否得到了有效的执行,应该解决的问题不再是"有什么法律",而是"现有法律有效性如何"。在很多国家,有关语言权利的政府性法令十分宽泛,几乎没有实际效果(Edwards 2003)。这是语言权利研究中经常面对的一个问题,即在立法层次得到认可的权利,在实践中并不能得到保障。国际和国家司法机关在涉及语言权利的案件中往往对现有法律采取一种消极解读,其司法解释倾向于维持现状,而不能严肃对待语言权利(Paz 2013)。以上事实证明我们在对语言权利的实现程度进行考察时不仅要关注其在立法层面的实现,更要关注其是否在司法层面得到了落实。

在语言政策与语言规划研究领域,也有类似的层次划分。比如有学者(Grin 2003a)明确提出对语言政策的研究可以分为三个层次:理念、立法、实施和评估。很多学者在语言权利的相关讨论中已经注意到这三个层次之间存在差距,认为法理层面的提倡与政策的兑现并不一致(May 2005);口头赞同和政策实施之间、理论研究和政策制定之间存在着严重的脱节(Tollefson 2004)。我们认为这种划分是有道理的,基本反映了语言政策研究和实施中的不同层次,为简化起见并与法律体系中"软法、硬法和司法"的提法相区别,可以将其重新划分为:理念、政策和实施。与此相对应,我们认为对语言权利的实现也可以进行类似的划分,即口头实现、纸面实现和实践实现。三者之间的对比如表 9.1 所示:

表 9.1 语言权利的实现层次

视角	语言政策	法律体系	权利实现
等级	理念	软法	口头
	政策	硬法	纸面
	实施	司法	实践

我们认为,把语言权利的实现程度分为口头实现、纸面实现和实践实现有助于我们更为清楚地理解语言权利的"实现"这一概念,也有助于对实际情况做出准确的判断。当然这种划分只是粗略反映了一种大致的层次,但在具体考察时,不同的国家、不同的语言会展现更为细致的实现程度的差异。联合国把国家在

人权保护方面的义务分为三个层次①：尊重（respect）的义务，国家不得直接或间接干涉相关权利的享有；保护（protect）的义务，国家阻止第三方以任何形式干涉相关权利的享有；实现（fulfill）的义务，可以分解成便利（facilitate）、促进（promote）和提供（provide）等不同层次，要求国家采取立法、行政、财政、司法等措施促进相关权利的完全实现（full realization）。我们认为就语言权利的实现而言，尊重和保护的义务主要对应消极权利，而实现的义务可以对应积极权利，也是目前最受关注的部分。在探究小族群体语言权利在实践层面的实现时，可以参考联合国的这一区分，继续细分为便利、促进和提供等不同的实现程度。

"实现"的概念得到了深刻的分析和清晰的界定后，我们才有可能准确地讨论一国或一个群体在语言权利实现方面的具体情况，并在此基础上进行更为深入的讨论。当然这一工作还需要对更多具体的案例进行更为详尽的分析、比较和归类，可以留待将来完成。

四、为语言权利而辩护

目前国际上对语言权利问题的广泛关注并不意味着对语言权利话语范式的广泛认可，学界和社会公众对基于权利的小族语言保护，从理论到实践，依然存在着较多的质疑。

在理论方面的质疑上有两种观点影响较为广泛。一是认为保护小族语言具有明显的乌托邦主义，在全球化的背景下试图逆转已经成形的语言转移趋势，在现代世界里保持少数人使用的语言，在根本上是错误和无用的，或者是不可能成功的（Schlesinger 1992）。二是认为将语言本质主义化，即将语言与身份在某一历史时间点的关系永久固化，是不合理的。这种观点认为，身份是混杂的、复杂的、流动的（Hall 1992），语言只是身份标识的一种，是民族特征的次要表面特征（Coulmas 1992），将语言与族群身份捆绑在一起是错误的。在实践方面的质疑也主要有两点。一是批评其可能影响社会稳定。语言权利要求把有限的资源分配给特定的少数民族，有歧视和分裂社会的风险（Stroud 2001）；而且突出族群间

---

① 参见联合国网站，联合国经济、社会和文化权利委员会第15号一般性意见：水权（《经济、社会及文化权利国际公约》第11和第12条），编号 E/C.12/2002/11，http://tbinternet.ohchr.org/_layouts/treatybodyexternal/Download.aspx?symbolno=E%2fC.12%2f2002%2f11&Lang=zh，2015-9-25 下载。

第九章 三国案例对理论研究的启示

差异、强化群体特征就增加了社会和政治动荡的风险(Wee 2011)。二是批评其限制少数民族发展甚至影响国家发展,限制了少数人群体成员转用优势语言及过上更好的生活的机会(Barry 2000);而且会阻止职业流动、降低工作效率、阻碍新技术的传播,从而影响国家经济发展(Pool 1972)。

我们认为上述质疑在一定程度上是片面的,或者并未真正理解语言权利话语范式的真正主张。下面我们基于中欧三国在小族语言保护方面的实践一一予以解释。在理论上,对语言权利乌托邦主义的批评,是经不起推敲的。因为语言权利理论并非反对任何形式的语言消亡,只是反对强迫性的消亡,强调给予小族语言足够的生存空间。中欧三国目前所建立的语言权利保障体系基本得到了欧盟等区域国际组织的认可,匈牙利的小族自治机关的做法则获得多次表扬,被认为有推广的潜质。就机制建设而言,我们认为中东欧国家对小族群体语言权利的保障可能已经超过了部分西欧国家的水平。然而无论是国际社会还是小族群体都没有为各国政府设定保障所有小族语言长存永续的义务,政府在这方面的主要责任在于为小族语言生存提供基本的保障,并根据小族群体的需求提供足够的社会资源供其发展。另一方面,如果小族群体有足够的政治意愿和社会资源,语言复兴并非是完全不可能的(May 2005)。匈牙利大力推行的小族自治机关体系近年来使小族群体的活跃程度得到全面提升,几乎所有的小族群体都在普查中出现了人数的增加,显示了一种语言活力的提升,当然这种提升能否持久还有待观察。批评将语言和身份绑定在一起的做法是有一定道理的,语言确实只是个人多个身份标签中的一个。承认语言与身份的对应关系是偶然的和易变的身份和认同具有混杂性,是推动语言权利理论进一步发展的前提(May 2005)。然而,身份的混杂性并不能削弱母语在民族中的重要地位,如果语言不是身份标识的全部,至少也是非常重要的,它不能完全否定语言权利的正当性。中欧三国在转型之后都在人口普查中推出了双民族、双母语,甚至多民族的登记选项,显示了一种对多元身份认同的鼓励,并得到了小族群体的认可。在匈牙利则出现了一种较为普遍的双民族、双母语的认同现象。我们认为,承认身份的混杂性并非是对语言权利和小族语言的否定,反而可能是促进小族语言延续的契机。

在实践上,关于语言权利和小族语言保护可能导致国家分裂的批评,在一定程度上解释了目前小族语言保护实践受阻的原因。很多西方国家都不愿给予区域性语言以官方语言地位,因为这象征着对"少数人"语言群体民族性的承认,可能会为其要求领土自治打开口子(Patten and Kymlicka 2003)。应该说这种担忧并非全无道理,但同时也应看到,在目前的国际政治形势下,在一个国家内强推一种语言是有很高风险的,并且这种风险高于保护少数人群体语言可能带来动荡的风险。斯洛伐克对匈牙利语的全面压制导致国内族际矛盾激化,并引起国际社会强力干预,说明激进的语言同化并不能保护国家主权,反而可能造成分裂。另一方面,当斯洛伐克最终在法律上承认小族群体使用本族语言的权利后,匈牙利族对现状感到基本满意,要求回归匈牙利的呼声随之降低。至于语言权利限制少数民族发展的批评,则是没有道理的。因为语言权利倡导者早就指出小族群体成员学习国家通用语言也是一种语言权利,小族群体在使用本族语言的同时,也有权利学习至少一种官方语言或通用语言,并有权学习自己所选择的外语。这将有助于小族群体成员融入主流社会的经济生活和社会生活,改善自身的状况。另一方面,非裔美国人的经历也证明,即使改用了主流语言,也不一定能得到社会地位的改善。中欧三国的小族群体都具有较高的双语程度,可以在本国境内甚至在欧洲境内自由流动,并未对其自身发展造成限制。

综上,我们认为基于权利的小族语言保护在目标上是可行的,在主张上是合理的,对于国家的主体民族和小族群体都是有利的。

第二节 对语言管理理论的启示

"语管论"的提出是对20世纪下半叶语言规划研究传统的一种偏离,它试图用"语言管理"的概念替代"语言规划",志在为学界带来一种新的表述方式,甚至重组该领域的研究(Nekvapil 2012)。不过这种替代只取得了部分成功,"语管论"至今仍然是以一种"语言规划"理论而广为人知。我们认为基于本书对中欧三国有关语言权利事务管理实践的观察,可补充或深化"语管论"的一些理论观点。

一、思考利益关系的处理

经典"语管论"的一个重要立场就是反对政府命令式的语言规划,强调所有的语言管理参与者都具有不同的利益,但否认政府或任何机构可以代表全体社会成员的利益。"语管论"呼吁要积极推动公共领域之外的管理,不可依赖政府来解决语言问题;当必须诉诸政府时,也要对政府保持清醒的认识,因为它的利

第九章 三国案例对理论研究的启示

益总是片面的。换言之,"语管论"主张民众自身从具体语言使用中发现语言问题,并自行寻找解决方案,这是一种典型的"自下而上"的管理授权。但是"语管论"并未明确指出这一授权过程应遵循民主程序或其他形式的决策过程,而是将此留诸讨论(Kaplan and Baldauf 1997:209)。这就意味着,"语管论"否认了代表全社会的超然利益的存在,支持所有利益的合理性,同时又未提供利益协调的机制,这很可能导致当不同群体的利益间出现无法调和的冲突时,就没有一个可以互相妥协的出路。

我们认为,"语管论"提出的政府不可以代表全体社会成员利益的主张,是对当时语言政策和语言规划界过度依赖政府倾向的一种纠偏,在宣扬多元文化、尊重不同群体利益的今天,"语管论"应对此主张有所发展。20世纪70年代出现的第一批经典语言规划理论(Rubin and Jernudd 1971;Rubin et al. 1977)主要聚焦于国家层面的规划,依赖于国家权威(Nekvapil 2006),认为有关社会不同群体利益的问题应交由政府解决。然而至80年代后,学者们已经认识到各国政府对于专家的建议从来只采用对他们有利的那部分,而弱势群体的利益遭到了有意的忽视,社会问题依然存在,学者们也开始反思之前的研究方向(Baldauf 2012)。在这一背景下"语管论"引入"利益"的概念(Jernudd and Neustupný 1987),主张由社会群体主导语言管理的过程,通过由下至上的推动倒逼政府做出相应的政策调整,并解决社会中存在的语言问题,正是在这个意义上,"语管论"被称为"关于人民权力抗拒政府强权的学术回应"①(Jernudd 1993:134)。实际上,"语管论"并非意在挑起社群反抗、制造社会矛盾,而是希望通过刺激政府回应群众需求来解决社会问题。"语管论"创始人诺伊施图普尼(Neustupný 1968)曾就评估一个语言政策的优劣提出了四个基本原则:(1)有利于社会的整体发展;(2)为所有社会成员提供平等的机遇;(3)有利于社会团结;(4)有利于改善外交关系。这些评判原则,即使是放在今天,仍然具有很高的指导价值。

我们认为,在当前的世界政治环境中,政府主导的语言规划依然是最有效的资源分配方式,"语管论"在保持其对不同群体利益的关注的同时,可以对如何调和不同的利益进行思考。在我们的观察中,中欧三国均在宏观管理和微观管理之间建立了比较有效的上下互通的渠道,特别是由下至上的信息反馈机制。在国家议会层面,主体民族的议员依然占据了绝大多数,国家制定的有关语言权利

---

① 原文为"an academic response to people power in reaction against central imposition"。

的法律可以说依然主要代表了主体民族的利益;但同时我们也发现,小族群体如果组织有力或者通过协商与主体民族达成一致,也可以在议会中得到议席或派驻代表,甚至可以参与组阁、进入政府,较为有效地维护小族群体的利益。"语管论"固然可以宣称政府无法代表所有群体的利益,但实际上政府仍是社会资源的分配者,小族群体只有与政府达成某种形式的协调,才有可能更好地维护自身的利益。因此我们认为"语管论"可以在原有主张的基础上,提出小族群体与政府的协商原则,以推动这一理论的发展。

基于中欧三国,特别是匈牙利在这方面的做法,我们认为在协调主体民族与小族群体的利益竞争中,应提倡"协商式"和"参与式"的决策方式,这种方式至少应遵循如下几个原则:一是小族群体参与决策,即任何有关小族群体利益的立法或规章的制定,应邀请小族群体参与讨论;二是小族群体拥有否决权,即在涉及小族群体重大利益的问题上,必须获得小族群体的同意才可实施;三是小族群体自主负责,即政府可将与小族群体相关的部分事务,如文化和母语教育完全交由小族群体自行组织,由小族群体自负其责;四是政府主导,即在社会资源的分配上,仍由国家根据商定的原则统一调配,小族群体依然接受政府的统一协调。在上述原则的基础上,提出一种"参与式"关系协调机制将是对原有理论的一个发展。

二、定义"语管论"的研究对象

"语管论"将其研究对象称为语言管理,对这一概念的一个较为通俗的解释是:有关语言的活动可以分为两种,一是语言产出和语言接受,二是对这种产出和接受进行干预的行为,后者就是语言管理(Nekvapil 2012)。这一解释准确地抓住了"语言管理"概念的一个重要特征,即它既不是语言本体,也不同于单纯的语言层面的产出和理解活动,而是对语言及语言行为的一种超然的、反观式的认识和处理,属于元语言活动。在这个意义上,"语管论"的两名创始人,诺伊施图普尼和颜诺均同意"语言管理"与费什曼(Fishman 1971)的"施于语言的行为"同义(Nekvapil 2006),这意味着"语管论"所关注的对象与社会语言学类似或有所重合。实际上,"语管论"并不仅限于发展一种调和宏观规划和微观规划的语言规划理论,其目标在于追求一种基于历史发展的大一统社会语言学理论(Jernudd 2013)。不过迄今为止,"语言管理"的内涵尚未得到清晰的表述,这一概念所覆盖的范围也未得到明确的界定。我们认为,对"语言管理"概念的

第九章 三国案例对理论研究的启示

核心特质进行提炼固然重要,但对于其具体内涵进行阐述同样影响着"语管论"的发展。有意思的是,这一概念似乎与我国学界所使用的"语言生活"有较大的重合,我国学界关于"语言生活"概念的阐释对"语言管理"概念的发展亦不无启发。

我国刊物最迟在1986年已开始正式使用"语文生活"这一术语,时任国家语委顾问的周有光(1986)发表了《我看日本的语文生活》一文,不过在当年1月举行的"全国语言文字工作会议"上,尚未见有人使用"语文生活"或"语言生活"的提法①。1989年,在《语文建设》"世界语言生活"栏目下刊发的文章(唐继新1989a,1989b)中正式使用了"语言生活"。1997年"全国语言文字工作会议"的会议报告上则使用了"语文生活"这一说法,代表了官方对这一术语的认可。自那之后,"语言生活"与"语文生活"基本作为同义语交替使用至今(陈章太1999;许嘉璐1997),但"语言生活"更为普遍。

关于"语言生活"这一概念的内涵,国内也有多位学者(陈章太1994;李宇明2006;苏金智1999;周庆生2000)对其进行阐述,其中主要包括两个方面:语言使用等相关活动本身以及上述活动的总体情况。早期,"语言生活"主要用于指称"人们使用语言文字的情况"(陈章太1994),甚至与"语言使用情况"互作同义语使用,指"什么样的人在什么样的情况下使用什么样的语言文字"(苏金智1999)。在这一阶段,"语言生活"主要是指在一定范围内人们对于语言的使用情况,与周庆生(2000)所指的"社会语言状况"相近,指"某一社区各种语言的功能分布、功能分类和使用模式,也可以包括人们对各种语言或语言变体的态度",主要是一种宏观层次调查和分析的结果。随后有学者开始对"语言生活"进行更为严谨的定义,其内涵则由语言的使用情况转向了与语言相关的社会活动本身,如"运用和应用语言文字的各种社会活动和个人活动"(李宇明2005),"凡运用语言、研究语言、学习语言和语言教育等活动,凡应用语言学成果的各种活动,都属于语言生活的范畴"(李宇明2006:95),至此"语言生活"的内涵已经从语言使用扩展到语言研究、语言学习和语言教育,甚至包括语言交际和利用语言进行的各种各样的工作(李宇明2000)。而"语言生活"的层次也进一步划分为宏观、中观、微观三个层级,包括了超国家、国家、领域、地域、个人和社会终端组织等不同层面的语言活动(李宇明2012)。不过总体而言,"语言生活"依然包括与语言相

---

① 会议重要发言均发表在《语文建设》1986年Z1期。

关的活动以及这些活动在统计意义上的结构性特征这两个最主要的方面,正是在这个意义上,才可以说"语言生活"既是语言规划学的研究对象,也是社会语言治理的对象和基本依据(李宇明 2014)。

我们认为,"语言管理"与"语言生活"概念中所涉及的"语言活动"的内容在很大程度上是重合的,但并不包括"语言生活"中有关语言使用的统计情况部分。根据我们对中欧三国语言权利相关事务的观察,我们认为语言权利所涉及的所有内容维度均可纳入"语言管理"的范畴,包括语言立法、本体发展、语言教学和语言学习、使用语言进行的行政和司法活动、文化传媒、社会应用等。显然,这里六个维度所涵盖的内容已经远远超出了对"语言产出和语言接受"施加影响这一简单的解释,而是涉及与人类社会生活相关的几乎所有方面。在这一点上,"语言管理"与"语言生活"所覆盖的考察领域是非常类似的,都是有别于语言本体以及语言使用活动本身的元语言活动。需要指出的是,上述维度所牵涉的各个方面均属传统语言规划研究所覆盖的范围,我们认为"语管论"是一种有志于超越宏观语言规划的理论框架,传统语言规划的内容依然在其考察范围之内,应属于"语言管理"的范围。

基于上述讨论,我们认为"语言生活"的部分内涵可用于发展并扩充"语言管理"概念,而"语言管理"内涵的界定与明晰化也将促进语言管理研究的发展。

三、加强对超国家层次管理的研究

"语管论"认为语言管理应基于交际管理和社会文化管理,将管理的背景置于非常重要的地位。但是我们认为,在"语管论"的现有研究中,忽视了以国家为单位进行的交际管理以及超国家机构所进行的管理所起到的巨大作用,"语管论"可引入相关领域的研究成果以加强该部分。

"语管论"的一个重要理论判断就是,(狭义)语言管理、交际管理和社会文化管理呈等级递进关系,即(狭义)语言管理必须基于交际管理,交际管理必须基于社会文化管理。尽管诺伊施图普尼(Neustupný 1997:29—30)曾对管理中可能涉及的层次进行过梳理:"国际组织—中央政府—地方政府—教育机构—媒体—公司—民族或其他社会组织—社区—家庭—个人",但现有研究基本都是基于中央政府及以下诸层次展开的研究,对中央政府在国际组织影响下开展的语言管理行为分析较少。中欧三国的经验显示,国家在进行国内政策调整时会考虑国际因素,甚至将其作为主要考虑因素。实际上如果不了解中欧三国转型期间在国

第九章 三国案例对理论研究的启示

际关系方面的考量,则无法完全理解中欧三国的语言权利事务管理机制的转变。

中欧三国在转型期间从管理理念、管理规范、管理主体和管理行为等方面发生了根本性的改变,而这种改变主要是国家在理性考量之后选择脱离苏联而转向欧盟的结果。社会主义时期中欧三国在民族语言管理方面受马列主义民族观的指导,受到苏联的政策导向影响,对民族语言采取限制性的管理措施;脱离苏联控制之后,中欧三国均迅速接受了语言多样化思想,积极采取措施保护少数民族的语言权利。国内小族团体的呼吁和推动固然是这种转变的动因之一,但根本性的原因却是欧盟、欧洲委员会和欧安组织等超国家机构施加的影响。与此同时,各国与邻国的外交关系也对国内民族语言事务的管理产生了较大的影响。据此我们可以认为,在中东欧国家,对国家语言政策走向起决定性因素的并不是国内的民族利益协调,而是国际因素。"语管论"将语言规划作为研究对象之一,如果忽视了这种对国家语言政策走向产生根本性影响的因素,无疑是非常大的缺憾。"语管论"的创始人诺伊施图普尼(Neustupný 2004)曾指出,"语管论"应充分吸收现代语言学研究成果,包括人类文化学(ethnomethodology)、互动社会语言学(Interactional Sociolinguistics)、语言习得、批评话语分析、语言权利、语言帝国主义、多文化政策理论等,甚至包括语言管理的历史;我们认为,也应吸收国际政治和国际关系领域的研究成果,对语言管理的超国家背景进行深入的研究。

第三节 从"语言管理"到"语言治理"

自1989年世界银行(Wold Bank 1989:60)在一份有关非洲发展问题的报告中使用"治理危机"(crisis of governance)起,"治理"一词开始在各社会科学领域广泛使用,逐渐成为一种"治理范式",随即渗透到各种非学术领域,用于表达各种新的分层组织或自组织方式(杰索普 1999)。这一新的范式在语言规划领域也得到响应,有学者(Walsh 2012)呼吁在语言事务的管理中应使用一种"语言治理"(language governance)的模式。

关于"治理"的定义,我们可以参考联合国全球治理委员会在《我们的全球伙伴关系》报告中的表述:"治理是个人和机构、公共机关和私人组织管理其共同事务的各种方式的总和;它是一个持续的过程,在此过程中相互冲突或存在差异的不同利益得以调和,合作行动得以开展;它既可以通过正式的制度确保执行力,也通过非正式安排满足公共机关或群体的利益。"①"治理"（governance）一般与传统的政府"统治"（government）相对（Rosenau and Czempiel 1992），前者是广泛的社会活动领域的一系列管理机制，尽管没有得到官方授权，但同样发挥着作用；而后者必须得到国家的强力支持，其运作主体一般是政府。关于这两者的区别，可以参考张兴华（2014）的梳理：（1）在运作主体上，统治的主体是政府，治理的主体是多元的，可以是国家或私人机构，或者是双方的合作；（2）在管理范围上，统治的范围是以领土为界的民族国家，而治理可以延伸到国际领域；（3）从运作依据上看，统治的依据是法律法规，带有强制性，而治理的依据是参与方共同的目标和各方的共同认可；（4）在运作机制上，统治的运行向度是自上而下，靠的是政府的政治权威，而治理是自上而下和自下而上的双向运作，强调协商和合作。在语言政策和语言规划领域，也有学者（Walsh 2012）提出，鉴于语言事务涉及多层次、多主体（地方、地区、国家、国际层次的不同组织）的互动，与"治理"所提倡的多维度、多层面管理过程相一致，应在现有语言政策理论框架中引入"语言治理"概念。而"语言治理"的主要特点就是承认语言事务管理受到多层次、多主体的共同影响，提倡自下而上与自上而下两种制定方式（Williams 2007），认为语言政策不仅包括官方制定的政策，也应包括来自底层的非官方意愿（Schiffman 2006）。

如果我们将"语言治理"的几个主要特点与"语管论"的核心主张相比较，就会立即发现"语管论"所提倡的语言事务处理模式恰恰就是"治理式"的，而如果这种处理基于对权利的尊重和维护，则可以成为内涵非常丰富的"语言治理"。下面我们逐一进行分析。

第一，利益的多元化。"语管论"的一个基本假设就是，语言规划中不同的参与者和社会群体都具有不同的利益诉求，且具有不同的权力。因此"语管论"早期理论中就自觉地区别于当时语言规划研究主要服务于政府的做法，对个人和群体的语言权利给予特别关注（Neustupný 1984）。后来，"语管论"正式引入"利益"的概念（Jernudd and Neustupný 1987），认为语言管理执行者的不同利益将导致完全不同的管理过程，并明确否认政府可以代表全体社会成员的利益。"语管论"是在20世纪80年代末正式提出的，这种观点是对之前过度信赖政府的公

---

① 参见联合国网站，"Our Global Neighborhood"报告，第1章，http://www.gdrc.org/u-gov/global-neighbourhood/chap1.htm，2015-9-26访问。

第九章 三国案例对理论研究的启示

正程度的反思,比联合国正式提出"治理"概念还早三年,但这种要求尊重社会群体利益的主张却是一致的。

"治理"理论是现代公民社会形成之后的产物,因为这一理论的前提是"国家—社会"的两元界分(张日培 2009)。西方"市民社会"或"公民社会"(英文均为"civil society")的概念源自希腊雅典的"城邦政治",公民社会即意味着以公民的身份参与城邦政治,因此公民社会与城邦政治实际上是同义反复(林毓生 1998)。近代以后,随着社会与国家概念的分离,用这一概念指以私人身份追求其自身利益的"私域"社会,包括民间社团、民营企业、私立学校、独立媒体、社区自治、教会等,并逐渐通过对公众话题的讨论和对公共事务的参与成为一个既独立于邦国之外又能够进入政治进程并足以影响公共决策的"公共领域"。这一现象的另一面是政府地位的下降和其管理的"空心化"(张兴华 2014)。在这一背景下,社会力量的不断增强为不同的"私域"主体的活动提供了空间,为社会利益分化创造了条件。政府在这一现实挑战面前开始自觉地调整原有的威权统治方式,而重新建构一种容纳多种利益的权力结构,正是在这个意义上,可以说,民族国家需要"被重新想象、重新设计、重新调整以回应挑战"(杰索普 2007)。

在语言规划领域同样如此,20世纪七八十年代国家角色的失败使学者们提出语言规划不应只为政府服务,而应服务于更多的社会群体的利益。应该说,"语管论"完成了第一步,即提出反对服务于政府,但对于如何协调不同群体的利益却没有深入的研究。"语管论"相信社会群体自己会发现解决问题的最佳方案,即来自社会底层的"简单管理"会推动"有序管理"进行调整并反作用于"简单管理"从而解决语言问题;然而,"语管论"虽然主张将解决问题的权力交给社会群体自身,却没有预设这一授权过程应遵循西方的民主程序,而是将此留诸讨论(Kaplan and Baldauf 1997:209)。在这一点上,"语管论"与"治理"理论实际上是一致的,"治理"理论提倡协商式、参与式的决策方式,也并没有预设协商的方式,等于是鼓励通过竞争、博弈、协商和妥协达到"自治"。需要指出的是,这里我们讨论的利益不仅是指各民族群体,也包括以民族国家为代表的国家利益,以及各行业群体、社会人群等任何可能具有共同语言利益的群体;这些不同群体使用不同的语言、方言、行话或是其他任何语言变体,在语言使用上具有不同的利益,这种语言利益的多元化是"语言治理"理论得以应用的现实基础。

第二,管理主体与管理范围的多元化。承认利益的多元化,与提倡管理主体的多元化是一致的。"语管论"认为语言管理活动会在不同范围内发生,既包括国家范围内的规划活动,也包括更小范围内如城市、学校以及个人进行的语言管理。不同层次的管理活动对应着具有不同权力的管理主体,并存在着不同程度的互相覆盖。诺伊施图普尼(Neustupný 1997:29—30)曾对管理中可能涉及的层次进行梳理:"国际组织—中央政府—地方政府—教育机构—媒体—公司—民族或其他社会组织—社区—家庭—个人"。"治理"理论承认政府之外的其他管理主体的合理性,鼓励具有不同利益的社会团体参与社会事务的处理,并发挥各自的作用。在这一点上,"语管论"与"治理"理论的立场是完全一致的,"语管论"认为任何一个个人都构成一个管理主体,执行简单管理;而任何一个组织,无论其规模大小,都可以进行有序管理。特别需要注意的是超国家组织在"治理"模式中正发挥着越来越大的作用,在协调国家行动、控制重要国际事件的进程中扮演着关键角色,甚至参与制定国际政治经济游戏规则,改变国家内部治理结构。

在"治理"概念下,与管理主体多元化相一致的是管理范围的扩大化。传统的由国家执行的"统治"范围主要是本国境内的公共领域,这种范围一方面不能超越国境的界限,一旦突破则被视为对其他国家的侵略,另一方面这种统治不能侵入公民的私人空间,一旦干涉则被视为侵犯人权。但"治理"理论容许不同的管理主体参与管理过程,其涉及的业务领域必然既包括国内公共领域的事务,还会跨越国境成为国际事务,还可能涉及家庭和个人的语言使用。"语管论"的关注范围可以说无所不至,无远弗届,既包括个人的即时语言交流,也包括超国家机构的语言政策导向。这一点在中东欧国家的语言管理实践上得到很好的体现,语言管理的施为范围已经不限于一国之内,甚至不仅限于公共领域,中东欧国家语言政策的制定受到超国家机构的强力影响,而私人领域的语言使用需求也影响到国家政策的制定。

第三,管理规范的多元化。"治理"理论认为社会的权威应当多元化,强调政府以外的其他组织(非政府组织和超国家组织)在提供公共产品方面的作用,对公共权力及其在公共产品提供方面的垄断提出质疑(李世财 2011)。在"统治"式管理下,权威的来源是国家,进行社会管理的主体是政府,管理的依据是国家的法律法规和行政命令,以强制的方式推行,无须征得民众的同意。而"治理"模式要求社会的管理必须基于共同的目标,获得参与各方的认可,其管理依据不再仅仅是政府的法律。正如罗西瑙(Rosenau 1992)所言,在统治模式下,政府的政策遭到普遍反对仍能发挥其效能,但治理所依赖的是一套相关人员都能接受的

第九章 三国案例对理论研究的启示

规则体系,因此可以说,即使没有政府的正式赋权,治理的机制依然能发挥效能。在"语管论"框架下,规范是一个重要概念,它是语言管理执行者所认为正确的语言行为准则(Neustupný 1985),它是管理的依据。"语管论"认为,在语言使用的过程中,会涉及大量规则的应用,对于语言管理者来说,只有那些被管理者所认可的规则才是"规范"。"语管论"承认,所有的管理主体都拥有自己的规范,这些规范的形成一方面是为了维护和巩固管理主体的利益,另一方面也必须符合管理主体所掌握的权力才能确保其能够得到有效实施。如果国家权力能够尊重其他管理主体所制定的规范,为不同规范的共同存在和相互作用提供空间,则可以说达到了"治理"式的管理。

第四,管理方式上重视自下而上式的管理。自民族国家形成以来,国家在社会事务的管理上依赖国家权力自上而下的单向运行,但随着公民社会的形成,民间力量参与社会管理的热情与能力不断提高,政府不再是公共事务的唯一决定者,公共权力的运行方式变成了自上而下和自下而上的双向运行。"治理"在社会管理方面表现为政府与私人部门及民间组织的合作与互动(罗茨 2000)。这一特点与"语管论"所主张的简单管理与有序管理间的互动如出一辙。"语管论"认为,语言管理可以分为简单管理和有序管理,前者指的是微观层次的个人进行的管理活动,有序管理主要指宏观层次的机构管理,两者之间持续互动,形成一个循环。在"语管论"之前,语言规划领域主要采用自上而下式的规划,在国家层次制定方案,然后依赖国家权威予以执行。然而"语管论"提出语言规划应重视微观层次的语言管理行为,由微观层次的问题出发制定有针对性的宏观管理计划,正如诺伊施图普尼(Neustupný 1994:50)所说:"我认为任何语言规划都应始于对话语中语言问题的考察,任何语言规划都应从考察交际中的语言问题开始,而且只有在解决上述问题之后才能宣告语言规划过程的结束。"理论界认为这意味着"语管论"倡导一种"自下而上"的语言规划方式,正如颜诺(Jernudd 1993:134)所指出的,"语管论"赋予"民众以资格,由其针对日常交流中潜在的语言问题,自行发现并提出各种有效的问题解决方案。"但实际上"语管论"并未排斥"由上而下"的规划路径,它同时强调有序管理的重要性,并要求这种管理必须落实到具体的交际中,即必须真正解决规划之初所针对的语言问题。通过这一主张,"语管论"将语言规划中的宏观规划和微观规划通过一种辩证的关系结合起来,呈现出与其他语言规划理论关注宏观而忽略微观不同的理论特质(Nekvapil 2012)。在强调自下而上的管理方式这一点上,可以说"语管论"是现有语言规划理论中与"治理"理论的原则最为契合的理论。

　　第五,"语管论"与语言权利路径的结合。"语管论"自 20 世纪 80 年代提出以来,虽然很早就得到国际学术界的关注(Blommaert 1996；Cooper 1989：29,40；Kaplan 2011),但一直未在西方语言规划界成为主流理论,我们认为这一方面是因为该理论的主张较为激进,超前于当时的社会条件,另一方面也是因为该理论在对其主张的合法性论证方面存在不足,对其内涵的发展也较为粗浅。我们认为,一旦将"语管论"与语言权利的诉求结合起来,将会极大扩充"语管论"的内涵,使其成为一种"语言治理"理论。

　　"语管论"与语言权利路径的一个重要的结合点就是对多元利益的尊重,而这一点恰恰与"治理"理念的核心主张高度一致。在此基础上,鼓励小族群体参与语言事务管理、接受小族群体在语言权利方面的主张、重视小族群体在语言使用中的权利问题并提供自下而上的反映渠道,基于语言权利的"语管论"在各方面均可与"治理"理论相契合。语言权利理论中关于权利主体、权利内容、义务主体等关键问题的讨论,将为"语管论"提供丰富的内涵。比如小族群体语言利益的具体内容,国家和小族群体的权利和义务边界,语言权利的实现程度等都可以为"治理"式的语言管理提供丰富的内容。实际上,语言权利内容的确定过程,就是一个相关利益方协商妥协的过程,因此协商式、参与式的问题处理方式恰恰是语言权利理论所提倡的问题处理方式。这种方式有利于发现最优的问题解决方案,因为语言权利的诉求总是具有地方化的本土特征,没有放之四海而皆准的解决方案,只有从当地的历史和现状出发,充分考虑各相关方的需求,才能制定出适合当地情况的解决方案。

　　因此,我们认为,将语言权利的内容与"语管论"相结合是对现有"语言治理"理论的发展。同时,用基于语言权利的理念在"语管论"的框架下处理语言事务,将成为一种内涵极为丰富的"语言治理",这种治理方式也有可能为小族语言保护实践提供一条出路。

第十章 结论

我们在本书的开头设定了四项任务,即清晰描述中欧三国的现行语言权利事务管理机制,探讨管理行为如何影响语言权利的实现,以及语言权利的实现在多大程度上影响小族语言的生存,希望借此探究语言权利保障对小族语言保护的意义。在这里我们试图对上述问题做一个简要的回答,并思考语言权利话语对小族语言保护在实践层面的真正价值。

一、中欧三国语言权利事务管理机制的主要特点

我们认为,中欧三国的语言权利事务管理机制在价值取向、架构设计上均有相似之处,但也根据本国小族群体的现实情况和历史渊源进行了策略性调整,在整体机制的安排上各有侧重,现总结如下:

第一,中欧三国在语言权利事务管理的价值取向上受区域强权的左右。中欧三国地处欧洲中心的战略要冲之地,然而总体国力较弱,因此国内政策长期受到地区大国的左右,无法做到完全自主。在二战之后的社会主义时期,中欧三国在国内民族语言事务的处理上均与苏联保持高度一致,总体上执行了对小族群体进行限制和同化的政策,将民族差异视为应予消除的落后现象。而东欧剧变之后,中欧三国均努力融入西方,迅速接受了多元文化思想,宣称小族群体的文化和语言是国家的宝贵精神财富。这种转向是中欧三国基于国家利益和区域总体趋势做出理性选择的结果,显示中欧三国在小族群体的语言权利事务管理方面没有很强的独立性。

第二,中欧三国在语言权利事务管理总体机制各区块的分工上有共通之处,但侧重不同。三国的管理机制在整体上都可以分为人权管理机制、少数人权利管理机制和语言管理机制三个部分,且三国的核心都是少数民族权益管理机制。但三国在不同的分支部分有不同的侧重点。捷克的民族成分简单,通用语言捷克语地位稳固,因此管理动机较弱,三个部分较为均衡;其中语言管理机制尤为弱势,国家无法定官方语言,无专门语言管理机构。斯洛伐克独立时间较短,仍

第十章 结论

处在国家身份构建阶段,境内存在力量较大的小族群体,且斯洛伐克语发展水平低,易受外来影响,因此对语言问题更为敏感,建立了非常强大的语言管理机制,极力拓展斯洛伐克语的使用空间而限制小族语言的使用。匈牙利境内的小族群体数量较少,对匈牙利语的转用程度很高,无语言方面的威胁;但匈牙利出于维护其境外匈牙利裔人群利益的考虑,建立了欧洲范围内保护标准最高的少数民族保护机制之一,赋予少数民族以充分的权利,其少数民族管理机制最强。

第三,中欧三国在管理理念和管理规范上均宣称维护语言多样性的价值观,但同时仍存在不同程度的语言单一制的思想。中欧三国在转向欧盟的过程中都接受了语言平等原则以及语言多样化等新的价值观,并在各国制定的相关法律规范中予以落实,赋予了小族群体较多的语言权利。但与此同时,各国仍然存在着"一个国家,一种语言"的语言单一制思想,只不过以更为隐蔽的方式发挥作用。捷克社会没有对小族群体施加显性同化压力,但却温和而稳定地进行着同化。斯洛伐克政府的民族主义思想最强,通过《国家语言法》公开限制小族群体的语言使用。而匈牙利的法律虽然为小族群体赋予了最多的语言权利,但在具体落实上依然差距较大。

第四,中欧三国均建立了全国性的民族事务管理机构,是语言权利相关事务的主要管理主体,但级别不同。三国的民族事务管理机构在职能上较为相似,主要为国家调查少数民族的生存状况,为制定少数民族相关法律提供咨询意见,为落实相关法律制定具体计划,并负责监督和落实计划的执行,同时担任政府和少数民族群体间沟通的桥梁。但各国的管理机构在级别上有所区别,捷克的"少数民族理事会"主席由正部级官员担任;斯洛伐克的"少数民族和族裔群体事务委员会"主席则由副总理担任;匈牙利的"少数民族与族裔办公室"则隶属于司法部,级别最低。不过匈牙利的少数民族自治机关体系是其他两国所没有的,该体系在国家和地方各级政府中全面参与少数民族事务的管理,有很大的权力。

第五,中欧三国均建立了微观管理和宏观管理之间的互动渠道,各有特色。匈牙利的渠道最为通畅,其建立的少数民族自治机关体系掌握了极大的权力,可以接管部分政府事务,获得政府预算自行管理,所有少数民族均在议会拥有代表,并全面参与政府的立法过程。斯洛伐克的沟通则最为困难,其政府中存在较强的民族主义力量,主张限制少数民族语言的使用空间,匈牙利族等群体往往要使用大规模抗议、向国际组织申诉、组建政党进入议会等形式才能引发政府的决策调整。捷克的小族群体则可以通过向"少数民族理事会"等机关反映问题与官

第十章 结论

方沟通,较为温和。

第六,中欧三国在外部力求融入欧洲、在内部推动社会转型的大背景下为语言权利事务管理机制的演变提供了动力:在国际环境中,超国家组织如欧洲委员会、欧盟和欧安组织的推动与督促,以及与其他国家的外交博弈是主要的动力来源;内部的社会转型所引发的社会机制转变以及民族关系的调整则提供了内部动力,主要是国家体制的转变以及主体民族与小族群体之间的博弈推动了新的管理机制的建立。

二、语言权利事务管理对小族语言权利实现的影响

我们认为,语言权利事务的管理对小族语言权利的实现至关重要,但政府的管理行为并不能在所有的权利领域产生同样的影响。就本书所涉及的六个考察领域(法定地位、本体发展、教育研究、司法行政、大众传媒、社会应用)而言,国家管理行为在不同领域的管理效果不同,兹归纳如下:

第一,管理效果显著的语言权利维度。对于那些与象征功能赋予有关的维度,如法定地位的赋予和在司法行政领域的应用,国家可以通过法律手段予以实现,并通过意识形态层面的宣传来加强。此外,对于与资源分配有关的维度,如教育研究和大众传媒两个高度依赖资源投入的领域,国家可以通过资源调配予以支持,保障相关群体的权利得以实现。

第二,管理效果无法抵达的维度。小族语言在社会应用领域的使用主要属于私人活动领域,在民主国家,政府的权力很难直接干涉,因此管理效果有限。此外,语言的本体发展需要相应的社会经济条件,也不是国家管理可以在短时间内改变的。对于上述两个维度,国家只能通过间接影响的方式从外围进行有限程度的干预。

第三,关于中欧三国语言权利的实现状况,基本可以归纳为如下几点。一是中欧三国的语言权利管理均保障了最低标准语言权利的实现;各国小族群体均能享受一定程度的权利保障,即使是在保护程度最低的斯洛伐克,其法律规范和实践也确保少数民族语言达到欧洲的最低保护标准。二是中欧三国的语言权利实现呈积极发展态势;在内外压力之下,中欧三国在语言权利保护方面逐年采取更为积极的措施,投入更多的资源,扩大保护范围,并注重保护效果,缓慢提升各国小族群体的语言权利实现程度。三是中欧三国的语言权利管理效果均受到社会文化条件的左右;三国的情况各有不同,部分权利得到了较好的实现,但部分

权利则基本仅限于象征性实现;不同民族群体因调动社会资源能力的差异而导致在语言权利各个维度上的实现程度有较大差异。

三、语言权利实现对小族语言生存的影响

语言权利的实现对小族语言的生存至关重要,但也不是能够确保小族语言长存永续的灵丹妙药,其影响可以从如下几个方面进行总结。

第一,语言权利实现为小族语言的生存提供了发展空间。语言权利内容中的容忍型权利要求国家权力不得干涉私人领域的语言使用,可以为小族语言的生存提供最低限度的保障。而促进型权利的实现则可以为小族语言的进一步发展提供可能,这些权利要求国家积极提供资源,促进小族语言在教育、媒体、公共行政等领域的使用,有助于小族语言提高自身的活力。

第二,语言权利的实现无法为小族语言的长存永续提供保障。资源总量的有限性决定了不可能所有的语言都获得生存和发展所需要的所有资源。在一个多民族国家内,语言的工具性和象征性功能均具有排他性,只有极少数语言可以成为官方语言或通用语言。因此无论国家为语言权利的实现提供怎样充分的法律保障,也不可能保障所有语言都获得必需的资源。

第三,法律层面的平等权利对不同的语言有不同意义。在同一个语言权利管理机制之下,即使该机制为所有语言赋予平等的地位和待遇并提供机制性保障,但对于不同的语言而言意义依然不同。小族语言的聚居程度、使用人数、聚居规模、语言本体发展程度等都对语言的生存起到重要的作用;法律层面赋予的母语教育权、文化发展权等权利,看似对所有语言都是平等的,但只有那些具有固定居住区域、有较大规模人口的语言有能力和条件充分利用这些权利。

第四,语言权利无法单独解决语言生存问题。语言权利的实现依赖于有利的族际和人际交际环境,依赖于有利的社会、经济、政治环境。同时,语言群体的生存更多依赖于其他维度权利的实现,比如充足的食物和清洁的水源,而这些都不是语言权利话语范式所能单独解决的问题。

最后,就中欧三国而言,尽管近 20 年来语言权利实现状况得到了持续的改善,但似乎并未改变各国小族语言衰落的趋势。三国小族语言的使用人数在历次普查中均呈快速减少趋势,即使是力量较大的主要少数民族也是如此;仅有少数本身使用人数较少的语言因得到新的移民补充而人数有所增长。这也从一定程度上印证了我们的判断,即语言权利的实现无法为语言生存提供绝对的保障。

四、语言权利保障对小族语言保护的意义

语言权利话语范式越来越流行,越来越多的人主张用赋予小族群体语言权利的方式保护小族语言。此时我们认为应冷静地思考语言权利保障能在多大程度上改善小族语言的生存状况。根据我们的研究,我们认为可以将语言权利保障工作分为语言权利事务管理和语言权利实现两个层面,对这两者和小族语言生存之间的关系可以做一个简要的概括:语言权利事务管理为语言权利的实现提供根本性的支撑,但一般只能为小族语言的生存提供基本保障,无法支持其完成更高程度的发展。三者的关系可以用图 10.1 表示:

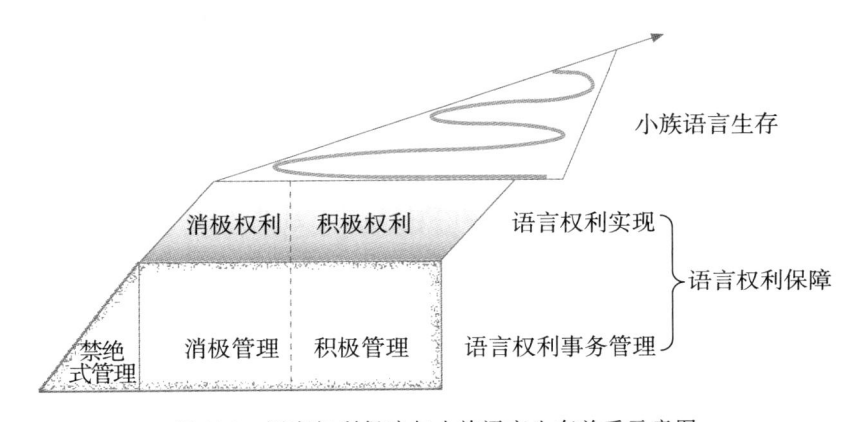

图 10.1　语言权利保障与小族语言生存关系示意图

如图 10.1 所示,语言权利事务管理、语言权利实现和小族语言生存三者之间呈梯次关系,现简要做如下说明。

第一,国家对语言权利相关事务的管理是语言权利得以实现的基础。这种管理大致可以分为三类,即禁绝式管理、消极管理和积极管理,在图中用一个梯形的三个部分表示。禁绝式管理是禁止某语言在公共领域以及私人领域的使用,它也是一种管理,但不创造任何语言权利,反而消减语言权利;如今这种管理在世界范围内已不多见。消极管理是允许该语言在私人领域使用,但是不支持其在公共领域使用;很多国家对境内的小族群体,特别是未得到国家认可的民族群体,基本实施这种管理,即任其自生自灭。积极管理是提倡和保障该语言在公共领域的使用,目前世界上大多数国家对得到国家承认的小族群体实施这种管理。本书所涉及的中欧三国对境内少数民族的管理总体而言可以归入积极管理的类别,尽管其支持的力度并不能达到理想程度。而中欧三国对那些移民群体

第十章 结论

的语言,则实施了消极管理。

第二,语言权利的实现依赖于政府的管理。如图10.1所示,在禁绝式管理之下,语言没有任何语言权利可言,因此该部分管理与表示语言权利实现的平行四边形没有任何接触,不提供任何支撑;在消极式管理之下,消极语言权利得以部分实现,语言可以在私人领域使用而不受干扰;但对于小族语言而言,很难说消极管理就是任由其使用,很多时候消极管理代表着一种隐性同化,对消极权利也具有销蚀作用,因此消极管理所支撑的权利实现也是不完整的。在积极管理之下,积极语言权利得到保障,并得到一定程度的实现;国家为此提供的资源保障的程度决定了语言权利实现的程度,因此积极管理部分支撑了与其相同宽度的部分。但是语言权利的实现并不完全取决于语言权利事务的管理,在很多时候其他因素,如小族群体本身的人数和聚居程度以及该群体的社会经济处境,也决定了其语言权利的实现情况,因此有一部分权利实现并非由语言管理部分支撑。

第三,语言权利实现为小族语言生存提供基本保障和成长空间,但不能保证其长存永续。用一个三角形表示小族语言生存,它更多依赖积极权利的实现,因此较多的部分置于积极权利的上方。但是小族语言的生存也不完全依赖语言权利的实现,语言之外的因素同样对语言生存发挥着重要的作用,甚至其作用更为关键,因此三角形较大一头悬空。此外小族语言的生存和发展是一个没有上限的发展历程,因此在三角形上加了一个箭头,表示其可以无限发展。

综上,语言权利保障无疑对小族语言保护有非常重要的意义,语言权利的实现是小族语言生存的必要基础。然而,对所有小族群体的语言权利都给予保障却是一个难以完成的任务;即使语言权利得以充分实现,也并不意味着小族语言就可以长存永续。简而言之,就小族语言保护工作而言,语言权利的保障固然是一个必要条件,但却并非充分必要条件。

五、语言权利对小族语言保护的实践价值

在全球化浪潮席卷世界的今天,我们相信任何一个对小族语言的命运进行过认真观察和思考的人都很难对小族语言的未来抱乐观态度。我们今天鼓励并呼吁保护小族语言权利也许只为少量语言的延续提供一种可能,但对于绝大多数的小族语言而言,衰微或许是它们无法避免的命运。

总体上,小族语言的保护在实践上面临着较大的困境,即政府保护不力和小

第十章 结论

族群体自身积极性不高。一方面,小族语言权利最大的义务主体,国家,在很多时候恰恰是语言权利实现的最大障碍。"一个民族,一个国家,一种语言"的民族主义思想成功地灌输给了很多人,对于这些人这种思想并不只是一种可供讨论的政治理论和语言意识形态,而是一个经过验证的真理。很少有人会注意到当今世界有 6000 多种语言却只有不到 200 个国家这一事实,当代政治群体常常或明或暗地建立在单语制思想之上(Peled 2011)。即使是在鼓吹语言多样化最有力、实际对语言权利的保障也最为充分的欧洲,语言权利的实现程度也不能让人满意,如法国至今仍未签署《少数民族保护框架公约》(1994 年),并且一直对联合国《公民权利和政治权利国际公约》(1966 年)的第 27 条"少数人的权利保护"持保留意见,也未批准《欧洲区域性语言或少数民族语言宪章》(1992 年)。在权利意识更为薄弱的其他地区,语言权利就更难以保证,语言多元主义依然被认为具有颠覆性和分裂性,单语同化政策依然大行其道(Wee 2011)。的确,对于民族国家来说,正式承认一种语言会给国家带来深远的影响,比如这意味着很多义务。而且,确实有理由怀疑,如果在国际法中彻底保护少数人语言,是否真的会更好地保护国际和平与安全(Arzoz 2007)。另一方面,对于提倡语言权利的学者和活动家而言,还有一个尴尬的现实需要面对,那就是小族群体成员并非像他们想象的那样在乎语言权利。对于生活在主流文化之外、时刻梦想着脱离经济困境的少数民族来说,学习一种主流语言是其最大的渴求。在这种情况下,保护本族文化的愿望往往不能敌过对更高经济水平生活的追求。在欧洲,罗姆族的父母都愿意其子女学习国家主体民族的语言而非保留罗姆族语言,而世界上其他地区,如非洲(Baldauf and Kaplan 2004)、亚洲(Turin 2005)、南美洲(Carranza 2009)的研究也揭示了类似的现象,即小族群体对保留其民族语言并未表现出很高的兴趣,与学者们的预期相去甚远。

在信息化时代,信息技术和新媒体行业的发展为小族语言的保护和延续带来一些新的希望,但可能并不足以改变小族语言衰微的趋势。在西方,语言学家是信息化技术的拥趸,很早就开始在田野调查中使用磁带、光盘等技术记录濒危语言[①]。如今则利用多种网络技术建立语音语料库,如"民族语"的"土著语言电

[①] 参见 BBC 网站,《与濒危语言的信息化赛跑》,2003 年 3 月 20 日,http://news.bbc.co.uk/2/hi/technology/2857041.stm,2015-9-28 访问。

子档案"项目致力于记录各种土著语言的有声资料①。在我国很早就有学者意识到信息化时代的到来必将给语言文字工作带来新的任务,提出用新的技术保护濒危语言、开发语言资源(李宇明 2004)。也有学者(冀芳 2014)提出依靠建立少数民族语言的有声数据库、少数民族语言文字处理信息化、少数民族语言文献出版数字化、利用新媒体传播少数民族语言等几个主要策略促进在新的信息技术条件下少数民族语言的保护和传播。但是活的语言的延续最重要的载体是它的使用者,而非记录工具。信息化技术可以为一种语言建立丰富的有声资料库,但很可能并不能扭转其在现实使用中的衰微。我们认为信息化技术的发展为少数民族语言的记录和传播提供了更便利的条件,但很可能无法改变其逐渐衰亡的趋势。

世界濒危语言基金会(The Endangered Language Fund,Inc)曾指出:"在历史的长河中,很多语言都消失了,但从未出现过当今世界所面临的如此大规模的灭绝。作为语言专家,我们面临着一个黑暗的现实:我们如今所研究的对象中,有很大一部分我们的后代都无法看到了。"②现代信息技术的发展也许可以帮助我们记录其中一部分语言的片言只字,但如果那些联接着生命搏动的吟唱真的成为绝响,我们也许会后悔当初未曾给他们一次机会,因为那也是我们自己的最后一次机会。

---

① 参见"民族语"网站,http://www.ethnosproject.org/,2015-9-25 访问。
② 参见世界濒危语言基金会网站,http://www.endangeredlanguagefund.org/,2015-9-29 访问。

参 考 文 献

北京外国语大学欧洲语言文化学院(编)(2009)《欧洲语言文化研究》,北京:时事出版社。
陈鹤(2009)浅析少数民族语言文字权法律保护,延边大学硕士学位论文。
陈卫亚(2013)中国少数民族语言传承的政策研究,中央民族大学博士学位论文。
陈章太(1994)语文生活调查刍议,《语言文字应用》(1):11—13。
陈章太(1999)再论语言生活调查,《语言教学与研究》(3):23—33。
戴曼纯(2012)乌克兰语言规划及制约因素,《国外社会科学》(3):72—81。
戴曼纯、刘润清(2010)波罗的海国家的语言政策与民族整合,《俄罗斯中亚东欧研究》(4):17—24。
戴曼纯、朱宁燕(2011)语言民族主义的政治功能——以前南斯拉夫为例,《欧洲研究》(2):115—131。
丁延龄(2010)新世纪中国语言权研究:现状分析与前景展望,《政法丛论》(1):50—58。
傅荣、王克非(2008)欧盟语言多元化政策及相关外语教育政策分析,《外语教学与研究》40(1):14—19,80。
高歌(2011)中东欧研究:国家转型与加入欧盟——第一届中国-中东欧论坛综述,《俄罗斯中亚东欧研究》(6):83—86。
高凛(2006)从欧洲一体化评述国家主权让渡理论,《华东政法学院学报》(6):91—98。
郭洁(2010)东欧的政治变迁——从剧变到转型,《国际政治研究》(1):124—144。
郭友旭(2010)《语言权利的法理》,昆明:云南出版社。
韩小兵(2011)《中国少数民族非物质文化遗产法律保护基本问题研究》,北京:中央民族大学出版社。
华东师范大学研究部编译室(1959)《关于加强学校与生活的联系和进一步发展苏联国民教育制度的法律》,上海:上海教育出版社。
黄行(2000)《中国少数民族语言活力研究》,北京:中央民族大学出版社。
黄行(2003)语言与法律研究的三大议题,载周庆生、王洁、苏金智编《语言与法律研究的新视野》,北京:法律出版社。
黄行(2010)国家通用语言与少数民族语言法律法规的比较述评,《语言文字应用》(3):19—22。
吉拉斯,米洛凡(1962/1989)《同斯大林的谈话》(Conversations with Stalin),司徒协译,北京:世界知识出版社。
冀芳(2014)新媒体时代下少数民族语言保护和传承策略研究,《编辑之友》(10):69—76。
贾修磊(2010)非国家行为体的缘起,《当代世界》(4):60—62。
姜顶(2013)语言主权与少数民族地区"双语诉讼"问题研究,《经济师》(4):139—140。
杰索普,鲍勃(1999)治理的兴起及其失败的风险:以经济发展为例的论述,《国际社会科学杂志》(1):31—48。

杰索普,鲍勃(2007)重构国家、重新引导国家权力,《求是学刊》34(4):28—32。

康忠德(2013)东欧语言政策与族际和谐的检讨,《黑龙江民族丛刊》135(4):58—63。

科热米亚科夫,阿列克谢(2008)《欧洲区域或少数民族语言宪章》:保护与促进语言与文化多样性十年记,《国际博物馆》(3):29—39。

孔寒冰(2010)多种文明视角下的中东欧社会发展,《国际政治研究》(4):3—16。

李捷(2010)论分裂主义对国家安全的威胁,《国际政治研究》(3):14—28,193。

李世财(2011)全球治理视野下的G20研究,上海社会科学院博士学位论文。

李秀环(2004)中东欧国家的罗姆人民族问题,《俄罗斯中亚东欧研究》(3):75—82。

李宇明(2000)语言生活,《华中师大报》9月4日。

李宇明(2003)语言与法律:建立中国的法律语言学,载周庆生、王洁、苏金智编《语言与法律研究的新视野》,北京:法律出版社。

李宇明(2004)信息时代的语言文字工作任务,《修辞学习》(1):1—6。

李宇明(2005)《中国语言规划概论》,长春:东北师范大学出版社。

李宇明(2006)关注语言生活,《长江学术》(1):95—96。

李宇明(2008)当今人类三大语言话题,《云南师范大学学报》(哲学社会科学版)(4):21—26。

李宇明(2012)论语言生活的层级,《语言教学与研究》(5):1—10。

李宇明(2014)双言双语生活与双言双语政策,《语言政策与规划研究》(1):1—4。

里札尔德·科曼达(1998)《关于国际组织和国际人权法对少数者权利的保护和促进》,载白桂梅主编《国际人权发展:中国和加拿大的视角》,北京:法律出版社。

列宁(1987a)《列宁全集》第24卷,北京:人民出版社。

列宁(1987b)《列宁全集》第36卷,北京:人民出版社。

列宁(1987c)《列宁全集》第42卷,北京:人民出版社。

林毓生(1998)现代的公民社会,载林毓生编《热烈与冷静》,上海:上海文艺出版社。

刘红婴(2006)《语言法导论》,北京:中国法制出版社。

刘红婴(2009)当代语言立法价值取向探旨,《语言文字应用》(1):97—105。

刘兆兴(2006)论欧盟法律与其成员国法律之间的关系,《环球法律评论》(3):318—326。

龙静(2008)变动的地缘政治与中东欧地区,《俄罗斯中亚东欧研究》(2):78—82。

陆平辉(编)(2008)《散居少数民族权益保障研究》,北京:中央民族大学出版社。

罗茨,罗伯特(2000)新的治理,载俞可平编《治理与善治》,北京:社会科学文献出版社,86—96。

米雪(2012)民族自治区与分离主义的比较:案例研究,清华大学硕士学位论文。

斯大林(1913/1948)《马克思主义与民族问题》,莫斯科:外国文书籍出版局。

司马俊莲(2014)《少数民族文化权利的法理研究》,北京:中国社会科学出版社。

苏共中央马克思列宁主义研究院(编)(1956)《苏联共产党代表大会、代表会议和中央全会决议汇编》,中共中央马克思恩格斯列宁斯大林著作编译局译,北京:人民出版社。

苏金智(1999)中国语言文字使用情况调查准备工作中的若干问题,《语言文字应用》(1):3—7。

苏金智(2003)语言权保护在中国,《人权》(4):42—44。

唐继新(1989a)西欧语言生活的新发展,《语文建设》(6):60—61。

唐继新(1989b)西欧语言生活的新发展,《语文建设》(5):56—58。

田艳(2008)《中国少数民族基本文化权利法律保障研究》,北京:中央民族大学出版社。

王洪玉(2003)少数民族双语教育的历史及发展研究,西北师范大学硕士学位论文。

王静(2013)多语言的欧盟及其少数民族语言政策,《内蒙古大学学报》(2):117—120。

王一诺(2012)冷战后中东欧国家与俄罗斯关系研究,中国社会科学院博士学位论文。

肖建飞(2012a)语言权利的立法表述及其相反概念,《中央民族大学学报》(3):57—66。

肖建飞(2012b)《语言权利研究——关于语言的法律政治学》,北京:法律出版社。

谢军瑞(2001)欧洲联盟的多官方语言制度,《欧洲》(1):74—78,110。

徐中起(编)(2009)《中国少数民族文化权益保障研究》,北京:中央民族大学出版社。

许嘉璐(1997)语文生活调查与语言文字应用研究,《语文建设》(3):2—3。

杨晓畅(2005)浅论个体语言权及其立法保护,《学术交流》(10):49—52。

杨友孙(2008)《欧盟东扩与制度互动——从一个入盟标准说起》,北京:世界知识出版社。

杨友孙(2010)《欧盟东扩视野下中东欧少数民族保护问题研究》,南昌:江西人民出版社。

张建华(2004)《俄国史》,北京:人民出版社。

张日培(2009)治理理论视角下的语言规划——对"和谐语言生活"建设中政府作为的思考,《语言文字应用》(3):53—62。

张兴华(2014)当代中国国家治理——现实困境与治理取向,华东师范大学博士学位论文。

赵常庆、陈联璧(主编)(1987)《苏联民族问题文献选编》,北京:社会科学文献出版社。

赵小锁(编)(2009)《民族地区司法制度中的少数民族权益保障研究》,北京:中央民族大学出版社。

中共中央马克思恩格斯列宁斯大林著作编译局(编)(1962)《斯大林文选》上册,北京:人民出版社。

中国社会社会科学院民族研究所(编)(1990)《斯大林论民族问题》,北京:民族出版社。

周庆生(2000)《语言与人类:中华民族社会语言透视》,北京:中央人民大学出版社。

周庆生(编)(2001)《国外语言政策与语言规划进程》,北京:语文出版社。

周庆生(2003)国外语言立法概述,载周庆生、王洁、苏金智编《语言与法律研究的新视野》,北京:法律出版社。

周庆生、王洁、苏金智(编)(2003)《语言与法律研究的新视野》,北京:法律出版社。

参 考 文 献

周炜(2002)西藏语言政策的变迁,《西北民族研究》(3):147—207。

周有光(1986)我看日本的语文生活,《群言》(10):40—41。

朱晓明、孙友晋(2013)现当代欧洲罗姆人问题探析,《俄罗斯研究》(3):166—184。

朱晓中(1992)东欧民族主义的复兴及其原因,《东欧中亚研究》(4):21—27。

朱晓中(2009)转型九问——写在中东欧转型20年之际,《俄罗斯中亚研究》(6):45—52。

Adrey, Jean-Bernard (2005). Minority Language Rights before and after the 2004 EU Enlargement: The Copenhagen Criteria in the Baltic States. *Journal of Multilingual & Multicultural Development* 26 (5): 453 – 468.

Ahmed, Tawhida (2009). Demanding Minority (Linguistic) Rights from the EU: Exploiting Existing Law. *European Public Law* 15 (3): 379 – 402.

Alexander, Neville (2004). The Politics of Language Planning in South Africa. *Language Problems and Language Planning* 28 (2): 113 – 130.

Arzoz, Xabier (2007). The Nature of Language Rights. *Journal on Ethnopolitics and Minority Issues in Europe* 6 (2): 1.

Arzoz, Xabier (2010). Accommodating Linguistic Difference: Five Normative Models of Language Rights. *European Constitutional Law Review* 6 (1): 102 – 122.

Bácová, Anna (2010). First Use of Romani in Government Documents in Slovakia. *Asian and African Studies* 19 (2): 331 – 343.

Baldauf, Richard B. (2012). Introduction – Language Planning: Where Have We Been? Where Might We Be Going? *Revista Brasileira de Linguística Aplicada* 12 (2): 233 – 248.

Baldauf, Richard B. and Robert B. Kaplan (eds.) (2004). *Language Planning and Policy in Africa: Botswana, Malawi, Mozambique and South Africa*. Clevedon: Multilingual Matters.

Barry, Brian (2000). *Culture and Equality: An Egalitarian Critique of Multiculturalism*. Cambridge: Polity Press.

Bartha, Csilla and Anna Borbély (2006). Diemensions of Linguistic Otherness: Propects of Minority Language Maintenance in Hungary. *Language Policy* (5): 335 – 363.

Benoît-Rohmer, Florence (1998). Le Conseil de l'Europe et les Minorités Nationales. In Katlijn Malfliet and Ria Laenen (eds.), *Minority Policy in Central and Eastern Europe: The Link between Domestic Policy, Foreign Policy and European Integration*. Leuven: Catholic University of Leuven Press, 128 – 148.

Berger, Tilman (2003). Slovaks in Czechia – Czechs in Slovakia. *International Journal of the Sociology of Language* (162): 19 – 39.

Bezdiková, Eva (1988). Deutsch als Muttersprache und Fremdsprache in Böhmen und Mähren.

参考文献

Germanistische Mitteilungen (27): 115 – 138.

Bielefeldt, Heiner (2000). "Western" versus "Islamic" Human Rights Conceptions?: A Critique of Cultural Essentialism in the Discussion on Human Rights. *Political Theory* 28 (1): 90 – 121.

Blackledge, Adrian (2000). Monolingual Ideologies in Multilingual States: Language, Hegemony and Social Justice in Western Liberal Democracies. *Estudios de Sociolingüística* 1 (2): 25 – 45.

Blake, Janet (2008). The International Legal Framework for the Safeguarding and Promotion of Languages. *Museum International* 60 (3): 14 – 25.

Blake, Michael (2003). Language Death and Liberal Politics. In Will Kymlicka and Alan Patten (eds.), *Language Rights and Political Theory*. New York: Oxford University Press, 52 – 79.

Blommaert, Jan (1996). Language Planning as a Discourse on Language and Society: The Linguistic Ideology of a Scholarly Tradition. *Language Problems & Language Planning* 20 (3): 199 – 222.

Blommaert, Jan and Jef Verschueren (1998a). *Debating Diversity – Analysing the Discourse of Tolerance*. London: Routledge.

Blommaert, Jan and Jef Verschueren (1998b). The Role of Language in European Nationalist Ideologies. In B. Schieffelin, K. Woolard, and P. Kroskrity (eds.), *Language Ideologies: Practice and Theory*. New York: Oxford University Press, 189 – 210.

Bogoczová, Irena (1997). The Rate of Interference from Czech in the Primary Linguistic Code of the Youngest Members of the Polish Community within the Czech Republic. *Èasopis pro Moderní Filologii* (79): 4 – 19.

Boran, Idil (2003). Global Linguistic Diversity, Public Goods, and the Principle of Fairness. In Will Kymlicka and Alan Patten (eds.), *Language Rights and Political Theory*. New York: Oxford University Press, 52 – 79.

Brown, James Dean (1995). Language Program Evaluation: Decisions, Problems and Solutions. *Annual Review of Applied Linguistics* (15): 227 – 248.

Buzássyová, Klára (1997). Slovenčina ako Stredoeurópsky Jazyk. In Slavomír Ondrejovič (ed.), *Slovenčina na Konci 20. Storočia, jej Normy a Perspektivy*. Bratislava: Veda, 69 – 78.

Carranza, Ariel Vázquez (2009). Linguistic Rights in Mexico. *Revista Electrónica de Lingüística Aplicada* (8): 199 – 210.

Connor, Walker (1989). Leninist Nationality Policy: Solution to the "National Question"? *Hungarian Studies Review* (15): 23 – 46.

Cooper, Robert L. (1989). *Langauge Planning and Social Change*. New York: Cambridge University Press.

Coulmas, Florian (1992). *Language and Economy*. Oxford: Blackwell.

Craig, Elizabeth (2010). From Soft to Hard Law? Culture, Identity, and Language Issues within the Northern Ireland Bill of Rights Process. *Journal of Global and Historical Anthropology* (56): 35–48.

Crisp, Simon (1989a). Soviet Language Planning 1917–1953. In Michael Kirkwood (ed.), *Language Planning in the Soviet Union*. London: Macmillan, 23–45.

Crisp, Simon (1989b). Soviet Language Planning since 1953. In Michael Kirkwood (ed.), *Language Planning in the Soviet Union*. London: Macmillan, 46–63.

Daftary, Farimah and Kinga Gál (2000). The New Slovak Language Law: Internal or External Politics? In Farimah Daftary, Kinga Gál and William McKinney (eds.), *ECMI Working Papers*. Flensburg: European Center for Minority Issues, 1–62.

Daftary, Farimah and François Grin (eds.) (2003). *Nation-Building, Ethinicity and Language Politics in Transition Countries*. Budapest: Open Society Institute.

De Schutter, Helder (2007). Language Policy and Political Philosophy: On the Emerging Linguistic Justice Debate. *Language Problems & Language Planning* 31 (1): 1–23.

De Varennes, Fernand Joseph (1996a). *Language, Minorities and Human Rights*. The Hague: Kluwer Law International.

De Varennes, Fernand Joseph (1996b). Law, Language and the Multiethnic State. *Language & Communication* 16 (3): 291.

De Varennes, Fernand Joseph (2001a). *A Guide to the Rights of Minorities and Language*. Budapest: Constitutional and Legislative Policy Institute.

De Varennes, Fernand Joseph (2001b). Language Rights as an Integral Part of Human Rights. *International Journal on Multicultural Societies* 3 (1): 15–25.

De Witte, Bruno (1989). Cultural Policy Limits to Fundamental Rights. In Arthur Kaufmann, Ernst-Joachim Mestmäcker, and Hans F. Zacher (eds.), *Rechtsstaat und Menschenwürde: Festschrift für Werner Maihofer zum 70. Geburtstag*. Frankfurt: Vittorio Klostermann, 651–667.

Deets, Stephen (2002). Reconsidering East European Minority Policy: Liberal Theory and European Norms. *East European Politics & Societies* 16 (1): 30–53.

Dessemontet, François (1984). *Le Droit Des Langues en Suisse: Étude Présentée au Conseil de la Langue Française*. Québec: Gouvernement du Québec, Conseil de la Langue Française.

Dovalil, Vít (2011). Review of Spolsky (2009). *Sociolinguistica* (25): 150–155.

Dovalil, Vít (2013). Ideological Positioning in Legal Discourses on European Multilingualism: Equality of Languages as an Ideology and a Challenge. In E. Barát, P. Studer, and Jiří Nekvapil (eds.), *Ideological Conceptualizations of Language*. Frankfurt: Peter Lang, 147–170.

Druviete, Ina (1997). Linguistic Human Rights in the Baltic States. *International Journal of the Sociology of Language* (127): 161–186.

Dubiel-Dmytryszyn, Sebastian (2012). The Rusyns of Slovakia. *Our Europe* 1 (1): 39–44.

Edwards, John (2003). Contextualizing Language Rights. *Journal of Human Rights* 2 (4): 551–571.

Eerik, Lagerspetz (1998). On Language Rights. *Ethical Theory & Moral Practice* 1 (2): 181–199.

Eide, Asbjørn (1999). The Oslo Recommendations Regarding the Linguistic Rights of National Minorities: An Overview. *International Journal on Minority & Group Rights* 6 (3): 319–328.

Els, Theo van (2005). Multilingualism in the European Union. *International Journal of Applied Linguistics* 15 (3): 263–281.

Falke, Mike (2002). *Community Interests: An Insolvency Objective in Transition Economies?* Frankfurt: Frankfurt Institute for Transformation Studies.

Fenyvesia, Anna (1998). Linguistic Minorities in Hungary. In Christina Bratt Paulston and Donald Peckham (eds.), *Linguistic Minorities in Central and Eastern Europe*. Clevedon: Multilingual Matters, 135–159.

Fill, Alwin (2001). Language and Ecology: Ecolinguistic Perspectives for 2000 and beyond. *AILA Review* 14: 60–75.

Fishman, Joshua A. (1971). The Sociology of Language: An Interdisciplinary Social Science Approach to Language in Society. In Joshua A. Fishman (ed.), *Advances in the Sociology of Language*. The Hague: Mouton de Gruyter, 104–217.

Fishman, Joshua A. (1991). *Reversing Language Shift: Theory and Practice of Assistance to Threatened Languages*. Clevedon: Multilingual Matters.

Frištenská, Hana and Andrej Sulitka (1995). *Průvodce právy příslušníků národnostních menšin v České Republice*. Praha: Demokratická aliancia Slovákov v ČR.

Fromm, Erich (1973). *The Revolution of Hope: Toward a Humanized Technology*. New York: Bantam.

Gardner-Chloros, Penelope (1997). Vernacular Literacy in New Vernacular Settings in Europe. In A. Tabouret-Keller, R. Le Page, P. Gardner-Chloros, and G. Varro (eds.), *Vernacular Literacy – A Reevaluation*. Oxford: Clarendon Press, 189–221.

Geeraerts, Dirk (2003). Cultural Models of Linguistic Standardization. In René Dirven, Roslyn Frank, and Martin Pütz (eds.), *Cognitive Models in Language and Thought: Ideology, Meta-*

phors and Meanings. Berlin: Mouton de Gruyter, 25 – 68.

Glaser, Konstanze (2007). *Minority Languages and Cultural Diversity in Europe: Gaelic and Sorbian Perspectives*. Clevedon: Multilingual Matters.

Goldston, James A. (2002). Roma Rights, Roma Wrongs. *Foreign Affairs* 81 (2): 146 – 162.

Göncz, Kinga and Sándor Geskó (1997). Ethnic Minorities in Hungary: Democracy and Conflict Resolution. *Annals of the American Academy of Political and Social Science* 552: 28 – 39.

Gramma, Gizella Szabómihály (2006). *Language Policy and Language Rights in Slovakia*. Catalunya: Centre Internacional Escarré per a les Minories Ètniques i les Nacions.

Grenoble, Lenore A. (2003). *Language Policy in the Soviet Union*. New York: Kluwer Academic Publishers.

Grin, François (2003a). Diversity as Paradigm, Analytical Device, and Policy Goal. In Will Kymlicka and Alan Patten (eds.), *Language Rights and Political Theory*. New York: Oxford University Press, 52 – 79.

Grin, François (2003b). *Language Policy Evaluation and the European Charter for Regional or Minority Languages*. Hampshire: Palgrave Macmillan.

Gy, Adrienn (2011). The Slovak State Language Law and the Accomodation of Minority Rights: The Impact of International Organizations on the Resolution of Language Disputes. Master Thesis. Budapest: Central European University.

Haarmann, Harald (1990). Language Planning in the Light of a General Theory of Language: A Methodological Framework. *International Journal of the Sociology of Language* (86): 103 – 126.

Hall, Stuart (1992). The Question of Cultural Identity. In Stuart Hall, David Held, and Tony McGrew (eds.), *Modernity and Its Futures*. Cambridge: Polity Press, 274 – 316.

Hamel, Rainer Enrique (1990). Lenguaje y Conflicto Interetnico en el Derecho Consuetudinario y Positive. In Rodolfo Stavenhagen and Diego Iturralde (eds.), *Entre la Ley y la Costumbre: El Derecho Consuetudinario Indigena en America Latina*. Mexico City: Instituto Indigenista Interamericano and Instituto Interamericano de Derechos Humanos, 205 – 230.

Hamel, Rainer Enrique (1997). Introduction: Linguistic Human Rights in a Sociolinguistic Perspective. *International Journal of the Sociology of Language* (127): 1 – 24.

Harmer, Ronald Winston (1996). Insolvency Law and Reform in the People's Republic of China. *Fordham Law Review* 64 (6): 2563 – 2589.

Harmon, David (1995). The Status of the World's Languages as Reported in "Ethnologue". *Southwest Journal of Linguistics* 14 (1): 1 – 28.

参考文献

Harmon, David (1996). Losing Species, Losing Languages: Connections between Biological and Linguistic Diversity. *Southwest Journal of Linguistics* 15 (1/2): 89 - 108.

Haugen, Einar (1983). The Implementation of Corpus Planning: Theory and Practice. In Juan Cobarrubias and Joshua A. Fishman (eds.), *Progress in Language Planning - International Perspectives*. Berlin: Walter de Gruyter, 269 - 289.

Haugen, Einar and Anwar S. Dil (1972). *The Ecology of Language: Essays by Einar Haugen. Selected and Introduced by Anwar S. Dil*. Stanford: Stanford University Press.

Henrard, Kristin (2003). Devising an Adequate System of Minority Protection in the Area of Language Rights. In Gabrielle Hogan-Brun and Stefan Wolff (eds.), *Minority Languages in Europe: Frameworks, Status, Prospects*. Hampshire: Palgrave Macmillan, 37 - 55.

Hnízdo, Bořivoj (2011). Changing Roles of Minority Languages in the Czech Republic. *Annual of Language & Politics & Politics of Identity* (5): 2 - 22.

Hogan-Brun, Gabrielle and Stefan Wolff (2003). Minority Languages in Europe: An Introduction to the Current Debate. In Gabrielle Hogan-Brun and Stefan Wolff (eds.), *Minority Languages in Europe: Frameworks, Status, Prospects*. Hampshire: Palgrave Macmillan, 3 - 15.

Horak, Stephan M. (1984). *Eastern European National Minorities, 1919 - 80: A Handbook*. Littleton: Libraries Unlimited.

Hornberger, Nancy H. (1998). Language Policy, Language Education, Language Rights: Indigenous, Immigrant, and International Perspectives. *Language in Society* 27 (4): 439 - 458.

Humboldt, Wilhelm (1988). *On Language: The Diversity of Human Language-Structure and its Influence on the Mental Development of Mankind*. Cambridge: Cambridge University Press.

Hübschmannová, Milena (1979). Bilingualism among the Slovak Rom. *International Journal of the Sociology of Language* (19): 33 - 50.

Hyu-Yong, Park (2007). Linguistic Human Rights of Asian Migrant Workers in South Korea. *International Journal of Human Rights* 11 (4): 445 - 460.

Information Publication for Foreigners (2011). 3. 6 *Official Language at the Authorities*. http://www.cizinci.cz/images/pdfka/publikace/en.pdf.

Isayev, Magomet I. (1977). *National Languages in the USSR: Problems and Solutions*. Moscow: Progress Publishers.

István, Kenesei (2011). Minority languages in Hungary. In Gerhard Stickel (ed.), *National, Regional and Minority Languages in Europe: Contributions to the Annual Conference 2009 of EFNIL in Dublin*. Frankfurt am Main: Peter Lang, 63 - 72.

Ivaňová, Tamara (2002). Cizinka S. (Dvojjazyèná èesko-slovenská komunikace) [Foreigner S. (On

Bilingual Czech-Slovak Communication)]. Ph. D Dissertation. Prague: Univerzity Karlovy.

Jernudd, Björn H. (1983). Evaluating Status Planning: What Has the Past Decade Accomplished? In Juan Cobarrubias and Joshua A. Fishman (eds.), *Progress in Language Planning - International Perspectives*. Berlin: Walter de Gruyter, 327 - 343.

Jernudd, Björn H. (1993). Language Planning from a Management Perspective: An Interpretation of Findings. In Ernst H. Jahr (ed.), *Language Conflict and Language Planning*. Berlin: Mouton de Gruyter, 133 - 142.

Jernudd, Björn H. (2013). On the Occasion of J. V. Neustupný's 80th Birthday. *Slovo a slovesnost* (74): 316 - 318.

Jernudd, Björn H. and Jiří Nekvapil (2012). Chapter 2: History of the Field: A Sketch. In Bernard Spolsky (ed.), *The Cambridge Handbook of Langauge Policy*. Cambridge: Cambridge University Press, 16 - 36.

Jernudd, Björn H. and Jiří V. Neustupný (1987). Language Planning: for Whom? In L. Laforge (ed.), *Proceedings of the International Colloquium on Language Planning* Québec: Les Press de L'Université Laval, 69 - 84.

Jernudd, Björn H. and Jyotirindra Das Gupta (1971). Towards a Theory of Language Planning. In Joan Rubin and B. Jernudd (eds.), *Can Language be Planned?: Sociolinguistic Theory and Practice for Developing Nations*. Honolulu: University Press of Hawaii, 195 - 215.

Jurová, Anna (1993). *Vyvoj Rómskej Problematiky na Slovensku po Roku 1945*. Bratislava: Goldpress Publishers.

Kaplan, Robert B. (2011). Language Management Theory: From the Prague Circle to the Present. *Journal of Multilingual and Multicultural Development* 32 (1): 85 - 93.

Kaplan, Robert B. and Richard B. Baldauf (1997). *Language Planning: From Practice to Theory*. Clevedon: Multilingual Matters.

Kaplan, Robert B. and Richard B. Baldauf (2003). *Language and Language-in-Education Planning in the Pacific Basin*. Dordrecht: Springer Netherlands.

Kibbee, Douglas A. (1998). Presentation: Realism and Idealism in Language Confiiets and Their Resolution. In Douglas A. Kibbee (ed.), *Language Legislation and Linguistic Rights: Selected Proceedings of the Language Legislation and Linguistic Rights Conference, the University of Illinois at Urbana-Champaign, March, 1996*. Amsterdam: John Benjamins, x - xi.

Kimura, Goro Christoph (2014). Language Management as a Cyclical Process: A Case Study on Prohibiting Sorbian in the Workplace. *Slovo a slovesnost* 75 (4): 225 - 270.

Kirkwood, Michael (1989). Language Planning: Some Methodological Preliminaries. In Michael

Kirkwood (ed.), *Language Planning the the Soviet Union*. London: Macmillan, 1-22.

Kloss, Heinz (1968). Notes Concerning a Language-Nation Typology. In Joshua A. Fishman, Charles Albert Ferguson and Jyotirindra Dasgupta (eds.), *Language Problems of Developing Nations*. New York: Wiley, 69-85.

Kloss, Heinz (1969). *Research Possibilities on Group Bilingualism: A Report*. Quebec: International Center for Research on Binguialism.

Kloss, Heinz (1971). Language Rights of Immigrant Groups. *International Migration Review* 5 (2): 250-268.

Kloss, Heinz (1977). *The American Bilingual Tradition*. Rowley: Newbury House.

Kontra, Miklos, Robert Phillipson, Tove Skutnabb-Kangas, and Tibor Varady (eds.) (1999). *Language, A Right and a Resource: Approaching Linguistic Human Rights*. Budapest: Central European University Press.

Krauss, Michael E. (1998). The Condition of Native North American Languages: The Need for Realistic Assessment and Action. *International Journal of the Sociology of Language* 132 (1): 9-21.

Kuo, Eddie C. Y. and Björn H. Jernudd (1993). Balancing Macro- and Micro- Sociolinguistic Perspectives in Language Management: the Case of Singapore. *Language Problems & Language Planning* (17): 1-21.

Kushko, Nadiya (2009). Literary Standards of the Rusyn Language: The Historical Context and Contemporary Situation. *The Slavic and East European Journal* 51 (1): 111-132.

Kymlicka, Will (ed.) (1995). *The Rights of Minority Cultures*. Oxford: Oxford University Press.

Kymlicka, Will and Alan Patten (2003). Language Rights and Political Theory. *Annual Review of Applied Linguistics* 23: 3-21.

Laitin, David D. and Rob Reich (2003). A Liberal Democratic Approach to Language Justice. In Will Kymlicka and Alan Patten (eds.), *Language Rights and Political Theory*. New York: Oxford University Press, 52-79.

Landau, Jacob M. and Barbara Kellner-Heinkele (2001). *Politics of Language in the Ex-Soviet Muslim States: Azerbayjan, Uzbekistan, Kazakhstan, Kyrgyzstan, Turkmenistan, Tajikistan*. London: Hurst.

Landweer, M. Lynn (1998). Indicators of Ethnolinguistic Vitality - Case Study of Two Languages: Labu and Vanimo. In N. Ostler (ed.), *Proceedings of the Second FEL Conference: Endangered Languages - What Role for The Specialist?* Bath: The Foundation for Endangered Languages, 64-72.

Lanstyák, István (2014). On the Process of Language Problem Management. *Slovo a Slovesnost* (75): 325 – 351.

Ledeneva, Alena (2008). Telephone Justice in Russia. *Post-Soviet Affairs* 24 (4): 324 – 350.

Levy, Jacob T. (2003). Language Rights, Literacy, and the Modern State. In Will Kymlicka and Alan Patten (eds.), *Language Rights and Political Theory*. New York: Oxford University Press, 52 – 79.

Lewis, M. Paul. (2005). Towards a Categorization of Endangerment of the World's Languages. *SIL Electronic Working Papers*: SIL International.

Lewis, M. Paul and Gary F. Simons (2009). Assessing Endangerment: Expanding Fishman's Gids. *Revue Roumaine de Linguistique*: 1 – 30.

Liddicoat, Anthony J. and Timothy Jowan Curnow (2014). Students' Home Languages and the Struggle for Space in the Curriculum. *International Journal of Multilingualism* 11 (3): 273 – 288.

Lowitzsch, Jens and Paulina Pacherowa (1998). Das novellierte polnische und slowakische Insolvenzrecht. *Zeitschrift für Ostrecht und Rechtsvergleichung* 42 (6): 211 – 217.

Machonin, Pavel (ed.) (1969). *Československá Společnost – Sociologická Analýza Sociální Stratifikace*. Bratislava: Epocha.

Maffi, Luisa (ed.) (2001). *Language, Knowledge, and the Environment: The Interdependence of Biological and Cultural Diversity*. Washington, D. C. : Smithsonian Insitute Press.

Makkai, Adam (1993). *Ecolinguistics: Towards a New Paradigm for the Science of Language?* London: Pinter Publishers.

Malý, Karel (1991). Sprache, Recht und Staat in der tschechische Vergangenheit. In J. Eckert and H. Hattenhauer (eds.), *Sprache-Recht-Geschichte*. Heidelberg: C. F. Müller, 257 – 281.

Maurais, Jacques (1997). Regional Majority Languages, Language Planning, and Linguistic Rights. *International Journal of the Sociology of Language* 1997 (127): 135 – 160.

May, Stephen (2003a). Misconceiving Minority Language Rights: Implications for Liberal Political Theory. In Will Kymlicka and Alan Patten (eds.), *Language Rights and Political Theory*. New York: Oxford University Press, 52 – 79.

May, Stephen (2003b). Rearticulating the Case for Minority Language Rights. *Current Issues in Language Planning* 4 (2): 95 – 125.

May, Stephen (2005). Language Rights: Moving the Debate Forward. *Journal of Sociolinguistics* 9 (3): 319 – 347.

May, Stephen (2011a). *Language and Minority Rights: Ethnicity, Nationalism and the Politics of*

Language. London: Routledge.

May, Stephen (2011b). Language Rights: The 'Cinderella' Human Right. *Journal of Human Rights* 10 (3): 265–289.

McConnell, Grant D. and Jean-Denis Gendron (eds.) (1993a). *International Atlas of Language Vitality, Volume 1: Constitutional Languages of India*. Québec: International Center for Research on Language Planning.

McConnell, Grant D. and Jean-Denis Gendron (eds.) (1993b). *International Atlas of Language Vitality: China*. Québec: International Center for Research on Language Planning.

McIntosh, Mary E., Martha Abele Mac Iver, Daniel G. Abele, and David B. Nolle (1995). Minority Rights and Majority Rule: Ethnic Tolerance in Romania and Bulgaria. *Social Forces* 73 (3): 939–967.

Medgyes, Péter and Katalin Miklósy (2000). The Language Situation in Hungary. *Current Issues in Language Planning* 1 (2): 148–242.

Mozny, Ivo (2002). *The Czech Society: Basic Facts Concerning the Quality of Our Life*. Prague: Portál.

Mühlhäusler, Peter (2000). Language Planning and Language Ecology. *Current Issues in Language Planning* 1 (3): 306–367.

Müllerová, Petra (1998). Vietnamese Diaspora in the Czech Republic. *Archív Orientální* (66): 121–126.

Mungiu-Pippidi, Alina (2007). The Influence of EU Accession on Minorities' Status in East Central Europe. *Romanian Journal of Political Science* 7 (1): 58–71.

Nekula, Marek (1997). Germanismen in der Tschechischen Presse und Werbung. Die Einstellung Gegenüber dem Deutschen. In S. Höhne and M. Nekula (ed.), *Sprache, Wirtschaft, Kultur. Deutsche und Tschechen in Interaktion*. München: Iudicium, 147–159.

Neustupný, Jiří V. (1968). Some General Aspects of "Language" Problems and "Language" Policy in Developing Societies. In Joshua A. Fishman, Charles Albert Ferguson, and Jyotirindra Dasgupta (eds.), *Language Problems of Developing Nations*. New York: Wiley, 285–294.

Neustupný, Jiří V. (1974). Basic Types of Treatment of Language Problems. In Joshua A. Fishman (ed.), *Advances in Language Planning*. The Hague: Mouton de Gruyter, 15–36.

Neustupný, Jiří V. (1978). Outline of a Theory of Language Problems. In Jiří V. Neustupný (ed.), *Post-Structural Approaches to Language: Language Theory in a Japanese Context*. Tokyo: University of Tokyo Press, 243–257.

Neustupný, Jiří V. (1983). Towards a Paradigm for Language Planning. *Language Planning Ne-*

wsletter 9 (4): 1 – 4.

Neustupný, Jiří V. (1984). Language Planning and Human Rights. In FSC A. Gonzales (ed.), *Panagani. Essays in Honor of Bonifacio P. Sibayan on his Sixty-Seventh Birthday*. Manila: Linguistic Society of the Philippines, 66 – 74.

Neustupný, Jiří V. (1985). Problems in Australian-Japanese Contact Situations. In J. B. Pride (ed.), *Cross-Cultural Encounters: Communication and Mis-Communication*. Melbourne: River Seine, 161 – 170.

Neustupný, Jiří V. (1993). Language Management for Romani in Central and Eastern Europe. *New Language Planning Newsletter* 7 (4): 1 – 6.

Neustupný, Jiří V. (1994). Problems of English Contact Discourse and Language Planning. In Thiru Kandiah and John Kwan-Terry (eds.), *English and Language Planning: A Southeast Asian Contribution*. Singapore: Times Academic Press, 50 – 69.

Neustupný, Jiří V. (1997). Gengokanri to Komyuniti Gengo no Shomondai [Language Management and the Problems of Community Languages]. In Kokuritsu kokugo kenkyujo (ed.), *Tagengo, Tabunka Komyuniti no Tameno Gengokanri [Language Management for Multicultural Communities]*. Tokyo: Bonjinsha, 21 – 37.

Neustupný, Jiří V. (2004). Gengo Kanri Riron no Rekishiteki Ichi: Appude-to [The Historical Position of Language Management Theory: An Update]. In H. Muraoka (ed.), *Language Management in Contact Situations (Vol. I: Reports on the Research Projects No. 104)*. Chiba: Graduate School of Social Sciences and Humanities, Chiba University, 1 – 7.

Nekvapil, Jiří V. (2006a). From Language Planning to Language Management. *Sociolinguistica* (20): 92 – 104.

Neustupný, Jiří V. (2006b). Sociolinguistic Aspects of Social Modernization. In Ulrich Ammon, Norbert Dittmar, Klaus J. Mattheier, and Peter Trudgill (eds.), *Sociolinguistics: An International Handbook of the Science of Language and Society* (Volume 3). Berlin: Mouton de Gruyter, 2209 – 2224.

Nekvapil, Jiří V. (2009). The Integrative Potential of Langauge Management Theory. In Jiří Nekvapil and Tamah Sherman (eds.), *Language Management in Contact Situations: Perspectives from Three Continents*. Frankfurt am Main: Peter Lang, 1 – 14.

Neustupný, Jiří V. (2012a). Theory and Practice in Language Management. *Journal of Asian Pacific Communication* 22 (2): 295 – 301.

Nekvapil, Jiří V. (2012b). From Language Planning to Language Management: J. V. Neustupný's Heritage. *Media and Communication Studies* (63): 5 – 21.

参考文献

Neustupný, Jiří V. and Jiří Nekvapil (2003). Language Management in the Czech Republic. *Current Issues in Language Planning* 4 (3&4): 181 – 366.

Nekvapil, Jiří V. and Tamah Sherman (2015). An Introduction: Language Management Theory in Language Policy and Planning. *International Journal of the Sociology of Language* (232): 1 – 12.

Obiero, Ogone John (2010). From Assessing Language Endangerment or Vitality to Creating and Evaluating Language Revitalization Programmes. *Nordic Journal of African Studies* 19 (4): 201 – 226.

Olivé, León (1993). Sobre Verdad y Realismo. In Ernesto Garzón Valdés and Fernando Salmerón (eds.), *Epistemología y Cultura: En Torno a la Obra de Luis Villoro*. Mexico: National Autonomous University of Mexico, 63 – 85.

Otčenášek, Jan (1998). Øecká Národnostní Menšina v Èeské Republice Dnes [The Greek Ethnic Minority in the Czech Republic Today]. *Český Lid* (85): 147 – 159.

Paikert, Geza C. (1953). Hungary's National Minority Policies: 1920 – 1945. *American Slavic and East European Review* 12 (2): 201 – 209.

Parekh, Bhikhu (2006). *Rethinking Multiculturalism: Cultural Diversity and Political Theory*. Basingstoke: Palgrave.

Parijs, Philippe Van (2003). Linguistic Justice. In Will Kymlicka and Alan Patten (eds.), *Language Rights and Political Theory*. New York: Oxford University Press, 52 – 79.

Patten, Alan (2001). Political Theory and Language Policy. *Political Theory* 29 (5): 691 – 715.

Patten, Alan and Will Kymlicka (2003). Language Rights and Political Theory: Context, Issues, and Approaches. In Will Kymlicka and Alan Patten (eds.), *Language Rights and Political Theory*. New York: Oxford University Press, 1 – 51.

Paulik, Antal and Judit Solymosi. (2004). *Language Policy in Hungary*. Retrieved from http://www.gencat.cat/llengua/noves/noves/hm04primavera-estiu/docs/paulik.pdf.

Paulston, Christina Bratt (1997). Language Policies and Language Rights. *Annual Review of Anthropology* 26: 73 – 85.

Paulston, Christina Bratt and Donald Peckham (eds.) (1998). *Linguistic Minorities in Central and Eastern Europe*. Clevedon: Multilingual Matters.

Pavlenko, Aneta (2011). Language Rights versus Speakers' Rights: On the Applicability of Western Language Rights Approaches in Eastern European Contexts. *Language Policy* 10 (1): 37 – 58.

Paz, Moria (2013). The Failed Promise of Language Rights: A Critique of the International Language Rights Regime. *Harvard International Law Journal* 54 (1): 157 – 218.

Pearson, Raymond (1983). *National Minorities in Eastern Europe: 1848 – 1945*. London: Macmillan.

Peled, Yael (2011). Language, Rights and the Language of Language Rights: The Need for a New Conceptual Framework in the Political Theory of Language Policy. *Journal of Language & Politics* 10 (3): 436 – 456.

Pennycook, Alastair and Sinfree Makoni (eds.) (2006). *Disinventing and Reconstituting Languages*. Clevedon: Multilingual Matters.

Phillipson, Robert (ed.) (2000). *Rights to Language: Equity, Power, and Education*. Mahwah: Lawrence Erlbaum Associates.

Phillipson, Robert (2003). *English-Only Europe? Challenging Language Policy*. London: Routledge.

Phillipson, Robert and Tove Skutnabb-Kangas (1995). Linguistic Rights and Wrongs. *Applied Linguistics* 16 (4): 483 – 504.

Pogge, Thomas (2003). Accomodation Rights for Hispanics in the U. S. In Will Kymlicka and Alan Patten (eds.), *Language Rights and Political Theory*. New York: Oxford University Press, 52 – 79.

Pool, Jonathan (1972). National Development and Language Diversity. *Advances in the Sociology of Language* 2: 213 – 230.

Prasad, Gail (2012). Multiple Minorities or Culturally and Linguistically Diverse (CLD) Plurilingual Learners? Re-envisioning Allophone Immigrant Children and Their Inclusion in French-Language Schools in Ontario. *Canadian Modern Language Review* 68 (2): 190 – 215.

Pupavac, Vanessa (2006). Discriminating Language Rights and Politics in the Post-Yugoslav States. *Patterns of Prejudice* 40 (2): 112 – 128.

Pupavac, Vanessa (2012). *Language Rights: From Free Speech to Linguistic Governance*. Hampshire: Palgrave Macmillan.

Reaume, Denise G. (1994). The Group Right to Linguistic Security: Whose Right, What Duties. In J. Baker (ed.), *Group Rights*. Toronto: University of Toronto Press, 118 – 141.

Rechel, Bernd (2009). Introduction. In Bernd Rechel (ed.), *Minority Rights in Central and Eastern Europe*. London: Routledge, 4.

Ricento, Thomas (ed.) (2006). *An Introduction to Language Policy: Theory and Method*. Malden: Blackwell.

Rosenau, James N. (ed.) (1992). *Governance, Order and Change in World Politics*. Cambridge: Cambridge University Press.

参考文献

Rosenau, James N. and Ernst-Otto Czempiel (eds.) (1992). *Governance without Government: Order and Change in World Politics*. Cambridge: Cambridge University Press.

Rubin, Joan (1971). Evaluation and Language Planning. In Joan Rubin and B. Jernudd (eds.), *Can Language Be Planned?: Sociolinguistic Theory and Practice for Developing Nations*. Honolulu: University Press of Hawaii, 217–252.

Rubin, Joan and Björn H. Jernudd (eds.) (1971). *Can Language Be Planned?: Sociolinguistic Theory and Practice for Developing Nations*. Honolulu: University Press of Hawaii.

Rubin, Joan, Björn H. Jernudd, Jyotirindra Das Gupta, Joshua A. Fishman, and Charles A. Ferguson (eds.) (1977). *Language Planning Processes*. The Hague: Mouton Publishers.

Rubio-Marín, Ruth (2003). Language Rights: Exploring the Competing Rationales. In Will Kymlicka and Alan Patten (eds.), *Language Rights and Political Theory*. New York: Oxford University Press, 52–79.

Schiffman, Harold F. (2006). Language Policy and Linguistic Culture. In Thomas Ricento (ed.), *An Introduction to Language Policy: Theory and Method* Malden: Blackwell, 111–126.

Schlesinger, Arthur (1992). *The Disuniting of America: Reflections on a Multicultural Society*. New York: W. W. Norton and Co.

Sherman, Tamah (2007). Language Management on the Front Lines: A Report from Dunajska Streda Language Management Workshop. In H. Muraoka (ed.), *Interdisciplinary Studies of Language Management in Contact Situations*. Chiba: Graduate School of Social Sciences and Humanities, Chiba University, 67–77.

Skála, Emil (1977). Vznik a Vývoj Česko-Německého Bilingvismu [The Rise and Development of the Czech-German Bilingualism]. *Slovo a Slovesnost* (38): 197–207.

Skutnabb-Kangas, Tove (1998). Human Rights and Language Wrongs – A Future for Diversity? *Language Sciences* 20 (1): 5–27.

Skutnabb-Kangas, Tove (2000). *Linguistic Genocide in Education or Worldwide Diversity and Human Rights?* Mahwah: Lawrence Erlbaum Associates.

Skutnabb-Kangas, Tove (2001). The Globalisation of (Educational) Language Rights. *International Review of Education / Internationale Zeitschrift für Erziehungswissenschaft* 47 (3/4): 201–219.

Skutnabb-Kangas, Tove (2002). *Why Should Linguistic Diversity Be Maintained and Supported in Europe?: Some Arguments*. Strasbourg: Council of Europe.

Skutnabb-Kangas, Tove (2006). Language Policy and Linguistic Human Rights. In Thomas Ricento (ed.), *An Introduction to Language Policy Theory and Method*. Oxford: Blackwell, 273–

291.

Skutnabb-Kangas, Tove (2012). Indigenousness, Human Rights, Ethnicity, Language and Power. *International Journal of the Sociology of Language* (213): 87 – 104.

Skutnabb-Kangas, Tove and Robert Phillipson (1994). Linguistic Human Rights, Past and Present. In Tove Skutnabb-Kangas and Robert Phillipson (eds.), *Linguistic Human Rights: Overcoming Linguistic Discrimination*. Berlin: Mouton de Gruyter, 71 – 110.

Skutnabb-Kangas, Tove and Robert Phillipson (1998). Language in Human Rights. *Gazette. The International Journal for Communication Studies* 60 (1): 27.

Skutnabb-Kangas, Tove, Robert Phillipson, Ajit K. Mohanty, and Minati Panda (eds.) (2009). *Social Justice Through Multilingual Education*. Bristol: Multilingual Matters.

Skutnabb-Kangas, Tove, Robert Phillipson, and Mart Rannut (eds.) (1994). *Linguistic Human Rights: Overcoming Linguistic Discrimination*. Berlin: Mouton de Gruyter.

Sloboda, Marián, Eszter Szabó-Gilinger, Dick Vigers, and Lucija Šimičić (2010). Carrying out a Language Policy Change: Advocacy Coalitions and the Management of Linguistic Landscape. *Current Issues in Language Planning* 11 (2): 95 – 113.

Sokolová, Gabriela (1987). *Soudobé Tendence Vývoje Národností v ČSSR*. Praha: Academia.

Sokolová, Gabriela (1991). On Language Orientation of Slovaks and Germans Living in North Bohemia – Based on Sociological Research. *Slezský Sborník* (89): 172 – 180.

Sokolová, Gabriela (1999). On the Attitudes to the Local Dialect of the Population of the Czech Tišín Region. *Slezský Sborník* (97): 211 – 216.

Sokolová, Gabriela, Š. Hernová, and O. Šrajerová (1997). *Èeši, Slováci a Poláci na Tišínsku a Jejich Vzájemné Vztahy*. Opava: Tilia.

Spitulnik, Debra (1998). Mediating Unity and Diversity: The Production of Language Ideologies in Zambian Broadcasting. In B. Schieffelin, K. Woolard, and P. Kroskrity (eds.), *Language Ideologies: Practice and Theory*. New York: Oxford University Press, 163 – 188.

Spolsky, Bernard (2004). *Language Policy*. Cambridge: Cambridge University Press.

Spolsky, Bernard (2009). *Language Management*. Cambridge: Cambridge University Press.

Srb, Vladimír (1988). Demographic Profile of the German Minority in Czechoslovakia. *Český lid* (75): 29 – 42.

St. Clair, Robert N. (2001). Review of Rights to Language: Equity, Power, and Education by Robert Phillipson (ed.). *Language Problems & Language Planning* 25 (1): 99 – 103.

Stanìk, Theresa (1993). *German Minority in the Czech Lands, 1948 – 1989*. Praha: Institut pro Støedoevropskou Kulturu a Politiku.

参考文献

Stanik, Theresa (1999). The German Minority in the Czech Lands in 1918–1989. In I. Gabal (ed.), *Etnické Menšiny ve Støedni Evropì*. Praha: G plus G, 97–108.

Stern, Nicholas (1997). *The Transition in Eastern Europe and the Former Soviet Union: Some Strategic Lessons from the Experience of 25 Countries over Six Years*. London: European Bank for Reconstruction and Development.

Stewart, William (1968). A Sociolinguistic Typology for Describing National Multilingualism. In Joshua A. Fishman (ed.), *The Readings in the Sociology of Language*. The Hague: Mouton de Gruyter, 531–545.

Stockton, Julianna Connelly (2009). Hungary, Slovakia, and Romania: International Relations Examined Through Minority Language Education. *Mathematics Faculty Publications* (7): 50–58.

Stoel, Max van der (1999). *Report on the Linguistic Rights of Persons belonging to National Minorities in the OSCE Area*. The Hague: OSCE High Commissioner on National Minorities.

Stroud, Christopher (2001). African Mother-Tongue Programmes and the Politics of Language: Linguistic Citizenship versus Linguistic Human Rights. *Journal of Multilingual and Multicultural Development* 22 (4): 339–355.

Studer, Patrick and Iwar Werlen (eds.) (2012). *Linguistic Diversity in Europe: Current Trends and Discourses*. Berlin: Mouton de Gruyter.

Šutaj, Štefan and Milan Olejnik (1998). Slovak Report. In J. Kranz (ed.), *Law and Practice of Central European Countries in the Field of National Minorities Protection after 1989*. Warszawa: Center for Internal Relations, 269–317.

Tannehill, Linda and Morris Tannehill (1970/2012). *The Market for Liberty*. Baltimore: Laissez-Faire Books.

Taylor, Charles (1994). The Politics of Recognition. In Amy Guttman (ed.), *Re-examining the Politics of Recognition*. Princeton: Princeton University Press, 1–73.

Tollefson, James W. (2004). Theory and Action in Language Policy and Planning. *Journal of Language, Identity & Education* 3 (2): 150–155.

Tollefson, James W. (2006). Critical Theory in Language Policy. In Thomas Ricento (ed.), *An Introduction to Language Policy: Theory and Method*. Malden: Blackwell, 42–59.

Turin, Mark (2005). Language Endangerment and Linguistic Rights in the Himalayas: A Case Study from Nepal. *Mountain Research and Development* 25 (1): 4–9.

Ulasiuk, Iryna (2011). Language Rights in Relations with Public Administration: European Perspectives. *International Journal on Minority & Group Rights* 18 (1): 93–113.

Vermeersch, Peter (2003). EU Enlargement and Minority Rights Policies in Central Europe: Explaining Policy Shifts in the Czech Republic, Hungary and Poland. *Journal of Ethnopolitics and Minority Issues in Europe* (1): 1–31.

Vilfan, Sergij (ed.) (1993). *Ethnic Groups and Language Rights*. Aldershot: Dartmouth Publishing.

Villoro, Luis (1993). Respuesta a Discrepancias y Objeciones. In Ernesto Garzón Valdés and Fernando Salmerón (eds.), *Epistemología y Cultura: En Torno a la Obra de Luis Villoro*. Mexico: National Autonomous University of Mexico, 331–350.

Votruba, Martin (1998). Linguistic Minorities in Slovakia. In C. Bratt Paulston (ed.), *Linguistic Minorities in Central and Eastern Europe*. London: Multilingual Matters, 255–274.

Walsh, John (2012). Language Policy and Language Governance: A Case-Study of Irish Language Legislation. *Language Policy* 11 (4): 323–341.

Wee, Lionel (2011). *Language without Rights*. New York: Oxford University Press.

Weeks, Theodore R. (2010). *Russification / Sovietization*. Retrieved from http: //www.ieg-ego.eu/weekst-2010-en.

Weinstock, Daniel M. (2003). The Antinomy of Language Rights. In Will Kymlicka and Alan Patten (eds.), *Language Rights and Political Theory*. New York: Oxford University Press, 52–79.

Wiley, Terrence G. (2002). Rights to Language: Equity, Power, and Education. *Modern Language Journal* 86 (2): 286–288.

Williams, Colin H. (ed.) (2007). *Language and Governance*. Cardiff: University of Wales Press.

World-Bank (1989). *From Crisis to Sustainable Growth – Sub Saharan Africa: a Long-Term Perspective Study*. Washington, D.C.: The World Bank.

Wright, Sue (2007). The Right to Speak One's Own Language: Reflections on Theory and Practice. *Language Policy* 6 (2): 203–224.

Wright, Sue and Helen Kelly (eds.) (1994). *Ethnicity in Eastern Europe: Questions of Migration, Language Rights, and Education*. Clevedon: Multilingual Matters.

Zeman, Jarold K. (1997). Czech-Slovak. In Hans Goebl, Peter H. Nelde, Zdenek Stary, and Wolfgang Wölck (eds.), *Kontaktlinguistik. Ein Internationales Handbuch Zeitgenössischer Forschung*. Berlin: Mouton de Gruyter, 1650–1655.

Zilynskyj, Bohdan (1995). *Ukrajinci v Èechách a na Moravì (1894) 1917–1945 (1994)*. Praha: Xegem.

图书在版编目(CIP)数据

中欧三国：国家转型、语言权利与小族语言生存/何山华著．—北京：商务印书馆，2018
ISBN 978-7-100-15770-4

Ⅰ.①中⋯ Ⅱ.①何⋯ Ⅲ.①语言政策—研究—捷克 ②语言政策—研究—斯洛伐克 ③语言政策—研究—匈牙利 Ⅳ.①H743 ②H744 ③H662.1

中国版本图书馆CIP数据核字(2018)第019139号

权利保留，侵权必究。

**中欧三国：
国家转型、语言权利与小族语言生存**

何山华　著

商　务　印　书　馆　出　版
（北京王府井大街36号　邮政编码100710）
商　务　印　书　馆　发　行
北京市十月印刷有限公司印刷
ISBN 978 - 7 - 100 - 15770 - 4

2018年1月第1版　　　开本787×1092　1/16
2018年1月北京第1次印刷　印张19¼
定价：58.00元